AF321707

LOS PRESIDENTES Y LA DIPLOMACIA

INOCENCIO F. ARIAS

Los presidentes y la diplomacia

Me acosté con Suárez
y me levanté con Zapatero

Tercera edición: julio de 2012
Tercera reimpresión: junio de 2022

© 2012, Inocencio F. Arias Llamas
© 2012, Penguin Random House Grupo Editorial, S. A. U.
Travessera de Gràcia, 47-49. 08021 Barcelona

Printed in Spain – Impreso en España

ISBN: 978-84-01-34783-2
Depósito legal: B-5.600-2012

Compuesto en Revertext, S. L.

Impreso en QP Print

L 3 4 7 8 3 C

Índice general

ADOLFO SUÁREZ
El mago de la transición

JOSÉ LUIS RODRÍGUEZ ZAPATERO

El hombre que no sabía demasiado

Lo que el viento se llevó

El circo en 1976... y en 2011

Las pistas del circo internacional y sus intérpretes han girado y se han transformado mucho desde que se inició la transición española en 1976.

Lo han hecho de manera inesperada y, con frecuencia, sorprendente incluso para los espectadores más avispados. Algunas de las transformaciones sobre la ceniza parecen obra de un gran prestidigitador.

En 1976, la pista central del mundo desarrollado estaba dividida en dos bloques políticamente antagónicos. La Unión Soviética, que dominaba uno de ellos férreamente, era una obvia amenaza para las naciones democráticas de Europa Occidental que se acogían al paraguas protector de Estados Unidos. Nadie previó que en 1989 un dirigente ruso, Gorbachov, se percataría de que el sistema no daba más de sí. Si quería que los soviéticos comieran no podía seguir dedicando más del 20 % de su PNB a gastos militares para mantener la paridad con Estados Unidos, que sólo gastaba un 7 %. Alguien comentó que el imperio soviético galopaba hacia convertirse en un «Malí con armas nucleares».

La Unión Soviética estallaría poco más tarde, las naciones vasallas de Moscú: Polonia, Hungría... recuperarían su libertad; otras que formaban parte del imperio ruso: Ucrania, Estonia, Bielorrusia... se hacían independientes, y las dos Alemanias se unificaban.

En el anillo central, sin que ningún analista lo hubiera vislumbrado, surgía un nuevo mapa de Europa, un diferente elenco de artistas, con Berlín de insospechado protagonista.

El Mercado Común Europeo avanzaba a buen ritmo. Era el oscuro objeto del deseo de España y su pujanza lo hacía aparecer como el bálsamo para todos los males. En Gran Bretaña, en mayo de 1979, emergía en la pista una mujer, Margaret Thatcher que desde sus posturas conservadoras alumbraría una revolución cuyas evoluciones no podrían ser descartadas por sus sucesores. Era la primera jefe de Gobierno de la historia de Gran Bretaña, una señora sin complejos que eliminó el control de cambios y metió en cintura a los sindicatos. Alguien ha dicho que su agresividad nacía no sólo en la firmeza de sus convicciones sino en la creencia de que era el único modo en que una mujer podía imponer su proyecto político a fines de los setenta.

En Estados Unidos, Carter, un moralista con mala suerte, daba paso a Ronald Reagan, un antiguo actor de cine menospreciado por sus enemigos y ridiculizado en Europa, que conectaría con el estadounidense medio y sería un personaje decisivo en la transformación de la situación mundial. Un político claramente de derechas, anticomunista convencido, que llegó a un acuerdo con Gorbachov para detener la carrera de armamentos y enterrar la Guerra Fría. El papa Juan Pablo II, otro actor de gestos imprevistos que comenzaba a recorrer incansablemente el mundo, había contribuido a socavar el edificio soviético.

En 1978 en China, a la que los países occidentales (incluso las potencias medianas como España) concedían créditos, surgía otro hecho al que no se prestó la debida atención: Deng Xiaoping iniciaba su reforma económica, modernización empresarial de la industria, más libertad para los campesinos, privatización de la vivienda... que transformaría a su país y al mundo. «La pobreza no es comunismo», repetiría. Los resultados fueron asimismo poco previstos. Es cierto que la revista *Time* nombró a Deng Xiaoping «hombre del año», pero escribió: «Pasará mucho tiempo antes de que Beijing se una a Washington y Moscú como capital de una superpotencia». En las memorias de esos años de Reagan y Thatcher no se vislumbra el acceso de China a gran potencia.

Con el transcurso del tiempo, los focos de la pista central apuntaban en los noventa a Estados Unidos. Su economía no tenía rival, ni aparentemente fallos, y la primera guerra de Irak, la de Bush padre, había demostrado la superioridad militar absoluta de Estados Unidos. Sadam Husein, que se había anexionado locamente Kuwait, recibiría su primera bofetada y su primera lección sin que se alterase el pulso de Washington. Las bajas de la coalición que puso firme a Sadam fueron unas 400, aunque algunos analistas habían predicho que podían ser 15.000.

Bush padre pudo decir que se había enterrado el «síndrome de Vietnam» y Fukuyama lanzar su pronto famoso artículo del fin de la historia. La disputa ideológica, el enfrentamiento había acabado. La batalla de las ideas había ido a parar al cubo de la basura. Occidente había ganado.

Años más tarde, bien entrado el siglo XXI, las conclusiones de ese pasado reciente resultaron en algún aspecto prematuras y el brillo, la colocación de los intérpretes ante los focos se han alterado. Su indumentaria, también. La globalización ha hecho fortuna, la extensión de la democracia, aún imperfecta, en el mundo, ídem. En 1977 había unas 53 democracias en el mundo y en la actualidad, según algunos cómputos, unas 119.

Ahora bien, la fe a ciegas en las bondades del mercado para solucionar los problemas es crecientemente cuestionada; la Unión Europea atraviesa, alargada hasta 27 miembros, una crisis profunda. Tachados de defectistas y de culturalmente arrogantes por algunos, los europeos están sumidos en un mar de dudas sobre las soluciones a su tambaleante estado y su fe en la Unión. Europa no se va a convertir a medio plazo en una superpotencia como se pronosticaba.

Estados Unidos, en la segunda década del siglo actual, no es ya lo que se pensaba. Nadie pudo tampoco vislumbrar el cinematográfico y traumático atentado contra las Torres Gemelas en Nueva York y sus consecuencias. Washington se embarcó en dos largas contiendas, Afganistán e Irak. Costosas también. No es una ingeniosidad afirmar que Estados Unidos, muy endeudado, ha podido sufragar las dos guerras tirando de una tarjeta de crédito de un banco chino.

Y éste es el nuevo acróbata, malabarista, trapecista, domador al que arropan los proyectores en 2012: China. Aunque aún rezagado con Estados Unidos, el coloso chino ya no es un actor de reparto. Aspira a los Oscars como protagonista. Mayor exportador del mundo, mayor emisor de gases a la atmósfera, mayor poseedor de divisas, principal cliente de media Iberoamérica y de una buena parte de África, mayor inversor en defensa después de Estados Unidos... China, que, asimismo contra todo pronóstico, ha sido capaz de pulverizar récords económicos sin despojarse mucho de su ropaje comunista, es cortejada en diversos terrenos. Es tal la avidez por obtener sus atenciones que el equipo de Zapatero anunció erróneamente que Beijing compraría deuda española por miles de millones de dólares. No había tal; el prematuro anuncio era una mezcla del infantilismo y voluntarismo que animaba a nuestro anterior presidente, pero el ansia por engatusar a los gerentes de la fábrica y del banco de reserva del mundo se da asimismo en otras latitudes.

Y nuevo pasmo: India y bastantes países emergentes (como Brasil, entre otros) despertaron y ponen condiciones sobre cómo *ayudar* económicamente a la desfalleciente Europa. Más preocupante: varios de los comparsas pobretones de antaño (Pakistán, Corea del Norte, dentro de poco, quizá, Irán...) tienen el arma nuclear. El espectáculo continúa pero es otro show diferente.

¿Quo vadis, España?

Parecido abismo había entre las peripecias de nuestra escena interna en 1976, año de la designación de Suárez, y las existentes en 2011. Las primeras elecciones democráticas municipales, algo inexistente desde la República, se celebraban en enero de 1976; volverían los exiliados: Tarradellas, Alberti, Carrillo, Salvador de Madariaga, Sánchez Albornoz, Sender y un largo etcétera; verían la luz nuevos periódicos: *Diario 16*, *El País*, *Avui* (el precio de venta del *ABC* era de 15 pesetas, menos de diez céntimos de euro), y empezaba el destape en revistas, cine, teatro...

Lo más importante, la designación de Suárez, concebida por el flamante rey y que sería saludada con escepticismo; el humorista Forges comentaba que el búnker reaccionario estaba muy ilusionado porque el elegido se llamaba Adolfo (como Hitler) y en diciembre, ¡oh maravilla!, se aprobaba la Ley de Reforma Política con la que prácticamente se enterraba al régimen franquista. Los españoles lo hicieron en un referéndum, con un 94 % de votos afirmativos y en una consulta de abundante participación, 77,47 %.

Ya mirando hacia fuera, y en contra de lo que se dice frecuentemente, el franquismo sí había tenido una política exterior y no precisamente mala si tenemos en cuenta sus limitaciones. Ahora bien, llegada la democracia nuestras relaciones internacionales tenían que cambiar sustancialmente.

España fue universalizando sus relaciones. No las había diplomáticas con la Unión Soviética y bastantes países de su entorno, con México, con Israel... Se establecieron.

Nuestro país, por otra parte, dejó de ser un pez raro en el mundo occidental. Los sueños de neutralismo, de desempeñar un papel diferente a los occidentales de nuestro alrededor se difuminaron. Los europeos encontraban extraño que quisiéramos sentarnos a la mesa del Mercado Común y gozar de sus viandas y, sin embargo, no participar en lo que era la defensa de ese mundo democrático y libre frente a sus potenciales enemigos. La OTAN era la organización que garantizaba esa defensa. A ella nos llevó el gobierno de Calvo-Sotelo con chirriar de dientes de los socialistas y de una parte considerable de la opinión pública a la que en nuestro país es fácil soliviantar en cuanto se blande la bandera del pacifismo y se siembran sospechas sobre las intenciones de Estados Unidos.

Luego, esta vez con asechanzas y frenazos de nuestros amigos franceses, entramos en el Mercado Común.

Pertenecer a la Comunidad Europea ha contribuido seriamente a la modernización de este país; mamá Bruselas fue generosa en las ayudas. También te ata las manos en muchos aspectos. En 1977, por ejemplo, España, para paliar los efectos de la crisis económica, devaluó la peseta un 20 % para dar un buen empujón a nuestras exportaciones. Algo que ahora no podemos hacer. La madrastra Bruselas impone normas. Somos más ricos pero hemos perdido soberanía.

En sus rasgos esenciales, la política exterior de los cinco presidentes de la democracia ha tenido una línea constante como veremos aunque la personalidad de los políticos le ha proporcionado, por citar los dos socialistas, una mayor brillantez (González) o una mayor opacidad (Zapatero). Los programas de política exterior de las dos formaciones más importantes en los albores de la transición, UCD y PSOE, podían exponer diferencias sustanciales en el diseño y objetivos de nuestra ubicación exterior. Sin embargo, el ejercicio del poder y el descubrimiento de la cruda realidad internacional trajeron una difuminación muy considerable de esa divergencia idealista y retórica.

Por supuesto que todos los gobiernos han proclamado que ellos han llevado a España a donde debía estar. Daba la impresión de que, como la balsa de piedra de Saramago, España iba dando tumbos sin rumbo en un mar proceloso lleno de arrecifes y de contenedores gigantescos abandonados, y el gobierno de turno la enderezaba y la colocaba en su sitio. Luego, con el siguiente, se descubría que esa deriva no era la adecuada, que el barco hacía agua y se volvía a pregonar que se le había reparado y se le ponía por primera vez en su sitio. Lo hemos oído con todos los gobiernos, quizá de forma más altisonante e ilusa en el de Zapatero, aunque la afirmación del flamante ministro de Asuntos Exteriores de

Rajoy, del que no tratamos en este libro («Le he dicho a la señora Clinton: "España ha regresado"»), muestra que el virus adanista es endémico entre nuestros políticos.

Ha habido, ciertamente, querencias, énfasis, mayor o menor dedicación, aciertos, lucimientos y chascos, protagonismo o mediocridad, apasionamiento o pasotismo. La ideología de los presidentes así como su idiosincrasia o su afición han influido en los matices de la acción exterior y excepcionalmente en algún aspecto sustancial (la relación con Estados Unidos y sus consecuencias). Veremos la línea central, normalización con todos los países del mundo, defensa de la distensión y los derechos humanos (el gran objetivo de Europa), la cooperación en el Mediterráneo... y aquellos aspectos en que ha habido disparidad: la controvertida OTAN, el abrazo a Estados Unidos, etc.

HACER LA CARRERA

Los cinco presidentes han marcado claramente con su impronta nuestra política internacional; en nuestro sistema los ministros vienen siendo ejecutores, y tienen algo en común y que es chocante en la pista internacional. Ninguno de ellos hablaba verdaderamente inglés, que es la lengua fundamental para andar por el mundo (Calvo-Sotelo y Aznar lo entendían, pero no lo hablaban).

Han tenido un total de once ministros de los que hablaremos. Los presidentes se han apoyado fundamentalmente en los miembros de la carrera diplomática que mencionaremos a continuación.

Suárez es el único presidente que ha tenido a dos diplomáticos como ministros de Asuntos Exteriores (Oreja y Pérez-Llorca). Felipe González tuvo inicialmente a uno (Morán), al que siguieron Fernández Ordóñez y Solana que no lo eran, luego Westendorff que sí. Aznar a ninguno, Matutes, Ana Palacio y Piqué no lo eran, y Rodríguez Zapatero a uno, Moratinos, que pertenecía a la profesión. Trinidad Jiménez había intentado serlo en un par de ocasiones pero no superó las pruebas de acceso a la Escuela Diplomática. Calvo-Sotelo sólo contó con un titular de Exteriores, el ya mencionado Pérez-Llorca.

Hago este apunte casi anecdótico porque Adolfo Suárez arrancó con un concepto bastante pobre de los integrantes de lo que en el mundillo internacional se llama generalmente «la Carrera» (es conocido el chascarrillo de que en un cóctel diplomático un tipo atildado se acerca a otro que también parece un pincel y le pregunta: «¿Es usted también de la Carrera?». El interpelado responde perplejo: «¿De qué carrera?». Y el interrogador corta la conversación con un displicente: «Ah, no. Usted no es»).

Suárez mostró sus reticencias cuando, después de la corta entrevista en la que ofreció el ministerio a Oreja y cuando éste le pidió unas horas para contestarle dado que caballerosamente quería consultárselo o comunicárselo a su recién caído jefe Areilza, le gritara a Oreja cuando estaba ya en la puerta: «¿Qué te parecen los embajadores políticos?». Dicho de otra forma, en embajadas importantes tendremos que colocar a gente más avispada que los diplomáticos. Carmen Díaz de Rivera, la que sería primera jefa de Gabinete de Suárez y una importante asesora, diría confidencialmente a otro colaborador del presidente: «No hay que tener diplomáticos por aquí porque sólo piensan en contarle las cosas a su ministro».

Esta concepción del diplomático como ser liviano, frívolo o incapaz de integrarse lealmente en un equipo que no sea su camarilla de Exteriores está aún extendida y ha sido un fácil recurso irónico de políticos y comentaristas. Napoleón describía a una persona diciendo: «Tiene el talento de un auténtico diplomático, miente divinamente». Nuestro novelista Juan Valera escribió que sabiendo bailar la polca y comer foie-gras uno estaba bien pertrechado para la profesión. Luego, el autor de *Pepita Jiménez* sería destinado a diversas embajadas en donde imaginamos que se percataría de que hay que tener algún bagaje superior a lo que él sostenía. Similarmente «ocurrente» y estúpidamente machista es la conclusión de John Hay: «Hay tres clases de criaturas que cuando parece que vienen, se van y cuando parece que se van a marchar, vienen: los diplomáticos, las mujeres y los cangrejos». Alguien asimismo definió a este profesional como «un hombre que lo piensa dos veces antes de no decir nada».

No menos sarcásticamente lapidario es Ortega y Gasset, del que podría escribirse en esta ocasión que nunca una mente tan lúcida dijo una memez mayor, cuando escribía: «Estos hombres de la Carrière son el universal casi. Son casi elegantes, casi aristocráticos, casi funcionarios, casi inteligentes y casi Don Juanes, pero el casi es el sinónimo de la ausencia».

La plaga se extiende, sobre todo al principio del mandato de los políticos, a otras latitudes.

El presidente Kennedy comentó que Winston Churchill había dicho que «el secreto de la supervivencia del Imperio británico se debió a que no se confiaba en las opiniones de nuestros enviados en los países». Nunca entendí lo que quería decir hasta recientemente.

La lista es larga, por la ingeniosidad de las frases, muchas de ellas pronunciadas, como apunto, cuando sus autores aún no han tenido contactos con diplomáticos. Menos difundidas son las miles de veces en que los políticos han tenido un desliz considerable, alguno de consecuencias monumentales, por soslayar la opinión de Exteriores o de los diplomáticos. Dado que hemos aludido a Estados Unidos, mencionaremos dos ocasiones.

La principal razón de la ruptura a principios de los sesenta de Estados Unidos con Cuba, que se prolonga hasta la actualidad, fue la negativa de las refinerías estadounidenses en Cuba a procesar petróleo soviético. La medida fue sugerida por el secretario de Comercio R. Anderson a espaldas del secretario de Estado. Cuando Carter ideó montar la operación de rescate de los rehenes estadounidenses secuestrados en su embajada en Teherán, programó adrede la reunión del Consejo Nacional de Seguridad en que se confirmaría la operación cuando estaba ausente el secretario de Estado Cyrus Vance. Es posible que la presencia de Vance no hubiera alterado el curso de los acontecimientos, pero el hecho es que la operación abortó y pulverizó las posibilidades de Carter de ser elegido, lo que hizo rey a Reagan.

El cliché peyorativo de la profesión diplomática está extendido en el ciudadano de a pie por el desconocimiento considerable que hay sobre lo que hacen los diplomáticos y sus limitaciones para atender a los españoles en el exterior. El ciudadano español que viaja piensa, con frecuencia, que la embajada o el consulado existen para solucionar *todos sus problemas*. No ya para expedirle un pasaporte si se lo han robado o para repatriarlo si ha habido una catástrofe, sino *todos* los problemas y necesidades. No es raro que un compatriota tenga un accidente de coche, se despierte en un hospital donde está aceptablemente atendido y que se encuentra a 760 kilómetros del lugar donde reside el cónsul español más cercano y comente inmediatamente: «Y el cónsul de España, ¿dónde está el cónsul? Si esto le ocurriera a un francés, esto no pasaría».

Más llamativo y trágico es el caso de los jóvenes que son detenidos entrando droga, poca o mucha, en un país; cada nación penaliza el supuesto de forma diferente. La familia del compatriota que, en ocasiones, ha visto sorprendida su buena fe por alguien que lo ha engañado entregándole un paquete «inocuo», no sólo espera que lo atiendas y le busques defensa, esto es correcto y exigible, sino que pronto muestra su extrañeza porque el consulado no logre sacarlo rápidamente («pero si lo han engañado, si es muy joven, si siempre ha sido un buen muchacho, si no tiene antecedentes... ¿qué está haciendo el consulado?»).

En Estados Unidos —lo he vivido—, la extrañeza y las quejas también son frecuentes por algo para nosotros menor: una persona ha excedido el tiempo del visado concedido por las autoridades y es sorprendido, lo que no ocurre todos los días pero ocurre. La persona en cuestión es deportada sin contemplaciones y, a menudo, mientras se hacen los trámites para expulsarlo, es encarcelado como un delincuente durante varios días, en algunos casos. No todas las familias españolas, a las que el consulado llama para contarles la situación y tranquilizarlas, comprenden el tema. «¿Cómo es posible que por haberse excedido mi hija unas tres semanas, lleve ya tres días en la cárcel estando dispuesta a marcharse y teniendo el billete de avión? ¿Y el consulado no logra sacarla? Pero ¿para qué sirve el consulado en un caso tan sencillo?» No se acaba de percibir que el tema no es tan simple, que cada país legisla soberanamente en cualquier asunto. Si las penas existen, aunque en nuestro país el tema no esté tipificado, el consulado no puede cuestionar la legislación ni su aplicación.

¿Qué hacen pues los dichosos diplomáticos, en el día a día, aparte de, como se critica mordazmente, pavonearse en esos opíparos cócteles diarios? La hija de mi compañero Carlos Carderera, autor de unas ingeniosas memorias —lamentablemente inéditas—, contaba a unas amiguitas cuando tenía ocho años que inquirían a qué se dedicaba su padre que «mis padres van a los bares por las tardes». Olvidaba la cría, como muchos adultos, que su padre, con más gusto, se habría quedado en casa o entrado en un cine con un jersey y un pantalón de pana. Se olvida con frecuencia que bastantes de la profesión estamos hasta, por su repetición, el gorro de esos cócteles y que comulgamos con lo que escribió Gerald Durrell: «Los animales son más honestos y francos; no tienen aparentemente pretensiones, no inventaron la tortura y, sobre todo, *no dan cócteles*».

El artículo 3 del convenio de Relaciones Diplomáticas nos dice a qué se dedica y cuáles son las funciones de una misión diplomática:

a) Representar al Estado acreditante (España) ante el Estado receptor (Francia, Marruecos, Argentina...).

No hace falta extenderse sobre esto. La embajada de España en Austria es la que representa al Estado y al rey, recibe comunicaciones oficiales, manifiesta nuestro interés en un tema determinado, pide un voto...

b) Proteger los intereses de España. Recientemente tenemos la actuación de nuestra embajada en Estados Unidos para obtener la devolución del tesoro de nuestra nave *Nuestra Señora de las Mercedes*, que nos había sustraído una empresa internacional dentro de los límites permitidos...

c) Negociar un acuerdo de pesca, de emigración, comercial...

d) Informar sobre los acontecimientos en el país receptor. ¿Es el nuevo presidente argentino amigo de España? ¿Tiene intenciones ocultas de nacionalizar las empresas extranjeras? Si Estados Unidos va a ser en 2012, por primera vez desde 1949, exportador neto de petróleo —lo que es un hecho— y esa tendencia, por explotación de esquistos, ahorro de las familias..., irá en aumento, los embajadores en Estados Unidos de los países exportadores de petróleo: Arabia Saudí, Venezuela, Rusia... harán informes exhaustivos para sus gobiernos. Estos, y otros, entenderán las repercusiones.

En ocasiones, sobre todo en las potencias globales, la línea entre la obtención de información y el espionaje es un poco borrosa. El movimiento de tropas hacia una frontera de un país que va a iniciar una guerra es, a veces, notorio (Estados Unidos en Irak), pero otras, una embajada que tenga informantes incrustados en los círculos de poder locales o en zonas neurálgicas realiza una labor de información inapreciable. Recordemos el caso del famoso espía Sorge que informó con precisión a sus jefes soviéticos de que Japón no iniciaría un ataque en el frente oriental, lo que facultaba al alto mando soviético a concentrar sus fuerzas en el frente contra Alemania. Stalin hizo caso parcial de Sorge pero la revelación era vital.

e) Fomentar las relaciones económicas, culturales y científicas. La embajada puede llegar a un acuerdo con París para hacer durante dos meses una exposición en Francia de cuadros de Sorolla y en Valencia y Madrid una de Manet y Monet, dar becas para doctorarse en España, etc.

Si lo que he desarrollado de forma sucinta es aplicable fundamentalmente a las embajadas, varias de esas funciones, las culturales y de información, son asimismo realizadas por los consulados aunque éstos centren, sobre todo, su actividad en la asistencia a los españoles tanto a los que residen en la zona del consulado (era ésta una obsesión de uno de mis jefes, el ministro Matutes) como de los transeúntes o viajeros.

Como he apuntado, hay compatriotas, sobre todo los viajeros, que no comprenden exactamente lo que puede y no puede hacer un consulado.

De entrada, un consulado de España cubre en ocasiones un territorio enorme. Cuando era titular en Los Ángeles a fines de la pasada década, mi demarcación cubría la mitad de California y los estados de Utah, Arizona y Colorado. Un territorio mayor que España. En consecuencia, para atender raudamente a un español tenía que tratarse de una emergencia. Si no es grave tienes otras cosas que reclaman tu atención y el presupuesto de Exteriores no es el del Rey Midas. Recuerdo que en las postrimerías de mi estancia allí, una docena de oriundos, alguno de ellos de cierta edad para tomar el avión a Los Ángeles desde Arizona, manifestaron su voluntad de recuperar la nacionalidad; debían ser nietos de españoles, en base a la Ley de la Memoria Histórica.

Propuse a Madrid trasladarme a Phoenix, en turista, sin secretaria, claro, pues no se me caían los anillos tomándoles una declaración que debían legalmente hacer ante mí y permanecer sólo una noche en el hotel para que nos saliera baratito y el Estado no se arruinara. No es que no se me caían los anillos, estaba encantado, pues el viaje eran unas dos horas y hacía meses que no estaba en Phoenix, que era mi parroquia; podría charlar con nuestros compatriotas o los que querían serlo y después regresar. Fue que no: el viaje costaba, *en total*, unos 428 euros, y la superioridad me dio a entender que no había fondos.

Al funcionario no le faltaba la voluntad, ya digo que no era nada engorroso, pero puede que alguno de los que me esperaban pensara que el cónsul era un frívolo. No era así. Lo curioso, paradojas de los presupuestos gubernamentales, es que en la fecha en que se me denegaba esa comisión de servicios, la vicepresidenta Fernández de la Vega viajaba a Nueva York en el gran avión oficial con treinta y nueve personas, para un evento que aunque pidiera su presencia, lo que era harto discutible, podría haberse resuelto con ella y media docena de acompañantes.

Cualquiera de los treinta y nueve, con estancia de tres o cuatro noches en un céntrico hotel neoyorquino, tuvo un gasto cuatro o cinco veces superior al que hubiese incurrido yo. Misterios de las decisiones de la superioridad.

Retomando el tema, veamos a nuestros compatriotas viajeros. Los españoles viajan a menudo:

— Sin contratar seguro médico.
— Desconociendo que hay acciones que en España son permitidas (tirar gomas de mascar al suelo) y en otros países son punibles (Singapur) y otras que en nuestra nación son castigadas con un determinado baremo (tráfico de drogas) y en otras latitudes con mucha mayor dureza (incluso el mero consumo de drogas).
— Olvidando que el país al que se dirigen no está obligado a admitirlos si no han realizado todos los trámites de visados, vacunas...

Los consulados pueden y deben:

— Dar información general sobre el país.
— Expedir pasaportes, prestar servicios de Registro Civil, notariales, legalizar documentos, casar a residentes (aunque no se haga con personas del mismo sexo cuando el país en que se está acreditado no admite esta clase de matrimonio).

Los consulados:

— No son agencias de viajes, no cambian reservas de hoteles, no ponen intérpretes o guías a los turistas.
— No son agencias de colocación. No pueden conseguir un trabajo a Josechu o a Nuria por preparados que estén, por formales que sean, por muchos idiomas que hablen.

— No pueden avalar económicamente, ni prestar dinero. En ocasiones pueden prestar una *pequeña* cantidad para que el compatriota que se encuentra momentáneamente desvalido pueda regresar a España.

— No pueden garantizar un tratamiento mejor que el otorgado a un nacional en una cárcel («pero si le dan una comida que es una bazofia, ¿por qué no interviene el cónsul?, si fuera americano no lo tratarían así...») o en un hospital.

El número de mujeres empieza a crecer en nuestro servicio diplomático después del paréntesis reciente. Entre 1939 y 1968, el acceso sólo estaba permitido a los hombres. Un resabio de otras épocas generalizado en todas las latitudes. Hace un siglo, el encargado de la selección de diplomáticos en Estados Unidos advertía del peligro de que se colaran mujeres. El mayor obstáculo, decía, «es su bien conocida incapacidad para guardar un secreto». En los años veinte, otro cargo del ministerio yanqui declaraba, como segunda limitación, que no podrían ser enviadas a América del Sur porque «la actitud sexual de los latinoamericanos les impediría desarrollar su trabajo». El señor deducía que la reputación de una diplomática estadounidense se vería seriamente afectada si tenía que entregar urgentemente de noche una nota a un funcionario latinoamericano.

El presidente Suárez modificó su visión de «la Carrera». Irónicamente, sería un diplomático quien sustituiría a Carmen Díaz de Rivera, el competente Alberto Aza, y Suárez acabaría rodeándose de varios de ellos, el sabio Bregolat, entre otros, que no salían corriendo, en temas que el presidente quería reservarse o, más frecuentemente, ser él quien lo comunicase al ministro, a chismorrear en Exteriores sobre lo divino y lo humano.

Adolfo Suárez

El mago de la transición

—¿Cómo está la canallesca?

—Normal, muy concentrada, por cierto, en el terrorismo y en el tema de Rupérez.

—¿Ah, sí? ¿Muy concentrada?

—Sí, mucho, y creo que en la rueda de prensa ése va a ser el tema estrella.

Estamos en París el 27 de noviembre de 1979, segundo y último día de la visita oficial de Adolfo Suárez a Francia adonde yo le había acompañado como subdirector de la Oficina de Información Diplomática del Ministerio de Asuntos Exteriores, es decir, como encargado de pastorear a los periodistas. Quien me preguntaba era Ramón Soignie, jefe de Gabinete del ministro de Exteriores Marcelino Oreja. El año anterior, estando yo destinado en Lisboa, los dos acompañaron a los reyes en su primera visita a Portugal y yo, que conocía a Soignie por haber trabajado a sus órdenes al iniciar mi carrera, le apunté que los periodistas portugueses no sólo harían preguntas bonachonas al ministro en la rueda de prensa: que si la importancia del Tratado que íbamos a firmar, que si el rey era muy amable dirigiéndose a sus interlocutores en portugués, que si con la democracia los dos países iban a dejar de vivir «de costas» (de espaldas), que si España había superado la afrenta del saqueo de nuestra embajada en Lisboa de 1975... No. Lógicamente formularían cuestiones más incómodas, como la de la temida contaminación de los ríos que llegaban a Portugal por la instalación en su cabecera de centrales nucleares en España, si España tomaría medidas de retorsión por la expropiación que la revolución de los claveles había realizado a ciudadanos españoles...

Soignie quiso que trasladara mis pálpitos al ministro; acerté en más de uno, y ahora, en París, con un horizonte no muy sosegado de las relaciones hispano-francesas, me pidió otra vez que trasladara mis pálpitos a la superioridad. Barruntar lo que interesaba a la gente de nuestra prensa no tenía mayor mérito. Los periodistas, con alguna excepción, claro, como en los fontaneros, los notarios o los informáticos, son profesionales. Indagan sobre lo que coligen constituye la preocupación de sus lectores y, en ocasiones, sobre lo que es alguna obsesión de sus jefes por tener éstos una teoría personal sobre un determinado acontecimiento. En consecuencia, en vez de quedarme en el almuerzo con la delegación remoloneando cerca de mis señoritos para que vean lo que vales, me marchaba regularmente a comer con un puñado de periodistas. En la comida, sin tener que sonsacarlos arteramente, ellos se explayan sobre sus inquietudes o los puntos negros del momento y tú te limitas a hacer las cuentas y a deducir.

Subí, pues, con Soignie a la planta superior de nuestra elegante embajada en la rue George V mientras nuestros servicios de seguridad decidían cambiar, en un gran salón de la entrada, el lugar en el que Suárez se sentaría para atender a la turba de periodistas que acudirían a la rueda de prensa. Suárez y nuestra transición despertaban una considerable expectación en Francia y Europa. Alguien había notado que desde la posición inicialmente escogida, airosa decorativamente, nuestro presidente podía ser alcanzado por algún desalmado desde el exterior.

Arriba, Oreja me pasó al salón en el que Suárez paseaba reconcentrado. No me pareció que estuviera rumiando sus respuestas para la rueda de prensa sino cavilando sobre otras preocupaciones. ¿El paternalismo trasnochado de Giscard en sus entrevistas?

¿La escasa colaboración de Francia ante los zarpazos criminales de ETA? ¿La situación angustiosa de Rupérez? ¿Habrían trasladado los terroristas a Rupérez a Francia donde lo tendrían secuestrado en algún sótano? Suárez nos pidió que nos sentáramos; declinamos hacerlo porque él siguió de pie, y escuchó con atención la media docena de cuestiones que, colegía yo, nuestros *boys* y *girls* consideraban llamativas. Al comenzar mi letanía sobre Rupérez dijo algo así como: «No puedo detenerme en eso, en las circunstancias en que estamos tengo que ser más que prudente... no puedo».

El tema del terrorismo saltó pronto en la conferencia. No había que ser Nostradamus ni el pulpo del Mundial de Sudáfrica para percatarse de que el secuestro de Rupérez, un diputado español, por una banda terrorista que encontraba frecuente refugio en Francia suscitaría más preguntas aun de las esperadas en cualquier periodista por lerdo que fuera. El gobierno francés sostenía con egoísta contumacia que se trataba de un asunto interno español, aunque era un hecho archiprobado que la banda terrorista se movía con considerable impunidad en el país vecino. Suárez se limitó a decir: «Hemos hablado del terrorismo con carácter general, es una lacra que asuela a muchos países democráticos... He expuesto en profundidad mis ideas y no tengo más comentarios que hacer en este momento». Señalaba *ABC* que los periodistas insistieron en un par de ocasiones y el presidente no abandonó su parquedad.

Suárez no podría dedicarle excesivo tiempo a la política exterior. No es que no le gustara; pienso, por lo que vi en los viajes con él, que sí, y su personalidad o sus ideas llamaron la atención de políticos tan dispares como el alemán Helmut Schmidt o Margaret Thatcher, con la que recuerdo que se había entrevistado largo y tendido en Belgrado cuando acudieron al entierro de Tito. Era simplemente que tuvo que ocuparse esencialmente de la política interna y más en concreto de gestionar el paso a un gobierno democrático. Una tarea absorbente dada la situación que vivíamos.

Ante los desafíos internos, la política exterior no podía ser un tema prioritario. En este campo, como veremos, las relaciones con Francia constituirían probablemente el mayor quebradero de cabeza. Suárez confesó en varias ocasiones a Jaime Peñafiel, el periodista que más veces lo entrevistó, que «el peor momento del año es cada vez que un español muere víctima del terrorismo» (12 de enero de 1980), añadiendo en otra ocasión: «Las Navidades han estado ensombrecidas por los actos terroristas; es lo que más me ha perturbado política y personalmente». Tuvo que apurar hasta las heces el amargo cáliz del terrorismo: sólo en el año que precedió a su dimisión hubo 91 asesinados por ETA. La «conexión» francesa sería importante causa de sus desvelos.

¿De dónde venía Adolfo Suárez?

Sin restar un ápice al papel desempeñado por el rey en abundantes momentos vitales y, *noblesse oblige*, al de la insospechada madurez de los españoles, hay que concluir que Adolfo Suárez fue el artífice más obvio de la transición a la democracia. Su sucesor, Calvo-Sotelo, es bastante gráfico cuando escribe: «El hombre que de verdad hizo la transición fue Suárez, que no sabía absolutamente de nada».

Suárez, cuyo trágico destino lo asemeja a un personaje de una tragedia griega, nació en Ávila en el seno de una familia de clase media de pocos recursos. Hizo el bachillerato en esa ciudad y luego derecho por libre en Salamanca con mediocres calificaciones. Desde muy joven sintió el gusanillo de la política. Su gran valedor en sus inicios sería una destacada figura del franquismo, Fernando Herrero Tejedor, que lo fichó cuando era gobernador civil de Ávila. Ya de joven, incluso la primera vez que visitó a su futuro suegro, comentaba que su ambición era ser presidente del Gobierno. Su mujer apuntaría resignadamente años más tarde: «Adolfo era político casi desde que nació».

Se trasladaría posteriormente a Madrid viviendo con estrecheces en un colegio mayor, trabajó incluso de maletero en una estación. Herrero Tejedor lo recuperó como jefe de su secretaría en la Delegación de provincias y Suárez acabó aterrizando de gobernador civil en Segovia. Dice Abel Hernández, que lo conoce bien, que el político abulense tiene «la cualidad de estar en el lugar adecuado y en el momento apropiado». Podría añadirse, además, que de buscar el lugar adecuado, es sabido que en algún momento de sus comienzos, el joven Adolfo marchó a veranear a La Manga del Mar Menor sabiendo que allí era fácil cruzarse con el todopoderoso Carrero Blanco. En su ocurrente librito (*Figuras de la fiesta nacional*, ed. Argos Vergara), el desaparecido Cuco Cerecedo arranca así la semblanza del político: «Adolfo Suárez, "El Posturas de La Moncloa", es probablemente el torero que mejor ha asimilado todo el rico repertorio de lances de la fiesta nacional de los últimos cuarenta años. Ya como novillero se preocupó por situarse al lado de las figuras *que mandaban en los ruedos en cada momento*, tomando nota de sus más hábiles recursos y de su saber estar ante las diferentes clases de ganado...». Hay otros retratos jugosos de Felipe González, «Morenito de Bonn»; Manolo Fraga, «El Niño del Referéndum»; Santiago Carrillo, «Currito de la Zarzuela», etc.

En Segovia, la familia Suárez pasó una de las épocas más felices de su vida y, más importante aún, el político conoció al entonces príncipe Juan Carlos con el que hubo una pronta sintonía. Suárez, al ser preguntado posteriormente por Sol Alameda en *El País* si era monárquico de toda la vida, respondió: «Ni mucho menos. Mi familia era fundamentalmente republicana, mis dos abuelos por ejemplo. Ésa fue la educación que recibí».

Su frecuente trato con don Juan Carlos le llevó a concluir que una monarquía parlamentaria era lo más conveniente para nuestro país. En la misma entrevista confesaría: «Conocí al príncipe y entonces empiezo a pensar que puede no ser conveniente plantearse el hecho de la forma de Estado del modo que yo entendía. Porque la forma monárquica está ahí y es la más lógica. Conozco al príncipe... y nos hacemos amigos». En 1967, frente a una persona más cercana al aparato del Régimen, gana unas elecciones a procurador de las Cortes franquistas. En 1970, tal vez por indicación del príncipe, es nombrado director de Radio Televisión Española, la única cadena existente hasta el momento, un instrumento mediático poderoso y Suárez se ocupa de mimar al príncipe, de potenciar su imagen, sacándolo de forma cuidada y relativamente frecuente en fechas en que gentes del Régimen lo ninguneaban, lo ridiculizaban y hacían comentarios implicando que sus posibilidades de suceder a Franco eran harto escasas.

Que Suárez olfateaba por dónde iba la historia y que era una persona audaz nos lo muestra su tratamiento de la boda de Carmencita, nieta de Franco, con don Alfonso de Borbón, primo de don Juan Carlos. Algunos duros del régimen franquista alimentaron la ilusión de que Franco podría dar frenazo en su designación de don Juan Carlos e inclinarse por su inminente nieto. (El rey diría más tarde que nunca creyó que el general pensara hacer eso.) El enlace fue pronto la boda del siglo: la agraciada nieta mayor del dictador casándose con un apuesto nieto del rey Alfonso XIII es, probablemente, la mayor tirada de la historia de la revista *¡Hola!* El ministro de Información y Turismo, Sánchez Bella, de quien dependía Televisión Española, dio orden de que se retransmitiera en directo. Suárez se negó desobedeciendo órdenes de su superior; no quería hacerle el juego a los que querían socavar las posibilidades de don Juan Carlos. Brotaron chispas; en la pugna, Suárez acabó presentando su dimisión, que le sería momentáneamente aceptada por Sánchez Bella. Ministros destacados influyeron para que siguiera en el puesto. Suárez ganó un pulso delicado, fue perspicaz sobre el sentido de la historia y sobre las cualidades del príncipe.

Antes de morir Franco, don Adolfo confesaría a Luis Herrero, hijo de su protector: «El príncipe no tiene un pelo de tonto, sabe perfectamente lo que quiere. Tiene claro que la única salida posible es que España llegue a tener una democracia como la de todos los países de nuestro entorno». Cuenta Samuel D. Eaton (*The Forces of Freedom in Spain*, ed. Hoover Institution Press), que fue segundo en la embajada estadounidense en Madrid de 1974 a 1979 y que quedaría al frente de ella en más de una ocasión, que Suárez le confesó en el verano de 1975 que el general debería dimitir y dejar el puesto a don Juan Carlos. Eaton, como todos los embajadores yanquis, debió de tener fácil acceso a palacios y ministerios y concluye que la impresión en los primeros años es «que Suárez le había salido al rey mejor aún de lo que esperaba».

Repescado por Herrero Tejedor como vicesecretario general del Movimiento, acabaría sucediéndole en la cartera en el primer gobierno de la monarquía. (Herrero Tejedor, del que se decía que tendría futuro con el cambio de régimen, había fallecido en un accidente de automóvil. Suárez, aparte de gratitud por su padrinazgo, tenía una profunda amistad con él, según cuenta Luis Herrero. Hasta que enfermó, el ex presidente estuvo colocando una flor diariamente en la tumba de su mentor.) Probablemente, el presidente Arias Navarro recuperaría al abulense como ministro aconsejado por Fernández Miranda, que a su vez estaría influido por el ya rey.

No hay la menor duda de que el monarca, habiendo forzado la dimisión de Arias, sería el sumo y único inspirador del paso siguiente, el de la promoción a presidente de Suárez, del hombre que el rey pensaba atinadamente que podría sin excesivos sobresaltos pilotar la transición. Para ello contó con la habilidad de Fernández Miranda, quien logró con mano izquierda incluir el nombre de Suárez en la terna que, de acuerdo con la legalidad vigente, el llamado Consejo del Reino debía proponer al rey. Como señala Oneto, «Torcuato Fernández Miranda consiguió complicar todo el sistema para lograr sus propósitos». Después de dos días de deliberaciones, a don Torcuato no debió de importarle que los otros dos integrantes del trío, dos eficaces ministros del franquismo, sacaran más votos: Silva Muñoz 15 y López Bravo 13, mientras Suárez obtenía 12. Pudo así pronunciar ante los periodistas la frase histórica «creo que estoy en condiciones de ofrecer al rey lo que me ha pedido», lo que probaba a las claras que don Juan Carlos tenía un obvio favorito. Era el 3 de julio de 1976.

El rey pediría a Suárez, sin más explicaciones, que pasara esa tarde por la Zarzuela a tomar un café. El político, hecho un manojo de nervios —¿era él?, ¿lo habían dejado fuera?—, llegó a palacio donde el rey, gastándole una broma, se había ocultado detrás de una puerta observándolo. Por fin salió don Juan Carlos y después de prolongar el suspense diciéndole que le quería pedir un favor, le preguntó si quería ser presidente del Gobierno. Suárez tenía 42 años.

La noticia de la elección fue acogida con estupefacción, decepción y extendido rechazo. Hubo críticas en *Cuadernos para el Diálogo*, *El País* y otros, repulsa en la oposición y desencanto en muchas figuras políticas. Los dos descartados manifestaron que no entrarían en el gobierno. Areilza, el más frustrado, haría lo propio. El culto político y avezado diplomático había errado totalmente; aunque la afirmación de que estaba descorchando el champán en su casa cuando llegó la noticia con el nombre del elegido parece inventada, estaba convencido de que tenía enormes posibilidades y horas antes de la votación se explayó ante Oreja con la composición de su eventual gabinete. Oreja iría a Presidencia y «para Exteriores había pensado en su consuegro Antonio Garrigues». Areilza ni siquiera iría en la terna. En el mundillo político se comentaba displicentemente y de modo generalizado que Suárez no lograría formar un gobierno «presentable».

La decepción en los medios extranjeros también fue patente. *The Times* de Londres sostuvo que «el nombramiento era una sorpresa, ya que se había creído ampliamente que sería elegido un hombre más liberal». Su corresponsal William Chislett escribiría elogiosamente años más tarde: «Suárez demostró a la mayoría, incluyéndome a mí, que estábamos equivocados».

Que Suárez despertaba reservas hasta en la derecha lo comprobamos en el poco sospechoso semanario *¡Hola!* Al poco de llegar al poder y al iniciarse la campaña para las primeras elecciones, Peñafiel, redactor jefe de la revista, hizo un viaje a Canarias con Suárez, candidato en las primeras elecciones, y encontró auténticos problemas con el propietario y director para colocar un pequeño reportaje sobre el asunto.

Más tarde, las cosas cambiarían; a Suárez se le perdonaría la legalización del Partido Comunista, se despejó la suspicacia y sería entrevistado en su mandato en unas seis ocasiones por Peñafiel tal como recoge éste en *La historia de Hola* (ed. Temas de Hoy). Suárez, comentaría *Diario 16*, «a través de una revista que tira 600.000 ejemplares busca influir en un censo del que 52 % son mujeres. A UCD le habría costado muchos millones la publicidad que su líder obtiene con las ocho páginas de *¡Hola!*». La UCD de Suárez ganaría las primeras elecciones democráticas de 1977 con 166 diputados, el PSOE obtendría 118. Era un espaldarazo ante Europa. Narra Eaton en su libro que en la embajada británica le decían que la reacción del gobierno laborista de Londres estaría determinada no por haberse celebrado elecciones sino por el hecho de si «los socialistas españoles las consideraban libres y correctas en todos los aspectos».

A diferencia del desarrollo mastodóntico que ha tenido la Presidencia del Gobierno, lógico sólo hasta cierto punto, con centenares de asesores en la era Zapatero en el complejo de La Moncloa, modernos medios materiales, desahogadas instalaciones, Suárez arrancó inicialmente su Presidencia en el vetusto palacio de Castellana con recursos rudimentarios mientras continuaba viviendo en su piso de Puerta de Hierro. Los responsables de seguridad le convencieron de que la situación no era sostenible y la familia, sin excesivo entusiasmo de su esposa, se trasladó a La Moncloa. Allí, en un primer momento, el aparato a su disposición era muy modesto. Narra Javier González de Vega, su primer jefe de Protocolo, que al principio no contaban con suficientes máquinas de escribir, había que turnarse, y que en diciembre, meses después de la toma de posesión, surgían frecuentes problemas para ir a Exteriores o cualquier otro ministerio porque sólo se contaba con dos coches de incidencias.

El nuevo presidente era persona frugal y austera. Le bastaba con frecuencia una tortilla francesa para comer o cenar y parece que le ponía nervioso cualquier tipo de despilfarro. Cuenta el mismo González de Vega que descartó como un disparate la sugerencia de enviar en el santo de la reina un regalo oficial del gabinete; alguien apuntó que a doña Carmen de Franco se le obsequiaba con una alhaja. Decidió que bastaba con un ramo de flores con un tarjetón con las firmas de los ministros. En otra ocasión, sabiendo que el peletero Arturo había enviado a Amparo Suárez unas pieles para que las luciese en un viaje oficial a Estados Unidos, subió al cuarto de estar donde estaba su mujer con un par de amigas y después de piropear lo guapa que estaba con alguna de las prendas le dijo que había que devolver inmediatamente todo. «Te prometo —añadió— que en cuanto pueda te voy a regalar un abrigo de visón.»

Adolfo Suárez y Amparo Illana se casaron en Ávila en 1961. Amparo era persona amable, con muy buena planta y, por lo que cuentan, de carácter. Hablaba inglés por haber estudiado en Inglaterra. Luis Herrero dice que era una mujer acogedora, hospitalaria y atenta, muy aficionada al cine y al teatro y apasionada del baile. Bromeaba por ello diciendo que le hubiera gustado ser corista. El biógrafo y amigo de los Suárez añade que era además una mujer religiosa «que intentaba impulsar valores cristianos dentro de la convivencia familiar». Narra al hilo de ello una divertida escena. Herrero había acudido a La Moncloa a ver una película en la tele. Los protagonistas del filme comenzaban a retozar, y él ya había desabrochado dos botones de la blusa de ella mientras le buscaba los labios glotonamente. En ese momento, Javier, el menor de los

Suárez, se postró de rodillas y mirando a la pantalla se dirigió suplicante a la prota: «Resiste, por favor, porque si no me mandan a la cama».

Amparo Illana no gustaba del boato de las ceremonias oficiales. Mostraba su alegría cuando su marido le comunicaba que en tal visita de Estado a España sólo tendría que asistir a un par de actos. Al llegar a la Presidencia admitió: «Con esto va a ser complicado llevar la vida que a mí me gusta». Por otra parte, detestaba los viajes en avión. Eso no me permitió conocerla.

Confesaba la señora de Suárez a Jaime Peñafiel, en una de las primeras entrevistas que dio la pareja, que «Adolfo no se amilana jamás». Dio pruebas abundantes de ello. En la misma entrevista, el propio presidente declaraba que tenía «grandes limitaciones y grandes lagunas». Aunque las tuviera, es obvio que la cobardía no era una de ellas. Lo probó con gallardía ante millones de españoles en la tarde del fallido golpe de Estado del 23 de febrero cuando permaneció en su escaño «sin amilanarse». Nuestra generación no olvidará esa estampa.

En fechas anteriores, cuando se oían rumores de sables y gente de su partido y algún socialista coqueteaban con la idea de desplazarlo formando un gobierno de coalición con un militar a la cabeza, Suárez comentó con resolución que sólo lo sacarían de La Moncloa con los pies por delante. En una visita privada del rey Hasan a Madrid hubo una cena con el rey, Suárez, etc., en la que, cuenta Marcelino Oreja, se produjo «un duro enfrentamiento dialéctico entre Hasan y Suárez». El ministro apunta que el rey marroquí comparó la solidez de su régimen como contrapunto a la situación interna española y la crisis del Sahara y que Suárez rebatió «con dureza los argumentos de Hasan». Abel Hernández, menos diplomático, va temerariamente más lejos. Sostiene que Hasan dio a entender que Ceuta y Melilla eran indefendibles porque Marruecos podía bombardearlas con toda facilidad y que Suárez respondió con firmeza que España replicaría bombardeando Casablanca o Rabat.

Conocí a Suárez en Lisboa en 1977. Yo era consejero en la embajada y él fue en viaje oficial. Gustó a los políticos portugueses. Una de las noches, como acostumbraría hacer en sus desplazamientos al exterior, invitó a todos los funcionarios de la embajada a quedarse y tomar un café una vez que había concluido la recepción oficial. Era un encantador de serpientes en el cuerpo a cuerpo y nos marchamos convencidos de que no era precisamente un fantasioso, sino que su propósito democratizador era sincero y realista. Un agregado militar veterano, suspicaz hacia los cambios bruscos, me comentaría: «Buena labia sí tiene».

Más tarde, cuando volví a Madrid, Marcelino Oreja, no sé si por la forma en que salió el viaje de Suárez a Venezuela y Cuba, o por escasez momentánea de personal, dio instrucciones de que se me incluyera en los desplazamientos oficiales. Más tarde, en el desplazamiento del presidente a Arabia Saudí y Siria que concluyó con escala en Belgrado por la muerte de Tito y donde seríamos una de las 104 delegaciones que asistieron al sepelio, Suárez le dijo a Oreja que tenía que «traspasarme» a La Moncloa. Me iba a ocupar de los viajes y medios de información extranjeros.

En una ocasión, me topé al presidente en un pasillo y me pidió que asistiera a una reunión que iba a tener con su sanedrín esa tarde. Lo hice gustoso, claro. Expuso en detalle las líneas de una intervención importante (¿moción de censura?) que haría al día siguiente en el Congreso. Al concluir pidió opiniones y yo comenté: «A tus votantes y a mi madre, que ya te ha votado y desde que me "fichaste" te tiene "expuesto" al lado de la tele, los habrás convencido rotundamente, pero a otra mucha gente no, queda un poco bla-bla». Me pareció que le parecía digna de consideración mi observación pero después, ya fuera, uno de sus asesores séniors me dijo en el jardín: «Ten cuidado con llevarle la contraria porque un día te revuelca». No me convenció. Si no eres palmero, y detesto serlo, debes decir lo que piensas.

Los que viajamos con él pudimos empaparnos de su entereza, de su sentido del Estado y de la dignidad de su cargo. En su primera visita a París, Giscard, que parecía mirarlo como un advenedizo y que pretendiendo ignorar la Constitución española quería tener como interlocutor al rey, no salió a recibirlo a la escalinata de entrada al Elíseo como es habitual. Incluso cuando dentro del palacio Suárez enfilaba el primero de los salones al fondo de los cuales se vislumbraba la puerta entreabierta del despacho del presidente francés, éste no aparecía. El español, para estupor de Protocolo, se paró en seco y se detuvo a examinar detenidamente un cuadro. Alguien sugirió que siguieran y nuestro presidente escudriñaba más aún el cuadro y permaneció clavado ante él hasta que el «monarca» Giscard se dignó salir de su despacho y venir a acogerlo.

1976: REGRESO AL PASADO

La España que heredó Adolfo Suárez en 1976 —al ritmo que va la historia, los treinta y cinco años que han transcurrido son una eternidad— no tenía mucho que ver con la actual. España contaba con unos treinta y seis millones de habitantes; los inmigrantes (ecuatorianos, marroquíes, rumanos, dominicanos...) que vemos hasta en pequeños pueblos españoles no habían llegado; el número de españoles en el extranjero era infinitamente superior al de extranjeros en España; el euro no existía; el muy popular Citroën 2CV valía 138.000 pesetas; no había divorcio y el aborto, en cualquiera de sus formas, estaba penalizado. Tarareábamos, entre otras, las canciones de la irrepetible Cecilia («Dama dama», «Un ramito de violetas», «Un millón de sueños», etc.), joven cantautora que encontraría la muerte en el verano expectante de la toma de posesión de Suárez. Ninguna mujer había entrado nunca en la Real

Academia de la Lengua, la primera sería Carmen Conde en 1978; sólo había dos féminas en la carrera diplomática española (de un total de 640); en fútbol, nuestra Selección seguía con el maleficio, los triunfos futbolísticos del inicio de este siglo eran sueños de una mente calenturienta. En moto, eso sí, reinaba Ángel Nieto, y la fondista de cross Carmen Valero se proclamaba campeona mundial en 1976 y 1977.

La información política en la radio era monopolio de Radio Nacional, las otras cadenas no tenían los boletines informativos, y el panorama de la prensa era diferente del actual. Al concluir la década de los setenta, el periódico de mayor tirada era *La Vanguardia* (195.555 ejemplares de difusión), seguida del *As*, *ABC*, *El País*, *Ya* y *Marca* (90.594). El destape comenzaba a aflorar en las publicaciones. Meses antes de la llegada de Suárez, el gobierno había intentado poner vallas al «desmadre» estableciendo ciertas limitaciones: los desnudos no podían aparecer en las portadas, no podían ser totales ni de frente y las revistas con claro destape tenían que venderse enfundadas. La ola, sin embargo, era imparable, el erotismo aparecía como estandarte del cambio, y la norma fue soslayada. Cuando la revista *Interviú* desnudaba nada menos que a Marisol, aquella niña de envidiable simpatía y desparpajo que el régimen anterior había intentado mimar, y vendía más de 500.000 ejemplares, resultaba obvio que el país se embarcaba en un cambio profundo. Como comentaba Camilo José Cela: «Lo que ha sucedido es que España se ha puesto cachonda».

Mientras el flamante presidente cavilaba la forma de hacer la reforma política interna era obvio que la política exterior también necesitaba una puesta al día. La España de la última década del franquismo no era ciertamente la paria de los años cuarenta cuando, en 1946, las Naciones Unidas habían decidido retirar sus embajadores de Madrid. Una resolución presentada por Polonia, vasallo obsequioso de la URSS en ese momento, argumentaba que España «representaba una amenaza a la paz mundial», acusación que se basaba en la estupidez de que nazis huidos de Alemania estaban fabricando en España la bomba atómica. Churchill, en la oposición, había puesto en solfa las manifestaciones polacas afirmando que «actualmente hay tanta libertad en España con el régimen reaccionario del general Franco como en Polonia y considerablemente más seguridad y felicidad para el común de los ciudadanos». El hecho, no obstante, es que los embajadores, con sólo tres excepciones, se retiraron y quedamos bastante aislados. El estallido de la Guerra Fría rescataría a Franco.

Aunque la situación era bien diferente a la muerte del general Franco, España aún no estaba homologada. Tratando de presentar la nueva España en sociedad, de mostrar el propósito colectivo de entrar en la democracia, el rey había hecho un viaje a Estados Unidos a principios de junio de 1976. Fue un éxito; el monarca estuvo especialmente convincente en su intervención en inglés ante las dos Cámaras estadounidenses reunidas y en sus contactos con la prensa que le prodigaron elogiosos titulares. El paso era muy importante, pero no bastaba. El tortuoso camino seguido por Portugal después de la caída del régimen salazarista, con intentos de los jóvenes capitanes de izquierda de raptar la democracia, incitaba a la prudencia de los gobiernos europeos. La permanencia al frente del gobierno de Arias Navarro, un franquista contumaz, e incluso la desconfianza hacia el propio rey, alimentada en parte por la izquierda española, que transmitía mensajes negativos sobre las intenciones del monarca a los partidos homónimos europeos, nutrían el escepticismo de Occidente.

En aquellas fechas un personaje tan astuto como el francés Mitterrand tendría un comentario despectivo, buen reflejo de lo apuntado: «Yo nunca he creído en Juan Carlos, ese rey de tercera mano, pero lo compadezco sólo al pensar en la ola que se lo llevará por delante. ¡Heredero de Franco! ¡Bonita pierna para un cojo que corre hacia el vacío!». El exabrupto del francés no era ni muy cortés ni muy diplomático; sólo ingeniosidades que se dicen en la oposición. El humorista Perich, en varios apuntes de su libro *Noticias del quinto canal*, reflejaba la desconfianza de abundantes sectores: «El 15 de octubre probable fecha para el referéndum, cuya pregunta puede muy bien ser: "¿Cómo están ustedeees?"» o «Se ignora por el momento el resultado del pleno de las Cortes sobre la reforma... Pero lo peor no es eso, lo peor es que nos importa un huevo lo que decidan».

Tratando de disipar las dudas internas y externas, el gobierno de Suárez abrió plaza expresando su profunda «convicción de que la soberanía reside en el pueblo... y proclama su propósito de instaurar un sistema democrático y aceptar un pluralismo real».

La credibilidad del gobierno, aunque cuestionada, se reforzó con la rapidez con que ratificó los Convenios de derechos humanos, prontitud inspirada probablemente por Oreja. La democratización española comenzó a suscitar un paulatino interés en el exterior y nuestro país, a diferencia de lo que ocurre actualmente, tuvo un número desusado de corresponsales extranjeros estables. El temor de que España se desmandara y girara hacia la órbita del Este, como parecía acontecer en Portugal, pronto se difuminó. En el país vecino, la pugna del embajador estadounidense Carlucci y su colega soviético para inclinar el país a sus respectivos bandos era seguida con avidez por los que residíamos allí.

En España, la incidencia de las potencias extranjeras en el curso de los acontecimientos fue ínfima, aunque, como veremos, el embajador yanqui tenía un acceso inapreciable a las altas esferas. El apoyo exterior, respetando el juego democrático, vino, en el caso de los dos grandes partidos, más que de gobiernos de instituciones partidistas extranjeras. Las Fundaciones alemanas prestaron ayuda económica a las campañas electorales y formación de cuadros del PSOE y de la UCD, disfrutando los socialistas, al parecer, de un trozo de la tarta germana considerablemente mayor; el gobierno de Libia ayudó económicamente al PSP de Tierno Galván, aunque no lo sacaron de pobre, y el PC de Carrillo debió de contar con asistencia, dentro de un orden, de Rumanía, la URSS y Checoslovaquia. A UGT llegaron fondos del sindicato estadounidenses UAW. El batacazo morrocotudo de la democracia cristiana de Ruiz Jiménez debió de hacer pensar a los donantes que España era un país impredecible.

La asistencia extranjera contribuyó así a la configuración de los partidos pero a poco más. Con el rey y Suárez las posibilidades de deriva hacia la anarquía o el populismo parecían inexistentes y el presidente, además, se ofendía fácilmente con las ingerencias.

El *aggionarmento* de nuestra política exterior debía lógicamente comenzar con el establecimiento de relaciones diplomáticas con los países que nos habían ignorado o a los que habíamos ignorado. Entre ellos, México, Israel y los del llamado «campo socialista», es decir, los comunistas de los que el régimen franquista sólo tenía embajadas en la China comunista y en la Alemania del Este.

México era la gran asignatura pendiente por su peso y su agitada historia común con España. Ésta fue causante de que, incluso después de la muerte de Franco, el reconocimiento se demorara. El país azteca había tenido una ejemplar actitud acogiendo a los españoles que se habían exiliado después de nuestra Guerra Civil. Tanto por el número de llegados como por la comprensión con que fueron recibidos, dándoles considerables facilidades para que ejercieran la profesión que tenían en España. Las autoridades, con el presidente Cárdenas a la cabeza, y el pueblo mexicanos escribieron una bonita página de solidaridad con seres humanos que se habían visto forzados —la mayor parte de ellos sin recursos— a instalarse precariamente en una tierra a miles de kilómetros de aquella en la que se habían criado.

La solidaridad y el humor político de los dirigentes mexicanos les llevaron incluso a dar hospitalidad al gobierno republicano en el exilio, un ente de decreciente o nula representatividad conforme Franco iba saliendo del aislamiento y establecía relaciones con muchos países del globo. El espectral gobierno republicano, con su presidente Maldonado y su primer ministro Valera, era, aun llegados los sesenta, el único reconocido por el gobierno azteca, un hecho quijotesco ya y estéril, y cuando por fin España envió un representante oficioso éste tenía que trabajar con la cobertura de la embajada de Costa Rica.

Los juicios sumarios y las ejecuciones de septiembre de 1975, con Franco en las últimas, fueron un nuevo paso atrás. La indignación en el exterior fue enorme: hubo manifestaciones sonadas ante bastantes de nuestras cancillerías, varios países occidentales retiraron algún tiempo sus embajadores y dos naciones fueron más allá: la Alemania comunista de Honecker rompió relaciones y el México de Echeverría expulsó al representante oficioso español.

No deja de ser paradójico que fueran estos dos dirigentes, dada su trayectoria, los que más se rasgaran las vestiduras con los vidriosos procesos de España. La santa ira de Echeverría llevó a México a cortar todos los contactos y comunicaciones. El vuelo regular de Iberia de aquella fecha tuvo que volverse desde Montreal. La sacrosanta indignación de los dos dirigentes citados tenía, no obstante, el techo de cristal. Honecker era el dictador de un Estado policial en el que las fuerzas del orden disparaban a los ciudadanos que intentaban saltar el muro y buscarse la vida en Occidente. Se les disparaba como a conejos por querer dejar el edén comunista. Echeverría, uno de los cínicos conocidos de la historia contemporánea mexicana, al que se ha acusado posteriormente de amasar una fortuna mientras detentaba el poder, había sido, antes de subir a la Presidencia, mientras ocupaba el cargo de secretario de Gobernación (ministro), responsable directo de la masacre de Tlatelolco en la que, a manos de las fuerzas del orden, habían perecido unos trescientos estudiantes. Hubo ametrallamientos, decenas de manifestantes aplastados por tanques, etc. En 2007, un tribunal federal mexicano falló que se había cometido un genocidio, «que las autoridades habían concebido una acción para exterminar... a estudiantes de diversas universidades».

Con el fin de la dictadura en España había subido a la Presidencia de México López Portillo. Pudo regresar nuestro representante, Amaro González de Mesa, que cuenta que los mexicanos consideraban que los nuevos dirigentes españoles aún tenían que hacer méritos. (Don Amaro, que narra la peripecia histórica en un divertido libro *Esto no es histórico, es verdad*, ed. Dopesa, estuvo nueve meses sin pisar un despacho oficial mexicano.) Nuestras credenciales democráticas no bastaban para un país tan exigente en este vergel de la pureza democrática como era el México de las elecciones amañadas en el que reinaba sin competencia el PRI. Aunque el mundo nos había reconocido, los dirigentes aztecas sólo querían darnos el aprobado cuando hubiéramos celebrado elecciones generales.

El pudor y los remilgos mexicanos parece que se desvanecieron cuando González de Mesa dejó un día caer que «las relaciones con México eran un objetivo prioritario para España pero no indefinido». El ministro de Exteriores mexicano Roel debió de comunicar a López Portillo que estaban siendo un poco lilas en su aparente pretensión de ser ellos, entre todos los países del mundo, quienes se arrogasen el papel de certificar cuándo España había alcanzado verdaderamente la democracia. La pretensión era presuntuosa e infantil. Se llegó al acuerdo de establecer las relaciones. Los mexicanos no desearon que el acto de normalización tuviera lugar en un país iberoamericano. González de Mesa propuso Costa Rica (el presidente Oduber había tenido una actitud encomiable), que siguiendo la práctica diplomática se ocupaba de los intereses de España en México o Venezuela, que hacía lo propio con los de México en España. Los mexicanos, sin embargo, no estaban por la labor, no querían en esa ocasión el lucimiento de ningún país de la familia iberoamericana. Roel no tuvo empacho en comentarle que Costa Rica era demasiado pequeña y que en lo tocante a Venezuela su presidente Carlos Andrés Pérez, «para tratar con el rey de España debería antes cortarse las patillas».

Roel ofreció París, donde en esos momentos el embajador mexicano era el novelista Carlos Fuentes. La elección era curiosa. París tiene un hechizo especial para muchos iberoamericanos pero se daba la circunstancia histórica de que Francia era el único país que en distintos momentos había invadido España (Napoleón en

1808) y México (Napoleón III en 1863). El hecho no pasaría inadvertido al ocurrente Roel, que cuando se disponía a firmar con Oreja el documento de restablecimiento advirtió la presencia de un busto de Napoleón en un flanco de la sala y otro de Napoleón III en un rincón del hotel George V donde tenía lugar el reto, y comentó que no sería conveniente que en la foto de la firma apareciesen un mexicano y un español junto a la figura de los emperadores franceses. Oreja le invitó a coger uno de los bustos mientras él hacía lo propio con el otro. Así lo hicieron llevándolos a otra habitación. No había fotógrafo y se perdió una foto peculiar. Era el 28 de marzo de 1977. España y México reanudaban relaciones después de treinta y ocho años.

Días más tarde se realizaría la entrega de la embajada española en México. El embajador de la República, Martínez Feduchy, salió al exterior del vetusto edificio y en la acera entregó las llaves y el inventario al subsecretario de Asuntos Exteriores mexicano. Segundos más tarde, como planeado, apareció González de Mesa, quien recibió llaves e inventario de manos del mexicano. Feduchy y González de Mesa se abrazaron ante gente y periodistas que aplaudían y el primero diría: «Y ahora entro por última vez a recoger el coche y al perro que son míos y no están en el inventario». («Esto no es historia...») Se izó la bandera constitucional en el edificio, González de Mesa dio un pasaporte diplomático a Feduchy, éste era diplomático de carrera y el republicano expidió uno de recuerdo de la República a González de Mesa. Era el último que expedía. «Esto es el fin del fin», le dijo.

Suárez visitaría oficialmente México un mes más tarde. Los mexicanos habían preparado un apretado programa, la expectación era enorme. Poco antes de su llegada cuenta González de Mesa que fue convocado de urgencia al ministerio. Roel quería tener a toda costa un encuentro con el presidente español para explicar a don Adolfo cómo se hacen unas elecciones. Para asombro del diplomático español, soltó con una sonrisa: «Capaz será ese pendejo de hacer unas elecciones y perderlas».

El viaje de Suárez fue un éxito. Al final del mismo, el presidente español hizo un alto en el muy venerado santuario de Guadalupe. A la salida, un mestizo agarró con fuerza las manos del español y exclamó: «Gracias, señor, por haber venido a estar con los pobres». (La Virgen de Guadalupe es la que provocó el ingenioso comentario del ateo y aragonés Luis Buñuel, uno de los exiliados en México: «Hay dos grandes vírgenes en el mundo hispano: la de Guadalupe y la del Pilar, pero esta última es la mejor».)

El paso de Suárez y luego, en noviembre de 1978, un viaje aclamado de los reyes, serviría para socavar algunos clichés mexicanos. La cultura en que crecen los mexicanos sigue teniendo una fijación con Hernán Cortés, considerado un depredador de infausto recuerdo. La visita a su casi clandestina tumba nunca es incluida en la estancia de huéspedes ilustres españoles; pudimos verla porfiando mucho en una visita del príncipe, y todavía en este año de 2012, ante un cataclismo en una zona mexicana, el gobernador local dijo que «ésta es la mayor catástrofe ocurrida en México desde la llegada de Cortés».

IBEROAMÉRICA Y EL IRRESISTIBLE *SEX APPEAL* DE LOS POLÍTICOS

Suárez conseguiría una enorme popularidad en Iberoamérica e hizo allí varios viajes. A su veta iberoamericana se unía que, no hablando idiomas, allí se encontraba cómodo, relajado y su incomparable encanto personal en las distancias cortas producía un impacto evidente en sus interlocutores; sin el tamiz de la intervención del intérprete, su atractivo fluía libremente. Pude comprobarlo en numerosos desplazamientos.

Fue la *vedette* en la toma de posesión del presidente de Ecuador; estoy viendo al cardenal ecuatoriano en la recepción en el palacio presidencial derribando literalmente a una persona que se interponía porque pensó que Suárez abandonaba la recepción y no había podido charlar con él; recuerdo el entusiasmo que despertó en la ciudad colombiana de Santa Marta en diciembre de 1980, sería su último viaje oficial. Se conmemoraba el 150 aniversario de la muerte de Simón Bolívar. El Libertador venerado hoy religiosamente en Venezuela (hay gente que aún se quita el sombrero al pasar por la iglesia en que está enterrado en Caracas) tuvo, después de su gloria emancipadora y de años de gobierno, que exiliarse desengañado a Colombia. Amargado, expulsado por sus paisanos, exclamaría: «El que hace una revolución ara en el mar». Es triste ironía de la historia que muchos próceres de la independencia iberoamericana acabaran su vida en el exilio. Caso llamativo es el del otro gran libertador, el argentino San Martín, que marcharía a Francia, a Boulogne-sur-mer, donde pasaría los últimos veinticuatro años de su vida.

Bolívar, enfermo, fue a parar con sus débiles huesos a Santa Marta donde, nueva ironía, sería acogido precisamente por un español que le daría generosa hospitalidad. En su finca murió; allí acuden en peregrinaje venezolanos, colombianos, etc., y allí fue Suárez con media docena de presidentes iberoamericanos. Después de visitar la finca de San Pedro Alejandrino y el dormitorio en el que falleció el prócer, hubo una recepción en la Alcaldía. Tomábamos una copa del mediocre y tibio champán que se sirve en estas ocasiones cuando en el exterior comenzaron crecientes aclamaciones al grito de «Suárez, Suárez». Nuestro presidente no tenía allí votos que rascar; su anfitrión, tal vez. Se vio obligado a salir al balcón para ver cómo unos centenares de personas continuaban coreando su nombre, querían verlo. Suárez, como los toreros en el ruedo, sacó a sus colegas al balcón para compartir el homenaje, pero los de la plaza, cuyo número aumentaba, seguían erre que erre: Suárez, Suárez. El español era el que suscitaba curiosidad y simpatía.

Entusiasmo parecido despertó en Lima en julio de 1980. Era la fiesta nacional peruana, el presidente y su séquito fuimos invitados al hipódromo. En el palco, entre carrera y carrera, don Adolfo acabó con el cuadro especialmente entre las señoras. Codazos para ser presentadas, para saludarlo, para rozarlo... Suárez sonreía más cohibido que coqueto. Me crucé con varias de las que abandonaban el palco, comentaban desmayadamente: «Qué hombre, qué hombre, qué personalidad»... Otro tanto ocurrió en Río, donde oí susurrar a un par de féminas de bella planta: «*E muito interesante e muito engrassado*» (gracioso).

Que señoras que apenas han cruzado dos palabras con un político puedan deducir que tiene una enorme personalidad te trae inevitablemente a la cabeza que políticos y famosos tienen un plus en el entusiasmo que suscitan en el sexo opuesto. Sofía Loren lo definió bien cuando dijo que el *sex appeal* se compone de 50 % de lo que tienes y de 50 % de lo que la gente cree que tienes. Que el poder es el último de los afrodisíacos, en frase multiusos de Kissinger, es algo sabido. El caso de Suárez o el de Clinton son ilustrativos. ¿Se hubieran embobado las señoras de Lima con nuestro apuesto presidente si hubiera sido el boticario de mi pueblo? Para nada. La Presidencia tiene una carga erótica.

Resumiendo: ¿miran sexualmente de modo parecido las mujeres a un subdirector general que a un primer ministro? *Rien de rien.* Mencionemos a Clinton; el escándalo con la becaria Lewinsky pudo costarle el puesto (60 senadores votaron por la inhabilitación, hacían falta 66) pero sirvió, en medio del «puritanismo», para quitar bastantes caretas. Maureen Dowd, que ganó un Pulitzer por su cobertura del affaire deduciendo que Hillary y muchas feministas habían traicionado su ideología por su comprensión de la conducta del presidente, escribiría posteriormente (*Are Men Necesssary?*, ed. Berkley) que «repentinamente las feministas tenían una confesión terrible que hacer: jadeaban por el poder, ¡hazme tuya!, ¡tómame!» y cita a otras escritoras. Larissa MacFarquar revelaría, hablando de Bill Clinton: «Es raro que una joven pudiera resistir acostarse con un hombre que es *a*) el presidente, *b*) un bombón». Elizabeth Benedict se expresaba de forma parecida: «Es como el sueño de muchas jóvenes, ahora puedes ser presidente pero también te puedes tirar al presidente».

Lo dicho. «El *sex appeal* de los políticos crece en relación directa al cargo que ocupan, siendo geométrica la progresión en los últimos escalones.» La fórmula es mía pero creo que es válida. Los ejemplos citables son varios. ¿Encontraría atractiva tanta gente a Sarah Palin o a la francesa Ségolène Royal en la televisión si fueran las bibliotecarias de su barrio? Lo dudo. Pero aportaré mi caso a pesar de que yo no he jugado en la Champions de la política, sólo en la BBVA o categorías inferiores. ¿Habría padecido yo el acoso y derribo en mi incursión como secretario de Estado en Primera División si me hubiese quedado en subdirector general? Negativo. No es que las mujeres te mirasen de otra forma; es que te hablan y te tocan de otra forma. Una ejecutiva te saca a cenar y te pregunta entre copa y copa: «¿Te han dicho alguna vez que tienes un perfil interesante?». Cambias de tercio y preguntas por su marido, al que conoces, y la respuesta es: «Sólo quiere tener hijos y llegar pronto a casa para ver juntos a Martes y Trece. No tiene inquietudes. Contigo me brotan interrogantes que me dejan desasosegada».

Igualmente embarazoso era lo toconas que se habían vuelto las mujeres desde que yo abrevaba en los aledaños del poder. Prodigaban las palmadas afectuosas justamente por encima de la rodilla mientras te miraban con ojos acuosos (esto me traía a la memoria a Victor Hugo: «Cuando una mujer está hablando, escucha lo que te está diciendo con los ojos»). Otras, al despedirse, te deslizaban la mano por la cintura en un descuidado movimiento que parecía buscar la parte superior de mi calzoncillo. La acción me producía un pequeño sobresalto y te hace pensar en el fetichismo del elástico de las prendas interiores. El leve chasquido de su *culotte* fue el arma utilizada por la Levinsky para seducir a Clinton y el movimiento de mi interlocutora me trajo a la cabeza que nosotros también hacemos una pausa en una sugerente espalda femenina cuando rozamos el sujetador, cavilamos sobre la posibilidad de hacerlo caer parsimoniosamente con un apretón de nuestro dedo. Me viene a la cabeza aquella vez en que me visitó una elegante jaquetona que quería mi colaboración para una campaña de control de la natalidad en un país árabe y que mientras jugaba con cierta indolencia abrochando y desabrochando un botón decisivo de su blusa —aquella señora podría ser descalificada por descocada en un torneo oficial de ajedrez—, me soltó no sé si vocacional o equívocamente: «Tú y yo tenemos que enseñar a hacer el amor a las mujeres de ese país».

Es la prueba del nueve. Con 40 años, sin calva y cuatro centímetros menos de cintura, las mujeres en tu despacho no te dicen ni por ahí te pudras. Te hacen secretario de Estado, no digamos ministro o presidente, y los efluvios eróticos de tu despacho se desbocan.

Volvamos a Suárez y su fructífera política iberoamericana. En Brasil, a principios de agosto de 1979, también se lo rifaban. Aunque el país estaba en democracia tenía un pasado reciente con sobresaltos, y la llegada de un político carismático que había llevado a buen puerto la transición española reforzaba en la zona la idea de que la democracia no era el caos que algunos auguraban. Gobierno, medios de información y opinión pública fueron muy receptivos al político; el encuentro con la colectividad española en Río fue multitudinario, y la prensa, muy elogiosa. El viaje tenía paralelamente un componente comercial. Aunque Brasil llevaba ya décadas siendo «el gigante del futuro» y hasta hace muy poco no ha acabado de conseguirlo, su mercado ya era enormemente tentador. Con todo, Brasil y China son dos asignaturas pendientes de nuestra proyección exterior. El desplazamiento tuvo otra incidencia mediática por un acontecimiento que ocurría a miles de kilómetros. Poco antes de que tomáramos el avión en Madrid, debía de ser el 2 de agosto, el canciller de nuestra embajada en Guinea Ecuatorial —en ese momento las fricciones con el antiguo dictador Macías habían llevado a la retirada de nuestros diplomáticos— se presentó en el ministerio en Madrid con un mensaje del entonces coronel Obiang. Era explosivo, anunciaba que en las próximas horas iba a deponer al dictador y quería nuestro apoyo en diversos terrenos.

Oreja conferenció con Suárez y se decidió comunicar a Obiang que el golpe no nos causaría ningún berrinche, la trayectoria errática y brutal de Macías nos había creado enormes problemas, pero que España no podía prestar apoyo militar de ningún tipo. Ni nos interesaba jugar a colonialistas ni podíamos olvidar la existencia de dos mil españoles en nuestra antigua colonia cuya integridad peligraría si el golpe abortaba.

El golpe llegó cuando estábamos en Río, robó protagonismo al viaje brasileño y en *El País*, Pablo Sebastián, el periodista que más quebraderos de cabeza causó a Oreja, dejó caer que España podía estar detrás del golpe. Los periodistas que acompañaban a Suárez comenzaron a novelar: se corrió el rumor de que mientras don Adolfo se bañaba en la bahía de Río en el yate al que nos invitó el presidente de la cadena O Globo —la foto del presidente zambulléndose sería portada en nuestra prensa—, el ministro iba transmitiendo desde un lujoso camarote instrucciones a los españoles que apoyaban a los golpistas. El ministro hizo un desmentido fulminante, los subalternos hacíamos otro tanto cuando almorzábamos con los periodistas, el tufillo de los dirigentes españoles dirigiendo un golpe mientras se bañaban con una caipirinha en otro continente quedó flotando. Era un canto a nuestra eficiencia, sólo que falso.

Sí se ayudó después a Obiang. El secretario de Estado, Robles Piquer, salió a los pocos días para Malabo. Entre los regalos que llevó en el avión había grupos electrógenos —la primera entrevista con Obiang en el palacio presidencial fue a la luz de las velas porque en el país ya no había suministro eléctrico—, cantidad ingente de ropa interior femenina, sostenes y bragas que la mujer de Robles Piquer compró a la carrera en la sección de oportunidades de El Corte Inglés; era lo que le solicitaban con premura. El diplomático español dio a entender que la cooperación española se volcaría con el país; así fue en los terrenos educativo y sanitario, y

Obiang le pidió ayuda militar y económica. Robles Piquer haría un informe sugiriendo el pronto envío de una unidad armada para la protección de Obiang y unir el ekuele, la moneda local, a la peseta. Las sugerencias fueron desechadas al parecer porque un sector del gobierno y, cuenta Robles Piquer (*Memoria de cuatro Españas*, ed. Planeta), rotundamente la oposición socialista, las consideraron «neocolonialistas».

Repsol y otras compañías petrolíferas españolas no tuvieron suerte en Guinea, donde habría asimismo problemas con Obiang, que no resultó precisamente un interlocutor fácil. Compañías estadounidenses hacen ahora un negocio floreciente aunque el pueblo guineano ha extraído mediocres beneficios de la nueva riqueza. Guinea es el tercer productor africano de petróleo y tiene sólo un millón de habitantes.

Las relaciones con Guinea han tenido siempre enormes altibajos. En la época siguiente de Calvo-Sotelo, aunque en mayo de 1981 Obiang había alabado profusamente la cooperación española, a algunas autoridades guineanas se les metió entre ceja y ceja que nuestro gobierno estaba incubando un golpe de Estado para el que utilizaría a 30 guineanos que se formaban en nuestras academias militares y unos 28 becarios que hacían prácticas con nuestra policía. Los alumnos regresaron pronto a Guinea y fueron dispersados. Hubo un nuevo momento delicado y Calvo-Sotelo decidió viajar a nuestra antigua colonia. La visita tuvo varios momentos de tensión: en la cena oficial se sirvió mono, que no era muy del agrado del paladar hispano; los invitados lo comimos o esparcimos camufladamente una parte de él en el plato. Luis Sánchez Merlo, secretario general de la Presidencia, tenía ese día el estómago un tanto indisciplinado, sólo picoteaba, pero la vista de la carne del simio se lo puso en rebelión. Tocó una pizca y lo dejó. A su derecha se sentaba el ministro del Interior escasamente hispanista, formado en la Universidad Patricio Lumumba de la Unión Soviética y que debía de ser uno de los obsesionados con el complot español para derribarlos. Preguntó airadamente que si a los españoles les daba asco lo que comían los guineanos y Sánchez Merlo hubo de replicarle que él no era muy aficionado a ese plato pero que cuando uno tiene mal el estómago no quiere comida guineana ni yemas de Santa Teresa.

No fue el único incidente. Concluida la cena, regresaba yo a pie con Pérez-Llorca y algún otro al pabellón que teníamos asignado cuando tres soldados guineanos nos pusieron literalmente los fusiles a tres metros del pecho increpándonos con cólera que andábamos por donde no debíamos.

CON LA IGLESIA HAY QUE TOPAR

La democracia española no podía desarrollar unas relaciones con la Santa Sede como en la época de Franco. Su marco legal en 1976 era totalmente obsoleto. Había que dar carpetazo al Concordato firmado por Franco en 1953 y que junto con los acuerdos que cerró con Estados Unidos ese mismo año habían significado una importante bocanada de oxígeno para el Régimen.

Bastantes cosas resultaban obsoletas en aquel convenio. Una de las más evidentes era el privilegio concedido al anterior jefe del Estado por el que Franco tenía potestad para prácticamente nombrar los obispos. El privilegio, del que ya habían disfrutado los reyes de España, permitía al jefe del Estado presentar para cada obispado vacante una terna de sacerdotes de la que la Santa Sede escogía finalmente el que sería consagrado. Juan Carlos quiso enseguida renunciar a esa facultad; es significativo que en la ceremonia de jura del primer gobierno de Suárez llamase aparte al flamante ministro Oreja para indicarle que deseaba que se hiciera rápidamente.

La Iglesia se había adelantado a la luz del Concilio Vaticano II. El papa Pablo VI había escrito a Franco pidiéndole que renunciara a esa prerrogativa. Pablo VI tendría un par de rifirrafes serios con el Régimen, uno de ellos como cardenal Montini antes de subir al trono pontificio, siendo precisamente ministro de Exteriores Castiella, antiguo jefe y mentor de Oreja. Montini, comprensiblemente, había intercedido para que no se ejecutara a un activista político acusado de matar a un policía y la Curia filtró el texto de su telegrama a Franco antes de que llegara al gobierno español. Castiella había replicado con sequedad subrayando esta descortesía diplomática y aclarando con velado retintín que la petición de clemencia no tenía fundamento porque no se había dictado ninguna pena de muerte.

Astutamente, Franco replicó al Pontífice que el derecho de presentación de los obispos otorgado a la Corona desde tiempo inmemorial estaba recogido en unos convenios recientes por lo que para modificarlo habría que cambiar sustancialmente el Concordato. El generalísimo trataba de demorar el asunto insinuando que la Iglesia también tendría que renunciar al fuero especial del que disfrutaba.

El gobierno de Suárez no dilató el tema. Pocas semanas más tarde, Oreja viajaba a Roma donde firmó con su colega de la Santa Sede, el cardenal Villot, las renuncias respectivas: España la de la presentación, la Santa Sede la del fuero especial. El carpetazo definitivo al Concordato y su sustitución por unos cuatro acuerdos sectoriales se harían dos años y medio más tarde, en 1979, a los pocos días del referéndum que aprobó nuestra Constitución. Había parecido oportuno esperar a que ésta existiese.

Acompañé al ministro a Roma el 3 de enero de 1979. Los ministros de la UCD —la época era ciertamente austera— eran normalmente de séquito corto. Lo acompañamos en el Mystère su jefe de Gabinete, el director de Asuntos Eclesiásticos y yo. El Papa era ya Juan Pablo II, que recibió a solas al ministro en su despacho privado. Cuenta Oreja que se interesó vivamente por los detalles de lo que se acababa de rubricar y que al final, cuando se incorporaba, mirando a la ventana musitó: «Cuándo podrá Polonia firmar unos acuerdos como éstos». Años más tarde, el Papa acudió a Estrasburgo cuando nuestro ministro presidía el Consejo de Europa.

Oreja le indicó que iba a visitar en el Este de Europa a Polonia y Hungría. El Papa polaco le corrigió sonriendo: «Esos países no son el Este de Europa, son el Centro de Europa».

Juan Pablo II era ciertamente buen conocedor de la odisea de su país, de su violación por Alemania y Rusia en la Segunda Guerra Mundial, de su ocupación por los nazis, tan bien reflejada en clave de humor en la película de Lubitsch *Ser o no ser*, y de su sometimiento al yugo soviético desde 1945. Lo había padecido en su carne. Fue seminarista clandestino en la Polonia de la posguerra y su viaje oficial como Papa a su país en 1979 constituyó un acontecimiento con enormes repercusiones en la historia de Polonia y en la de Europa.

Un informe secreto del KGB ya había advertido años antes que la elección de Juan Pablo era «una conspiración germanoamericana para desestabilizar Polonia como primer paso para la desintegración del Pacto de Varsovia» (los países integrados en una Alianza con la URSS). El Kremlin haría esfuerzos denodados por que el viaje no tuviera lugar con advertencias apremiantes a la cúpula comunista polaca, que contestaba con impotencia que era difícil que un gobierno polaco de cualquier signo pudiera impedir la llegada a un país profundamente católico a un Papa que era polaco.

En su tierra, el Papa reunió multitudes sin precedentes en la historia polaca. Habló de la dignidad humana y, sin atacar al régimen comunista, dio a entender claramente que Polonia no era una nación comunista, que se le había impuesto esa ideología y que la división de Europa por la que la mitad del continente era subyugada por la URSS no era aceptable. El desplazamiento atrajo un número de periodistas extranjeros sin precedentes, que describieron cómo el gobierno se cubría de ridículo dando imágenes manipuladas en la televisión mostrando grupitos aislados de personas mayores y ocultando lo que los corresponsales veían y palpaban, millones de gentes de todas las edades aclamando entusiasmadas al Papa. Lech Walesa y otros analistas dirían más tarde que la caída del Muro de Berlín en la época que ocurrió y la explosión de la Unión Soviética serían incomprensibles sin la figura de Juan Pablo II. Sin ditirambos, podemos concluir que el régimen soviético estaba carcomido por dentro pero que la impronta de Juan Pablo II aceleró de algún modo su derrumbe.

Al término de su entrevista, Oreja nos presentó al Pontífice, que nos pareció, en los minutos fugaces que estuvimos con él, lo que más tarde sería conocido: una persona carismática, humana, muy simpática. Cuando Zulueta, director de Asuntos Eclesiásticos, le comentó que estaba casado con alguien de su pueblo, el Pontífice dio literalmente un respingo. La esposa de Zulueta procedía de una familia noble de la zona y el Papa, que la conocía sobradamente, tuvo palabras elogiosas sobre la labor humanitaria que la familia había desarrollado en la época nazi. A mí, en tono jocoso, me dijo algo así como que los periodistas hacían una importante y delicada labor pero que ocuparse de ellos también era delicado.

Yo estaba efectivamente en el viaje por el interés que suscitaba en la prensa española. Tenía que dar pasto a los numerosos corresponsales en Roma y a alguno que acudió y, además, intentar por todos los medios regresar esa tarde en el Mystère a Madrid con la foto del Pontífice y el ministro. El problema era que el fotógrafo del Vaticano, el único que entraba en la biblioteca del Pontífice, no proporcionaba normalmente copias hasta el día siguiente. Ante la eventualidad de que no fuera posible persuadirlo para que las entregase ese día, metí en el bolsillo de mi americana una polaroid instantánea de la época, artefacto que asoma, por cierto, de mi bolsillo en la foto, que mi madre colocaría en lugar prominente de su cuarto de estar, del instante en que Oreja me presenta al Papa.

Pude hacer un par de fotos del momento del saludo de las dos personalidades. No eran excesivamente nítidas pero podían servir. No fueron necesarias. Poco antes de salir hacia el aeropuerto, no sé si por la presión del embajador Sanz Briz o por la mano izquierda de mi compañero Juan Luis Flores, que tenía simpatías en la Curia, el protocolario fotógrafo del Papa nos proporcionó dos buenas fotos que podían ir muy bien en una presentida portada de *ABC* del día siguiente. Tampoco sirvieron. En el avión nos llegó la noticia de que ETA había asesinado a un general. Acaparó la portada y la de otras publicaciones.

Vi de cerca al Papa en otras dos ocasiones: en el mandato de Felipe González y con motivo de canonizaciones de españoles. Era subsecretario de Exteriores y en la delegación española —estábamos en la época socialista— no había excesivas bofetadas entre los ministros por ir a la Santa Sede, sólo las justas. Estuvimos en la canonización del mallorquín Fray Junípero Serra, que tiene estatuas prominentes en California, en San Francisco, etc., por haber desarrollado allí su labor humanitaria. Fui gustoso acompañando al presidente de las Cortes, el mallorquín Félix Pons. Después de la ceremonia, el Papa, en la sacristía y mientras saluda a los invitados, se detiene unos minutos con las delegaciones de las naciones de los canonizados. Conocedor del protocolo y de este parón, había llevado en el bolsillo una medalla de la Virgen; días antes un novillero me había brindado un toro en Madrid y quería regalársela bendecida por el Pontífice. Nuestro embajador en la ONU lo desaconsejó, íbamos a romper el Protocolo Vaticano, etc. Le di vueltas y se la mostré, no obstante, al Papa cuando me tocó saludarlo. En francés (nos dijeron que era la lengua extranjera que mejor hablaba en esos momentos), le rogué que la bendijera, que sería un regalo para un torero. No entendió bien el destinatario y me lo hizo repetir. Sonrió y, antes de bendecirla, susurró: «Un torero, *il en a besoin, il en a besoin*» (lo necesita, lo necesita).

URSS: LA FLAQUEZA DEL BOLCHEVIQUE

Oreja hizo un fructífero viaje a Moscú, el primero oficial de un ministro español de la historia. En los treinta y tantos años del gobierno de Franco no había habido relaciones diplomáticas, y en las primeras dos décadas, ni siquiera consulares. Rusia, con el recuerdo de la División Azul y el anticomunismo declarado de Franco, había vetado sistemáticamente, con argumentos peregrinos, la entrada de España en las Naciones Unidas. Por fin ingresamos en ellas en 1955, gracias a un pacto entre los dos gigantes, Estados Unidos y Rusia: tú dejas entrar a mis amiguetes y yo dejo que pasen los tuyos. Franco había firmado poco antes los Acuerdos de las bases con Estados Unidos y con un amiguete sui géneris de los americanos.

La inexistencia de relaciones entre España y la Unión Soviética y la animosidad entre los dos sistemas producían situaciones dramáticas, incómodas o pintorescas. El gobierno de Franco negoció durante años la repatriación de centenares de españoles de la División Azul prisioneros en la URSS; la Pasionaria no vacilaba en dar a entender que mandaría a Siberia a los exiliados españoles en Rusia que insinuaban que deseaban volver a España por muy fascista que fuera el régimen de Franco, y había constantes desencuentros deportivos. España, junto con Estados Unidos y otros países, no acudió a la Olimpiada de Moscú de 1980, participando en el boicot por la invasión soviética de Afganistán; se retiró del Campeonato europeo de selecciones nacionales de fútbol en 1960 para no tener que enfrentarse a la URSS, y cuando nos tocó organizar el de 1964 hubo dudas sobre si el general Franco aceptaría que fuéramos la sede dado que la presencia soviética era previsible.

Franco transigió y, el destino, nos tocó jugar la final con la URSS. Ganó España 2-1 con el famoso gol de cabeza de Marcelino (Oreja no, el futbolista del Zaragoza) a pase de Pereda, que le coló al monumental Yashine por su izquierda. Lo recuerdo muy bien porque estuve allí detrás de la portería del tanto que por primera vez daba a España un título internacional en fútbol. Había sacado 26 entradas para gente de Almería y de mi colegio mayor después de hacer unas cuatro horas de cola, mientras repasaba un par de temas para la oposición de diplomático, en las puertas de la sede de la Federación en Alfonso XII. Mi ofrecimiento y mi paciencia me dieron una cierta popularidad en mi colegio mayor. Así, con gestos de este calibre y temple, se crean las reputaciones.

Franco asistió al encuentro, que el Nodo inmortalizaría, y escuchó impávido el himno soviético. Al final entregó el trofeo al capitán español.

Roto el hielo con el fútbol, pocos años más tarde los dos países establecieron relaciones consulares y comerciales. Tenían así una representación oficiosa, una seudoembajada. Moscú era una ciudad barata pero las distracciones eran escasas, no era fácil encontrar productos a veces elementales y los diplomáticos eran vigilados, las trabas burocráticas eran enormes... Si un diplomático, embajador o no, quería emplear a una persona como chófer, asistenta, etc., había de hacerlo a través de un organismo oficial, con lo que la impresión de que tenías un espía dentro de casa era inevitable. Eran los tiempos en que el embajador de un país de la Europa del Este, aliado de los soviéticos, confesaba: «Los rusos tratan a los diplomáticos occidentales como a perros, a nosotros como a mierda».

Una vez en Moscú, el ministro y los que lo acompañábamos pudimos comprobar la curiosidad e interés que despertaban nuestro país y el genio para las relaciones públicas que era nuestro embajador Juan Antonio Samaranch, que probablemente había aceptado ese interesante pero no siempre cómodo puesto conociendo que el voto de Rusia debería acarrear el decisivo de todos sus Estados vasallos en su bien calculada estrategia hacia la Presidencia del Comité Olímpico Internacional. No se equivocó. Sin hablar ruso, resultaba, sin embargo, patente que Samaranch tenía ya muy buena entrada con la cúpula soviética. Los tres o cuatro funcionarios que viajamos con Oreja vimos el cuidado del detalle y la rumbosidad de nuestro representante. Al bajarnos del Mystère en el helado aeropuerto moscovita, al pie de la escalera, Samaranch, que había llamado días antes al ministerio preguntando el diámetro de nuestra testa, nos iba obsequiando con sendos gorros de una buena piel que nos venían a la perfección. «*Chapeau*», pensamos.

El ministro fue bien acogido. Tuvo dos conversaciones con el incombustible ministro Gromyko y fue incluso recibido por el primer ministro Kossiguin en la que Oreja considera constituyó la entrevista de mayor interés. El embajador ruso en Madrid, Dubinin, que luego lo sería en Washington, había advertido en Madrid que no se hurgase en el tema de los derechos humanos y que les preocupaba nuestra eventual entrada en la OTAN (la Agencia Tass omitiría cualquier referencia a los derechos humanos al reproducir las palabras de nuestro ministro en el almuerzo con su colega). Kossiguin abordó, como anteriormente el ministro ruso, la cuestión de la OTAN dando a entender que una vez que estuviéramos dentro no pintaríamos nada: «Los americanos les darán órdenes y ustedes tendrán que cumplirlas». Oreja, según cuenta en su libro, contestó —estamos a principios de 1979 y las prisas de Suárez eran escasas— que el tema no era en ese momento prioritario y que sería el pueblo español quien decidiría.

Curiosamente, Kossiguin sacó a colación la cuestión vasca manifestando que tenía idea de que su origen estaba en la emigración de unos georgianos por alguna catástrofe al norte de España; esto explicaría las similitudes culturales, lingüísticas, etc. entre Georgia y el País Vasco. Al interesarse por el tema del terrorismo, y subrayando Oreja que era una lacra universal, el ruso dijo con un aplomo digno de mejor causa que en la URSS habían acabado con ese problema, «en otros países, como Estados Unidos, no han sido capaces; allí han asesinado a presidentes. Los americanos son los especialistas en asesinatos», para encadenar con un eslogan apreciado entre los funcionarios rusos de la época: «En Nueva York no se puede ir al parque ni de día, mientras que en la URSS se puede pasear tranquilamente de día y de noche». A este eslogan soviético le echaría agua Felipe González cuando en esos años, para asombro de extraños y de alguno propio, dijo: «Prefiero ser apuñalado al salir del metro en Nueva York que pasear por Moscú».

Narra el ministro en sus memorias que cuando indicó a Kossiguin que para combatir el terrorismo deseábamos la colaboración internacional, el ruso replicó que no entendía su petición, que si supieran algo lo comunicarían sin falta, y concluyó un tanto desabridamente: «¿Cómo se puede pensar que un país del tamaño de la URSS vaya a ocuparse de esas cosas de los vascos, como si no tuviéramos nada que hacer?».

En Moscú hacía la temperatura gélida propia del inicio del año. Un alto mando militar que luchó contra Napoleón había dicho sabiamente que Rusia tenía dos generales importantes para derrotar a un invasor: el general Enero y el general Febrero. Cuando nuestro ministro depositó la tradicional corona a los caídos en las murallas del Kremlin creo recordar que la temperatura era de 17 grados bajo cero.

Hubo tiempo para compras pero pocas cosas que comprar. La Roma del comunismo era la patria de la escasez. Los rusos que te topabas en la calle —los había a pesar de la temperatura— llevaban normalmente en la mano una bolsa de plástico o redecilla, la *avoska* (la «por si acaso»), muy útil para el supuesto de que, después de semanas o meses de su desaparición en los mercados, en una tienda comenzasen a vender plátanos, ciruelas, pilas de linterna o incluso libros de autores rusos conocidos. En esas fechas, por ejemplo, las obras de Chéjov o Turguéniev (Dostoievski, por razones ideológicas, era prácticamente pasado por alto en los libros de texto) no existían en las librerías; pudimos encontrar una Turguéniev en las tiendas a las que sólo tenían acceso los turistas, mientras que los anaqueles estaban llenos con volúmenes de los trabajos, de ficción o no, que el Partido Comunista deseaba fueran consumidos, a precios, eso sí, tirados.

Un chiste de la época decía que en un concurso radiofónico, o como regalo de fin de bachillerato en un instituto, el ganador había sido premiado con una colección de las obras completas de Brézhnev, el segundo premiado había recibido dos colecciones completas. No es raro, en consecuencia, que la reedición repentina del teatro de Chéjov descatalogada durante tiempo por razones en ocasiones económicas y no de censura, provocase inmediatamente la formación de una larga cola. El moscovita veía una fila de gente y se colocaba en ella sin preguntar. Seguro de que al fin de la misma, después de pagar por adelantado para obtener un cupón que le permitiría ponerse en otra cola donde le entregarían el producto recién llegado, encontraría algo por lo que él suspiraba o que haría las delicias de un amigo. Uno de los españoles «niños de la guerra», con los que nuestro ministro se entrevistó, nos confesó que una forma de encontrar con suerte un libro de los grandes clásicos rusos del XIX era acudir los domingos al mercadillo de la plaza Djerdjinskaia. Allí se traficaba con libros de segunda mano y era probable que si emergía un ejemplar de *Las tres hermanas* se pudiese adquirir otro de *Crimen y castigo*. Esto en 1979, es decir, sesenta años después de la implantación en Rusia del paraíso del proletariado. No tuvimos tiempo de ir.

La obsesión con la seguridad y la desconfianza oficial, no de la gente —el ruso es muy hospitalario—, eran palpables. Tanto como la cutrería ambiental. Nuestro hotel estaba reservado para extranjeros, en la puerta había un control y en el rellano de cada piso cerca del ascensor una matrona adusta vigilaba detrás de una mesa que los rusos no se colaran a no ser que fueran acompañados por un huésped extranjero. Los compañeros de la embajada nos informaron que nuestras habitaciones, y tal vez las de los periodistas españoles, tendrían pinchado el teléfono y micrófonos ocultos en más de un lugar, por lo que el tratamiento de cualquier tema reservado debíamos dejarlo para la calle, si es que podíamos aguantar el frío, o la embajada. Ésta tampoco era muy segura.

La residencia de nuestra embajada estaba instalada en un aceptable edificio, contratado también a través del servicio oficial, nada lujoso pero del que se decía había sido residencia de la coqueta esposa de Pushkin y del que habría salido para casarse con él. Sin ser en absoluto opulento, la unión al nombre de Pushkin le daba un aura especial. El escritor, biznieto curiosamente de un príncipe abisinio que había sido llevado a Moscú para adornar la corte de Pedro el Grande, es una gloria nacional e idolatrado por los rusos de cualquier edad e ideología que saben de memoria no sólo su vida, su juventud apasionada, el duelo con un *flirt* de su mujer en el que perecería... sino, por supuesto, sus versos recitados de memoria por los niños rusos con una facilidad y precisión totalmente desconocidas en nuestros pagos con Góngora, Lope o Quevedo.

Los rusos son muy nacionalistas; esto explica fundamentalmente la aceptación del presidente Putin, y cuando tienen algo de lo que enorgullecerse, y con el genio de Pushkin cuentan con amplio motivo para hacerlo, lo exaltan hasta el infinito. Cuando les entra la veta negativa, más de un ruso se refugiará en uno de los refranes nacionales: «Mi país será un basurero apestoso, pero es mi basurero apestoso».

Menciono que la embajada tampoco era muy segura porque en el viaje, cuando nuestros servicios especiales efectuaron un barrido, se desplomó el techo del comedor y aparecieron micrófonos hasta en la lámpara del techo. En esa fecha se supo que en la embajada estadounidense, cuya reforma fue encargada a una empresa soviética, los había en los lugares más insospechados, incluso en un pisapapeles en la mesa del embajador. Los americanos y los ingleses se los plantaban igualmente a los rusos.

Interceptar lo que hablan los diplomáticos de las embajadas es un deporte extendido en todos los servicios de inteligencia del mundo, incluidos los nuestros. Colocar o tener un topo dentro de una embajada es un sueño para esos servicios; es lo que hace James Mason en *Operación Cicerón*, donde encarnaba a un personaje real de la Segunda Guerra Mundial, el mayordomo del embajador británico en Ankara que pasaba información a los alemanes. Simultáneamente, las embajadas de los países importantes albergan a cantidad de personas que, con cobertura diplomática, se dedican al espionaje político, militar o industrial. Se calcula que en la época de la Guerra Fría uno de cada tres de los funcionarios de las embajadas soviéticas se afanaban en estas cuestiones; en las estadounidenses, uno de cada cinco. Recuerdo que en mi época de subsecretario, el embajador soviético me vino a solicitar visado para dos nuevos empleados de la embajada, electricistas ambos. Uno era de corriente alterna, Iván, y otro de continua, Volodia. Tuve, claro está, que consultarlo con nuestros servicios, pero me apeteció preguntarle a mi interlocutor: «Adelantemos, embajador, para ahorrarle trabajo a mis servicios: ¿cuál es el espía, Iván o Volodia?».

La gradación, poco democrática, en el trato a los visitantes también nos chocó. La media docena de periodistas españoles fue finalmente acogida en el mismo hotel que nosotros. No desayunaban, sin embargo, en el mismo comedor y los funcionarios soviéticos que educadamente escoltaban y marcaban a la delegación, encontraban extraño que cada mañana yo abandonara la salita de la delegación y me pasara a la más amplia para compartir el desayuno con los periodistas. Nunca trataron de frenarme pero quedaban visiblemente desconcertados.

Todas estas características de la época de ese fascinante país que es Rusia, es decir, el desabastecimiento de los mercados en cosas a menudo elementales, la cutrería, la pelea a muerte de las rusas por el desodorante, el control de tus pasos, la vigilancia —era sabido que una parte importante de una planta del hotel donde se leía «Servicios» albergaba las habitaciones de escucha—, la falta de libertad en suma, te llamaban la atención aunque estuvieras advertido. Al volver a España, sin embargo, y relatarlo, muchos progres o no te creían o te cambiaban rápidamente la conversación. Aunque no fueran comunistas les resultaba incómodo que les rompieras varios mitos.

En el viaje a Moscú acudió, por su cuenta, mi mujer, que tenía familiares allí, y nos quedamos el fin de semana cuando se marchó Oreja. Volvimos en Aeroflot. El avión iba casi vacío y demoraba su salida. Por fin subió una rusa bien parecida de mediana edad hecha un mar de lágrimas. Cuando habíamos despegado pedí a mi mujer que fuera a intentar consolarla, lloraba y lloraba... Resultó ser la esposa de Luis Mercader, hermano de Ramón Mercader, quien, con órdenes de Stalin, viajó con nombre supuesto, canadiense, a México donde residía exiliado Trotski, padre con Lenin de la Revolución rusa y rival de Stalin.

Mercader supo ganarse la confianza de Trotski y, golpeándole la cabeza con un pico para el hielo, lo asesinó en su despacho en 1940. El viejo revolucionario tuvo tiempo de volverse, morder la mano de su asesino y de gritar. Detenido por los guardaespaldas, Trotski, malherido, pidió que no lo mataran; Mercader sería juzgado y pasaría veinte años en una cárcel mexicana. Nunca reveló su verdadera identidad aunque era evidente que bastantes miembros del Partido Comunista la conocían. Regresó a Moscú y fue declarado héroe de la patria (Moscú había pagado caros abogados en México y le mandaba dinero a la cárcel). Moriría en Cuba. Está enterrado en un lugar prominente en Moscú cerca de la tumba del espía británico Kim Philby.

Su hermano Luis, al que su madre había llevado con 17 años a Rusia en 1940, se alistó en el Ejército Rojo en 1941 e hizo la Guerra Mundial. Acabó hastiado de la URSS, de las patrañas del régimen, y cuando se inició nuestra democracia decidió regresar a España. Hubo de pasar «un calvario, me costó año y medio de complicaciones, una larga cadena de humillaciones que conocen muy bien los españoles que residían en la URSS y decidieron regresar a España», confiesa en *Ramón Mercader, mi hermano* (ed. Espasa). Su hermano Ramón dirigió una carta al líder máximo Brézhnev para que, a fines de 1978, le dejaran salir.

Tres meses más tarde, logró hacerlo su mujer, Galia, a la que tampoco le ahorraron las humillaciones incluso en el aeropuerto. Contó a mi mujer, de ahí el llanto, que había sido obligada a desnudarse en un cuartucho y que para que no saliera con joyas, divisas, etc., la habían registrado en cualquier lugar del cuerpo que pudiera imaginarse.

Hicimos amistad en España con los Mercader. Él, no sin dilaciones, logró que le reconocieran su rica titulación académica soviética y acabó de profesor en la Politécnica de Madrid.

SUÁREZ VA POR LIBRE. EL ESTRECHO DE ORMUZ

Los occidentalistas que culpaban a Suárez de un tercermundismo trasnochado por su prudencia en la cuestión de la OTAN encontrarían otros gestos «sospechosos» del presidente. Citaremos dos: la política con Cuba y la visita de Arafat.

Suárez hizo un sonado viaje a Cuba en septiembre de 1978. La presencia de la prensa fue masiva; era junto con el sueco Olof Palme el único líder occidental en desplazarse a la isla, y fue mi debut pastoreando a la canallesca mediática. Mi papel entonces era de mero currito. No había móviles, ni internet ni faxes, y alguien tenía que ocuparse de facilitar las comunicaciones a los *boys* de la prensa, de instruir a nuestra embajada para que los periodistas, que con frecuencia viajaban un tanto estabulados en la parte posterior del vetusto avión oficial, no estuvieran forzosamente en el mismo hotel que el visitante español pero tampoco en una lejana «Posada del peine», que hubiera teletipos en una sala de prensa que alquilábamos (dos teletipistas de La Moncloa nos acompañaban para pasar los textos), de que existiera un mínimo de seis teléfonos que funcionasen y, por último, que contáramos con un par de autobuses o microbuses. Por supuesto que también había que negociar, con las autoridades locales, los *pools*, es decir, el número de periodistas que podían asistir a los actos que se podían cubrir, etc., e intentar darles entrada a todos. El que asistía a la cena de la Presidencia de la República no tenía cabida, por razones de espacio, en el desplazamiento restringido a unas ruinas históricas.

Estas limitaciones, estos sorteos inevitables acarreaban algún problema con los periodistas o sus jefes. Recuerdo un director general de TVE que, años más tarde, en los preparativos del viaje para recoger a la colectividad española después del asesinato de los jesuitas españoles en El Salvador, sólo había siete plazas para la prensa, se me engalló cuando le dije que TVE tendría dos plazas pero no tres. «¿Te atreves tú a decirme que la televisión oficial sólo puede...?» Algo similar me ocurrió con un director de un importante matutino madrileño cuando le confirmé que su redactor no podría asistir a una cena importante que daba Pérez-Llorca en el palacio de Viana. Había estado en la anterior y sólo se invitaba a cuatro periodistas.

Fidel Castro, orondo, ufano con la llegada de Suárez, se volcó con su huésped, dentro de un orden; todo estaba calculado: el número de colegiales saludando con banderitas a la delegación española en el aeropuerto y hasta las ocurrencias. Creo que fue Mark Twain el que dijo que «un buen discurso improvisado exige un par de semanas de preparación». En todo caso, el dirigente cubano, con el guión aprendido o no, causó, por su simpatía y campechanía, buena impresión entre sus invitados. La policía cubana creó algún desconcierto con la prensa española; el encargado de devolver los pasaportes remoloneaba a la hora de entregar el de Oneto, con el que decían querer hablar sobre unos artículos «equivocados» sobre Cuba, pero no hubo incidente y el Comandante les dio abundante alimento cuando en la rueda de prensa, en la que se coló porque el programado era Suárez, hizo un encendido elogio del anterior jefe del Estado español que, entonó, había resistido las presiones del imperialismo yanqui para cortar los contactos con Cuba (Franco se negó a eliminar los vuelos de Iberia y pocos años antes había firmado un voluminoso contrato de compra de azúcar con La Habana). Fidel no tiene empacho en repetirlo. En 2006 le confesaba a Ignacio Ramonet: «Fue una actitud meritoria que merece nuestro respeto... y nuestro agradecimiento. No quiso ceder a la presión norteamericana. Actuó con testarudez gallega. No rompió relaciones con Cuba. Su actitud fue firmísima» (*Fidel Castro*, ed. Debate).

Castro metió su cuña contra la OTAN, advirtió, teleguiado quizá por Moscú —la subsistencia de la economía cubana dependía en ese momento de Rusia, que le proporcionaba petróleo a bajo precio, etc.—, de las asechanzas que esperaban a España si entraba en la Alianza y regaló a Suárez un par de presos políticos amén de permitir que salieran varias decenas de hispano-cubanos. Es práctica corriente en el régimen cubano; han gavillado una cosecha de presos políticos, gente que ha cometido el delito de pedir más libertad o apertura, y cuando llega un dirigente occidental —español con frecuencia— le concede la salida de unos cuantos. El extranjero se viene contento, hace en contrapartida alguna gestión que interesa a los cubanos en alguna instancia internacional, y vuelta a empezar. Al castrismo la operación le sale por tres perras.

Suárez llevaba en la cartera otros temas: lograr que Fidel no incordiara con la cuestión del MPAIAC (Movimiento para la independencia; se trata más adelante) y que influyera en ese tema en los gobiernos comunistoides de Angola, donde las tropas cubanas se desangraban apoyando a las autoridades; Mozambique, etc., proclives a creer la patraña de que los africanos de Canarias estaban colonizados por España, y avanzar en la indemnización de los españoles cuyos bienes habían sido incautados por la revolución.

Hubo invitación a Castro a visitar España, sin concretar la fecha, claro está (nunca vino oficialmente), y los dos dirigentes quedaron satisfechos. El español doraba su imagen de estadista capaz de tomar iniciativas audaces y el cubano, que no tenía con quien coquetear en el mundo occidental, rompía parcialmente su aislamiento. El presidente español estaba en la cumbre de su carrera y, al poco, las revistas francesas *L'Express* y *Le Point* le dedicarían la portada nombrándole «persona del año».

Suárez volvió, pues, complacido del encuentro con el cubano. El español no sucumbió, con todo, como oímos en el viaje de vuelta, al hechizo del líder cubano (tampoco lo haría Felipe González). Otras figuras españolas, sobre todo de la izquierda, han quedado fulminantemente subyugadas por el encanto y el atractivo del Comandante a las que ha aplicado, sin variación, el mismo espontáneo tratamiento: mantener la incertidumbre sobre si tendrá tiempo para recibirlas y luego, *verbum caro factum est*, presentarse una noche inopinadamente en la residencia donde están alojadas («el Comandante es así», explicará con orgullo arrobadamente el cubano anfitrión del español, «nunca se sabe cuándo va a aparecer»). Castro se queda hasta las cuatro o cinco de la mañana con el invitado, bromas, chascarrillos, informalidad, cohibas, buenos quesos, mejor ron... y el español, obnubilado, cree haber pasado un rato inolvidable con un Jesucristo trasnochador y farrero, o con Mahoma, que ahora está más de moda. Si es mujer, las muestras de arrobo son aún mayores: hay suspiros, los ojos se humedecen, soñadores; la aparición en carne mortal acaba de marcharse y ya está una embargada por las saudades.

La Constitución española fue aprobada unas semanas más tarde y Suárez, ya sin el desasosiego del parto de si los socialistas iban a aceptar la monarquía con todas sus consecuencias o si culminaba la negociación sobre el Estado de las autonomías con los nacionalistas, pudo dedicarle más tiempo a la política exterior.

En su desplazamiento a la isla, Suárez anunció que España participaría como observador en la Cumbre de los No Alineados que tendría lugar en La Habana algo más tarde. Esto hizo arquear las cejas en más de una cancillería occidental deseosa de ver a España inserta en el mundo occidental y sin la menor veleidad tercermundista. Que la cumbre mencionada se celebrara en La Habana era un auténtico chiste. El Movimiento de los No Alineados fue fundado en plena Guerra Fría en los años cincuenta por los líderes Tito de Yugoslavia, Sukarno de Indonesia, Nasser de Egipto y Nehru de la India. Ante el enfrentamiento larvado y creciente de los bloques capitaneados por Estados Unidos y la Unión Soviética, quisieron inventar un grupo que pudiera preservar su independencia y hacer oír su voz en la escena internacional. Que Cuba, un país totalmente alineado con la Unión Soviética, que aplaudía sin pudor las intervenciones armadas rusas en el exterior, pudiera ser anfitrión de una Cumbre de los No Alineados era un sarcasmo.

La decisión española también sorprendió en nuestro país. Oreja, que no era partidario, escribe que es una de las ocasiones en que discrepó con el presidente. El representante español fue

Robles Piquer. En su libro citado relata que en su discurso Fidel Castro, que estaba en plena forma, no vaciló en decir que los países socialistas (comunistas) «son los aliados naturales de los no alineados», lo que era un contrasentido. El líder cubano también advirtió que España no debería «dejarse arrastrar al bloque militar agresivo de la OTAN».

Cuba, como anfitriona, maniobró con firmeza y habilidad para que en los textos aprobados se atacara al imperialismo (Estados Unidos), etc. Cuando el ministro de Exteriores de Senegal se quejó de las coacciones ejercidas por Cuba en las resoluciones y textos, su colega de este país lo tildó de «pequeño roedor, miserable, verme, escarabajo, traidor».

Sobresalto más sonado en ciertos sectores vino con la visita de Arafat a España en septiembre de 1979. A Suárez le interesaba sinceramente Oriente Próximo; en sus entrevistas con diversos líderes repetía que Occidente debería dar un paso adelante en aquella región y que los palestinos tenían unos derechos nacionales que había que reconocer. Él, audaz una vez más, dio el paso en esa dirección, invitó a Arafat, líder de la Organización para la Liberación de Palestina, a Madrid. Era la primera vez que el dirigente palestino era acogido en un país occidental. La visita sería polémica.

La OLP era reconocida por unos cien países como la única representante de Palestina; bastantes medios occidentales, sin embargo, por no hablar de las influyentes asociaciones judías mundiales, veían aún con desconfianza al movimiento. Arafat había hablado ya en la ONU en 1973 y disuelto el grupo guerrillero Septiembre Negro, pero el recuerdo del brutal intento de secuestro a cargo de este grupo de los atletas israelíes en la Olimpiada de Munich de 1972, que concluyó con una docena de muertos, estaba aún fresco. Arafat negaría rotundamente tener conocimiento de la brutal operación.

La foto del presidente español saludando efusivamente, abrazando a Arafat dio la vuelta al mundo. Se entrevistaría con él durante un par de horas, le reiteró la tesis española sobre Oriente

Próximo y tanto él como su ministro de Exteriores, que le ofrecería una cena en Viana, le expresaron nuestra preocupación por los rumores que indicaban que su organización tenía lazos con ETA. Arafat afirmó que no había tal, lo que repitió en la rueda de prensa, que le dirigí como subdirector de la OID, en el hotel Ritz al final de la visita y a la que acudió con el arzobispo de Jerusalén, Hilarión Capucci, llegado esa mañana a Madrid y cuyo automóvil oficial, registrado semanas antes por la policía israelí, trasladaba material comprometedor para ser entregado a los palestinos. La foto de los dos personajes barbados, un arzobispo cristiano y el líder palestino, también fue noticia.

La Oficina de Información Diplomática publicó esos días un comunicado que traducía el pensamiento del presidente español: «No habrá paz en Oriente Próximo sin una solución global, justa y duradera basada en las resoluciones de la ONU y en el ejercicio por el pueblo palestino de sus inalienables derechos nacionales». En lo que hoy sostiene la práctica totalidad del globo, Suárez fue pionero.

En política, con todo, adelantarte a los acontecimientos tiene, con frecuencia, un costo. La visita de Arafat encontraría un impacto negativo en Estados Unidos. Aunque Carter diría más tarde a Suárez que él personalmente no tuvo la menor objeción, las asociaciones judías la contemplaron con toda clase de reservas y repulsa. Ya en su primer viaje a Washington en abril de 1977, el presidente había tenido un encontronazo con Arthur Goldberg, presidente del Comité Judío Americano. Según Rupérez, que asistió a la entrevista, la actuación de Goldberg queriendo presionar para que España estableciera relaciones con Israel «no pudo ser más desafortunada: acusaciones, medias amenazas, medias mentiras...». Ante el talante de su interlocutor, Suárez dio por concluida la reunión antes de transcurridos diez minutos.

Tengo experiencia personal, especialmente después de mi paso por la ONU, de lo correosos y bien preparados que están los políticos (ante Shimon Peres, por su clarividencia, hay que sencillamente quitarse el sombrero) y diplomáticos israelíes. Pero también de lo arrogantes que algunos de ellos pueden ser. Hay ejemplos y doy uno. Siendo embajador en la ONU se cocía una Resolución que censuraba a Israel por algo relacionado con los palestinos. La prensa estadounidense recalcaba que el tema era más complejo de como se presentaba en la ONU, es cierto que la organización no escatima las condenas de Israel, y la embajada israelí decidió mostrar la otra cara de la moneda a unas 40 embajadas que consideraba creaban opinión.

La secretaria de mi colega israelí, recién llegado, llamó a la mía y pidió una entrevista urgente aclarando que el representante permanente (él) y el adjunto, por razones de premura, se habían dividido a las cuatro largas decenas de embajadores y que agradecería que diera hora al adjunto en breve. Instruí a mi secretaria que respondiera que yo encontraría un hueco esa misma tarde pero que si venía el adjunto charlaría con mi adjunto. Nueva llamada, el israelí aseguraba que su adjunto era persona muy preparada, que conocía el tema mejor que él. Dígale, repliqué, que lo mismo pasa en esta embajada, yo también llevo sólo un año, si viene el adjunto lo recibirá su equivalente. Que yo represento al rey de España y a una nación importante de 43 millones de habitantes. Porfió de nuevo: «Que digan al embajador de España que el segundo de la embajada tiene toda, toda la confianza del embajador», etc. *Et ainsi de suite*. Me senté finalmente en el cuarto de mi secretaria y le dije: «Mitzy, es usted una excelente y cortés profesional pero va a repetir textualmente a la secre del israelí que yo tengo tanta confianza en mi segundo, valoro tanto su capacidad, está tan preparado... que si yo fuera homosexual intentaría ligármelo, entonces... si viene el segundo lo recibirá el segundo».

Dudo que Mitzy, azarada, repitiera el mensaje en toda su crudeza; en todo caso, vinieron los dos, el embajador y su segundo. Los dos eran inteligentes y preparados.

Los dirigentes de las poderosas asociaciones judías en Estados Unidos son igualmente personas que si te visitan, y te piden entrevista con frecuencia tanto si eres embajador en la ONU como cónsul en Los Ángeles, siempre cuentan con un dossier bien elaborado, con conclusiones en las que abundan las convincentes. Defienden con vigor, habilidad y con toda justicia la causa de Israel y su derecho a ser respetado y, algo que debería ser obvio, a vivir sin tener que soportar atentados o que les caiga un misil de Hamas en una escuela, pero su apasionamiento les hace ver antisemitismo por doquier. Cuando me exponían algún agravio de un político español o de alguna publicación de nuestro país no les valían mis explicaciones de que ese comentario, chiste en un periódico o lo que fuera estaba dirigido a una acción concreta, y tal vez reprobable, del gobierno de Tel Aviv del momento, no tenía nada que ver con odio hacia los judíos como raza, no era un nuevo peligroso brote de antisemitismo...

Bastante prensa estadounidense, después de la visita de Arafat, torció el gesto hacia nuestro presidente. La muy difundida revista *Time*, cuya tirada debía de superar los tres millones, previamente había dedicado una elogiosa portada a Suárez en junio de 1977 con un gran dibujo de su rostro y el titular: «España: gana la democracia». Las cañas se volvieron lanzas en el otoño de 1979 después del paso de Arafat. Bajo el título de «Suárez, el caracol», la publicación afirmaba que el político no «tiene ideas claras, hace una política exterior desconcertante, presencia en La Habana, recepción a Arafat...». Los alfilerazos, las puyas condescendientes se repetirían en números de junio y septiembre de 1980.

No era, sin embargo, lo que pensaban las autoridades estadounidenses; su percepción del político español fue mejorando sustancialmente con el tiempo, lo que nos lleva a las relaciones con Estados Unidos en la era de Suárez. Aunque el primer presidente de la democracia no debutó viajando a Estados Unidos —presidentes y ministros de Exteriores lo hacen por norma desplazándose a Rabat—, voló relativamente pronto, en marzo de 1977, a la capital del imperio americano, justo después del viaje a México que hemos mencionado. La Administración Carter tuvo, en principio, alguna reticencia en recibirlo en año electoral español por no dar la impresión de que favorecía una de las opciones, pero finalmente prevalecería la opción de que nuestro presidente estaba muy involucrado con el rey en la instalación de la democracia y que el viaje ayudaría a esa implantación. Su ignorancia del idioma inglés —Suárez, consciente de su hándicap, dio esporádicamente alguna lección de francés en La Moncloa que no le sirvió de mucho— le costó que Carter se limitara a recibirlo un rato sin ofrecerle un almuerzo. Lo ofrecería el vicepresidente Mondale. Según Juan Durán, que estuvo en el periplo, Suárez, en todas su entrevistas con el Gobierno, Congreso, hombres de negocios... «hizo mucho para disipar la idea de que la pintoresca España estaba incapacitada por razones históricas o sociológicas para la democracia».

Abundaba el político abulense en el mensaje que el rey había difundido meses antes en Estados Unidos en un viaje al que, esta vez sí, la Administración estadounidense dio considerable relevancia. Su anfitrión fue el presidente Ford, político menospreciado por alguno de sus enemigos y del que el demócrata Johnson había dicho que era «tan torpe que no podía mascar chicle y tirarse un pedo al mismo tiempo». Aunque don Juan Carlos no fue en visita de Estado, Ford, saliéndose del protocolo, tuvo la deferencia de asistir a una cena de gala en nuestra embajada que ofrecían los reyes. Don Juan Carlos, como hemos mencionado en páginas anteriores, causó muy buena impresión en los medios de información estadounidenses especialmente después de que interviniera en el Congreso de Estados Unidos, otra deferencia, en una alocución que, detalle importante, hizo en inglés y en la que afirmó que el propósito democratizador de la Corona era serio y que los españoles escogerían libremente la opción política que desearan. El rey fue ovacionado largamente por los legisladores y regresó muy contento de su viaje. Hay quien dice que en él, Areilza, que lo había preparado cuidadosamente por haber sido embajador en Washington, cavó su tumba por su actitud paternalista hacia el rey. Tanto Ford como Kissinger sacaron la impresión de que Areilza no tenía excesivo tacto con el monarca, adelantándose a responder por él cuando alguien le preguntaba algo, etc.

Volviendo a Suárez; en su charla con Carter, aparte de explicar convincentemente el proceso español, subrayando la inevitabilidad de la legalización del Partido Comunista, nuestro presidente se quejó del desequilibrio comercial con Estados Unidos y rechazó, por considerarlo contraproducente, que Estados Unidos hiciese una declaración mencionando las bondades de la entrada de España en la OTAN.

Cuenta Charles Powell que al término de la visita, Carter elogió profusamente al rey y a Suárez ante varios periodistas estadounidenses diciendo que había surgido con ellos «una amistad instantánea». Animado por lo que había oído, Carter decidió que su vicepresidente incluyese Madrid en un inminente viaje a Europa. Sin embargo, parece que Suárez, en expresión del embajador estadounidense de la época, se había marchado «un poco irritado de su estancia en Washington». Es posible que la Administración estadounidense pensara en los meses que siguieron que España ya no se descarriaría y, como ocurre con frecuencia con los gobiernos de aquel país, si no eres muy grande (Alemania, China, Japón...) o no creas problemas (Corea del Norte, Irak...) no cuentas. Ser mediano y un buen aliado no basta. Por todo ello, Suárez, como le manifestó a un periodista norteamericano, pensaba que Washington no ayudaba a la incipiente democracia española y estaba especialmente dolido por la nula cooperación prestada en la lucha contra ETA.

En otros sectores del gobierno español —Exteriores, Comercio, Defensa— se albergaba asimismo el convencimiento de que era inconcebible que, ganada la democracia, la Administración yanqui nos tratase prácticamente como trataban al régimen de Franco. Samuel D. Eaton, encargado de Negocios en Madrid, anota en su libro que una buena parte de la cúpula militar y especialmente el ejército estaban irritados con Estados Unidos.

Este pasotismo estadounidense cambió pasado algún tiempo.

Las diferentes muestras de ir por libre del presidente español, presencia en los No Alineados, parsimonia en la OTAN, desplazamiento a Cuba, recepción a Arafat, aun suscitando alternativamente suspicacias en uno u otro sector norteamericano, puede que hicieran subir su papel, razona Powell, a los ojos de Carter. De otro lado, el canciller Schmidt parece que quedó agradablemente sorprendido con el análisis que Suárez le hizo sobre Oriente Próximo el día de Reyes de 1980 y animó al político español a que se lo contase al presidente estadounidense; un diplomático germano comentó incluso que su jefe había llamado al americano para que viese pronto a Suárez. Washington envió su embajador a La Moncloa para invitar a Suárez a una pronta visita a Carter. El presidente hizo mohínes, el viaje no parecía tener mucho interés, Estados Unidos nos ninguneaba, Washington sólo respetaba a los que se le oponían, etc. Aceptado por fin, y aplazado porque ETA mató al gobernador militar del País Vasco, el viaje tuvo lugar en enero de 1980.

Esta vez sí hubo comida, se trató fundamentalmente de política internacional y, a pesar del cedazo del intérprete, Suárez causó muy buena impresión. Habló de la nueva amenaza soviética apuntando que la entrada en Afganistán había colocado a los soviéticos a 700 kilómetros del estrecho de Ormuz con lo que la posibilidad de estrangular el suministro de petróleo que llegaba a Occidente era una realidad, se extendió con rotundidad sobre la necesidad de solucionar la cuestión palestina, refutó a Carter cuando éste sugirió que había Estados árabes que no eran partidarios de la creación de un Estado palestino y, con realismo, afirmó que España no podía hacer por sí sola nada relevante en la zona pero nuestros contactos con los árabes podían ser muy útiles a Estados Unidos y Occidente. Sobre Iberoamérica, comulgó con su anfitrión en que había que parar la subversión comunista pero remachó que en esos países de nuestra familia existían demasiadas situaciones injustas que había que solucionar; eran la fuente de muchos problemas.

Suárez cortó oreja con sus interlocutores, aunque el viaje tuvo un reducido eco en la prensa yanqui. Mientras aquí se tomaban a chacota sus menciones al estrecho de Ormuz, o a la crisis de Oriente Próximo, el comunicado de la Casa Blanca manifestaba «admiración por los conocimientos del primer ministro español... en Oriente Medio y Latinoamérica». Carter, que no estuvo de acuerdo en lo de la creación del Estado palestino (aunque, paradójicamente, es en la actualidad uno de sus mayores defensores), reseñó en su diario que el encuentro había sido interesante deduciendo que «hemos subestimado la importancia de España tanto en Oriente Medio como en América Latina» y concluía con que «Afganistán, Irán y el problema palestino están relacionados entre sí hasta niveles llamativos». Si Suárez, como parece, contribuyó a metérselo en la cabeza, estaba de nuevo describiendo lo que ahora es una deducción común a bastantes analistas. El político abulense, en su charla con Schmidt de días antes, había abogado incluso por la celebración de una Conferencia Internacional de Oriente Próximo auspiciada por la ONU. Se equivocaba en el patrocinio onusiano, Israel escaldado con la Organización nunca lo hubiera permitido, pero acertó en el tema: la Conferencia tendría lugar en Madrid en 1991.

Gregorio Morán, biógrafo del presidente (*Adolfo Suárez*, ed. Debate), argumenta que Suárez, visto con ojos de hoy, mostró una evidente clarividencia en determinadas cuestiones de la zona, la importancia de Irak, etc., pero que el ensañamiento con él en España estaba generalizado, «la introducción del debate de Ormuz provocará un escandaloso cachondeo, no sólo entre la oposición sino sobre todo en las filas ucedeas» (en su partido). Acompañé al presidente a viajes a Irak, donde vimos a Sadam Husein, a la sazón vicepresidente pero hombre fuerte; Siria; Arabia Saudí, donde era mejor estar en los segundos escalones de la delegación, te regalaban un Rolex con la firma del rey, mientras que en los altos, una estatuilla incolocable... En aquellos países no se tomaba a chacota al político abulense.

Por otra parte, los acontecimientos externos —toma de los rehenes diplomáticos estadounidenses en Irán, invasión de Afganistán por la URSS— revalorizaban la importancia de España en el rebrote de la Guerra Fría. Igual que Franco se había beneficiado de la guerra de Corea, del rapto por Rusia de media Europa, ahora de nuevo el solar España valía más.

La OTAN es aún sospechosa

¿Quería Suárez que entráramos en la OTAN? Hacer la pregunta hoy, cuando el gobierno del otrora esquivo Zapatero ha hecho diversas manifestaciones de amor a la organización, parece curioso. Sin embargo, la actitud de nuestro primer presidente, sus intenciones, sus alegadas vacilaciones, han sido objeto de abundante controversia.

Que Suárez no tenía prisa por plantear la entrada parece obvio. Que fuera reacio a la mera idea no parece creíble. Tampoco que considerara requisito indispensable que la oposición estuviera de acuerdo.

La actitud cautelosa del presidente estaba condicionada por estar absorbido por problemas internos y más aún, apunta Tusell, en lo que comulgamos la mayoría de los que trabajamos con Suárez, «porque el planteamiento de una cuestión como la OTAN podía producir una división en la clase política española en momentos en que estaba elaborando la Constitución», en momentos en que desesperadamente necesitaba el consenso. En otras palabras, no quería alborotar el gallinero con otras cuestiones cuando perseguía algo que le parecía trascendental.

La idea, difundida por cierta izquierda, de que había un consenso tácito para no plantear el tema tiene algo de análisis interesado, pro domo. La entrada en la OTAN aparecía ya en el manifiesto programático de la UCD, fue aprobada en el congreso del partido en 1978 e incorporada al de 1981 cuando Suárez dimitía. Él mismo había proclamado en el de 1978 que «UCD es pro OTAN y ya lo ha dicho bastantes veces, pero este asunto no es urgente ni inmediato». El presidente debía de temer asimismo que el ingreso en la OTAN pudiera aumentar la inestabilidad en España por acarrear un recrudecimiento del terrorismo, pero su prudencia en este asunto está más relacionada con lo apuntado anteriormente: el temor a que una postura más firme pudiese suscitar el rechazo de la izquierda en pleno período constituyente (Charles Powell, *El amigo americano*, Círculo de Lectores).

Oreja intentó en varias ocasiones vencer los remilgos de su jefe. El ministro, tratando quizá de abrir el debate sobre el delicado asunto, dio una entrevista que sería sonada a Pablo Sebastián en *El País*. Se movió en la más pura ortodoxia ucediana sobre las intenciones prootánicas del gobierno y anunció que el gobierno plantearía el ingreso en la organización en 1981.

Esto era oro molido para un diario poco simpatizante de la OTAN y aquí fue Troya. El socialista Múgica manifestó que las declaraciones eran «una muestra de frivolidad e irresponsabilidad» y el Partido Comunista en un comunicado sostenía, con peregrino aplomo, que «la decisión tendría las consecuencias más negativas en todos los órdenes para nuestro país al significar la ruptura de dos siglos de neutralidad española».

El ministro que, cuenta en sus memorias, había enviado a La Moncloa copia del texto antes de que se publicara, había alborotado ostensiblemente el dichoso gallinero. En el siguiente Consejo de Ministros Suárez lo llevó aparte en el patio de columnas y le preguntó por el porqué de las declaraciones. Confiesa Oreja que fue la única vez que el presidente le llamó la atención en cuatro años. Que Suárez lo cesara en la combinación ministerial que hizo mes y medio más tarde ha dado pábulo a la especie de que su prootanismo declarado lo había fulminado. La deducción es probablemente precipitada. El presidente, necesitado por los ataques internos a hacer una remodelación, se encontró en una situación en la que se ven muchos ejecutivos, tenía más indios que caballos y necesitaba la cartera de Exteriores para colocar a uno de los pesos pesados de su gobierno, a José Pedro Pérez-Llorca, que ya había desempeñado dos puestos ministeriales, que quería cambiar de aires y era diplomático como Oreja.

Esta interpretación queda corroborada por dos hechos: Pérez-Llorca era tan atlantista o más que su predecesor y lo demostraría inmediatamente en su actuación, algo que Suárez no debía desconocer. Más adelante, los acontecimientos jugaron a favor de que el presidente archivara sus dilaciones. Reagan ganaba las elecciones en Estados Unidos, lo que significaba que la Administración de Washington vería con mayor suspicacia la indefinición española. Muy pronto, Pérez-Llorca hizo ver al presidente que el existente pacto con Estados Unidos era anacrónico y poco ventajoso. Entonces, «o somos neutrales o entramos en la OTAN».

El presidente le envió una carta aceptando el planteamiento y en octubre le dio la luz verde: «Adelante, prepáralo todo, luego habrá que ir al Parlamento a cantar la gallina».

La determinación de Suárez de ir adelante es confirmada por Javier Rupérez, que acompañó al político belga Leo Tindemans a La Moncloa el 23 de enero de 1981. El presidente pidió al diplomático que se quedara un momento y le reveló que la decisión de poner en marcha el asunto ya estaba tomada y que sólo la conocían el rey, Pérez-Llorca, Gutiérrez Mellado y Rodríguez Sahagún (ministro de Defensa). Pensaba llevar el tema al Congreso de UCD en Palma a la semana siguiente. Rupérez, que cuenta que vio a Suárez muy embarcado en el tema, se quedó pasmado al día siguiente cuando trascendió que el presidente dimitía. Interpreta él que el cambio abrupto de Suárez sobre su permanencia en el poder pudo obedecer a una llamada urgente del rey que el presidente recibió cuando lo despedía. Volveremos sobre este tema.

CHANTAJE SOBRE CANARIAS

Es posible, con todo, que una de las cuestiones a las que Oreja debió de dedicar mayor tiempo y ciertamente la que le debió de causar más quebraderos de cabeza fuese una que hoy, pasadas más de tres décadas, resulta totalmente sorprendente; me refiero a la de la «africanidad» o españolidad de las islas Canarias. Es un buen ejemplo de que también en la política internacional todo vale.

Argelia, que había alcanzado la independencia en 1962, con un gobierno activista y con pretensiones hegemónicas heredadas de Francia, tenía a gala albergar en su territorio a representantes de los movimientos de liberación africanos. Unos serios, como el de Namibia, y otros estrafalarios. Entre éstos se encontraba el MPAIAC (Movimiento por la Autodeterminación e Independencia del Archipiélago Canario). Estuve destinado en nuestra embajada en Argel a principios de los setenta y ya residía allí su dirigente Cubillo. El movimiento tenía un seguimiento prácticamente nulo en las islas pero para los argelinos ceder a Cubillo una pequeña oficina de las expropiadas años antes a los franceses que abandonaron el país y pasar un pequeño sueldo al independentista canario era una operación increíblemente barata y potencialmente rentable. Con un coste ínfimo gozaban de una importante baza para chantajearnos en cualquier tema fundamental. En mis años en la embajada, informábamos a Madrid a menudo de los devaneos argelinos con el MPAIAC, pero los soliviantos eran relativos.

Llegó, sin embargo, a fines de 1975 la cesión del Sahara por España a Marruecos y Mauritania y el gobierno argelino de Bumedian debió de ver rojo. Aparte de su fibra anticolonialista, un Sahara controlado por Marruecos era, por razones geopolíticas, lo último que los argelinos querían ver. Su eventual salida al Atlántico se cerraba y, lo que parecía peor, la marcha de España significaba el engrandecimiento en la región de su rival con el que habían tenido ya una guerra en 1963, a los meses de alcanzar la independencia. Un embajador de un país socialista, teóricamente amigo de Argelia, me comentó gráficamente que para aquellos dirigentes argelinos era preferible que el Sahara desapareciera literalmente engullido por las aguas del Atlántico antes que verlo en manos de Marruecos.

El MPAIAC constituía un instrumento de chantaje a España y Argelia no tardó en poner un potente megáfono delante del solitario líder. Un altisonante editorial en *Le Mudjahid* de Argel, único matutino de Argel y que escribía a los dictados del gobierno, concluía que las Canarias eran una colonia española en África que había que descolonizar. El títular era indicativo del sermón a desarrollar: «Una baza de la estrategia imperialista». Paralelamente, el Comité de Liberación de la OUA (Organización para la Unidad Africana) pedía en Trípoli al Comité de Ministros: *a*) que se diese apoyo económico, etc., al MPAIAC, y *b*) que se recabara de España autorización para que una comisión de la ONU se desplazara a las islas para estudiar la situación.

Que la ONU pudiera venir a inspeccionar una provincia española resultaba totalmente grotesco; que todo era una maniobra de Argelia por sus achares en el Sahara era palmario para cualquier persona que hubiera visitado las Canarias, pero la reivindicación podía prender en los gobiernos africanos. La mayor parte de sus dirigentes no tenían excesivos conocimientos sobre la españolidad de las islas y en esa ignorancia la idea de la descolonización era atrayente para personas que acababan de conseguir su independencia en las dos últimas décadas. Suárez debió de deducir que el tema era potencialmente incordiante e instruyó a su ministro para que se ocupase de él de forma prioritaria. Había una fecha apremiante: unos cinco meses más tarde, en julio de 1977 en Sudán tendría lugar una cumbre de jefes de Estado africanos donde, contando con las intrigas argelinas, la cuestión sería inevitablemente abordada.

Nuestra influencia en África, sobre todo en la subsahariana, en la época era claramente mejorable. Poseíamos ya un determinado número de embajadas pero nuestra incipiente cooperación con el Tercer Mundo se concentraba en Iberoamérica y, en menor medida, en el mundo árabe. Los fondos dedicados al desarrollo del África negra eran prácticamente nulos. El gobierno, con el consenso de las fuerzas políticas estupefactas e irritadas con el cuestionamiento de la españolidad canaria, decidió enviar misiones oficiales que batiesen el mayor número posible de naciones africanas. Oreja se desplazaría a una veintena de países; Robles Piquer a un puñado, mientras que una delegación parlamentaria, con miembros de diversos partidos, visitaría otros siete u ocho.

Llevando unos tres años en Lisboa y basándome en mis conocimientos del portugués y de la situación en las antiguas colonias portuguesas, escolté a la delegación parlamentaria a Angola. Luego, portador de una carta de Adolfo Suárez seguí solo viaje a Mozambique y otros países africanos como Malaui, Lesotho y Botswana. Fui recibido normalmente al más alto nivel: Samora Machel en Mozambique, el presidente de Malaui... en palacios en los que abundaba el mueble valenciano de una cierta opulencia. Era obvio que mis interlocutores, muy corteses, habían sido intoxicados; expliqué la situación de las islas y que si un canario, como les habían contado, no tenía libertad ni democracia en el año setenta tampoco las tenía un murciano o un gallego. Pero que ahora la tenían todos, que eran un trozo de España como Andalucía o Cataluña. Me decían que tomaban buena nota y yo me percataba de que había sembrado dudas en sus vagas convicciones anteriores pero que Oreja y el ministerio debían seguir remachando la realidad de las islas.

En un hotel de Botswana, verano de 1978, mientras me confirmaban que me recibiría el jefe del Estado vi en solitario la final de la Copa del Mundo de Argentina, la del gol postrero de Kempes.

En su periplo, el ministro encontró interlocutores muy receptivos como el presidente gabonés Bongo, el costa marfileño Houphouët-Boigny, el zaireño Mobutu o el ministro egipcio Boutros Ghali que luego sería secretario general de la ONU; otros, evasivos y otros, manifiestamente hostiles como el nigeriano Obasanjo, en una entrevista que Oreja calificaría de «tensa y desagradable». En Trípoli, Gadafi siguió el guión teatral al que era aficionado. Oreja había tratado el asunto con su colega y la cena oficial, en el momento en que entraban los corderos en grandes bandejas, fue interrumpida por el estruendo de una caravana de motoristas que venían intempestivamente a recoger a nuestro ministro. El líder supremo iba a recibirlo, sin el menor acompañante, ni siquiera libio, en una jaima en el desierto. A lo largo de una hora larga, Gadafi no se mostró adverso en la cuestión canaria que fue abordada sucintamente porque él se lanzó en una soflama contra el capitalismo y Estados Unidos. Advirtió que nuestra entrada en la OTAN tendría un efecto nocivo en las relaciones con su país.

En sus contactos paralelos con nuestros aliados buscando ayuda y solidaridad, nuestro gobierno notó una cierta frialdad y distanciamiento en Francia y una mayor solidaridad en Estados Unidos. Vance, secretario de Estado de Carter, le prometería su apoyo. Una percepción similar a la que obtendría Aznar cuando la crisis del Perejil con Marruecos.

Llegó el 22 de julio en que la Cumbre africana debía tomar una decisión. La resolución de marras se basaba en un texto que sostenía que las islas que rodean África son parte de ese continente; su ocupación por potencias extranjeras constituye una amenaza para la seguridad de los pueblos africanos. Entre las islas mencionadas estaban las Canarias y Reunión pero no Madeira, por ejemplo. Para nuestro alivio (Oreja estaba incluso decidido a dimitir si el resultado era adverso), la resolución no prosperó. La ofensiva española había dado sus frutos cuarteando las insidiosas maniobras argelinas que sembraban en un terreno muy abonado para la falaciosa prédica anticolonialista. Se requerían dos tercios de los 49 miembros de la OUA para que la resolución saliera adelante y 19 países votaron en contra. El presidente Senghor de Senegal nos echó desde el podio un inteligente capote poco antes de la votación.

El asunto quedaba congelado pero no muerto. Siendo presidente Calvo-Sotelo resucitó con fuerza la idea de la venida de una comisión africana de investigación sobre el terreno. Ahora le tocaba a Pérez-Llorca remangarse. Hubo que dedicarle de nuevo tiempo y desvelos. Como cuenta Pérez-Llorca, dado que la comisión de encuesta era inaceptable, «se realizó la muy delicada maniobra de metamorfosear aquella agresiva e imposible visita en una invitación al secretario de la OUA, señor Kodjo, para que viniera a nuestro país, incluidas las Canarias» y contara lo que veía. Convoqué separadamente a los directores de los medios informativos para que el ministro les explicara la melindrosa visita. Kodjo nos visitó en junio de 1981 y acabó haciendo un informe ante el pleno de la OUA en el que daba cuenta de que todos los partidos políticos le habían manifestado «la profunda hispanidad del archipiélago». La OUA dio carpetazo definitivo al asunto al que nuestra diplomacia dedicó casi tantas horas como treinta años más tarde al asunto algo más etéreo de la Alianza de Civilizaciones.

AH, LA FRANCE!

A fines de los setenta el terrorismo se había convertido en protagonista de la vida española. El ensañamiento de los terroristas con los militares y las fuerzas del orden —de los 91 asesinados por ETA en 1980 se contaban 8 militares, 13 miembros de la policía y 31 de la Guardia Civil— sería un factor decisivo en los ruidos de sables que cristalizarían en el fallido golpe de principios de 1981. María Ángeles López de Celis, que fue secretaria en La Moncloa, cuenta que en unas fechas en que el malestar militar estaba a flor de piel oyó una conversación entre Suárez y el vicepresidente Gutiérrez Mellado. El presidente le apremiaba a que le dijera cuántos mandos en la cúpula militar eran verdaderos demócratas que apoyaban la acción del gobierno. El vicepresidente levantó los hombros y exclamó: «Seguros, seguros, dos: tú y yo». Era un desahogo del general pero es indicativo.

Resultaba evidente que para poder neutralizar a la banda terrorista, o como mínimo aminorar sus efectos letales, era indispensable eliminar su santuario del sur de Francia en el que se movían con total impunidad, planeaban sus operaciones, recibían a cara descubierta a los industriales vascos que acudían chantajeados a pagar el impuesto revolucionario, etc. La ayuda de las autoridades galas parecía, por consiguiente, indispensable.

Pronto llegó la decepción. España había hecho los deberes exigibles a cualquier democracia: en octubre de 1977 las Cortes aprobaban una generosa amnistía. La ley liberaba a todos los presos condenados por delitos políticos perpetrados antes del comienzo de la transición. Es decir, salían a la calle incluso los que tenían sangre en las manos. (La existencia de esa norma, entre otras cosas, es la que permitió a los denunciantes de Garzón encausar al juez por haber ignorado su existencia.) En segundo lugar, los españoles habían celebrado en total libertad unas elecciones en las que el abanico de opciones era muy amplio. En tercer lugar, España firmaría los Convenios de derechos humanos del Consejo de Europa. Para París, no bastaba. Una parte importante de las fuerzas políticas francesas miraban a España con un equivocado paternalismo y se aferraban, como si España tuviera aún un régimen autoritario en el que los disidentes políticos eran castigados por la ley, a la falaciosa tesis de que Francia era tierra de asilo y no entregaba a los delincuentes políticos. La conclusión, con una España ya en libertad y concediendo al País Vasco un estatuto de autonomía que sería impensable para cualquier región francesa y que, por supuesto, París nunca otorgaría a Euskadi norte, era un puro dislate. Perduraría, para irritación española, bastante tiempo.

El primer gran desengaño llegaría con la visita oficial de Giscard en junio de 1978, la primera a España de un francés desde que en 1906 el abuelo de don Juan Carlos, Alfonso XIII, acogiera a Émile Louvet. El presidente francés era esperado con expectación. Dio una cena suntuosa en el palacio de Aranjuez, lugar en el que se hospedaban los jefes de Estado extranjeros en los primeros momentos de la transición. Trajo desde París vajillas de porcelana de Sèvres, chefs, espléndidos vinos, etc. Es el banquete que impulsaría a Santiago Carrillo a llevar aparte al marqués de Mondéjar, jefe de la Casa del Rey, y decirle que en las cenas del Palacio Real había que ponerse las pilas, que se comía mucho peor que en la que se acababa de celebrar. Giscard hizo un discurso amable en un elegante francés despertando el papanatismo de bastantes asistentes españoles a la cena que, debido a su torpeza ante los idiomas, encuentran prodigioso que un francés se exprese con soltura y elegancia, con pronunciación impecable... en francés.

Otro tanto ocurrió cuando años más tarde nos visitó Mitterrand. Hizo un inteligente discurso pero muchos españoles quedaban deslumbrados, ... *éblouis* diría alguno haciendo pinitos en la lengua de Molière, más que por el contenido por la rotunda pronunciación francesa del orador. Reacción parecida tenía años antes alguno de nuestros compatriotas cuando, viajando por Francia, aparecía el Maurice Chevalier de turno, en la televisión y con una aparente picardía exclamaba: «*Ah, vous savez, moi... l'amour*». La simplona frase, dicha en francés-francés, debía sonar tan descuidadamente erótica que el celtíbero de turno, y me atrevería a decir el italiano o el yanqui, decía para sus adentros: «Es que, claro..., es normal que este hombre se lleve las tías que quiera a la cama...».

Volvamos a Giscard. Sacó réditos del viaje y de su apuesta rápida por el rey a la muerte de Franco. España prometió comprar unos 44 aviones Mirage y unos Airbus. Nosotros obtuvimos poco. De entrada, no había la menor química entre el francés y Adolfo Suárez. El francés infravaloraba al español, remachaba que la relación existente entre él y el rey era muy útil «para desarrollar las relaciones franco-españolas» y recalcaba que Suárez sería invitado a Francia por el primer ministro Barre. En resumen, hizo un error grosero de cálculo sobre nuestro sistema constitucional: creer que «el rey representaba la casi totalidad del Poder Ejecutivo y que el presidente del Gobierno español no era el interlocutor del presidente francés» (Fernando Morán). La pifia era de bulto. Suárez siempre tuvo un enorme respeto por la figura del monarca e intentó fortalecer su figura al máximo. Alberto Aza ha manifestado que en esa época las instrucciones eran que el rey apareciese con frecuencia en la televisión, pero tenía claro que la Constitución le otorgaba a él sin dudas la conducción del gobierno. Por lo tanto que, dadas las características del sistema político francés, él sí era el interlocutor de Giscard.

De la vanidad del presidente francés hay conocidos ejemplos en nuestro país. Calvo-Sotelo fue encargado de la organización del viaje y llegó el momento de «negociar» el reparto mutuo de condecoraciones, una situación —la de las visitas de Estado o viajes oficiales— en que los Protocolos de los países son tradicionalmente generosos y, a veces, todo se convierte en una desmesurada «pedrea»: un ministro de Comercio que ha sido recibido por el visitante durante doce minutos recibe, por ese descomunal esfuerzo, una Gran Cruz, y a un joven secretario de embajada por haber acompañado cómodamente en un coche durante dos días a la delegación —otra tarea sobrehumana para alguien que se dedica a eso—, le cae una medalla de Oficial, pongamos, por ejemplo, de la Orden de la Jirafa o de la de San Jerónimo.

Bueno, al grano; el modesto Giscard quería el Toisón de Oro. Calvo-Sotelo se vio obligado a explicar que el Toisón no lo otorga el gobierno, que lo concede libremente el rey a quien le place, que no solía darlo a políticos extranjeros o españoles y que hay un número limitado de Toisones físicos de manera que ni siquiera el rey puede conceder uno supernumerario. La polémica duró varias semanas y, por fin, Giscard se resignó, humildemente, al Gran Collar de Carlos III. A fines de 2011, don Juan Carlos hizo una excepción con Sarkozy, prueba evidente de que la colaboración de éste en la lucha contra el terrorismo y otras cuestiones —presionar para que Zapatero y España se sentaran en una silla del G-20, etc.— había sido más importante que las intenciones de Giscard, que luego, por otra parte, como veremos, sorprendieron desagradablemente.

Parecido forcejeo hubo con el embajador galo cuando Giscard se empeñaba, para hablar en el Congreso de los Diputados, en acceder al edificio por la Puerta de los Leones, y hubo que explicarle que esa puerta, la de la carrera de San Jerónimo, está siempre cerrada y, siguiendo nuestra tradición de más de un siglo, sólo se le abre al rey al principio de cada legislatura. Giscard prefirió entonces hablar en el Senado pero imagino los sudores del embajador francés, abrumado con ese encargo especialísimo del Elíseo, cuando tuviera que informar que los españoles no transigían por muy descendiente del *Roi Soleil* que fuera Giscard.

La falta de sintonía en la cúpula política no era, con todo, la única rémora para obtener la colaboración francesa contra el terrorismo. Como apunté más arriba, en esos años de nuestra flamante democracia los franceses seguían mirándonos con las gafas del pasado. Francia continuaba considerándose «tierra de asilo», calificativo del que estaban muy orgullosos al acoger a los perseguidos políticos de diversos países, pero que perdía todo su significado si nos referíamos a personas que habían *asesinado*, a un juez, a un policía o a un político *en un país* plenamente *democrático*. Su cerrazón, en consecuencia, estaba condicionada por el factor mencionado, es decir, la tradición jurídico-política descrita que, de paso, alimentaba el ego político galo. Había, sin embargo, otra apuntada, entre otros, por Ramón Luis Acuña (*Como los dientes de una sierra*, ed. Plaza & Janés): Francia tardó mucho «en tomar partido entre el terrorismo vasco y el Estado español, proponiendo implícitamente a ETA el pacto tácito que ya parecía haber establecido con otros grupos terroristas: desterrorización del refugio francés a cambio de refugio y amparo». En otras palabras, yo no te acoso en mi territorio si no trasladas a él tu actividad. El temor al contagio, en definitiva; no sólo al contagio terrorista, sino dado el acusado centralismo francés, al contagio autonómico. Un dato iluminador: el ministro de Cultura francés, Jean-Philippe Lecat, visitó en varias ocasiones las provincias vascas francesas en 1979 y tuvo cuidado en no mencionar la palabra «vasco» ni una sola vez (Acuña).

Una visita de Oreja a París en enero de 1979, en la que presentó una lista de unos 127 presuntos etarras que se paseaban por

Francia con documentación de refugiado político, trajo un pequeño avance. París no otorgaría más cartas de refugiado pero anuló con enorme lentitud las antiguas, ni se detuvo o expulsó a nadie ni hubo extradiciones. La situación era crecientemente absurda; Francia había entregado a Alemania a Klaus Croissant, acusado de colaborar con los terroristas de la banda Baader-Meinhof, y haría lo propio con Italia devolviéndoles a Piperno y Pace, dos presuntos miembros de las Brigadas Rojas. ¿Temor al contagio, confusionismo necio, casi criminal, entre la lucha contra el franquismo y atentar contra una democracia respetable? Lo cierto es que la prensa española comenzaba a calentarse; un editorial de *El País* de las fechas del desplazamiento del ministro era elocuente: «El gesto francés de quitarse las pulgas de encima en la cuestión vasca no es sólo poco creíble, sino también, y sobre todo, inmoral».

Así estaban las cosas cuando Suárez visitó Francia en las postrimerías de 1979 como narrábamos al principio. El amor entre los dos políticos seguía siendo inexistente. En el almuerzo en el Elíseo que ofreció Giscard y al que sólo asistieron los primeros ministros, los titulares de Exteriores y los dos embajadores, hubo comentarios elogiosos hacia el vino que se degustaba. Cuando fueron a escanciarle a Suárez, éste dijo que no bebía vino. Giscard, asombrado, preguntó cuál era su bebida preferida y respondió que leche. Giscard «con aire impertinente dijo al camarero que se la trajeran, a lo que Suárez, malhumorado, contestó que no tomaría nada».

Poco salió del desplazamiento a París en la cuestión terrorista. Algo más tarde, entrado 1980, la Francia oficial seguía erre que erre. El embajador galo declaraba con solemnidad que había que «terminar con la leyenda del santuario francés. Nadie puede creer seriamente que nuestro país sea en este drama un protagonista esencial». Chocante si recordamos que en esas fechas morían en la Bayona francesa dos etarras cuando manipulaban una bomba.

Se habló mucho de nuestra petición de entrada en el Mercado Común donde Giscard nos venía banderilleando con bastante más alevosía, si cabe, que en la cuestión terrorista. Fuimos en el septenato giscardiano una presa de los intereses electorales del presidente francés y de su partido.

En su viaje de 1978 a Madrid, el presidente francés nos había puesto la miel en los labios. Manifestó con aplomo: «A fin de que no quepa ninguna duda, manifiesto aquí que la entrada de España en la Comunidad no sólo corresponde a una legítima aspiración, sino que se ajusta a la naturaleza de las cosas y al interés de Europa». El periódico *ABC* pudo titular con una frase de Giscard: «El ingreso de España en la CEE es para mi gobierno asunto zanjado».

No lo era en absoluto. Giscard estaba embriagado por el recibimiento español o no había sabido calcular el rechazo que nuestra entrada producía en el abanico político francés. El PRP, partido del gobierno, y el comunista estaban en contra. Chirac, ex primer ministro con Giscard, dijo que sería un «error capital», mientras que los comunistas se descolgaban con que equivaldría a «importar miseria» para los agricultores y los trabajadores franceses. Giscard rebobinó. El día del Corpus de 1980, junio del 80, se sacó de la manga ante la Asamblea de las Cámaras Agrarias de su país lo que el diplomático Raimundo Bassols, profundo conocedor del tema y persona capital en la primera parte de las negociaciones de entrada, define como «el giscardazo». El francés pedía una pausa en las negociaciones arguyendo que la Comunidad debía digerir la primera ampliación (la de Gran Bretaña, Dinamarca e Irlanda) antes de estar en condiciones de emprender la segunda (España, Grecia y Portugal).

La declaración equivalía a un veto, al menos momentáneo, a nuestra candidatura. Grecia y Portugal eran la coartada para no dar la impresión de que se nos singularizaba punitivamente. Grecia pronto supo que las declaraciones del presidente galo no le afectaban y Portugal, aunque su presidente Eanes diría ingenuamente que lo dicho por Giscard «no se aplicaba a Portugal», lo cierto es que los franceses unirían su suerte a la española para encubrir que quienes les preocupaba éramos nosotros. Como escribe Bassols, se jugó demasiado frívolamente con nuestra urgencia y nuestras esperanzas desde el Elíseo y desde Matignon, «todo era frustrante, torpe, casi cínico». El influyente diputado francés Pierre Guidoni manifestaba elocuentemente: «Que Europa se amplíe nos parece un buen objetivo. Pero la democracia es una cosa; las frutas, el vino y las verduras, otra». Curiosamente, Guidoni sería nombrado poco después embajador de Francia en España.

La prensa europea protestó por el frenazo giscardiano, *Le Monde* ironizaría: «Puesto que los ingleses se portan mal, castiguemos a los españoles y a los portugueses...». Diversos gobiernos comunitarios —Alemania, Gran Bretaña, Holanda, Dinamarca, etc.— declararon estar en contra de la pausa francesa, algunos lo hicieron de forma terminante. De poco sirvió; a fines de los setenta, Francia «mandaba» en la Comunidad; Alemania, que empezaba a ser la locomotora, aún tenía ciertos complejos procedentes de haber perdido la guerra, del recuerdo del Holocausto, etc. Francia dominaba la máquina comunitaria, imponía sus ritmos y, por supuesto, su lengua.

La situación ha cambiado. La voz y la voluntad alemanas se irían imponiendo poco después; Gran Bretaña sería intransigente en determinados puntos y, llamativa muestra del cambio de los tiempos, el idioma de Molière dejó de ser la lengua franca de la Comunidad. Ahora domina el inglés; en la Europa de los veintisiete hay miembros de las delegaciones nacionales en Bruselas que no hablan el francés, algo impensable hace treinta y cinco años.

La pérdida de posiciones del francés en el mundo internacional es uno de los fenómenos culturales más chocantes del último medio siglo. En el mundo diplomático, en el empresarial, en el cultural, etc. el francés sigue siendo un idioma que cuenta, pero hace décadas que dejó de ser indispensable. Las autoridades francesas, muy a contracorriente ya, han dedicado año tras año millones de euros a preservar el peso de su lengua y la presencia de su cultura en el planeta. Han contado para ello con una envidiable mentalización de su clase política y la comprensión de la opinión pública convencida de que Francia es el país de la cultura por antonomasia. Como escriben con ironía no exenta de cariño Nick Yapp y Michel Syrett: «Es opinión honesta de todo francés, hombre o mujer, que Francia ha conducido siempre el mundo en cuestiones culturales, arquitectura, pintura, música, cine, literatura, escultura, mimo, teatro, ballet y cómo morir al amanecer en un duelo».

El mundo es otro y hasta los franceses, ¡finalmente!, se han dado cuenta de ello. En el mundo de los negocios el francés cuenta poco, París dejó de ser la indiscutida capital cultural del planeta, las familias pudientes europeas no sueñan ya con mandar a sus retoños a estudiar a una institución privada francesa, las películas galas se exportan con parsimonia y *Le Monde* dejó de ser la biblia informativa de la progresía europea y el diario con el que se acostaban los diplomáticos de medio mundo. Nuestro país, por la vecindad, la historia, etc., sería el ejemplo más llamativo de ese impresionante declive.

Cuando alguien escandalizado encuentra sintomático que un ministro socialista envíe a sus vástagos a una escuela privada se nos revela que en el colegio se enseña inglés (hace años sería el francés); los jóvenes de ahora optan por Estados Unidos para formarse; los artistas o cantantes franceses son casi desconocidos, sus series de televisión, inexistentes en nuestras pantallas... Qué diferencia con nuestra época en que estábamos totalmente familiarizados con Alain Delon, Brigitte Bardot, Aznavour, Piaf, Brassens y los alevines de diplomático y los que querían «fardar» se destetaban con *Le Monde*. Ahora privan el *Herald Tribune* o el *Financial Times*. Mientras, *Le Monde* renquea económicamente y *France Soir* fallece.

Hace años, siendo de la generación a caballo entre la del monopolio de la lengua francesa y la de la irrupción avasalladora del inglés, reflexioné sobre lo que estaría pensando un francés que ante la pantalla de su televisor viera a una jovencísima Arantxa Sánchez Vicario quien, en las propias pistas del Roland Garros parisino, contestaba a la pregunta que le formulaba la televisión gala de cómo se sentía al ganar ese torneo tenístico: «*Well* —balbuceó—, *I'am very happy... very happy...!*». Esto, en inglés, en labios de una española criada a no muchos kilómetros de los Pirineos. Otro tanto parece ocurrir con Rafa Nadal, aunque la animosidad que el público del Roland Garros muestra pertinazmente hacia el tenista mallorquín no se puede explicar porque Rafa no se exprese en francés. Es una manía inexplicable. Más revelador aún para un francés fue la llegada el pasado septiembre de Sarkozy a Libia para recoger el homenaje de los libios reconocidos por la ayuda inapreciable de Francia en el derrocamiento de Gadafi. La pantalla gigantesca que campeaba allí rezaba: «*Welcome, Mr. Sarkozy*». Nada de «*bienvenu*» o de «*merci*». Simplemente, «*welcome*».

Los setenta eran otros tiempos y España hubo de esperar a que Alemania, sobre todo, afirmara que ella tenía algo que decir.

Solo en la oscuridad

En su discurso en Santa Marta en el aniversario de Bolívar, Suárez había recordado las palabras de desaliento del Libertador: «Ni aun el prestigio de mi nombre vale ya, todo ha desaparecido para siempre... Nosotros no podemos ya hacer sino vegetar entre los sufrimientos y la adversidad». Es una profética descripción del final de su propia trágica andadura política y vital.

Suárez, que se esforzó en dejar constancia fehaciente de que a él no lo echaban, que la decisión era suya y sólo suya («me voy sin que nadie me lo haya pedido»), dimitía en enero de 1981. Calvo-Sotelo escribiría más tarde que «Suárez dimitió porque ya no era capaz de seguir inventando el futuro».

Se ha especulado incesantemente sobre las causas de su abandono. ¿Estaba hastiado de la ingratitud y trabas de sus compañeros de partido? ¿Pensaba que había perdido la confianza del rey? ¿Quiso evitar, inmolándose, que en España hubiera un golpe de Estado?

Que la total complicidad de antaño del rey con el político había pasado a mejor vida es creencia extendida a pesar del afecto mutuo. Abel Hernández relata que meses antes, en una recepción, don Juan Carlos comentó delante de él y de otro periodista: «No hay que cambiar a Adolfo pero Adolfo tiene que cambiar». Más iluminador aún es que en el mensaje televisivo anunciando su dimisión, Suárez no hizo la menor mención del rey a pesar de que Sabino Fernández Campo le pidió que lo hiciera.

El citado mensaje contiene la tercera razón que parece de más peso. El temor al golpe viene en la conocida frase del «paréntesis»: frecuentemente, «la continuidad en la obra exige un cambio de personas y yo no quiero que el sistema democrático de convivencia sea, una vez más, un paréntesis en la historia de España». La primera causa mencionada —el desasosiego por la conducta de los barones de su partido junto a la pérdida de credibilidad— está más veladamente recogida en su despedida, pero serán las aducidas por él en los años siguientes a su marcha: «A nivel político, esencialmente en mi partido, yo tenía poca capacidad de negociar, de abordar los grandes retos del Estado» (declaraciones a Jaime Peñafiel en 1982) o «La imagen que se había transmitido de mí es que me importaba el poder por encima de todo. Así era muy difícil lograr la necesaria capacidad de convicción y autoridad de gobernar».

Años más tarde, la tragedia se ensañaría con él. A su hija Marian le detectaron un cáncer y al año siguiente a Amparo le diagnosticaron la misma enfermedad. La esposa falleció en mayo de 2001 y Suárez, tremendamente afectado, no lo superó; comenzó a perder la memoria, ¿senilidad, Alzheimer?, y a actuar extrañamente. Cuando su hijo mayor le comunicó posteriormente que Marian también había fallecido, el ex presidente pareció no comprender ya lo que le decían. Su hijo diría más tarde en la televisión: «Ya no conoce a nadie, sólo responde a estímulos afectivos como el cariño». Cuando el rey, que llama con frecuencia interesándose por él, acudió al domicilio de los Suárez para entregarle el Toisón de Oro, Adolfo no lo reconoció. La foto de los dos de espaldas con el rey llevando cariñosamente a Suárez por el hombro es un patético trozo de nuestra historia.

Luis Herrero, al final de su libro, dice: «Lo habitual es que su verbosidad excesiva no tenga lógica argumental. Habla mucho, pero sin sentido... No reconoce a nadie, y tampoco a sí mismo. Desde luego no se acuerda de que fue presidente del Gobierno ni demuestra interés alguno por saber quiénes son esas personas que, asomadas a los marcos de las fotografías, saludan tan efusivamente a un señor que se parece mucho a la imagen que el espejo devuelve de él todas las mañanas». Muy posiblemente no se reconoce ni en las espléndidas fotos de Barriopedro y Hernández de León en que desafiando a los golpistas, erguido, sin tirarse al suelo, los increpa por patear a la democracia y zarandear al vicepresidente. Suárez se negaría a que la impactante imagen se utilizara en su beneficio en cualquier campaña electoral.

En Santa Marta, Suárez recordó que Bolívar se había autodefinido como «alfarero de repúblicas». El principal alfarero de la transición, vegetando entre la adversidad y la desmemoria, se apaga dentro de las tapias de un chalet madrileño, sin recordar que él moldeó esa transición decisivamente.

Leopoldo Calvo-Sotelo

Un hombre tranquilo

En una amena conferencia que arroja bastante luz sobre el arranque de la transición, contaba Leopoldo Calvo-Sotelo que años después de su salida del gobierno fue invitado a una cena en la embajada de Estados Unidos. El ágape era en honor del general Manglano, director a la sazón del Cesid, es decir, del actual Centro Nacional de Inteligencia.

A los postres, el embajador yanqui, en el habitual elogio del homenajeado, tuvo la ocurrencia de decir que si el presidente «Felipe González únicamente hubiera tomado las dos decisiones que voy a mencionar ya habría ganado un lugar prominente en la Historia: nombrar al general Manglano director del Cesid y meter a España en la OTAN».

El representante estadounidense desbarraba; la memoria de su embajada era corta. Varios de los asistentes se quedaron a cuadros. El que más, evidentemente, el propio Calvo-Sotelo que, cuando se apagaban los aplausos al exordio del embajador, se levantó sin poder contenerse y dirigiéndose a su anfitrión le dijo que le agradecía efusivamente que le hubiera hecho entrar a él en la Historia porque «fui yo —recordó— quien, como presidente del Gobierno, tomé esas dos decisiones que usted ha juzgado trascendentales».

La gafe del embajador, de la que trataré ahora, un tanto inexcusable en la época y en el lugar en que se produjo, traduce elocuentemente una impresión muy extendida en la actualidad sobre el mandato de Calvo-Sotelo. (Haría ola, algo más tarde, el muy prestigioso *The New York Times* que alababa a Felipe González por «haber sacado a su país del aislamiento y llevarlo a la OTAN»). Los analistas de la historia reciente de España tratan somera e injustamente el período de la presidencia de Calvo-Sotelo despachándolo sucintamente con una faena de aliño. La visión sobre su actuación o sus logros es breve y difuminada. Cicatera, en suma. Calvo-Sotelo estuvo cronológicamente emparedado entre dos figuras mediáticas y carismáticas: Adolfo Suárez y Felipe González; él no lo fue ni lo pretendió. Con su fina ironía podía haber parafraseado al británico Lloyd George cuando al regresar en 1919 de la Conferencia de Versalles que cerraba la Primera Guerra Mundial comentó: «Creo que no escapé tan mal, hay que tener en cuenta que estaba sentado entre Jesucristo [el presidente americano Wilson] y Napoleón [el francés Clemenceau]».

El mandato de don Leopoldo, por otra parte, con su partido deshilachándose a ojos vistas, duró sólo un año y ocho meses y nació con la inquietante zozobra del golpe fallido del 23 de febrero. Todo ello no debe restar un ápice al mérito de su gobierno de haber serenado a un país alarmado después del intento golpista y el de «haber metido a España en la OTAN», una decisión con la que no todo el mundo estuvo de acuerdo en aquellos momentos, pero que, guste o no guste —ahora ya gusta—, fue un hito sustancial en nuestra política exterior. José Pedro Pérez-Llorca, ministro de Exteriores de la época, del que Calvo-Sotelo diría que «dirigió con talento y habilidad la operación de ingreso en la Alianza Atlántica», escribía que España «debía reinsertarse, y en las mejores condiciones posibles, en los ámbitos geopolíticos de su entorno natural», la Comunidad Europea y la Alianza Atlántica.

El desliz del representante americano podría exhibirse en una escuela diplomática como un ejemplo de lo que no hay que hacer. Hay tres circunstancias agravantes: el error se produce sobre hechos frescos, conocidos, relativamente recientes; la embajada de Estados Unidos es muy nutrida, no consiste en el embajador y un joven secretario tan bisoño como él, por lo que quien prepare los discursos del embajador debe tener los conocimientos, los archivos, en definitiva, la memoria suficiente para saber dónde se encuentra; por último, la atribución errónea se hace en las barbas del auténtico protagonista. La representación yanqui en nuestro país no es precisamente la unipersonal de un cierto país africano cuyo jefe del Estado al dirigirle una ampulosa carta a don Juan Carlos, deseando adularlo, le decía que conducía el país con la misma pericia que «su padre, el generalísimo Franco». Este embajador africano estaba solo, era novato y no había hecho los deberes.

Estados Unidos envía intermitentemente a España jefes de su misión que no pertenecen a la diplomacia ni tienen mayores conocimientos de ella. A veces, lo que choca un poco, ni hablan español. No debemos ser muy picajosos con el hecho en sí. Washington acostumbra recompensar a millonarios que han favorecido económicamente en la campaña electoral al partido del presidente concediéndoles embajadas en países cómodos y apetecibles; el nuestro lo es, y aquí se han turnado los profesionales (diplomáticos, catedráticos de derecho internacional...) con los hombres de negocios.

La práctica se da en todas las Administraciones yanquis. El padre de Kennedy fue embajador en Londres durante la Segunda Guerra Mundial, donde creó algún problema por sus veladas simpatías hacia la Alemania nazi, y ha continuado ininterrumpidamente. Por supuesto que hay una gradación en las embajadas. Las de París o Londres, por ejemplo, son ciertamente adjudicadas a donantes más rumbosos que las de Madrid o Buenos Aires. Hace años, al mencionar la prensa estadounidense el montante de la donación que había hecho al Partido Demócrata quien luego sería el embajador yanqui en París, cavilaba yo en la revista *Tiempo* sobre cuánto podía «costar» la embajada en Madrid. Concluía que era admisible que fuera más económica que la de París pero que si costaba igual que la de Mauritania u Honduras me ofendería. El embajador estadounidense del momento, un profesor buen conocedor de los temas internacionales, se sintió erróneamente aludido y pidió sin ambages mi cabeza al ministro de Exteriores. No se le concedió. La realidad es que yo hablaba en abstracto y los ejemplos recientes muestran que la adjudicación a benefactores no es algo aislado. El embajador de la pifia con Calvo-Sotelo era uno de estos benefactores. Su numeroso equipo, repito, debería haberse aprendido la lección y no piropear a González de un modo descabellado; se podrían haber encontrado otros motivos para hacerlo.

EL INJUSTAMENTE OLVIDADO DE LA TRANSICIÓN

Leopoldo Calvo-Sotelo ha pasado, a menudo, por gallego; sus padres lo eran, pero nació en Madrid en abril de 1926. El estallido de la Guerra Civil en julio de 1936, uno de cuyos detonantes sería la muerte de su tío paterno el diputado José Calvo-Sotelo, que sería sacado alevosamente de su domicilio y asesinado por unos milicianos de la República justamente setenta y cinco años antes de cuando escribo estas líneas, le sorprendió en Ribadeo. El asesinato de su tío debió de causar un efecto muy doloroso en la familia de Calvo-Sotelo; el fallecido vivía enfrente de su cuñada viuda y pasaba frecuentemente por su domicilio, pero no parece que el brutal hecho tuviera mayor incidencia en la formación del joven Leopoldo. La contienda, que retuvo a la familia en Ribadeo, y la precaria situación de su madre —el padre había fallecido antes que su hermano, el político citado— llevaron al niño Leopoldo a iniciar los estudios de bachillerato en institutos del norte de España. Cáusticamente diría muchos años más tarde: «Me acuso de no haber ido a un colegio de pago, como han ido los teóricos socialistas de la enseñanza pública, y van aún sus hijos».

De regreso a Madrid, cursaría Ingeniero de Caminos de 1946 a 1951. Fue el número 1 de ese año y le concedieron el premio Escalona, lo que significaba 3.000 pesetas de la época. Un Potosí. Fue presidente de Renfe en 1967; diputado de las Cortes franquistas en 1974 y trabajó veinticinco años en la empresa privada; consejero delegado de Unión Explosivos Río Tinto; estancia en los bancos Urquijo y Central, etc. Fue ministro en 1975 del primer gobierno de la monarquía y ya en la transición ocupó diversas carteras: Comercio, Obras Públicas, Relaciones con Europa en los de Adolfo Suárez. En las elecciones de 1977 dejó el cargo de ministro para preparar la campaña de su partido.

La dimisión de Suárez en 1981 le aupó, por sugerencia de éste, a la Presidencia del Gobierno. Era, además, el que aunaba más voluntades entre los barones del partido gobernante, la UCD; en la votación de los diez miembros del «sanedrín» del partido y según revela él mismo, «hubo dos votos para Sahagún, uno para Landelino Lavilla (el mío) y siete para mí» (*Presidentes*, Victoria Prego, ed. Plaza & Janés). Otras versiones dan a Pérez-Llorca uno de los votos de Sahagún. La ceremonia de investidura, uno de esos instantes en que todos los españoles recordamos con exactitud lo que estábamos haciendo —yo me encontraba en mi despacho de la OID (Oficina de Información Diplomática) en el venerable palacio de Santa Cruz y acababa de apagar la radio con la aburrida letanía de la votación en el Congreso cuando el encargado de teletipos entró alarmado y me dijo: «Señor director, han entrado unos guardias civiles en las Cortes»—, fue interrumpida por la asonada del 23 de febrero. Unos guardias civiles irrumpían violentamente en el Congreso de los Diputados al mando de un teniente coronel, interrumpían por la fuerza el acto e, inmediatamente, entre los asistentes y casi a continuación entre los españoles que oyeron por la radio las imprecaciones iniciales y la ráfaga intimidatoria contra el techo del hemiciclo, cundió la impresión de que la pesadilla se había hecho realidad. Estábamos ante un golpe de Estado que truncaba el desarrollo de la joven democracia española.

El golpe abortaría, después de horas angustiosas, con la decisiva alocución del rey esa madrugada. Calvo-Sotelo, como mucha gente, comentaría que el rey «se ganó el trono en esa noche». El candidato sería investido presidente del Gobierno dos días más tarde con 186 votos a favor. Ha contado que la urgencia del momento hizo que cuando al día siguiente, el 26, fue a tener su primer despacho con el rey y hablar de la delicada situación del país pidió al monarca que le dejaran una mesa y un teléfono para hacer las últimas llamadas y completar su primer gobierno. El rey le forzó a ocupar su mesa: «De ninguna manera, te quedas en este despacho, es muy cómodo porque tienes el teléfono rojo a mano». El rey elegantemente lo dejó solo y una hora más tarde Calvo-Sotelo le llevó la lista del gabinete (Victoria Prego, *Presidentes*).

El fallecido ex presidente se casó con Pilar Ibáñez Martín y tuvieron ocho hijos, algunos de los cuales han seguido a su padre en el quehacer político. En su amena *Pláticas de familia*, narra Calvo-Sotelo cómo conoció a la que sería su esposa. El joven Leopoldo era uno de los cabecillas de una huelga que hicieron los estudiantes de ingeniería al inicio de los cincuenta. Tuvieron la osadía de intentar entregar una carta en mano al ministro de Educación, Ibáñez Martín. Los recibió el secretario general técnico al que el comité de huelga se negó a entregar la carta. En la tensión que siguió el ministro indicó telefónicamente que recibiría en su casa sólo a uno de ellos, precisamente a Calvo-Sotelo, a las nueve de la noche. Allí se encaminó el estudiante que, al rato, vería al ministro. En la discusión el político franquista, sin dejar de sonreír, deslizó: «Habrá usted visto en la prensa que se acaba de inaugurar la nueva cárcel de Carabanchel. Al ministro de Educación no le importaría que sus primeros inquilinos fueran alumnos de las escuelas especiales en huelga». El ministro podía estar faroleando, pero no olvidemos que estamos en 1950.

Al poco se abrió la puerta y apareció una joven advirtiendo, con, como narra el propio Calvo-Sotelo, un pelín de cachondeo: «Oye, papá, que dice mamá que si cenamos o qué». Eran casi las once y el aspirante a ingeniero se marchó sin haber llegado a ningún acuerdo. Pero le habían presentado fugazmente a la que pronto sería su novia y en cuatro años su mujer. Calvo-Sotelo recordaría a menudo a su suegro: «Usted no me llevó a Carabanchel pero me casó con su hija, de manera que no perdió la noche».

Pilar era de las cónyuges a quienes no les importaba acompañar a su marido en muchos viajes oficiales y la recuerdo —yo era un fijo en los desplazamientos del rey y del presidente en mi condición de director de la OID— simpática, culta y con enorme tacto. Los dos éramos «comprones» y frecuentábamos, a salto de mata, los zocos, bazares, etc., de los sitios que visitábamos en busca de un regalo para los críos o de un original y barato objeto de artesanía que años más tarde ha bajado impepinablemente a tu trastero. En una ocasión, creo que era en Túnez, alguien de la delegación comentó que según el embajador no iba a haber tiempo ni para pasear, ni para actividad cultural ni para hacer la menor compra. Pilar Calvo-Sotelo se volvió y suavemente y con rotundidad sentenció: «Con Chencho, se compra». Lo tomé como un piropo. Compramos.

Calvo-Sotelo llegó al poder en una situación peliaguda. Las tiranteces intestinas de su partido, la UCD, ya no eran latentes sino desgarradoras. El fallido golpe de Estado planteaba asimismo determinadas incógnitas. La crisis económica se cebaba en el país con la segunda subida del petróleo... Cuenta que, al salir del Congreso de los Diputados entre dos filas de guardias civiles después de que los golpistas cedieran, le vino a la cabeza la frase de Maura en la crisis de 1918: «A ver quién es el guapo que se hace ahora cargo del poder». Describiendo lo que siguió, es decir, su tiempo en la Presidencia, Calvo-Sotelo escribe que tuvo «que restituir a los españoles la confianza en las libertades y en el poder civil... encomendando al Tribunal Supremo la última palabra judicial sobre los golpistas». Así fue, en efecto; el gobierno no vaciló en recurrir ante el Supremo la sentencia dictada por la justicia militar contra los golpistas con objeto de que los tribunales civiles tuvieran la última palabra. Calvo-Sotelo reafirmó así la primacía del poder civil, algo significativo en los inicios de nuestra democracia.

Poco después de su toma de posesión, Calvo-Sotelo convocó a La Moncloa a la cúpula militar. En los prolegómenos de la entrevista, uno de los jefes militares, con excesiva familiaridad, le dijo algo así como: «No estés tan serio, Leopoldo, sonríe, que viene la tele». El presidente, poniéndolo en su sitio, le replicó cortante: «General, que yo sonría como que usted aprenda a comportarse son dos imposibles metafísicos».

Él y su gobierno tuvieron asimismo que tranquilizar a los gobiernos y círculos económicos extranjeros; el abortado golpe había tenido un considerable impacto en los medios de información mundiales, enorme en los occidentales (portadas de las revistas *Time*, *L'Express*, *Nouvel Observateur*, *Le Point* y decenas de editoriales) y, por supuesto, en los iberoamericanos. Es decir, en los que más nos importaban.

La prensa foránea extrajo unánimemente la conclusión de que el rey había desempeñado un papel fundamental en salvar la democracia. Varios sostenían que las tendencias separatistas y el terrorismo de ETA habían sido un detonante para los sediciosos (*Herald Tribune*, *Diario de Noticias*...); algún otro, que el rey había debido sufrir un desgaste con los militares (*Der Spiegel*, *Die Welt*...).

Infinidad de ellos, lo que no pasó desapercibido en el gobierno, se hacían preguntas sobre la solidez de nuestra democracia que parecía frágil (*La Repubblica*), el peligro seguía vigente (*The Economist*...) al no desvanecerse la posibilidad del golpe (*Financial Times*, *Le Monde*...).

Había quejas sobre la cicatería europea hacia España, había que ayudarla y acelerar la negociación para su ingreso en la Comunidad (*Herald Tribune*, *Il Popolo*...). Con ello se contribuirá a que la democracia se fortalezca (*The Times*, *Le Matin*...).

El flamante presidente debía, pues, disipar las nubes exteriores, devolviendo la confianza en la solidez de la democracia, hubo de dedicar un tiempo considerable a los temas internos, y, una vez logrado esto, intentar aprovecharlo para nuestra inserción en Europa y en el mundo occidental. El tiempo que tenía para hacerlo, con un gobierno además debilitado, era relativamente corto.

OTAN, AHORA SÍ

«La polémica atlántica —escribe Calvo-Sotelo— atraviesa de cabo a rabo mis años en La Moncloa.» La dichosa OTAN. La OTAN fue creada en 1949 para contener a la Unión Soviética. Un español actual, a no ser de cierta edad, no puede imaginar el peligro que representaba la Rusia soviética para las naciones democráticas europeas al iniciarse la segunda mitad del siglo XX. Acabada la Segunda Guerra Mundial (1945), Moscú había sofocado, a veces con la fuerza, las apetencias democráticas de diversos países europeos: Hungría, Polonia, Checoslovaquia, etc.; impuesto allí regímenes comunistas, y creado con todos ellos una red de Estados vasallos. La voracidad soviética parecía incontenible. Los europeos no ganaban para soliviantos; el último sería en 1948 cuando Moscú decidió bloquear Berlín ciudad que después de la guerra había quedado dividida en cuatro zonas: la británica, la francesa, la estadounidense y la rusa. El bloqueo terrestre forzó a los Aliados a montar un gigantesco puente aéreo para alimentar a la población de sus zonas. Duró varios meses.

El susto berlinés aceleró el nacimiento de la OTAN en abril de 1949, una alianza defensiva que aseguraba primordialmente la protección de la Europa libre por Estados Unidos. Se ha dicho que sus mentores quisieron que la Europa democrática tuviera «a Estados Unidos dentro, a la Unión Soviética fuera y a Alemania debajo». En definitiva, se trataba de que Washington se involucrara en la defensa de Europa, de que Rusia fuera mantenida a raya y de que Alemania no volviera a las andadas totalitarias del pasado reciente. El Tratado establecía que un ataque armado a una de las naciones firmantes sería considerado un ataque a todas. La España de Franco, que había visto que los vagones del Plan Marshall pasaban de largo, no fue invitada a participar en la Alianza defensiva; en el club estaban Estados Unidos, Canadá, Gran Bretaña, Francia, Italia, Noruega, Dinamarca, Holanda, Bélgica, Luxemburgo, Portugal e Islandia. Más tarde se unirían Alemania, Grecia y Turquía.

(La presencia de la Portugal de Salazar contaminaba, en parte, la limpieza democrática del grupo pero Portugal no tenía el pecado original de haber enviado una División Azul a Rusia a luchar contra uno de los Aliados en la Guerra Mundial.)

Los sobresaltos (Hungría 1956, Praga 1968) continuaron y en 1976 la España de la transición se encontraba aún ante una Europa dividida entre los aliados de Estados Unidos y los de la URSS. Nadie ni remotamente imaginaba al inicio de los ochenta que la Unión Soviética acabaría derrumbándose y que el peligro que representaba se desvanecería. Incluso avanzada la década ningún dirigente occidental lo coligió. Ni siquiera la todopoderosa CIA. Como ha dicho Bob Gates, antiguo jefe de la CIA, la Agencia «no tenía idea en enero de 1989 que la ola cambiante de la historia iba a romper delante de nosotros». Tim Weiner, autor de un importante libro sobre la CIA (*Legado de cenizas*, ed. Debate), es categórico: «La Agencia había dictaminado que la Unión Soviética era intocable y sólida en el momento en que estaba empezando a desvanecerse».

La CIA se ha redimido parcialmente con la operación Bin Laden pero los presidentes de Estados Unidos siempre han cuestionado su eficacia (dio información equivocada a Kennedy sobre la debilidad de Fidel Castro, no previó la invasión de Kuwait por Irak, etc.). Cuentan que cuando Kissinger viajó a China en la preparación de la histórica visita de Nixon, su anfitrión Chou En-lai quiso sonsacarle sobre la CIA, su capacidad para derribar gobiernos extranjeros (la Agencia intervino ciertamente en la caída de Allende), etc., Kissinger respondió que a menudo se sobrevaloraba la competencia de la Agencia. Ante la insistencia del chino afirmando que se decía que cuando algo se movía en el mundo inmediatamente se pensaba en ella, Kissinger asintió: «Es cierto y eso los adula, pero no haga caso, no se merecen esa reputación».

No es la única agencia importante que es pillada en calzoncillos por un acontecimiento internacional de calado. Los británicos fueron sorprendidos por la caída del sha, un país en el que por ser antigua colonia debían de tener muy buenas redes de información; nuestros servicios no parecieron detectar con suficiente antelación en 1975 la Marcha Verde de Marruecos y en 2011 los franceses seguían pensando que Ben Ali tenía cuerda para rato en Túnez dos meses antes de que cayera. Nadie olió aquí el complot del 23 de febrero. En el debate de investidura de Calvo-Sotelo que precedió al golpe nadie hizo la menor alusión al peligro de involución por la fuerza. Como él mismo ha narrado, hubo medios de información que se quejaban de que no hubiera tratado del divorcio, de la autonomía universitaria o de esto o aquello, pero nadie ni en el debate ni en los medios de información hizo alusión a la inquietud de algún militar o al ruido de sables.

En el año 2011, con el imperio soviético enterrado hace más de dos décadas, la amenaza soviética es algo del pasado, desconocida para los jóvenes, y todo es diferente. Cuando los tanques rusos estaban a pocos kilómetros de la frontera alemana, los dirigentes teutones no podían hacer antiamericanismo en la campaña electoral como hizo Schroeder recientemente. La alianza con Estados Unidos era sagrada. En la era de Obama, Washington está más preocupada con China y Asia, Europa no es tan prioritaria, y la OTAN interviene en zonas que le eran ajenas (Afganistán, Libia) de forma decisiva, tratando de estabilizar esos países y acometiendo misiones impensables en los ochenta.

Para el gobierno de Calvo-Sotelo, la entrada era algo esencial porque seguir fuera, en frase del presidente, «era quedarse en las tinieblas exteriores del aislamiento y —parodiando un eslogan del franquismo— de la reserva espiritual de Occidente». Partía de la convicción de que el mantenimiento de la ligazón con Occidente estrictamente a través del pacto con Estados Unidos era una herencia franquista que colocaba a España en una situación desventajosa. «Si España —escribiría Pérez-Llorca— no iba hacia una clara situación de neutralidad, su opción exterior era convertirse en miembro de la OTAN e insertar la relación con Estados Unidos dentro de ese contexto.» En otras palabras, si estamos dentro de

Occidente vamos a sentarnos con todos los demás a tratar los temas en el comedor y no dejemos que alguien venga a informarnos de ellos en la cocina.

El nuevo presidente quiso salir de la ambigüedad de Suárez. En su discurso de investidura, Calvo-Sotelo anunció una política europea, democrática y occidental, clara e irreversible y subrayó que «no toleraremos que terceros países, concretamente la URSS, se arroguen el derecho de vetar nuestra entrada en la OTAN...».

La decisión del presidente resultaría, con todo, enormemente polémica. Una parte de la opinión pública española alimentaba aún sueños de neutralismo, de no alineamiento, y la actitud del partido socialista, abonando populistamente esa querencia, crearía un talante adverso a la entrada. Una vez en el poder, el PSOE acabaría decididamente abrazando la causa de la OTAN. Felipe González entonaría un honrado mea culpa.

Antes de que los adversarios pisaran a fondo el acelerador anti-OTAN, la organización no daba frío ni calor a los españoles. Una encuesta de 1975 mostraba que el 57 % se pronunciaban a favor y el 24 % en contra de nuestro ingreso. Más aún, en 1978, un 68 % de los españoles afirmaban no conocer ninguna finalidad de la organización.

Años más tarde, alimentada por el fragor de las críticas, la situación se había alterado drásticamente. Un sondeo de 1983 arrojaba un cambio radical: los favorables eran el 17 % mientras que los adversos rondaban el 56 %. Cabe preguntarse cómo brotó esa asombrosa mutación.

Es cierto que los españoles, a diferencia de otros europeos, nunca habían sentido cercana la amenaza soviética. Pero tampoco los apabullaba en 1975. El hecho es que el PSOE, directa o indirectamente, supo pulsar cuerdas que producían rechazo. El mensaje que subliminal pero convincentemente envolvió a la opinión pública identificaba a la OTAN con el militarismo y, lo que es peor, con la guerra. En otras palabras, España, abandonando nuestra bendita neutralidad, no iba a estar más segura sino más insegura.

La campaña fue machacona y eficaz. Felipe González, que había cometido como veremos una ingenuidad juvenil unos años atrás en un viaje a Moscú, diría a *Diario 16* que «en 1981 ningún país que no perteneciera a la OTAN entraría en ella». Dio un mitin multitudinario en la Ciudad Universitaria con el lema: «OTAN, de entrada, no» y en el palacio de Santa Cruz vimos a Javier Solana, pecadillos de juventud, encabezando una manifestación que pasó por nuestra puerta en la que el que luego sería secretario general de la OTAN arengaba a los manifestantes con un megáfono: «OTAN no, bases fuera». Lo que es un ejemplo más —hay miles— de que es mucho más fácil cambiar de convicciones políticas que de club de fútbol.

El sentimiento estaba ahí, generalizado. Recuerdo que cuando Pérez-Llorca, al ver lo áspero de la campaña que se avecinaba, me dijo que se iba a formar un equipo de La Moncloa, Exteriores y Defensa para «vender» la OTAN, yo mismo, impregnado de tibieza otánica, le contesté: «Si puedes, aparta de mí ese cáliz». No lo hizo y lo entendí dado que era el portavoz de Exteriores. Luego, funcionario, metido ya en el partido de fútbol, te calientas y aparcas tu tibieza. ¿Quién me iba a decir a mí que iba a ser un peón de brega tanto en la campaña de entrada en la OTAN con UCD como luego en la de la permanencia con el PSOE? Para la segunda, afortunadamente, tenía la lección aprendida, el gobierno de González utilizó para defender que nos quedáramos los mismos argumentos que había intentado rebatir en la disputa con el gobierno de Calvo-Sotelo. No había otros.

La última causa del giro de nuestra opinión se nutre del valor mediático de los actores del mensaje. Calvo-Sotelo, el único de nuestros presidentes más que aceptablemente políglota, y Pérez-Llorca, diplomático de profesión, eran dos políticos de envidiable preparación y conocimiento internacional, pero ni eran precisamente la alegría de la huerta en la televisión ni contrincantes para la imagen arrolladora en aquella época de Felipe González, secundado por la fuerza eficazmente corrosiva de Alfonso Guerra.

En la investidura, Calvo-Sotelo manifestaba que, tras consultas parlamentarias, el gobierno escogería cómo España podría entrar en la Alianza. Empezaron los tremendismos de los adversarios: el canario Sagaseta deducía que «eso sería una declaración de guerra para Canarias» [*sic*] y el vasco Bandrés aseguraba que «ello ocasionaría un daño de difícil reparación». El Diario de sesiones del Congreso y las hemerotecas son perversos, letales. Muestran descarnadamente, con frecuencia, lo que los políticos son capaces de proferir en un momento de acaloramiento.

El gobierno tuvo que realizar dos campañas: la interna, dentro de España, y la externa con los miembros de la OTAN. Era previsible que conseguiría la mayoría constitucional aunque la opinión pública estaba encrespada en contra. Los mensajes que indicaban que España tendría que nuclearizarse y que identificaban a la Organización con la guerra habían calado.

Los medios de información se dividieron. Desde la derecha, *El Alcázar*, y la izquierda, *Mundo Obrero*, eran claramente hostiles. A favor estaban *ABC*, *La Vanguardia* y *Cambio 16*. Sin significarse en los editoriales pero escorándose flagrantemente, en número de columnistas, chistes, etc., hacia posturas adversas se situaban *Interviú* y *El Periódico*. El ya influyente *El País* abrevaba asimismo en estas fuentes no muy otánicas. Hubo una catarata de chistes negativos de su dibujante Máximo (21 a lo largo de 40 días) y el matutino titulaba y editorializaba con afirmaciones peregrinas: el ingreso en la OTAN «reducirá nuestro margen de maniobra internacional» o «puede impedir la llegada del gas soviético a España».

La actitud de TVE, la única existente en la época, causó un cierto estupor. Controlada teóricamente por el gobierno, la cadena dio una imagen distante y aséptica del tema aunque en ocasiones trascendiese que el corazón de sus redactores no suspiraba por la OTAN. La sorpresa llegó con un largo reportaje dedicado especialmente al asunto; el panorama no era alentador, el espectador obtenía la conclusión de que la entrada acarrearía un riesgo mayor para su integridad física que el que existía hasta ese momento. El documental terminaba con una secuencia antológica: una orgía de misiles, llamaradas, hongos atómicos caían sobre diversas localidades mientras sonaba apocalípticamente el canto funerario *Dies irae*. Un par de ministros comentarían delante de mí dos días más tarde: «Realizado por un guionista del PSOE no les habría salido mejor».

Era efectivamente una obra maestra, un inteligente disparo en la línea de flotación del gobierno. Cosas que le ocurrían a la extinta UCD en los albores de la democracia. Cuenta Robles Piquer, que posteriormente sería director general de Radio Televisión Española, que, en su época de secretario de Estado, La Moncloa le pidió que hablase en televisión a favor de la entrada. La entrevista sólo pudo emitirse en fin de semana «porque en los cinco días laborables, el gobierno no tenía acceso a los informativos» de TVE.

El proceso duró nueve meses, arrancó en septiembre de 1981 en el momento en que el gobierno se apuntaba el tanto del regreso a España del *Guernica* y se publicaba la importante Ley del Divorcio que había suscitado considerable expectación —un gobierno considerado de derechas que sacaba a flote una norma que chocaba con la doctrina de la Iglesia católica— y cuya tramitación fue, por consiguiente, bastante apasionada. Calvo-Sotelo, que había colocado en Justicia (un ministerio acaparado por la democracia cristiana) al socialdemócrata Fernández Ordóñez, aclararía posteriormente: «Yo no tuve una sola presión oficial de la jerarquía eclesiástica».

Cuenta Calvo-Sotelo (*Pláticas de familia*) que la ley había sido negociada por el ministro democristiano Cavero, que había calmado a la Iglesia. Ordóñez la modernizó en un par de aspectos importantes y la paternidad de la norma, como ocurría normalmente con este mediático político, se le atribuyó en adelante. Aunque la ley admitía el divorcio por mutuo acuerdo, no se produjo la avalancha de rupturas matrimoniales que se esperaba; la nueva norma vino fundamentalmente a dar una solución jurídica a situaciones de hecho presentes ya en nuestra sociedad.

Después de cuatro años de negociaciones, iniciadas en la época de Suárez y en las que desempeñó un papel vital el diplomático Quintanilla, regresaba a España el *Guernica* de Picasso. Habían pasado cuarenta y cuatro años desde su exilio en la Exposición Internacional de París en 1937 en plena Guerra Civil. Su llegada en el avión *Lope de Vega* de Iberia, sin ser anunciada, sería saludada con entusiasmo por la prensa.

Surgió pronto la polémica de si el cuadro debería ir a parar a Guernica, la ciudad que había sufrido el bombardeo alemán que inspiró a Picasso; a Málaga, ciudad natal del pintor y bien necesitada de un imán cultural, o a Barcelona, donde se formó. Aparte de Madrid, claro. Prevaleció esta última. No por el centralismo de nuestro país, como manifestó algún victimista especialmente vasco, sino porque había sido la voluntad expresa, inequívoca, de Pablo Picasso. Manifestó reiteradamente que fuera al Prado. Lo confirmaba el Metropolitan Museum, donde había estado el lienzo en depósito; los supervivientes del pabellón español de la Exposición de París, donde se exhibió por primera vez; los amigos catalanes de Picasso a los que éste había prometido la serie de *Las meninas*, pero explicado que el Guernica iría a Madrid. Finalmente, y sobre todo, los herederos del artista. Jacqueline Picasso dijo taxativamente: «El maestro quería que el cuadro y los bocetos del mismo fueran entregados al Prado de Madrid». La polémica no ha cesado. Picasso designó el Prado pero no el Reina Sofía, donde se encuentra y es la joya de la corona.

Los debates de la OTAN se desarrollaron en una y otra Cámara en la no despreciable cantidad de diecinueve días. Una de las sesiones del Congreso fue interrumpida al llegar la noticia del asesinato en un desfile del presidente egipcio Sadat, un magnicidio causado por fundamentalistas islámicos egipcios disfrazados de soldados, origen de la guerra que su sucesor Mubarak desencadenaría contra aquéllos. Calvo-Sotelo, que lamentaba que la situación en España no le diera tiempo para conocer más los problemas de nuestros vecinos árabes, y su ministro de Exteriores volarían a

El Cairo para las exequias, que serían muy concurridas; entre los asistentes había tres ex presidentes de Estados Unidos e innumerables dirigentes occidentales. Sólo asistieron tres países árabes: Sudán, Omán y Somalia. Egipto era ya un aliado vital de Occidente en la zona y Sadat había firmado recientemente la paz con Israel. Por eso lo asesinaron los fundamentalistas. La muy importante delegación judía presidida por Begin que acudió al sepelio nos tuvo esperando bajo un sol de justicia más de una hora a todas las demás por ser sábado y no poder, en consecuencia, tomar un vehículo; realizaron el desplazamiento a pie desde su hotel hasta el lugar de salida.

En el entierro, con un imponente despliegue de seguridad, vivimos momentos de tensión cuando una unidad del ejército, con objeto probablemente de reforzar nuestra protección, hizo una maniobra envolvente alrededor de las delegaciones que puso a más de uno nervioso pensando que los uniformados podían venir a cazar a los israelíes e inadvertidamente a nosotros.

De vuelta a España, la impresión del debate otánico que flotó en la mayor parte de los medios de información y en la opinión —el gobierno perdió la batalla de la imagen— fue la que socarronamente Santiago Carrillo había apuntado en sus inicios cuando dijo que se estaba realizando con «nocturnidad y alevosía».

Las vicisitudes exteriores que obligaron al gobierno a esprintar al final la reforzarían. Calvo-Sotelo obtuvo una clara autorización parlamentaria en noviembre: 186 votos a favor y 146 negativos en el Congreso y 106 contra 60 en el Senado. El Consejo de la OTAN nos invitó a entrar pero los Parlamentos de los quince países miembros debían ratificarlo. Esto presentaba escollos que ilusionaban a la oposición española.

A semejanza de lo ocurrido recientemente con la guerra de Libia, en la que al percatarse Obama de que cualquier protagonismo de Estados Unidos sería percibido en el mundo árabe como una operación imperialista y petrolífera y optó sabiamente por desempeñar un papel secundario, el gobierno español percibió que

Washington no debía ser el jefe de nuestro lobby con los quince. Alemania, con el gobierno socialista de Schmidt, parecía más adecuada. Obtener la ratificación de quince no se logra en unas pocas fechas pero los Parlamentos aliados fueron decantándose afirmativamente a lo largo de seis meses. Las dificultades mayores que ensimismaban a la oposición española se dieron en Portugal y Grecia.

Nuestros hermanos portugueses tienen una especial suspicacia hacia lo que ellos ven como un matonismo hispano, olvidándose de que España hace siglos que no sueña con invadirlos y que casi es más insultante el desconocimiento considerable que hay de la realidad portuguesa entre nosotros, y temían que les arrebatáramos competencias sobre su parcela otánica en el Atlántico. Hubo que decir profusamente que nada más lejos de nuestras intenciones que recortar en el mando portugués.

Más melindroso resultaba el caso griego. En Atenas acababa de ganar las elecciones el socialista Papandreu, padre del, hasta noviembre de 2011, primer ministro y cuyo nombre, el del padre, ha sido citado frecuentemente durante la crisis económica europea como muestra de otro político heleno que, como sus compatriotas de otra ideología, maquilló con asiduidad las cifras de la economía griega falseando la situación del país. Papandreu no era muy pro OTAN y había dado a entender que su país abandonaría la Organización. Calvo-Sotelo, convencido de que nuestros socialistas confiaban en que el griego dilataría interminablemente el asunto y que cuenta que cuando se encontraba a Alfonso Guerra en el Congreso éste le decía sonriendo: «No lo dudes, presidente: nunca entraremos en la Alianza Atlántica», se trasladó a Atenas. Le arrancó con habilidad un sí, que el griego no quiso hacer público hasta que los otros 14 hubieran ratificado.

Hubo nuevas dilaciones porque la derecha helena, aun siendo atlantista, quería poner en evidencia a Papandreu; ahora le tocó viajar a Pérez-Llorca. Allí amansó a la oposición y prometió a la ministra Melina Mercouri que España montaría en Creta una exposición con cuadros del Greco. La actriz y política tenía no sólo el deseo natural de ver la obra del genial Doménikos Theotokópulos en su isla natal sino de restregarle por la cara a un líder de la derecha, Mitsotakis, importante cacique en Creta, que los socialistas lograban cosas que él no conseguía. «¡Es la política, estúpido!»

Llegó el sí quiero heleno y hubo, entonces, que consumar la boda de España con la Alianza a la carrera. El PSOE acababa de presentar en el Congreso una proposición no de ley en la que pedía el aplazamiento de la adhesión nada menos que por «la ausencia de garantías en las negociaciones con Inglaterra para la recuperación de Gibraltar». Era un efectista brindis al sol. Entrar en la OTAN no iba precisamente a perjudicar la reivindicación española, estaríamos en otro foro con los británicos, pero cualquier lerdo sabía que Londres no nos iba a devolver el Peñón por entrar en ella. El peligro para el gobierno, sin embargo, estaba en casa. Fernández Ordóñez, miembro de UCD, acababa de crear un partido que manifestaba comulgar con la propuesta socialista.

UCD se desintegraba, acababa de darse un batacazo en Andalucía y, como escribió Calvo-Sotelo, «nadie sabía ya cuáles eran los efectivos fieles del grupo parlamentario». El gobierno, «un gobierno pirandelliano en busca de un partido», se movió con celeridad y decidió depositar el documento de adhesión en Washington al día siguiente, domingo (el lunes era allí feriado, *Memorial Day*) y debió de temer lo peor si esperaba hasta el martes. Envió a un funcionario a Washington con una valija especial en la que iba el documento de adhesión. El encargado de negocios en la capital yanqui, es decir, el diplomático más antiguo en una embajada que en ausencia del titular está al frente de la misma, Alonso Álvarez de Toledo pasó sus momentos de nerviosismo porque habiendo llegado el emisario español, el embajador portugués le comunicaba que la valija lusa, que no era «conducida», se había perdido en el aeropuerto de Nueva York. Por fin, el portugués fue instruido que firmase él personalmente.

Aclaremos que la valija diplomática es normalmente una saca que contiene documentación a veces confidencial y a menudo irrelevantemente burocrática; va lacrada para evitar violaciones. En ocasiones se pierde fugazmente, por lo general por descoordinación de las compañías aéreas; en otras, porque el país receptor, lo que va en contra de todas las normas diplomáticas del Convenio de Viena, la ha «distraído» durante un tiempo para examinar sin dejar rastro su contenido. Los estadounidenses y rusos son maestros en interceptar comunicaciones de todo tipo, incluso en descifrar telegramas cifrados; los israelíes y los británicos tampoco son mancos; en los prolegómenos de la guerra de Irak, los ingleses habían pinchado el teléfono de Kofi Annan, secretario general de la ONU, y es sabido que durante la Segunda Guerra Mundial, en las ocasiones en que nuestra valija era dejada unas horas en el aeropuerto londinense, la desvirgaban inmaculadamente y se empapaban de lo que el duque de Alba contaba al gobierno de Franco.

Por eso, cuando hay una urgencia o la saca lleva una documentación harto confidencial, la valija es «conducida», es decir, la transporta físicamente un funcionario. Si el contenido es especialmente delicado, y no me estoy refiriendo a que contiene una carta de amor o lujuriosa del ministro a un ligue extranjero o se pide el envío de un caviar especial para una cena, el valijero lleva la saca atada a su muñeca con un candado protector.

Álvarez de Toledo relata en *Un tranvía naranja y polvoriento* (ed. Compañía Literaria) una escena berlanguiana sobre la ratificación, que hubiese hecho las delicias de un fotógrafo de nuestro país y refocilado a la oposición española. El Departamento de Estado estaba desierto y el secretario de Estado adjunto, Mr. Stroesser, los recibió sonriendo, aunque un subordinado había dicho a nuestro diplomático que Stroesser sólo iba al Departamento de Estado cuando había una guerra, ésta era importante y en ella estaba envuelto Estados Unidos. Cuenta Álvarez de Toledo que cuando él y sus dos acompañantes pulsan el botón del ascensor para acceder al piso donde los esperaba el alto cargo americano, se abre la puerta y aparecen dos mujeres de la limpieza con sus cubos, escobas, etc. Con ellas subieron a cambiar el curso de nuestra posición internacional y de nuestra historia. Buen pasto para los que ridiculizaron nuestra entrada tildándola de precipitada.

En realidad, como apunta Pérez-Llorca atinadamente, doy fe porque fui uno de sus peones de brega, «pocas operaciones políticas fueron tan meditadas, anunciadas y debatidas». Las ratificaciones, añade, ocurrieron en un período relativamente corto, pero esto «no fue improvisación sino eficacia».

Calvo-Sotelo, en su lamentablemente agotado libro (*Memoria viva de la transición*, ed. Plaza & Janés), rompe con contundencia el argumento de que la entrada fue irreflexiva, precipitada y gratuita. El presidente estaba convencido de que actuaba en el interés de España porque el hecho sería irreversible. Dedujo, con buen criterio, que cuando los socialistas llegasen al poder, lo que se veía inminente, podrían no haber entrado en la OTAN pero les sería muy difícil abandonarla. González diría años más tarde que se percató de la irreversibilidad desde el día de la entrada. Calvo-Sotelo concluiría: «Con una cierta pedantería histórica, creo que la política exterior española tiene su gozne el día del mes de junio de 1982 en que España entra en la OTAN» (Victoria Prego, *Presidentes*).

LA ¿TEDIOSA? ONU

Las solemnes sesiones de septiembre de la Asamblea General de la ONU, la llamada Semana Ministerial, reúnen a la totalidad de los ministros de Asuntos Exteriores de los 193 países que integran la Organización y tres o cuatro docenas de jefes de Estado o de Gobierno. Es un blanco soñado para cualquier acción terrorista y un quebradero de cabeza para la policía de Nueva York, que ha de organizar caravanas y prestar especial protección a los políticos más propensos a un atentado. Esto da pábulo a comentarios paternalistas de algunos visitantes que, con suficiencia, señalan que los estadounidenses se exceden con precauciones que no conducen a nada. Debido a los acuerdos existentes entre la ONU y Estados

Unidos, las autoridades de Washington están obligadas a conceder visado a todos los dignatarios incluso de los países con los que no tienen relaciones, como Cuba, Irán, etc. Pueden limitar los movimientos de ciertos visitantes a la ciudad de Nueva York y su perímetro cercano y, por supuesto, negarse a números circenses como la instalación de la jaima del estrafalario Gadafi en un lugar público, pero sólo muy excepcionalmente han denegado un visado.

El cónclave sirve para varios fines. El primero y declarado es que los líderes mundiales expongan sus puntos de vista sobre los problemas del momento en el marco privilegiado de la Asamblea. Si exceptuamos el del presidente de Estados Unidos, el primer día, el 90 % de estos discursos pasan totalmente desapercibidos, a no ser que hagas algún chistecito como el venezolano Chávez cuando, en referencia a que Bush había hablado el día antes, comentó que aún se olía a azufre. La gracieta fue poco apreciada y días más tarde Venezuela perdía la votación para entrar en el Consejo de Seguridad. Muchos dirigentes del Tercer Mundo, no obstante, utilizan su momento de gloria en la Asamblea como baza política en su país. Su prensa, mezcla de docilidad y comprensible chovinismo, los sacará profusamente en portada detrás del podio de mármol verde y entonará que «el líder» expuso con claridad y valentía sus ideas sobre la paz mundial ante la flor y nata de los dirigentes mundiales que «quedaron muy impresionados», etc. No hay tal; los dirigentes mundiales, como veremos, no están embobados oyéndolo, simplemente no están en ese instante allí.

El segundo objetivo es contactar a determinados estamentos de la sociedad estadounidense. Un líder quiere conectar con un banco yanqui para obtener un préstamo; otro, después de febriles gestiones de su embajada, logra desayunar con la redacción de *The New York Times*, donde a veces comparte un mal café y unas galletitas con dos jóvenes periodistas y un par de becarias sin que emerja ninguna de las firmas conocidas del matutino ni se publique una línea sobre su estancia, o consigue ser entrevistado por una televisión. Para esto último hay que saber inglés, a no ser que seas Castro, Ahmadineyad, Chávez o cualquier otro personaje muy pintoresco o amenazante. No falta quien acude a cabildear con un lobby importante. El judío, todopoderoso en Estados Unidos, en las finanzas, los medios, el cine, etc., es bastante activo en estas fechas.

Hay un tercer objetivo, quizá el más provechoso. Mientras un líder discursea en la Asamblea, ante una sala semillena con consejeros de embajada, primeros secretarios, es decir, «pardillos» en la diplomacia mundial, sus colegas están entrevistándose con congéneres en reuniones bilaterales en escuálidos cubículos montados en los pasillos de la ONU. Estas reuniones de un ministro, veinte, treinta en cuatro o cinco días, tienen primordialmente la finalidad de resolver contenciosos entre dos países, pedir o chalanear un voto determinado, tú me das el voto para mi candidato en la FAO y yo te apoyo para la Comisión de Derechos Humanos —en ocasiones hay que taparse la nariz cuando das un voto—, o simplemente intercambiar puntos de vista sobre problemas de actualidad (¿van ustedes a apoyar la conversión de Palestina en Estado, se van a abstener o Estados Unidos les ha dado un codazo cariñoso y van a votar en contra?). Añadamos que la agenda en que se embarcan los dirigentes mundiales en Nueva York, entrevistas, reuniones, desayunos, etc., es una buena baza publicitaria ante los *boys* y *girls* de la prensa quienes, siempre que entre los interlocutores de su presidente o ministro haya algún peso pesado, encuentran encomiable y relevante la actividad del dirigente («maratón diplomático del presidente», esto del maratón es muy socorrido en nuestra prensa...).

Recuerdo, años más tarde, una ocasión en que acompañé —era yo embajador en la ONU— al presidente venezolano Chávez desde la sala de la Asamblea a uno de los cubículos donde lo esperaba Aznar. En la entrevista hubo bastantes zalemas y Chávez dijo a nuestro presidente que si el petróleo se mantenía en los 26 dólares sería algo formidable para su país. Era su aspiración (pronto subiría a 85, ahora está a 126, lo que es un festín para los presupuestos de Rusia, Venezuela, Arabia Saudí, etc.). Recuerdo que en el trayecto, Chávez se me quejó de la incomprensión de la prensa española hacia su proyecto. Se lo calumniaba, apuntó. «El periódico *El País*, por ejemplo, no sólo habla de corrupción de la primera dama sino que dice en varias ocasiones "la mujer del presidente" como si no fuera mi esposa sino una, una...». Sonreí y le dije: «Ahí no lo está insultando el periódico. Así hablamos en España. Si estuviera aquí la mía yo le diría a usted: presidente, permítame que le presente a "mi mujer". Y es lo que es, mi mujer, mi esposa, mi cónyuge». Creo que Chávez, que no parece tener un pelo de tonto, absorbió que si todo un embajador de España, además con pajarita, llamaba a su cónyuge «mi mujer» la cosa era de lo más educada del mundo.

En una de estas reuniones, Pérez-Llorca sondeó a Gromyko sobre la OTAN. El ruso era un viejo lobo de la diplomacia soviética. Había sido embajador en Washington y en la ONU, llevaba más de dos décadas de ministro de Exteriores, había asistido a los zapatazos de Kruschev en su pupitre de la Organización, al barrigazo que el líder soviético le dio a nuestro embajador Piniés y, según los expertos, se las sabía todas.

A la URSS no podía entusiasmarle, por distante que se encontrara España, que nos pasáramos con armas y bagajes al campo enemigo. (¡Hay que imaginar lo que habrá pensado Putin, el hombre que ha dicho que la desaparición de la Unión Soviética es una de las mayores catástrofes del último tercio del siglo XX, cuando Polonia, Hungría... y más aún las pequeñinas bálticas, hasta hace poco soviéticas, han ido entrando en la OTAN!) Pérez-Llorca encontró al taciturno Gromyko de muy buen humor. El ruso le dedicó casi dos horas, espacio de tiempo insólito en la ONU y más entre el representante de un grande y el de una potencia mediana y accedió a publicar un comunicado, narra el español, en el que decía que la Unión Soviética, sin compartir nuestro análisis, aceptaba la decisión de España. Pérez-Llorca volvió convencido de que podían hacer ruidos espectaculares pero no luchar en serio contra nuestra decisión.

La URSS había hecho algo de ruido poco antes. A principios de septiembre de 1981, el encargado de negocios soviético en Madrid, Igor Ivanov, un simpático y competente hispanoparlante que luego sería ministro de Asuntos Exteriores con Putin y que tiene muchos amigos en España, entregó un memorándum en nuestro ministerio en el que advertía que con la entrada, España podría correr riesgos: «En esta situación, la URSS y sus aliados... preocupados con sus intereses vitales se verían obligados a adoptar conclusiones adecuadas y ponderar las posibilidades de adoptar las medidas pertinentes». Había una amenaza velada, pero el ministro español, que llamó rápidamente a Calvo-Sotelo, coligió que tenía bastante de farol.

El memorándum fue rechazado por «constituir una injerencia en un asunto sometido a la consideración del gobierno español» y el gobierno le sacó rédito político con el apoyo de la prensa y la casi totalidad del espectro político. *La Vanguardia* titulaba «La zafiedad soviética»; *Diario 16*, «Matonismo diplomático», y hasta Carrillo era crítico con la URSS al decir: «Me parece muy bien que el gobierno rechace la opinión soviética sobre la entrada, pero ¿por qué no muestra la misma dignidad el gobierno de Calvo-Sotelo con la injerencia continua en la política española de Estados Unidos?».

Gromyko estaría exquisito. Para dulcificar el ambiente. Pérez-Llorca le habló de nuestras coincidencias, en el año anterior en el Consejo de Seguridad; España y la URSS habían votado juntas en 46 ocasiones de 50, y el ruso despachó el tema delicado de dos bajonazos: «Voy a mencionar la cuestión, usted se extrañaría de que yo no tocara ese punto, por eso lo hago, y nosotros no lo aprobamos pero nuestras relaciones deben seguir desarrollándose satisfactoriamente con abstracción de esto».

Calvo-Sotelo, reflexionando años más tarde sobre la iniciativa exterior más importante de su mandato, diría con buena visión histórica: «Ya en 1981 la derrota de UCD era inevitable y al PSOE triunfante le habría sido muy difícil anclar a España en Occidente si una UCD moribunda, ingenua y generosa no le hubiera dejado el anclaje ya hecho». Podemos presumir que desde la perspectiva actual, Felipe González y Javier Solana no disentirán del análisis.

LLORANDO CON ARGENTINA

La guerra de las Malvinas tuvo lugar de abril a junio de 1982. Las Malvinas son unas islas situadas en un lugar inhóspito del Atlántico sur a unos ¿400? kilómetros de la costa continental argentina. Su posesión viene siendo objeto de disputa entre Gran Bretaña, que las posee, y Argentina, que las considera suyas. Como en el caso de España con Gibraltar, las autoridades londinenses vienen rehusando cualquier propuesta de cosoberanía, de devolución del territorio a la Argentina con conservación gratuita de bases militares durante un dilatado período de tiempo, etc.

Gran Bretaña es reacia a entrar en negociaciones sobre el fondo del tema; se acogen al argumento de que no pueden ceder la soberanía sin el acuerdo de la población del lugar. «Los deseos de los habitantes son trascendentales», diría la Thatcher. El razonamiento no fue utilizado cuando en 1998 Londres entregó los seis millones de habitantes de Hong Kong al gobierno de Pekín, ciudadanos que muy mayoritariamente habrían preferido seguir bajo la férula británica o acceder a la independencia antes que pasar a ser gobernados por China, pero el gobierno de Su Majestad británica tenía una coartada para hacer caso omiso de la voluntad de la población: un tratado firmado con China cuando se le cedió el territorio contemplaba la devolución a fines del siglo XX. (Recordemos que los habitantes de las Malvinas ascendían a la exorbitante cifra de 2.000.)

La cuestión es que la Junta Militar argentina en el poder, con su imagen muy erosionada por sus violaciones de los derechos humanos, la situación económica, etc., cometió un error de cálculo. Dedujo que lo bien fundado de sus pretensiones soberanas sobre el territorio, que contaban con la simpatía de no pocas naciones, unido a la lejanía del archipiélago de Gran Bretaña, llevarían a los dirigentes de Londres, dado el coste que implicaría para ellos iniciar una guerra a 13.000 kilómetros, a transigir otorgando a Argentina algo de la soberanía que reclamaban. Invadieron por sorpresa las islas reduciendo a la pequeña guarnición. Esas consideraciones podían haber hecho mella en más de un dirigente londinense pero no contaban con Margaret Thatcher, primera ministra de la época, una señora de muchos pantalones que había domesticado a los sindicatos británicos, una líder que al preguntarle su opinión sobre el euro había exclamado: «No, No y No», y que no se iba a arredrar para mandar la flota y la aviación a luchar en el confín de la Tierra. En medio de la guerra comentaría con deleite: «Es excitante tener una crisis de verdad entre las manos, cuando te has pasado la mitad de tu vida política tratando con temas tostoneros como el medio ambiente». La difundida revista estadounidense *Newsweek* titularía en portada: «El Imperio contraataca».

La guerra duró escasamente dos meses. Las unidades navales y aéreas británicas resultaron superiores a las argentinas. La Thatcher no vaciló en enviar el crucero *Queen Elizabeth II* atiborrado de tropas para el previsible asalto final sobre las islas. Londres contó con la preciosa colaboración de Estados Unidos, que le facilitó información sobre el movimiento de las unidades argentinas amén de misiles SideWinder y material para detectar submarinos. En un momento determinado, el americano Weinberger ofreció desplazar al portaaviones *USS Eisenhower* para que sirviera de rampa de lanzamiento de aviones británicos. En sus memorias, Ronald Reagan (*An American Life*, ed. Simon & Schuster, pág. 357), que tomó iniciativas de paz junto con Perú e intentó mediar entre los contendientes enviando a su secretario de Estado, Haig, en frenéticos desplazamientos a Londres y Buenos Aires, relata que no sólo él había desarrollado una gran amistad con Margaret Thatcher con la que compartía «una filosofía similar acerca del gobierno», sino que Estados Unidos y Gran Bretaña tenían una especial relación de comunión en los mismos valores democráticos, lengua, historia, etc., todo ello reforzado por haber luchado juntos en dos guerras mundiales. «Esto hacía imposible que permaneciéramos neutrales en el conflicto aunque yo tuviera que hacer encaje de bolillos.»

El presidente, que en su libro deja entrever que en la cuestión de fondo los argumentos argentinos no eran triviales, tuvo problemas en la reunión de la OEA, la Organización de Estados Americanos, donde su país fue vapuleado, y dentro de su gabinete, pues la embajadora en la ONU, Jeanne Kirkpatrick, disentía de la postura de su presidente.

Francia también ayudó sin cortapisas a Londres. Mitterrand, atlantista a ultranza, sorprendió agradablemente a la señora Thatcher telefoneándola al día siguiente prometiéndole ayuda en contra de la opinión de su ministro Cheysson y de su asesor Régis Debray. La asistencia francesa fue sustancial. Mitterrand dio órdenes de que se congelaran las entregas a Perú del eficaz proyectil Exocet, por temor de que las autoridades de Lima, buenas aliadas de Buenos Aires, se los pasaran a Argentina. Los Exocet franceses habían demostrado ser muy certeros al principio de la guerra. Argentina poseía cinco y los tres primeros habían dado en el blanco hundiendo el buque *Sheffield*, etc. La pérdida del buque tuvo su efecto propagandístico pero inferior al que poco antes habían conseguido los británicos con el ataque desde un submarino al importante crucero *Belgrano* en el que perecieron 321 argentinos.

La opinión pública mundial y las cancillerías se dividieron: Chile ayudó a Gran Bretaña mientras que el ministro de Defensa irlandés decía que los agresores eran los británicos. Abundaron las sorpresas. En una reunión de las potencias industriales del G-7 en París hubo acuerdo en respaldar a Gran Bretaña. Al día siguiente, sin embargo, el embajador japonés en la ONU votaba el apoyo a Argentina. La embajadora Kirkpatrick, en la misma votación, votó con Gran Bretaña pero manifestó minutos más tarde que si se repitiera el voto había recibido instrucciones de abstenerse.

En España, Calvo-Sotelo, que cometió a la defensiva el desliz inicial de decir que se trataba de un conflicto «distinto y distante», pronto se percató de que dadas las similitudes con Gibraltar y aun repudiando, como era tradición española, el uso de la fuerza para solucionar un contencioso, España no podía ponerse de perfil, había que echarle una mano a la Argentina y sin dilación. Actuó en consecuencia; nuestra opinión pública clamaba por ello.

El decidido activismo diplomático español a favor de la Argentina que siguió no fue entendido por nuestros medios de información que, debido a su tendencia inveterada a pensar que somos una marioneta de Estados Unidos, se emperraron por doquier en afirmar que España había perdido una ocasión histórica, «que Calvo-Sotelo se plegó a los yanquis» (*Tiempo* y algún otro)... Es un caso paradigmático, pensé como jefe de prensa de Exteriores, de ceguera de los comentaristas reflejando los hechos superficialmente, de forma distinta de la realidad. Es posible que al incrustarse el conflicto en los tramos finales de la entrada en la OTAN, recalcar un servilismo de España hacia los grandes de esa Organización contribuyese a desacreditarla. El partido socialista saltó ciertamente a la palestra afirmando que el Departamento de Estado desaconsejó a Madrid su apoyo a la Argentina... y fulminaba lúgubremente: «Se ha hundido la dimensión latinoamericana de España». Era también la peregrina tesis de *El País*, siempre reticente hacia la OTAN: «La diplomacia atlantista española puede reducir la presencia hispana en América y países árabes».

Ni que decir tiene que, como ocurría en la primera época de la transición con los gobiernos de la UCD y más tarde con el de Felipe González, para recalcar la torpeza del gobierno se subrayaba el contraste con la postura del rey. «Sólo la actitud del rey podrá remediar el daño producido por nuestra logomática política exterior», decía el *Ya* (el mismo día que paradójicamente recogía unas declaraciones oficiales venezolanas en las que se decía que la posición de España era «inobjetable»), «la predestinación del rey frente a la incapacidad de nuestra política exterior», apuntaba *Diario 16*.

Eran otros tiempos; la veda del rey no estaba abierta ni siquiera en la caza menor. No oyó prácticamente un disparo hasta la época de Felipe González e incluso en ella fueron esporádicos. Los fogonazos surgieron a raíz de un desliz verbal de González a principios del verano de 1992. El hecho está muy bien narrado en el interesante y trabajado libro que Manuel Soriano ha escrito sobre la vida de ese personaje capital de la transición que fue Sabino Fernández Campo, jefe de la Casa del Rey (*Sabino Fernández Campo*, ed. Temas de Hoy).

Avanzado 1992, Fernández Ordóñez, que resistió lo increíble dada la gravedad de su enfermedad, comunicó al presidente que no podía más, que tenía que dejarlo. El abandono de Ordóñez era público; era preciso hacer una combinación moviendo la vistosa ficha de Exteriores. Es sabido que hay pocas cosas que pongan tanto en trance a muchos periodistas españoles como una combinación gubernamental, sobre todo si hay carteras relevantes en juego. Los periodistas piafan, jadean, cavilan, telefonean y escudriñan las entrañas de las aves que les proporcionan cualquier comentario del presidente o de sus allegados.

Preguntado por un periodista cuándo se conocería quién era el sucesor de Ordóñez, el presidente pronunció tres palabras que abrirían al primer pim pam fuego sobre la Familia Real: «El rey no está». Manuel Soriano se pregunta si González soltó deliberadamente una liebre cuando los sabuesos de la prensa husmeaban las tensiones en el seno del PSOE a causa del nombramiento del ministro de Exteriores que se suponía sucedería a González Ordóñez. O si fue «una reacción refleja de autodefensa para que no se lo culpabilizara a él de la continuación de la crisis». El caso es que basándose en fuentes de la Administración, un periódico escribió que el rey se encontraba en Suiza haciéndose un chequeo y que eso le había impedido recibir a Felipe. Dos revelaciones poco tranquilizadoras: el rey estaba enfermo y eso le inhabilitaba para cumplir sus obligaciones. El rey no estaba enfermo, como aclararía Sabino, y regresó inmediatamente de Suiza para despachar con Felipe el nombramiento, pero «la ministra Rosa Conde echó gasolina al fuego que se intentaba apagar al decir que "razones de prudencia le impedían comentar el viaje del rey". Es un misterio por qué Rosa Conde soltó una frase tan intrigante».

Las especulaciones de todo tipo estaban servidas. El rey regresó a Madrid durante un día, Sabino dijo que el gobierno siempre supo dónde estaba, La Moncloa dio a entender que el nombramiento del ministro no se realizaría hasta bastantes días más tarde por lo que no era preciso que el rey se quedara en Madrid, pero los rumores dentro de la M-30 madrileña corrían alocados. Jaime Peñafiel comentaría que «el rey pasaba por un momento emocional muy delicado derivado de un viejo problema matrimonial». Lo cierto, sigue Soriano, es que se rompió un gran tabú de la transición, «el fin del silencio sobre la vida privada del rey y el inicio de la crítica privada a sus actuaciones». El periódico *El Mundo* concluiría que ante la fragilidad inicial de nuestra democracia, los medios de información habían puesto un cuidado especial «en proteger a la monarquía, convirtiéndola en tabú. No tiene sentido eternizar esa actitud».

La tempestad inquisitiva amainó pero ahora todo ha cambiado; el rey y la institución monárquica son exageradamente cuestionados y se difuminan los servicios capitales que el monarca ha prestado a la estabilidad del país, desde su olfato en la elección de Suárez hasta su intervención capital el día del golpe de Estado pasando por su labor diplomática en la que nos ha sido muy útil. En los albores de la transición, es cierto, el monarca tenía una bula, todo lo hacía bien y el gobierno podía ser un manazas. Si don Juan Carlos hubiese aparecido secándose las manos sonriendo se podría haber leído que «el rey, después del almuerzo, había dado una vez más muestras de urbanidad y de saber estar y no como muchos de nuestros dirigentes, que ni siquiera después de haber ido al baño se lavan las manos. ¡Qué país, Miquelarena!». Estamos ligeramente pasando al otro extremo. Con el Papa ocurre otro tanto; hace treinta años el respeto a la figura del Pontífice era total, en ocasiones pacato. Ahora su venida a España en visita para unas pacíficas y muy ordenadas Jornadas de la Juventud es motivo para echarse a la calle con indignación y llamarle nazi.

Regresemos a las Malvinas. Un sector de la prensa española se apresuraría a pedir que España mediara y el rey generosamente escribió a Reagan ofreciéndose para intentarlo aunque nuestra inclinación hacia Iberoamérica nos inhabilitaba; había mediadores, Estados Unidos, de más peso. La obsesión por la mediación es un virus que afectaba intermitentemente a nuestra prensa, que se obsesiona con que estamos muy facultados para ello, incluso en las situaciones más disparatadas para nuestro papel e historia. Imagino a más de uno de nuestros comentaristas del inicio de la transición que, amodorrado después de un día en que le han ordenado hacer dos largas y absurdas piezas a la carrera, despertaba oyendo una música dulce, probablemente el *Ave María* de Schubert, para encontrarse delante de Nuestra Señora de la Mediación en carne mortal y de azul que musitaba en tono apacible pero inteligible: «Tú serás quien anuncie al mundo que España debe mediar entre Sri Lanka y la India» para desaparecer acto seguido envuelta en el *Adagio* de Albinoni y seguida de dos palomas de la paz que revolotean alrededor de su halo. Y sin rezar ni una jaculatoria, el bueno del comentarista cogía una enciclopedia, se enteraba de dónde estaba Sri Lanka y le zurraba al gobierno español de turno por no intentar la mediación.

La realidad en las Malvinas es que el argentinismo progresivo del gobierno de Calvo-Sotelo fue un tajante contraste con la actitud occidental. Lisa y llanamente, y en contra de los agoreros, España se desmarcó de la postura de sus aliados de la OTAN. Las pruebas son múltiples: *a)* en la ONU nuestro país votaba con la URSS, China y Polonia frente a Estados Unidos y Gran Bretaña, a Occidente. Cuando las cosas en el teatro militar iban mal para Buenos Aires intentó introducir una resolución que pedía el alto el fuego. Fue vetada por los que, según nuestra prensa, le daban órdenes, por los dos países anglosajones; *b)* más importante aún, España debutó en la Cumbre de la OTAN de ese junio en Bonn advirtiendo a sus aliados que se opondría a cualquier declaración antiargentina en el comunicado final. En su discurso en esa ocasión, Calvo-Sotelo, «en tierra hostil», rompería una lanza a favor de la tesis argentina. Recuerdo a la enviada de *El País*, desde la tribuna de prensa, enviándome un gesto de aprobación mientras el presidente hacía esta referencia. El secretario general de la OTAN, Joseph Luns, declararía que la Alianza «respeta y comprende la posición de España favorable a la Argentina en las Malvinas». La cumbre de la OTAN y la guerra de las Malvinas serían opacadas momentáneamente en nuestros medios de información por otro acontecimiento: el 4 de junio, el Fútbol Club Barcelona anunciaba el fichaje de Maradona por la entonces astronómica cifra de 1.000 millones de pesetas, es decir, seis millones de los actuales euros. La cifra pasmó pero ahora parece calderilla.

Los ministros de Exteriores de Venezuela (García Bustillo) y de la propia Argentina (Costa Méndez) manifestaron expresivamente «el particular reconocimiento por el apoyo constante de España a la causa latinoamericana de las islas Malvinas».

El canciller argentino tenía otro motivo especial de agradecimiento. En aquellas fechas, las autoridades españolas habían abortado una operación de un comando argentino en Gibraltar y silenciado el asunto. Es lo que se llamó «Operación Algeciras». Concebida por el almirante argentino Jorge Anaya, contemplaba la llegada a España de unos cuatro comandos que arribaron separadamente. Dos de ellos antiguos montoneros, el antiguo grupo marxista cuyos golpes de mano produjeron una persecución sañuda por las autoridades argentinas.

Los estrategas bonaerenses habían pensado que si Gran Bretaña era golpeada en algún buque en Europa tendrían que extremar las precauciones y, en consecuencia, enviar menos unidades a las Malvinas. Volar un buque de guerra anclado en Gibraltar les pareció algo factible y que cubriría el objetivo. En Madrid los comandos recogieron en su embajada los explosivos necesarios. Al parecer habían entrado, ¡oh blasfemia!, por la valija diplomática. Viajaron en tres coches al sur y se alojaron en dos establecimientos diferentes. Pensaban alcanzar Gibraltar de noche desde las inmediaciones de Algeciras, colocar los explosivos en el casco de un buque identificado (dos de ellos eran especialistas submarinistas), regresar a la costa y esfumarse.

El Mundial de Fútbol que se iba a celebrar en España los condenó. El encargado de una tienda de alquiler de coches encontró algo sospechoso: el argentino que renovaba el alquiler del vehículo siempre pagaba en metálico y mostró, en algún momento, que llevaba llaves de otras agencias de alquiler. Dio parte a la policía, que extremaba el celo en aquellas fechas ante el temor de un atentado de ETA que reventara el Mundial, que los interrogó descubriendo el pastel y los explosivos. Fueron detenidos y llevados en secreto a Madrid, paradójicamente en el avión que había trasladado a Málaga a Calvo-Sotelo y mientras éste asistía a un mitin político. Después de conciliábulos con Rosón y Pérez-Llorca, el presidente dio la orden de expulsarlos. El affaire no trascendió. En Exteriores sólo tres personas estaban al tanto del asunto.

Las Malvinas tuvieron un desenlace no esperado por la Junta Militar de Galtieri. Su desprestigio creció muchísimo; los argentinos habían apoyado muy patrióticamente la guerra pero los ribetes humillantes de la derrota crearon un cierto trauma. La cúpula militar que pensó explotarla para pasar a la historia caía meses más tarde. El triunfo del equipo argentino en el anterior Mundial de Fútbol celebrado en Buenos Aires había sido sólo un flaco balón de oxígeno. Para la Thatcher el resultado fue el opuesto: con pronósticos dubitativos meses antes, su partido ganó de nuevo claramente las elecciones. Fue su momento glorioso; contra el aviso de más de un asesor, se había lanzado a recuperar las Malvinas. Se confirma así triste y curiosamente el pronóstico de que una guerrita no costosa, culminada con éxito, apuntala las expectativas de quien detenta el poder. No es extraño, en consecuencia, que algún amigo de Clinton comentara, al final de su mandato, que al presidente, ganador en diversos terrenos como el económico, le faltaba una guerrita como la de Bush padre en Irak para entrar con más peso en la Historia. La señora Thatcher discursearía en Cheltenham tres semanas después del fin de las hostilidades: «Hemos dejado de ser una nación en retirada. Hemos encontrado una confianza nueva, que se asienta en las batallas económicas en el país y en la demostrada a 13.000 kilómetros de distancia. En las Malvinas, Gran Bretaña ha vuelto a encender el espíritu que la alimentó durante generaciones...».

La guerra de las Malvinas trajo otra baja: la del impetuoso y sobrado secretario de Estado, Alexander Haig. Su caída ilustra diáfanamente un hecho: el de que por muy democrático que sea un gobierno, quien marca la política es el presidente y los ministros la ejecutan. Hay líderes que no muestran mayor suspicacia porque sus subordinados tengan cierta relevancia política o mediática (otros sí, lo sé), pero todos quieren que se ejecute lo que ordenan o sugieren. La señora Thatcher fue bastante expresiva a este respecto cuando afirmó que no le importaba que sus ministros hablaran para la prensa siempre que hicieran exactamente lo que ella quería.

Haig parecía haber olvidado esto. Ya mostró su megalomanía el día en que Reagan sufrió el atentado a manos de aquel perturbado que deseaba llamar la atención de la actriz Jodie Foster. Mientras Reagan era trasladado con urgencia al hospital donde, ya en la mesa de operaciones, dio muestras del sentido del humor que encantaba a sus compatriotas al decir a los cirujanos: «Espero que todos ustedes sean republicanos», Haig exclamaba ante la prensa que «a partir de ahora, yo controlo la situación aquí». Su pretensión era incorrecta porque el secretario de Estado no es el segundo en la línea de sucesión. Antes que él, en caso de fallecimiento, accidente o incapacidad del presidente, están el vicepresidente (Bush padre estaba en Texas y voló inmediatamente a la capital) y el presidente de la Corte Suprema. Era un comentario pedante que reflejaba algo del carácter de Haig a quien Reagan había hecho secretario de Estado casi sin conocerlo.

Presidente y secretario de Estado tuvieron una relación correcta aunque disintieran en ciertos temas, como Cuba y Taiwán (en el primero, según Reagan, Haig era un halcón y en el segundo, sin embargo, era partidario del acomodamiento con Pekín y dejar caer a Taiwán, posibilidad a la que se oponía el presidente). Lo que forzó, sin embargo, la salida de Haig fue, en palabras de Reagan, que «Al no quería que nadie más que él mismo, yo incluido, influyese en la política exterior mientras él fuese secretario de Estado». Haig, celoso con las interferencias de los colaboradores de Reagan en la política exterior —la «fontanería» de los presidentes siempre intenta hacer pinitos en ese terreno—, había presentado varias veces su dimisión, que fue rechazada. Al término de las Malvinas la llevó de nuevo y fue aceptada. Reagan dio carpetazo al tema apuntando que no estaban en distonía, que «en realidad, el único desacuerdo era sobre si yo hacía la política o la hacía el secretario de Estado». Buen aviso para navegantes de cualquier relación jerárquica.

El americano inevitable

Me he extendido en Haig porque nos lleva a nuestras relaciones con Estados Unidos en la era Calvo-Sotelo. Haig desembarcó en ellas con fuerza y con torpeza. Suárez había dimitido escasos días antes de que Carter perdiera las elecciones con Reagan. El demócrata había encontrado a un Reagan inspirado en los debates televisivos; en un momento en que se cuestionaba si no estaba ya mayor para aspirar a la Presidencia del país, contraatacó con gracia diciendo que nunca le había pasado por la cabeza poner en evidencia la juventud de su rival. Carter había tenido la mala suerte de que los energúmenos «guardianes de la revolución» iraníes irrumpieran en la embajada estadounidense en Teherán tomando como rehenes a 52 personas. Los jóvenes iraníes, con la complacencia del gobierno de los ayatolás, podían estar no ya irritados sino encolerizados por la connivencia de Estados Unidos con el sha, pero las personas de los diplomáticos son inviolables, lo que quiere decir no que no se los puede forzar a hacer el amor contigo, sino que no pueden ser agredidos ni retenidos ni raptados.

El rapto de los americanos, mientras Carter era acusado de inoperante y paniaguado, se prolongaba durante meses y llevó al presidente a intentar una operación de rescate con varios grandes helicópteros, algo parecido a lo de Obama con Bin Laden. Los helicópteros tuvieron que volar muy bajo para no ser detectados por el radar; uno de ellos chocó contra unos cables. La operación abortó, Estados Unidos y su presidente salían con las orejas gachas. Reagan arrasaba en las elecciones de 1980. Con 51 % del voto popular conseguía 489 votos electorales; Carter con 41 % sólo obtenía 49.

El nuevo presidente había cometido en su campaña alguna pifia memorable (por ejemplo, dio a entender que los árboles podían causar contaminación), pero subestimarlo, como ocurriría posteriormente en la Presidencia, fue un craso error. Reagan, el político de más edad en la historia en acceder a la Presidencia, 69 años, sabía conectar con los americanos que apreciaban en él su determinación, caballerosidad y sentido del humor.

Minutos después de tomar posesión el americano, los rehenes, transcurridos 444 días desde su secuestro, con Argelia como mediadora, eran liberados. Tarde para salvar a Carter. Otro hecho delictivo que influye en unas elecciones. Se ha especulado sobre si Reagan, al final de su campaña electoral, se movió entre bastidores prometiendo algún regalo a los ayatolás para que éstos no precipitaran la liberación de los rehenes y torpedear así la victoria de su rival. La teoría ha sido alimentada por el hecho de que, ya en el poder, la Administración Reagan vendió armas a Irán, que éste utilizaría en su guerra contra Irak, a cambio de dinero que sin pasar por Estados Unidos iba a parar a la Contra nicaragüense (entregar dinero directamente a la Contra estaba prohibido por la legislación estadounidense).

Había también un morboso precedente más documentado sobre la confabulación dolosa con fines electoralistas con un poder extranjero: la de Nixon con el gobierno de Vietnam antes de las elecciones de 1968. El presidente Johnson, que no se presentaba a la reelección, quería que el vietnamita Thieu, que dependía económica y militarmente de Estados Unidos, negociase la paz con los rebeldes del Vietcong. Si el acuerdo se consumaba, el vicepresidente Humphrey, rival de Nixon, se vería beneficiado. Nixon, viendo el peligro, convenció a Thieu para que no negociase hasta después de las elecciones. Sospechando de las trapacerías de Nixon, y mientras soldados estadounidenses seguían muriendo en Vietnam, Johnson ordenó al FBI que grabara las conversaciones de los colaboradores del candidato republicano.

Johnson y Humphrey se subían por las paredes cuando descubrieron la sucia maniobra del republicano, pero tenían un problema: faltaban cinco días para las elecciones. Si ganaba Nixon, aparte de revelar que lo habían espiado, abrirían una crisis constitucional dado que la Ley Hogan prohíbe a ciudadanos particulares negociar con gobiernos extranjeros. El Congreso podría abrir una investigación e inhabilitar al flamante presidente. Humphrey no publicó las grabaciones lo que, según T. White, es un acto de «insólita decencia política».

Haig llevaba aproximadamente un mes en el cargo cuando se produjo nuestro golpe del 23 de febrero. Acompañaba desde su despacho al coche a su colega francés cuando un periodista le pidió una reacción a los acontecimientos en España. Haig quizá improvisó, era al día siguiente y se estaría levantando cuando se supo que el golpe había fracasado por lo que es posible que estuviera aún sucintamente informado, pero su contestación fue torpe, manifestó «que era demasiado pronto para pronunciarse» y que «se trataba de un asunto interno español».

Las frasecitas de Haig levantaron ronchas entre nosotros. Los benévolos dedujeron que a Estados Unidos le daba una higa nuestra democracia; los peor pensados, que estaban detrás del tejerazo. Ni una cosa ni la otra tenían mucha lógica pero los amantes de la conspiración encontraron bastante pasto para alimentarla. Los propensos a encontrar conspiraciones en acontecimientos diarios florecen por doquier. Si el 24 % de los estadounidenses no creen que Obama nació en Estados Unidos, lo que haría ilegal su elección a presidente, y el 26 % de los franceses no creen en la paternidad de al-Qaeda en el ataque a las Torres Gemelas, pensando que, en realidad, fue obra de la CIA y de Bush, no es raro que aquí cundiera profusamente la especie de que la embajada americana estaba detrás del golpe o, como mínimo, estaba al corriente del mismo. Si del 11 de septiembre se dijo, ilusamente, que los judíos que trabajaban en las Torres sabían lo que iba a acontecer y por ello no fueron ese día al trabajo, especulación gratuita donde las haya, aquí corrió el rumor de que los hijos de estadounidenses en España no fueron a la escuela el 23 de febrero por la misma razón. El embajador estadounidense Todman habría alentado la algarada, habría tenido reuniones con Armada y otros sospechosos, etc. Todman, se dejaba caer, era un reaccionario con pasado golpista.

Aparte de que no se acaba de ver el provecho que obtendría Estados Unidos intentando sofocar un gobierno de centro y cuyo presidente in péctore pasaba por ser partidario de mantener el tratado con Washington y de entrar en la OTAN, los que por nuestro trabajo frecuentábamos a Todman no veíamos en él al personaje torvo favorable a la implantación de un régimen autoritario en España. El embajador era un diplomático correcto, más impuesto que otros de sus sucesores en los temas españoles y que cuando vino Carter en la primera época ucediana desoyó la petición del gobierno de que el presidente yanqui no viera a Felipe González, o le dedicara poco tiempo, para no dar réditos electorales al socialista. González pasó un buen rato con Carter. Como escribiría Markham, corresponsal de *The New York Times*, eran tiempos en que bastantes medios extranjeros tenían un corresponsal fijo en Madrid, «cierta prensa española había cedido a la tentación típicamente tercermundista de atribuir a Washington toda clase de calamidades nacionales sin aportar la menor prueba al respecto».

El malestar creado por Haig, que irritó a Calvo-Sotelo y al gobierno entrante, llevó a Reagan a dirigir, en la misma semana del 23-F, una amable carta a nuestro rey en la que le aseguraba que ni el monarca ni el pueblo español estaban solos en la consolidación de la democracia. Le reiteraba el apoyo de Estados Unidos en la defensa de la misma. No bastaba; los ánimos aquí seguían levantiscos. La embajada debió de comunicar a Washington que resultaba aconsejable —sería interesante que hubiera existido Wikileaks en la época y leer cómo el embajador porfiaba— que Haig viniera personalmente a hacer acto de contrición.

Nos visitó a principios de abril, humilde y arrepentido. Recuerdo la expectación a su llegada. Al Pabellón de Estado de Barajas acudió una turba de periodistas. La cifra quintuplicaba la de la llegada de cualquier jefe de Estado. Protocolo, en consecuencia, había encajonado a la prensa (redactores, fotógrafos, cámaras, etc.) en unas gradas laterales rodeadas por unas cintas y a unos 70 metros de donde se detendría el avión. El jefe de seguridad de Haig, llegado antes, a quien alguien había indicado que yo era el diplomático de la prensa, se me acercó y sin levantar la voz pero con una arrogancia soterrada me dijo. «*What the hell are these people doing there?*» (¿Qué coño hace toda esa gente ahí?). Tratando de no alterarme y haciendo esfuerzos para olvidar lo que ocurriría si un encargado de seguridad español, por muy bien que tenga cortado el pelo y por mucho pinganillo que lleve en la oreja, pregunta a un director general americano en Washington qué hacen en un corralito dispuesto por ellos como anfitriones cuatro docenas de periodistas, le contesté cortésmente (en inglés, claro): «Hombre, cumplen su labor informativa. Mr. Haig es una personalidad y no es la primera vez que los periodistas se colocan ahí en el aeropuerto». Su réplica en inglés vino en parecido tono de voz y con una cierta altivez conminatoria: «Si esa gente se queda ahí, el secretario de Estado no se bajará del avión» (*he will not get off the plane*).

Yo no podía ceder pero conociendo a los clásicos españoles, es decir, siendo consciente de que si un fotógrafo rozaba un pelín con el codo al guarura número 32 de Haig y el guardaespaldas le daba un grito, más de un colega mío, por no hablar de los celosos funcionarios de La Moncloa entusiasmados con que un diplomático tenga un desliz, repetirían hasta la saciedad que «Chencho había metido la pata y creado un incidente con Haig en un momento delicado de las relaciones, etc.», me acerqué al eficaz coronel Enrique Nieto, responsable del ala 405, y le pregunté si a él y su gente les causaba algún quebranto que los periodistas cubrieran la llegada desde donde los había colocado Protocolo. «Si a ti no te molesta, a mí tampoco.»

Acudí entonces al corralito y dije claramente a los amigos de la canallesca que el jefe de seguridad del equipo contrario estaba nervioso porque los periodistas españoles se iban a desmandar; que quería estar seguro que nadie, NADIE, rebasaría el cordón. Los *boys* y *girls* de la prensa contestaron al unísono, creo que el primero fue uno de los Manolines (Barriopedro o Hernández de León, los del Congreso), que de allí no se movería nadie.

Me dirigí al estadounidense, me observaba con el rabillo del ojo, y con mi mejor sonrisa, suave, sin ponerme sexy porque podía pensar que me cachondeaba, le dije: «*They are going to stay there, and I am sure that the Secretary of State will get off the plane*». (Se van a quedar ahí y estoy seguro de que el secretario de Estado bajará del avión.) El hombre, al que alguien debió de contarle que yo había estado bromeando con Todman y después vio cómo Pérez-Llorca hacía un aparte conmigo, tuvo que resignarse a que un gris funcionario español no se pasmara ante su determinación.

Haig bajó del avión y todo fue protocolariamente como la seda. Se entrevistó con el rey, Calvo-Sotelo, Felipe González y Pérez-Llorca. Se disculpó largamente en los dos idiomas. Pérez-Llorca, no obstante, no quiso compartir la rueda de prensa con él. No está en la foto de la misma.

Calvo-Sotelo, que calificaría más tarde la visita de inoportuna, debió de estar frío pero cortés con Haig. El americano se había excusado repetidamente. Nuestro presidente, con todo, era persona que no pasaba por alto las impertinencias. Relata que, siendo ministro, en una cena en la embajada de España en Bruselas, la paternal arrogancia de un embajador francés, de la Barre de Nanteuil, le llevó a preguntar: «Ministro, ¿el rey de España trabaja mucho o se da buena vida?». Calvo-Sotelo paró los pies al diplomático galo respondiendo: «Señor embajador, estamos en España, y en España esa pregunta es inconstitucional». El embajador cambió de tono y de tema.

REAGAN Y EL ALCÁZAR NO SE RINDE

La voluntad de la Administración Reagan de superar malentendidos y recalcar su apoyo a nuestras libertades se puso de nuevo de manifiesto en la visita que Pérez-Llorca giró a Washington el 9 de julio de 1981. Hubo en ella algún momento de nerviosismo y un desenlace mediáticamente muy feliz. Antes de salir de Madrid, nuestra embajada y la americana en Madrid habían dado a entender que Reagan, nada menos que el presidente, haría un pequeño hueco en su agenda para ver al ministro español. Algo evidentemente desusado; el presidente yanqui no recibe por norma al ministro de un país a no ser que esa nación esté, aunque sea coyunturalmente, en la Champions League (Israel en crisis es un caso aparte). Cuando llegamos a Washington, nuestra embajada dejó caer que ahora parecía que Reagan no tendría tiempo. Se tendría que contentar con el vicepresidente, Bush padre, lo que no estaba mal.

A Pérez-Llorca, después de haber tenido la miel en los labios de departir en el Despacho Oval con el Emperador del mundo, le sentó mal la posible cancelación. La lección que se extrae, si es que no estaba ya aprendida, es que no se debe anunciar, ni siquiera como hipótesis, un evento lleno de imagen si no hay seguridad plena de que va a tener lugar. Su anulación, en este caso, a no ser que resultase que el propio Reagan había sido internado porque iba a dar a luz a dos gemelos rubios, niño y niña, ambos de derechas, claro —el anuncio de que era Nancy la parturienta no habría bastado para más de un periodista—, produce hartos comentarios ridiculizantes. Por fin, pasadas unas horas, resultó que nuestro ministro vería a Bush padre pero también al Emperador inventor de la luego nonata guerra de las galaxias que contribuiría a enterrar a la Unión Soviética.

Reagan recibiría a Pérez-Llorca en lo que en principio era una *«photo oportunity»*, es decir, cuatro o cinco minutos pero que se prolongaría unos 14 por razones, tal vez, un tanto surrealistas. El ministro se había desplazado a Washington para dar un empujón a la renovación del convenio con Estados Unidos. El existente, que los americanos habían logrado arrancarnos en nuestros delicados momentos políticos de 1976, era, según las palabras de Robles Piquer, el negociador español, asimétrico e «inaceptable». El ministro dijo a sus interlocutores (Haig, Weinberger...) que ciertamente había que modificar el tratado tanto en cuestiones de fondo como en su presentación.

Reagan, con todo, no estaba para esas menudencias. Pensaría lo que Mao Tse-Tung le dijo a Nixon cuando éste, en la entrevista anhelada, le intentaba hablar del problema de Formosa: «Trate esos detalles con Chou En-lai, yo estoy para hablar de principios y cuestiones filosóficas».

El americano arrancó de forma sucinta congratulándose de la recuperación de la democracia en España; a Pérez-Llorca le pareció que oía con visible complacencia que el brote golpista era un hecho totalmente aislado, que nuestro país era ahora un Estado democrático fiel aliado de Estados Unidos con parecido esquema de valores, respeto a los derechos humanos, pero el presidente, habiendo hecho parcamente los deberes del líder de la democracia más importante del mundo, cambió de tercio y para sorpresa de Pérez-Llorca empezó a hablar con deleite del coronel Moscardó. Con detenimiento, con gusto, Reagan parecía estar fascinado por la gesta del Alcázar y más aún por el abnegado gesto de su Comandante. «*What a man!*» (¡Qué hombre!), repetía, soñador, Reagan mientras pedía más detalles del episodio a Pérez-Llorca que, aunque de la generación que había mamado lo del Alcázar, no podía ampliarle demasiado porque su interlocutor parecía conocer el tema. El Alcázar llenó una suculenta parte de la breve entrevista... «*It is incredible, amazing... what a man!*», susurraba Reagan. El presidente, afable como siempre, se despidió con un fuerte apretón de manos echándole un piropo al rey por su actuación el 23 de febrero.

Vi salir a Pérez-Llorca muy esponjado pero un tanto perplejo. Me acerqué con los otros españoles para preguntarle qué tal había ido y personalmente para pedirle doctrina sobre lo que se podía contar a la prensa (¿habían hablado de las bases, de la situación en Centroamérica, de su proyecto de montar un escudo en el aire que obligase a Rusia a pedir árnica, se había abordado la a veces innombrable OTAN?, temas de los que el ministro trató o trataría con Bush y Haig). Pérez-Llorca, después de mostrar con todos su satisfacción porque el presidente sabía dónde estábamos en el mapa, me llevó aparte y me dijo: «No sé lo que vas a contar porque este hombre ha estado muy simpático, pero después de las generales de la ley de que se alegra de que en España todo se haya normalizado, me ha dado un pequeño *speech*, arrobado, formulándome preguntas, sobre Moscardó y el Alcázar. Es que no sé lo que vas a contar sin mentir...». Creo que le dije al ministro, entre pasmado y divertido: «No me jodas, ministro, ¿Moscardó?, ¿el Alcázar no se rinde?...». Sí, era Moscardó, mucho Moscardó y mucho Alcázar.

Tratando de salvar los muebles le pedí al ministro que me repitiera de lo que habían hablado que no fuera el episodio de 1936. «Ha subrayado al principio que se alegraba de que todo estaba normal en España, parecía satisfecho, mencionó al rey pero el plato fuerte era el dichoso Alcázar.»

Había, pues, que sacar petróleo sin mentir; he tratado siempre de evitarlo en mis épocas de portavoz y he preferido escamotear un tema, no tratarlo, para no faltar a la verdad. En mis llamadas a la prensa manifesté que, yo no estaba dentro, pero que Reagan había dicho algo así como que «la democracia es un valor muy precioso»... y que el ministro había tratado con «los» dirigentes yanquis de las bases, de Centroamérica, etc. Así fue como tituló la prensa española: «La democracia es un valor...». Cuando al día siguiente regresando a España vimos nuestras portadas con una grande de *ABC* con la frase debajo de una risueña foto del presidente y Pérez-Llorca le comenté al ministro que esa foto departiendo con el Gran Líder no le iba a gustar a algunos de la oposición. Festivamente me contestó que tampoco les iba a entusiasmar a algunos colegas suyos del gabinete.

Al hilo de la borrachera de Reagan con el Alcázar de Toledo comentaré que en los once años que posteriormente pasé en Estados Unidos en la embajada en la ONU y en el consulado en Los Ángeles, he encontrado en más de una docena de ocasiones a americanos que me preguntaban por la gesta de Moscardó. Varios de ellos no sabían dónde se encontraba Toledo, a un par de ellos se lo aclaré porque planeaban hacer turismo en España, uno creía que la ciudad era Guernica, más de la mitad ignoraba que el sitiado fuera un franquista y que los sitiadores eran republicanos. Lo que encontraban digno de comentario, y de admiración, fue, de un lado, el temple del militar español y la conversación con su hijo; de otro, la resistencia de los sitiados; deben de hacer analogías con el episodio del Álamo de 1836 de la guerra entre Estados Unidos y México: 187 militares y cazadores estadounidenses resistieron durante un tiempo en ese fuerte el embate de los mexicanos, muy superiores en número. El hecho, mitificado en la historia de Estados Unidos, fue llevado al cine por John Wayne, que dirigió e interpretó el filme. La película gustó pero el patriotero actor hizo tal campaña desmesurada para conseguir el Oscar que sería ridiculizada. No lo consiguió.

Curiosamente alguien me ha comentado que ahora, en 2011, en la visita al Alcázar un visitante regular no tiene acceso al despacho de Moscardó. ¿Tenemos algo de que avergonzarnos? ¿Es Moscardó un infumable para los pontífices de la memoria histórica?

Meses más tarde, Calvo-Sotelo sería invitado a visitar Estados Unidos. El embajador Enders, sustituto de Todman, le transmitió el deseo de la Administración Reagan. Nuestro presidente rehusó. Caviló que en el momento en que se calentaba el tema de la OTAN, desplazarse a la capital del imperio sería inevitablemente interpretado como un viaje para recibir órdenes. Razonó, con tino, que el protagonismo de Estados Unidos tendría una lectura negativa entre nosotros. Al presidente sí le pareció pertinente que los reyes fueran a Washington; nuestro gobierno debe autorizar los desplazamientos del monarca y el de Calvo-Sotelo se opuso a que don Juan Carlos, alentado por algunos hombres de negocios, aceptara la invitación del Chile de Pinochet. El rey había visitado en 1978 la Argentina de los militares en un viaje criticado aquí pero que fue beneficioso, a ojos de muchos demócratas argentinos, para que en aquel país se comprendiera que el paso de una dictadura militar a la democracia podía hacerse sin traumas.

La cuestión otánica afloraría de alguna manera en el viaje que realizaron los reyes en octubre de 1981 y en el que Reagan y su esposa desplegaron todo su encanto ante sus huéspedes. Fue un éxito. Reagan destapó no ya el tarro sino el ánfora de los elogios al hablar de España tanto en la bienvenida en el jardín de la Casa Blanca, «nos encantará verla incorporada del todo a la comunidad occidental de naciones», como en la cena de gala que ofreció a los reyes el 13 de julio. Ahí en su discurso, tengo un apunte anotado en el reverso del menú, se desmelenó con el rey, lo comparó con el Cid, «nacido como él en un mundo que necesitaba desesperadamente un líder», y siguió líricamente diciendo que estaba contribuyendo «a implantar la democracia con la habilidad del artista y el coraje del Cid».

La cena sería amenizada por Ella Fitzgerald, la cantante favorita de Reagan. Con ocasión de la visita de un presidente francés el cantante fue Julio Iglesias. Un sabueso periodista galo descubrió que *a*) a Nancy le chiflaba, *b*) Reagan cultivaba así el voto hispano, la gente no sabe exactamente si Julio es español, mexicano o colombiano. El menú con los reyes fue salmón con salsa de eneldo, seguido de «*Supreme de Chicken veronique*» con arroz salvaje y endivias, amén de ensalada de lechuga con queso y nueces para concluir con fantasía de sorbete de pera con lonchitas de albaricoque regado con vinos y champán americanos (Grgich Hills, Chalone Vineyard y Schramsberg semiseco). Al final Reagan invitó a bailar a la reina, el rey enlazó a doña Nancy y el presidente tuvo tiempo de fotografiarse con varios de nosotros. Yo estuve tentado, mientras él bromeaba, de bajar la voz y guiñándole un ojo hacerle la pelota y decirle «*Mr. President*, usted hubiera hecho un Cid más convincente, se lo digo como español, que Charlton Heston; tiene usted un lado más humano, menos acartonado», y cuando estuviera derretido por el piropo le habría preguntado: «Dígame la verdad, ¿a quién hubiera preferido encarnar, al Cid o (aquí el guiño de ojo) a M-o-s-c-a-r-dó? *Tell me the truth*».

El presidente seguro que habría seguido la broma y dicho algo ocurrente. Era conocido su sentido del humor; cuando un periodista le comentó que en los encuentros con Gorbachov en que ambos enterraron la Guerra Fría, el ruso parecía robarle el show, replicó rápidamente: «No sé por qué tanto bombo. Al fin y al cabo yo soy el que he rodado películas con Errol Flyn». El antiguo actor también debería de estar satisfecho de haber sido preterido por Humphrey Bogart para el papel de Rick en *Casablanca*. Su mediocre carrera en el celuloide le permitió dedicarse a la política y llegar a la Casa Blanca. Que Reagan fue considerado para *Casablanca* es un hecho que, por cierto, he observado irrita a más de un cinéfilo español de la rama progre. Cuando se lo comentas reacciona con una incredulidad rabiosa: «¿Te imaginas a ese cowboy de derechas haciendo ese papel? ¡Vamos, hombre!». Es una simpleza. Rock Hudson era homosexual y enamoró a TODAS las jóvenes de nuestra generación, pero es que Reagan encrespaba a toda la izquierda española.

El rey acudió a un almuerzo en el Congreso ofrecido por los presidentes de las dos Cámaras (O'Neill y Baker), con presencia de una cuarentena de legisladores y al que asistimos una decena de españoles. Hubo un amplio coloquio. Don Juan Carlos agradeció el apoyo de Estados Unidos a nuestra democracia, recalcó el protagonismo de todos los españoles y afirmó que España era un aliado leal. No se metió en más honduras, se escabulló en varios temas cediendo la palabra al ministro. Cuando un senador inquirió sobre la OTAN, el monarca manifestó: «Cuando vine aquí hace años no teníamos Constitución ni partidos políticos y yo podía ser más charlatán que ahora. En estos momentos teniendo ya Constitución y habiéndola promovido yo mismo no debo entrar en demasiadas explicaciones. Estoy por encima de los partidos y si apoyo a uno molesto al otro. Por supuesto que respeto la política del gobierno en el poder».

Don Juan Carlos, soy testigo, no se mojó en el tema OTAN. Tampoco lo hizo en ese asunto en las entrevistas que tuvo, flanqueado por Pérez-Llorca, Lladó y Del Pino, con Reagan y sus colaboradores, en las que el rey rompió una lanza a favor de los palestinos (el ministro dijo a la prensa que España y Estados Unidos disentían en el Oriente Próximo), pidió que se echara una mano a los centroamericanos, y que se cerraron con un aparte de diez minutos entre los dos jefes de Estado. Sin embargo, al día siguiente una fuente estadounidense manifestó que en las conversaciones «el rey había indicado que su país estaba decidido a proceder rápidamente a la entrada en la OTAN e igualmente determinado a convertirse en miembro de la Comunidad Europea». ¿Lo indicó el rey a solas con Reagan? ¿Estaba explicando la voluntad de su gobierno? Pérez-Llorca, ante el rápido revuelo creado en España, tuvo que corregir a la fuente americana y aclarar que el rey no se posicionaba y que comunicaba la postura del gobierno.

Las negociaciones sobre el convenio concluirían poco más tarde. Escamados por un incidente inmediato, y no debía de ser el primero, que cuenta Juan Durán-Loriga (*Memorias diplomáticas*, ed. Dosal), nuestros negociadores querían atar más corto a sus aliados en la cuestión de utilización de nuestros aeropuertos. Meses antes, la embajada yanqui había llamado a Durán-Loriga, a la sazón director general de América del Norte y Extremo Oriente, y pedido autorización para el tránsito de unos aviones F-16 que los saudíes querían probar con vistas a su adquisición. Consultado Calvo-Sotelo, Exteriores dio la autorización para que hicieran escala en Torrejón y un día más tarde un comunicado de la Casa Blanca informaba que ante la gravedad de la situación en Irán el gobierno había decidido enviar una escuadrilla de F-16 a Arabia Saudí. «Nos habían tomado el pelo», concluye Durán-Loriga.

El nuevo convenio, similar ya a los que otros países de la OTAN tenían con Estados Unidos, se firmó en julio de 1982; fue uno de los últimos actos del gobierno de Calvo-Sotelo. Las mejoras para España eran, según Marquina, la desnuclearización de nuestro territorio, la integridad territorial, por la que Ceuta y Melilla estaban cubiertas, el Estatuto de las Fuerzas (los soldados americanos tendrían un tratamiento legal al que tenían los basados en otros países de la Alianza) así como que cualquier utilización de las bases que rebasasen los objetivos estrictos del convenio requeriría la autorización del gobierno español.

JUAN PABLO, LA REVOLUCIÓN DE LOS CLAVELES Y FRANCIA

En el primer viaje del papa Juan Pablo II a España, la noche anterior de la breve visita que el Pontífice iba a girar a Loyola (el Papa infatigablemente se patearía toda la geografía española), el ministro del Interior informó a Calvo-Sotelo que sus servicios habían captado una llamada telefónica entre San Juan de Luz y Loyola, debía de ser la época en que la ETA se movía con fluidez en el sur de Francia, de la que podía extraerse la conclusión de que los terroristas vascos preparaban un atentado en Loyola durante la estancia del Papa.

Calvo-Sotelo abandonó a la carrera la cena en la que se encontraba y, una vez en La Moncloa, pidió a su gabinete que le pusieran con el primer ministro Mauroy. El ayudante francés que recibió la llamada intentó echar balones fuera dando a entender que su jefe no podría hablar hasta la mañana siguiente. Calvo-Sotelo cogió el teléfono y, cuenta, «en un eficaz, si no muy correcto francés» le espetó: «Comprenderá usted que si el presidente del Gobierno español llama al primer ministro francés a las once de la noche de un viernes es porque necesita hablar con él a las once y tres». Mauroy finalmente se puso. Calvo-Sotelo le explicó el tema y pidió ayuda. El francés prometió devolver la llamada en breve. Cuando lo hizo, se arrancó diciendo: «*Oh, la, la, je suis desolé*», con lo que Calvo-Sotelo se temió lo peor. Mauroy le indicó que habían localizado a quien había hecho la llamada desde San Juan de Luz pero que, según una ley de 1790, no podían allanar su morada hasta el amanecer.

El presidente español extrajo la conclusión de que los tics legalistas galos en el tema de ETA, dada la gravedad del asunto, eran una pizca exagerados. Llamó al Papa, que dormía en la Nunciatura, y le indicó que había que adelantar la llegada a Loyola en una media hora y que el helicóptero debería posarse en un lugar diferente del previsto. Al parecer Garaicoechea, lendakari a la sazón, dedujo que todo era una añagaza de Calvo-Sotelo para abortar la ceremonia de Estado que había preparado.

Calvo-Sotelo tiene anécdotas curiosas con más de un Pontífice. Tuvo una audiencia, mucho antes de ser alto cargo, con el papa Juan XXIII, un hombre simpático y bonachón. Calvo-Sotelo acababa de dar una conferencia en Sabadell y el gremio de fabricantes «no me pagó, pero me regaló un corte de traje». Cuando fue a Roma, su mujer, Pilar, le dijo que estrenara el traje que se había hecho. Iba caminando por largos pasillos hacia donde veía al Papa y se percató de que tenía un hilo blanco a la altura del codo. «Empecé a tirar y salían metros, no se acababa nunca.» Entró en la Secretaría del Papa diciendo a un asistente: «Perdóneme, tengo que pedir algo que no le habrá pedido nadie, unas tijeras, pero no corte el paño». Juan XXIII se reiría al ver el hilo gordo. «Me acuerdo siempre de aquel corte de traje que no era bueno, mi conferencia era mucho mejor que el paño.» (*Leopoldo Calvo-Sotelo. Un retrato intelectual*, ed. Fundación Ortega-Marañón.)

Sobre el celo de los ayudantes de altos cargos para que no se perturbe a sus jefes poseo un ejemplo significativo. En las postrimerías del franquismo me encontraba destinado en la embajada en Lisboa. A fines de septiembre, con Franco en las últimas, llegó el apresurado juicio de unos terroristas que habían asesinado a cuatro policías. Once fueron condenados a muerte de los que seis fueron indultados. El hecho produjo indignación en Europa. Que los procesos se hicieran ante un tribunal militar, sin las garantías de un Estado de derecho, unido a que la izquierda y los demócratas vieron una excelente oportunidad para dar el golpe de gracia a la moribunda dictadura, originó una serie de ruidosas manifestaciones ante varias de nuestras embajadas en el mundo. En París, la policía colocó tanquetas ante nuestra representación; es sabido que en caso de fricción entre dos países o cuando la conducta de uno suscita la repulsa en otro, el país receptor protesta, llama a consultas a su embajador o rompe relaciones. En cualquiera de esos supuestos, sin embargo, la misión diplomática es inviolable y el país anfitrión debe protegerla a toda costa.

Esto no ocurrió en el Portugal de la revolución de los claveles. En el verano de 1975, el llamado *verao quente*, el moderado socialista Mario Soares había ganado las elecciones pero el llamado Consejo de la Revolución, integrado por militares izquierdófilos y visionarios, no le dejaba gobernar.

Al caer la tarde y al ver que nuestra residencia seguía desprotegida —el palacio de Palhavá cuenta con un gran jardín y una tapia de largo perímetro—, el embajador, que esa misma mañana había hecho una gestión con el presidente de la República para pedir protección, vino a pasar la noche a mi domicilio tal como habíamos convenido para el caso de que las autoridades portuguesas dejaran inerme a Palhavá. Creíamos que allí no sería localizado y evitaríamos cualquier acción contra su persona, rapto, etc. Cenábamos cuando un funcionario de la embajada nos telefoneó: una muchedumbre de unas 300 personas había irrumpido por las ventanas de nuestra oficina y acumulaba en la puerta armarios, mesas y ficheros a los que pegaba fuego.

Instado por el embajador, llamé apresuradamente al Gabinete de Exteriores portugués. La funcionaria de guardia, serían las once, me repitió lo del funcionario francés: era tarde, el ministro no estaba localizable... Tuve una reacción parecida a la de Calvo-Sotelo, ¿podía imaginar que el embajador de España lo molestara a esa hora por una cuestión banal?, ¿había oído en la radio que la embajada estaba siendo saqueada? Por fin, el ministro Melo Antunes acudió al teléfono. El embajador Poch le apremió para que intervinieran, salvar la oficina parecía ya imposible pero era tiempo de proteger la residencia donde había cuadros del Prado, tapices de incalculable valor; nuestra residencia en Portugal es de las mejores que tenemos en el mundo y debió de ser muy bien dotada artísticamente cuando fue embajador el hermano de Franco, también lo sería más tarde el suegro de Calvo-Sotelo.

El ministro se mostró sinceramente desolado y dijo que se ponía en movimiento. Dio a entender que el asalto no sólo era un golpe en nuestras relaciones sino a su figura política (Melo Antunes era progresista pero considerado un tibio por los iluminados del Consejo de la Revolución). El ministro fue impotente. La masa, confiada y exaltada, muchos de ellos jóvenes europeos que hacían su máster en la revolución portuguesa, saltó las tapias de Palhavá, quemó, rompió, robó, picó estatuas... No está claro por qué nuestra residencia y nuestra embajada estuvieron desprotegidas; los dirigentes lusos de la época se culparían mutuamente. La policía sostuvo que ellos no tenían capacidad para detener una manifestación, que se había convenido que si se producía acudiría rápidamente el ejército. El jefe militar, Otelo Saraiva, contraatacó con que la policía había asegurado que podía manejar el asunto. El hecho es que nuestros edificios contaron con ínfima protección, con escasas fuerzas del orden que parecían no querer colaborar «en la protección de los fascistas españoles». Un capitán de la policía que me escoltó con media docena de efectivos a la mañana siguiente para comprobar si había documentos salvables en la oficina me aseguró con convicción que habían sido informados de que «*o exercito tomaba conta*» (se hacía cargo del asunto). Todo es confuso: la discrepancia, la pasividad, etc.; las relaciones estarían al borde de la ruptura y a Portugal le costó sus escudos al indemnizarnos.

Trascendería que avanzada la noche, el Ralis 1, el llamado regimiento rojo, recibió orden de acudir a la residencia y sus componentes en asamblea (¡!) decidieron no acudir. Más tarde el inefable Otelo diría que todo había sido inspirado por la CIA para desestabilizar a Portugal y justificar, ante el caos, una reacción de los militares de derecha. No aclaró, sin embargo, por qué en una emergencia previsible no protegió nuestra misión de la forma adecuada y mientras las radios portuguesas radiaban en directo el asalto y animaban a los revolucionarios, él seguía cenando con unos compañeros. Alguien dice que fue la cena más cara de la historia de Portugal.

El interior de los edificios fue literalmente arrasado, nadie importunaba a los juerguistas revolucionarios, y Portugal, mientras en Lisboa circulaba la especie, y algún sector de la derecha lusa lo deseaba, de que Franco intervendría de algún modo (el general, aún lúcido, dijo, después de preguntar si había daño contra las personas de los españoles, que había que ser prudentes), costeó la reparación de los predios y la reposición del mobiliario; la tasación de los cuadros del Prado —los Madrazo, Rosales, etc.— aún coleaba hace años. El desembolso portugués sería de unos 540 millones de pesetas de la época.

Pero volvamos a Francia. Las relaciones, escribe Pérez-Llorca poniendo el énfasis en la penosa cooperación gala en materia antiterrorista, «fueron la mayor frustración de aquella época. Pensamos en romperlas». Mitterrand en 1986, divagando sobre la actitud francesa en relación con nuestro ingreso en el Mercado Común, llega a parecida conclusión: ante el rechazo, «el orgullo español se exacerbó. Pese a la buena voluntad del gobierno de Calvo-Sotelo, la prensa española, naturalmente antifrancesa, encontró un nuevo alimento para la violencia verbal que constituye su pan cotidiano. Rozamos la ruptura».

El presidente francés, como veremos, se pone una venda en los ojos que tardó tres años en quitarse, pero están aquí expuestos los dos grandes agravios de la democracia española, es decir, del gobierno, de la opinión pública, de los medios de información, hacia las autoridades francesas de los reinados de Giscard y una parte del de Mitterrand: la pasividad y obstrucción en el tema terrorista y las dilaciones, arteras a veces, en nuestro ingreso en Europa (el asalto a camiones españoles fue asimismo otra causa de irritación). Comencemos con el terrorismo.

El último trimestre de 1980, es decir, el que precedió a la llegada de Calvo-Sotelo al poder, se había saldado con la espeluznante cifra de 49 muertos a manos de ETA. Los golpistas del 23 de febrero —a principios de ese mes el rey había sido insultado en la Casa de Juntas de Gernika— se movilizaron en cierta medida por lo que consideraban una debilidad del ejecutivo a la hora de acabar con la violencia vasca. Es lógico, en consecuencia, que Calvo-Sotelo se fijara como prioridad lo que ya había intentado conseguir Suárez: la eliminación del santuario francés en un sentido amplio, es decir, que los terroristas no se movieran impunemente en el sur de Francia y que se atendieran las peticiones de extradición.

Con Giscard, la pretensión fue vana. En su época no se concedió ninguna extradición y, años más tarde, Calvo-Sotelo sería lapidario: «Durante su mandato, la colaboración francesa para erradicar el terrorismo falló de una manera abrumadoramente clara». Nuestro presidente había tenido una curiosa experiencia cercana. En 1979 había entregado al ministro francés Poncet una lista de la cúpula de ETA asentada en Francia. Poncet le contestó: «*Je suis desolé*, pero debo recordarle que Francia es país de asilo desde la Revolución», etc. Calvo-Sotelo sacó unos folios manuscritos, hallados en un piso de ETA, en los que constaban con precisión, relata, el «horario académico de mis hijos alumnos de la Complutense. Dije que no era fácil seguir charlando con el protector de los que maquinaban el asesinato de mis hijos y di por terminada la entrevista».

Un editorial en *L'Express*, del cartesiano François Revel, muy a fines de 1980, mostraba elocuentemente la incongruencia francesa; después de admitir paladinamente que el sur de Francia servía de santuario a ETA, formulaba la pregunta del millón: ¿encontraría Francia normal que una organización separatista de Alsacia tuviera su base en Alemania, se moviera allí sin dificultad, preparara golpes criminales y que Alemania desoyera las peticiones de ayuda de París pretextando que era un asunto interno francés? ¿No acusaríamos entonces a Alemania de egoísta, de taimada, de complicidad y de insolidaridad europea?

El editorial, el primero sobre el género, hizo ruido en Francia; el gobierno de Giscard no se movió. Habían prometido retirar los estatutos de refugiado pero la tramitación de la cuestión era extraordinariamente lenta. En su obra citada, Calvo-Sotelo es poco piadoso hacia Giscard de quien dice que en los dos problemas que nos acongojaban «cambió pronto su benévolo padrinazgo por la indiferencia primero y la hostilidad más tarde». Martín Villa, ministro del Interior en una época, diría años más tarde en la radio que cuando se estableciera la libertad de personas en la Comunidad Europea habría que tomar precauciones para vigilar la entrada de Giscard en España.

A los tres meses del nombramiento de Calvo-Sotelo, los socialistas con Mitterrand llegaban al poder en Francia. En un primer momento, la actitud no varió. Entre bastidores, a la vista de la ceguera de las autoridades galas, casi empeoró. El ministro del Interior Rosón manifestaría a fines de enero de 1981 que la colaboración del gobierno de Mitterrand «era negativa». El vicepresidente Martín Villa se expresaría en términos parecidos. El primer ejemplo lo aportó el caso Linaza. España no había obtenido respuesta, entre otras, a las peticiones de extradición de etarras tan significados y manchados M. A. Apalategui y Domingo Iturbe (Txomin). Linaza había sido acusado de haber participado en un atentado en el que habían muerto seis guardias civiles, un tribunal francés dio en junio un informe favorable a su extradición por considerar que no se trataba de un hecho político sino de un delito.

Cinco días más tarde, sin embargo, el primer ministro galo, Pierre Mauroy, mostraba las cartas francesas: «Un asunto es combatir estas actividades (las de ETA) en suelo francés y otra es la extradición. Seguimos manteniendo que Francia es tierra de asilo». A tres semanas de una visita de Calvo-Sotelo a París, la declaración era tan clara como insensata.

El presidente español dio una entrevista al periódico *Le Monde* el día antes de su llegada en la que se mostraba más coherente que su colega, la reticencia francesa en el tema del terrorismo era dolorosa e incomprensible para nosotros; en España había una Constitución democrática, no existía la pena de muerte, había habido amnistía y el País Vasco gozaba de una autonomía inconcebible al otro lado de los Pirineos. En resumen, conceder una extradición a una democracia «era una cuestión de ética y de principios».

Sin embargo, lamentablemente, como comprobarían Calvo-Sotelo y su séquito, y como señala Ramón Luis Acuña (*Como los dientes de una sierra*, ed. Plaza & Janés), «los socialistas franceses abordaban el tema arrastrando todo el *pathos* de sus propias ideas y de unos prejuicios antifranquistas que parecían haber cristalizado en prejuicios antiespañoles. Los principios inmutables eran los siguientes: Francia es tierra de asilo y Francia no concede extradiciones políticas».

La deducción de Acuña la comprobé diáfanamente de labios de Mauroy durante la visita de Calvo-Sotelo. Como encargado de ayudar a la «canallesca» española pude asistir a una improvisada rueda de prensa de Mauroy en la escalinata exterior del palacio de Matignon. Es una de esas ocasiones en que sientes ser diplomático porque te impide decirle tres verdades a alguien que te indigna. Un periodista español preguntó si concederían extradiciones y el primer ministro repitió su distinción sacrosanta: una cosa es colaborar para que en Francia no se desarrollen o se preparen actividades terroristas y otra, aquí su voz de tribuno se inflamó, «entregar personas en la frontera como en la época de Pétain a Franco». «Ça», aquí literalmente gritó, levantando el brazo sobre su poblada cabeza, «*jamais, jamais, jamais!!*» (eso nunca, nunca, nunca).

El espectáculo para un demócrata era ciertamente patético. Lamenté no ser en ese momento periodista para decir al mitinero Mauroy: «Perdóneme, señor primer ministro, sé que usted no es un memo pero me está tomando por un memo. ¿Cómo puede un demócrata comparar la entrega de personas entre dos regímenes no democráticos, los de Pétain y Franco, en que los entregados lo serían normalmente por razones de ideología política, con la imperiosa colaboración entre dos democracias que entregan a gente que tiene sangre en las manos? ¿Por qué se le niega a España, que tiene una Constitución, algo que se le ha dado a Alemania?».

Calvo-Sotelo pareció haber causado buena impresión a Mitterrand. *Le Monde* deduciría que «no se había ido con las manos vacías», pero *Libération* titulaba: «Vuelve a Madrid sin lo vasco». Acertaba bastante en este punto. El presidente español arrancó a su interlocutor (en el almuerzo oficial Mitterrand le había manifestado «*la France est en faute avec l'Espagne*») que Francia quitaría de la mesa las condiciones previas para la negociación española en el Mercado Común y que París no permitiría que sus provincias del sur se convirtieran en santuario terrorista, pero sólo una vaga promesa de reflexión en la cuestión de las extradiciones. El ministro del Interior, Defferre, nos asestaba otro mazazo en julio cuando declaraba que no habría extradiciones y comparaba a los vascos patriotas con los resistentes franceses frente a Hitler. El colmo.

La posterior visita de Mitterrand a España en junio de 1982 alteró las cosas al menos en la medida en que el presidente galo presenció un clamor hostil generalizado en los medios de información españoles, oyó verdades del barquero de labios del rey y sirvió para mentalizarle más seriamente sobre lo que significaba el problema del terrorismo en España. Había sarcasmo en el vespertino *Pueblo* al comprobar, como señala Acuña, que Mitterrand venía sin los ministros del Interior y de Relaciones con las Comunidades, es decir, los competentes en los temas que verdaderamente escocían en España: «No trae soluciones para los dos problemas, sólo propuestas de intercambios culturales».

En Madrid, el presidente francés fue recibido con boato. Su bagaje intelectual y el discurso de la cena de gala fue admirado por la clase política. El francés, con todo, no salió sin rasguños. La prensa española se desmelenó como en pocas ocasiones de nuestra historia, más aún después de la evasiva rueda de prensa. Fue vituperado al día siguiente y, a veces, crucificado. Su actitud era «insultante para España», según *Diario 16*, y a los calificativos de cínico y astuto se unían los de insolente, etc. Cuenta Thierry Maliniak (*Les espagnols*, ed. Centurion) que el presidente «quedó estupefacto ante la hostilidad general que, de toda evidencia, había subestimado».

Mitterrand tenía bastante de cínico, pero en aquella ocasión continuaba simplemente una constante de la política exterior francesa; las cuatro formaciones políticas —PRP chiraquiano, UDF de Giscard, el partido socialista y el comunista— más importantes del país vecino venían siendo obstruccionistas sobre lo del Mercado Común y puede deducirse que el astuto Mitterrand vería en la catarata de improperios un desahogo natural de los medios españoles pero también, por su generalización, que la actitud egoísta de

Francia en el tema comunitario y la doctrinaria en el etarra no se podían mantener indefinidamente.

En su discurso de la cena, nuestro rey, en lenguaje menos diplomático que en otras oportunidades, abordó explícitamente los dos asuntos:

Si hay más retrasos en la accesión, «no podría hablarse de amistad, de solidaridad y de cooperación».

«No puede haber cabida en la Europa de las libertades para los que no tienen otro objetivo que matar la libertad... El terrorista no debe encontrar nunca ni justificación ni asilo.»

Al responder a esto último, el presidente francés, condenando la violencia, incurrió en el sofisma francés insultante para la democracia española: «Muchas veces es difícil separar lo que es oposición política de lo que es crimen».

Parecido sendero con socavones agrandados por nuestros vecinos encontró el gobierno de Calvo-Sotelo en su camino hacia la Europa comunitaria. El golpe del 23 de febrero produjo diversas manifestaciones de solidaridad con España en instancias europeas. El Parlamento Europeo apremiaba a las instancias competentes a acelerar las negociaciones de adhesión, y meses más tarde, en noviembre, pedía que se «confirmara la fecha de entrada de España y Portugal el 1 de enero de 1984». El presidente italiano Pertini declaraba que con España se estaba jugando un juego peligroso.

Pérez-Llorca, que nombró al muy competente y jovial Raimundo Bassols secretario de Estado para Europa, quiso en la primera ronda negociadora después del 23-F poner claramente a Europa ante su responsabilidad. Manifestó en Bruselas que «las declaraciones de apoyo al inicio de nuestra transición... habían cedido el paso a reservas ante dificultades económicas concretas». El ministro se quejaba de la cicatería europea subrayando que los recientes sucesos españoles deberían hacer reflexionar a la Comunidad sobre la necesidad de dinamizar nuestra negociación.

Hubo simpatía generalizada. Pérez-Llorca exponía sus argumentos de forma muy articulada, pero Francia volvió a pisar el freno. Su táctica dilatoria forzaba a avanzar pero a trompicones. París, por ejemplo, no dejaba que se entrara verdaderamente en los capítulos de agricultura y pesca.

Mitterrand, deduce Bassols (*España en Europa*, ed. Política Exterior), se movía no sólo por el egoísmo de que había hecho gala su país sino por el deseo de brindar la entrada en Europa a sus correligionarios españoles que tomarían en breve el poder. Bassols, con amargura, se queja de que el ministro socialista Morán, compañero suyo en la escuela diplomática, y su equipo minimizaran al máximo lo que el gobierno saliente había avanzado en Europa; el historiador Ángel Viñas escribiría que el gobierno socialista «tomó las riendas perdidas del proceso de negociación. Otro ejemplo del adanismo frecuente en nuestra clase política».

Bassols escribe que entre 1979 y 1982 el gobierno de la UCD había celebrado 34 sesiones negociadoras con la Comunidad y de los 16 capítulos previstos había cerrado 6 (movimiento de capitales, transportes, etc.) y avanzado sustancialmente en 7.

El citado diplomático hace un buen retrato del estado de ánimo de un cesado cuando se manifiesta ese adanismo. «Asistí, nobleza obliga, a la toma de posesión de mi sucesor, conocido y hasta amigo mío. No lo lamento, pero en aquel palacio de Santa Cruz no hubo un sitio señalado para mí ni en los discursos apareció una palabra ni un recuerdo para mis once años de servicio a la causa de España en Europa. Era como si la relación de España con la Comunidad empezase entonces; el pasado no existía. Claro está, yo era un cesado. Me fui de puntillas, con la sensación de que aquellos nuevos españoles que iban a defender la causa de España, con igual guapeza que yo, se empeñaban en aparecer como mis adversarios. Así me hicieron sentir.» El diplomático profesional que se iba, sin que aquellos triunfadores le estrechasen la mano, hizo su meditación al bajar las amplias y majestuosas escaleras del palacio de Santa Cruz: «¿Habré estado defendiendo durante once años los intereses de Suecia?».

Recuerdo que después de la ceremonia de su relevo, Pérez-Llorca marchó a su casa en taxi desde el palacio de Santa Cruz. Nadie le ofreció un coche de incidencias para regresar a su domicilio.

Si Mitterrand comprendió en Madrid en 1982 en el crepúsculo de Calvo-Sotelo, tal como cuenta Maliniak, que había que hacer algo para normalizar sus relaciones con el vecino del sur, los frutos los recogería, aún paulatinamente, el gobierno socialista de Felipe González. Los socialistas franceses, a diferencia de los alemanes, inicialmente habían tenido una actitud paternalista con el PSOE de Felipe, incluso le daban mucha cancha a los comunistas de Carrillo. Contaba el socialista Luis Yáñez que en una ocasión en que los dirigentes del PSOE, aún en la oposición, fueron a visitar a Mitterrand en su casa de campo, el francés, sentado en su jardín, los hizo ostensiblemente esperar. El triunfo del PSOE en octubre acabó con cualquier ambigüedad. Unos días más tarde, Santiago Carrillo era apartado del timón comunista.

EL DESCONOCIDO CALVO-SOTELO. EN LA PUTA CALLE

Calvo-Sotelo, probablemente el más culto, el más irónico y mordaz y, ciertamente, el mejor escritor de los presidentes de la democracia, tuvo una relación delicada con los que manejan la pluma. Unos lo tachaban de excesivamente adusto, otros de tener mala suerte. Campmany, por ejemplo, lo calificó de «un alto pararrayos de desgracias». No le ayudó el ser poco televisivo de lo que él era consciente.

La percepción de su adustez era inicialmente inevitable. Recuerdo en julio de 1981 un viaje a México, uno de mis primeros con él, en que una vez más el ministro, confiando demasiado en mis dotes de profeta, me sondeó sobre lo que podía caerle al presidente en la rueda de prensa y, subiendo en el ascensor de la cancillería azteca, le indicó a Calvo-Sotelo que yo podía «cantarle» alguna de las preguntas que le podían hacer. El presidente me miró con lo que a mí me parecía un talante de fastidiosa suficiencia, como resignado a perder el tiempo con las obviedades que le iba a contar un funcionario. Repasé en voz alta el catálogo de cuestiones que yo barruntaba mientras el presidente me miraba con aire de esfinge, tal como lo representaba invariablemente el humorista Peridis, pidiendo fríamente un par de aclaraciones. Cuando entrábamos en la habitación, le susurré a Pérez-Llorca: «Ministro, parece que me estaba perdonando la vida y a él le debe interesar más que a mí quedar bien». El ministro se rió por lo bajini y me contestó que el jefe era así pero que lo había asimilado todo. Terminó la rueda de prensa y aunque no hice pleno no anduve muy desencaminado con la quiniela.

Los anfitriones y la prensa mexicana quedaron contentos con la rueda de prensa, nuestro presidente estuvo preciso y afirmó con rotundidad en ella y en la cena oficial que España respetaría su promesa de comprar petróleo mexicano; eran fechas de abundancia de oferta, y el gobierno azteca aplaudió la seriedad del nuestro. Al día siguiente, visitando El Zócalo, mientras yo subrayaba los periódicos, Calvo-Sotelo me hizo una seña y me comentó: «Gracias por lo de ayer, vino bien; de algunas no me había dado cuenta». Muy cortés, siempre me lo pareció. Creo que Juan Durán-Loriga, que conoció a Calvo-Sotelo en Madrid a principios de los cuarenta y que, «frente a la germanofilia preponderante», deseaba como él la victoria de los Aliados en la Segunda Guerra Mundial, acierta cuando escribiría bastante más tarde que «había en Leopoldo Calvo-Sotelo un aquel de melancólica timidez que le frenaba para aproximarse a los demás, que a veces lo atribuían a una inexistente arrogancia».

Este aire de envaramiento, casi de engañosa altivez, caló en bastantes periodistas. Tras confesarse posteriormente con Justino Sinova, Calvo-Sotelo admitía que nunca consiguió tener periodistas devotos a los que les pareciera bien lo que hacía. «No dediqué a la prensa tanto tiempo como debía.» Por su sentido de la rectitud, su disgusto cuando le tergiversaban los hechos era contenido pero notorio. Recuerdo un viaje a Ecuador y Perú en que la crónica de lo que había dicho no había sido alterada pero los titulares, que en las redacciones los carga el diablo, no reflejaban sus ideas. Le dolió y regañó a los periodistas viajeros, que no tenían nada que ver con la titulación.

En la entrevista con Sinova (*Leopoldo Calvo-Sotelo. Un retrato intelectual*, ed. Fundación Ortega-Marañón) da una muestra, que le había oído comentar, de su molestia ante este enfoque interesado de una noticia. Nos encontramos en la polarizadora campaña de la OTAN. Calvo-Sotelo va a almorzar al periódico *El País* el día que éste publica un titular que reza así: «Primeras víctimas civiles de las maniobras de la OTAN en Alemania». Calvo-Sotelo devora la noticia y encuentra que la historia era en realidad la siguiente: «Un inmigrante italiano roba un Porsche y se marcha con dos prostitutas, en una curva se sale, recorre 60 metros por un sembrado y choca con un tanque de la OTAN que está aparcado esperando el amanecer y se matan. Tres víctimas». Esto, sigue contando Calvo-Sotelo, «es de sucesos. No es ser sectario. Esto es falsificar la realidad».

El presidente comentó en otra ocasión que «esa cosa de que soy un pianista agradable es quizá la única agradable que se han inventado de mí los periodistas». Don Leopoldo, a pesar de que tenía escasos estudios de piano, era más que un discreto pianista. En una ocasión en la que visitaba a Schmidt, y donde recuerdo que corrigió cortésmente a la intérprete alemana que no ofrecía una versión precisa de una respuesta que daba a su colega, el canciller alemán lo invitó a tocar con él algo en dos pianos que había preparado. Calvo-Sotelo, que tenía un evidente sentido del ridículo, rehusó. Pensaba no estar a la altura.

Calvo-Sotelo describiría más tarde el estado de ánimo generalizado al salir del Congreso de los Diputados, fracasado el golpe, en las primeras horas del 24 de febrero cuando le vino a la cabeza la frase de Maura que hemos mencionado. Las horas vividas en el hemiciclo desde la irrupción de los golpistas hasta las 18.23 del día siguiente habían sido ciertamente traumáticas. No resisto la tentación, por aparecer varios de los personajes a los que me he referido, de reproducir la descripción del asalto al Congreso que hacía *El País* el día 25:

> Un teniente coronel sube a la Presidencia... apunta con la pistola a Landelino Lavilla mientras los asaltantes entran por todas partes... Gutiérrez Mellado (vicepresidente del Gobierno) se levanta, como movido por un resorte, y se lanza materialmente hacia los guardias civiles: les increpa, les llama al orden... Los asaltantes lo zarandean... uno le golpea en la mandíbula... El teniente coronel se baja de la Presidencia, se lanza hacia Mellado. Mientras tanto, los asaltantes empiezan a gritar: «Al suelo, al suelo». El Congreso se zambulle en las interioridades de sus escaños; el estrépito de los tiros es ensordecedor... Gutiérrez Mellado es el único que permanece en pie, en mitad del hemiciclo. El teniente coronel se acerca a él, lo golpea, intenta hacerle arrodillarse... Adolfo Suárez, Leopoldo Calvo-Sotelo y Pérez-Llorca emergen del asiento. Suárez sale a rescatar a Mellado, lo sienta en el banco azul. El Congreso está aparentemente vacío con todos los diputados perdidos por el suelo. Suárez, Calvo-Sotelo, Gutiérrez Mellado y Pérez-Llorca permanecen sentados, bien erguidos. Al lado asoma, en rasante, la calva mate de Fernández Ordóñez. Santiago Carrillo es uno de los primeros que se levanta. Repartidas por el hemiciclo, las cabezas de algunos de los diputados otean el panorama en medio de un silencio tenso. Pero la mayoría sigue empotrada contra el suelo, con los oídos aún taponados...

Estas imágenes no las vivimos en directo los españoles. Las conocimos, primero troceadas, a partir del día siguiente porque una cámara, que siguió filmando, las había grabado. En casas, infinidad de españoles buscaron refugio en su domicilio, y en oficinas los que teníamos alguna obligación inexcusable, sufrimos doce horas de angustia y tensión ante el desconocimiento de los hechos y la incertidumbre del desenlace final. Pensando —era época en que no existía internet ni los teléfonos móviles— que parecida angustia estaría atenazando a nuestras embajadas permanecí con varios colaboradores en mi oficina de Información Diplomática esa madrugada enviando télex circulares a todas nuestras representaciones. Dada la diferencia horaria muchas de ellas estaban en horas de trabajo. Enviamos seis tandas: una a las 19.05, otra a las 21.45, otra a las 23.30, otra a la 1.30 de la madrugada, otra a las 9.10 ya del día 24 y otra a las 13.30. Los teléfonos de la oficina echaban fuego a partir de las 19.35 de la tarde.

Pasados treinta años, mis recuerdos de aquellas horas espantosas vienen entreverados de la ansiedad angustiosa del momento que lo llenaba todo y de una preocupación infantil, estúpida dado el momento que vivíamos, de no malgastar el dinero con el diluvio de télex y telegramas. En la época actual, de los ERE andaluces (quizá, la sinvergonzonería más bochornosa de estas décadas), de los aeropuertos fantasma, de los coches de lujo, de los tropecientos mil teléfonos portátiles a cargo del erario público, de las tarjetas visa oro, mis escrúpulos deben de parecerle a más de uno la reacción de un ser enfermizo. La oficina iba siempre corta de dinero y, a veces, la superioridad tenía que darnos una inyección de los supuestamente tenebrosos «fondos reservados» para poder sobrevivir. Siempre he dicho que el escrutinio del modo que se manejaban los fondos reservados en la Subsecretaría o en la OID de Exteriores resistiría moralmente el examen no ya de unos jueces sino de un tribunal de ursulinas.

Cuando entró el mensaje de las 21.45, en alguna de nuestras misiones en África con dificultad, pedí que me refrescaran el coste de cada uno de esos télex. El importe de cada uno enviado a las embajadas en Europa y el norte de África era de 26 pesetas por minuto; a Hispanoamérica, de 208; al África subsahariana y Oriente, 260 (es decir, 1,60 euros el minuto). Bastante para mi oficina.

No era momento de roñoserías, sobre todo teniendo en cuenta que nuestras representaciones estarían siendo acosadas por millares y millares de españoles en el exterior y decidí continuar con el ritmo. El importe de los cuatro minutos y medio que duró el que pusimos a la 1.30 de la madrugada, que redacté personalmente, cuando después de la impresionante aparición del rey comprendimos que el torbellino empezaba a encauzarse y que nuestra incipiente democracia no abortaría, es quizá el dinero mejor gastado en mis más de cuarenta años de servicio al Estado.

El ya ex presidente tuvo que buscar trabajo al abandonar La Moncloa. Él no se presentaba en las elecciones en las que su partido, encabezado por Lavilla, enjugó una derrota abrumadora. No tenía empleo ni pensión. Cuenta Leopoldo que en esas fechas, comprando un libro de Umberto Eco entró un cliente nervioso, que viajaba esa tarde a Roma, que le gritaba al librero que le encontrara en qué autor estaba el soneto: «Buscas en Roma a Roma, ¡oh peregrino!». Calvo-Sotelo intervino aclarando que era de Quevedo. El comprador, que resultó ser un catedrático, se obstinó, jubiloso —había hecho una apuesta—, en pagar el libro de don Leopoldo. Éste le diría: «Pues mire usted, honradamente, es el primer dinero que gano desde que dejé la política».

Calvo-Sotelo se quedó «en la puta calle», como él mismo cuenta. Quiso volver a trabajar en el grupo Hispano Urquijo donde había sido consejero. El presidente Usera se escabulló, le aconsejó que se prejubilara. No le fue posible hacerlo por una situación surrealista. En aquella época, la ley pedía que para prejubilarse se hubiera cotizado a la Seguridad Social los siete años previos a la petición. Eran justamente los años en que Calvo-Sotelo había sido ministro y presidente del Gobierno y, por razones extrañas de aquellos años iniciales de la democracia, los ministros no cotizaban a la Seguridad Social. No pudo prejubilarse, estaba en la calle sin ingresos. No mucho más tarde, Felipe González hizo aprobar un Estatuto del Presidente que concedía una pensión a los que habían ocupado ese cargo.

En su yo me acuso, Calvo-Sotelo apuntaría:

«Me acuso de no sentir fruición alguna al poner mi firma en el Boletín Oficial del Estado; disfruto más firmando en cualquier otro periódico, en cualquiera.

»Me acuso de creer que algunos periodistas abusan de la libertad de expresión, como algunos huelguistas abusan del derecho a la huelga, como algunos nacionalistas abusan del Título VIII de la Constitución; y que no les viene mal, a unos y a otros y de vez en cuando, una LOAPA.

»Me acuso de haber querido cumplir mis compromisos de investidura como si me obligasen jurídicamente, aunque el CIS me dijera que en el cumplimiento perdía votos.»

Felipe González

Un debutante con sentido de Estado

«And that bloody referendum, do you have to have it?» (Y ese condenado referéndum, ¿tiene que celebrarlo?)

«Sí, lo anuncié en la campaña electoral y nos hemos comprometido a hacerlo.»

El secretario de Estado estadounidense Shultz guarda silencio y mira al infinito neoyorquino a través de la ventana del piso 34 donde se encuentra la pequeña suite del hotel en el que se aloja Felipe González. Shultz parece un buda pensativo y por un momento nadie habla. Al poco, nuestro presidente retoma su argumento. Suena convincente, incluso en la fiel versión de la intérprete. Es obvio que es algo que el americano no quería oír, aunque escucha educadamente, sin interrumpir.

«Tenemos que celebrar el referéndum y le aseguro que mi gobierno quiere ganarlo y que nos emplearemos a fondo, yo ciertamente lo haré, para conseguirlo. Es un tema delicado y puede creerme que no ahorraremos esfuerzos; después, si el resultado es el que deseamos, es decir, permanecer en la OTAN, tendremos que pensar en disminuir la presencia de sus tropas en España.»

El jefe de la diplomacia de Reagan ha acudido a la entrevista con González —que se encuentra en la ciudad de los rascacielos asistiendo a una sesión de Naciones Unidas el 25 de septiembre de 1985— queriendo salir de dudas y, tal vez, tratar de disuadir a su anfitrión de la idea del referéndum. Los que estamos en la no muy amplia habitación —algunos de los españoles, como yo mismo, sentados en los brazos de un sillón— nos percatamos de que Shultz ha tirado la toalla en este segundo propósito si es que venía con él. Alguno de sus colaboradores, incluido su embajador en Madrid, ha debido de decirle que la ruidosa promesa de Felipe González en las elecciones de un par de años antes era percibida como un error y que el gobierno maniobraría para desdecirse y no celebrar el referéndum. Con una opinión pública española fría cuando no adversa, su celebración era jugar con fuego.

La firmeza de González dejó a Shultz sin dudas en la primera cuestión. Debió de pensar, si conocía las encuestas, que sólo cabía rezar por el resultado del «maldito referéndum», ya que éste tendría lugar. Felipe González, en efecto, cumpliría su promesa. Ésa y la de reducir la presencia americana en nuestras bases, algo que los americanos pensaron que era asimismo un camelo, una añagaza de los estrategas socialistas para endulzar el referéndum —algo tenía, en efecto, de caramelo— y que después sería abandonada. Shultz tuvo sobre la reducción una pequeña escaramuza con nuestro presidente: echó un pequeño órdago diciendo que ellos no estaban donde no se los quería. Felipe aceptó el envite replicando que no estábamos pidiendo que se marcharan de España pero que lo podíamos considerar.

Las dos propuestas saldrían adelante. La ironía es que el ingente escollo que significaba la primera —convencer a los españoles de que quedarse en la OTAN era bueno— había sido creado, como hemos visto, estrictamente por Felipe González y el partido socialista. Resultado de una mezcla de ideología trasnochada y de oportunismo electoral.

Todo arranca a fines de 1977. Felipe González, flanqueado por Alfonso Guerra, Miguel Boyer y Francisco Ramos, visita oficialmente la Unión Soviética. Sus anfitriones dan considerable importancia al desplazamiento aunque Felipe es sólo el dirigente de un partido de la oposición española. No ven a Brézhnev, enfermo según la versión oficial, pero sí al máximo ideólogo Suslov, un intelectual cuyas ideas darían ahora dentera a cualquier demócrata pero que, en el papanatismo de la época, era para cualquier progre europeo casi como llegar y besar el santo. Guerra, al que Suslov no parece haberle impresionado mayormente, se explaya incisivamente en sus memorias (*Cuando el tiempo nos alcanza*, ed. Espasa) sobre lo burdo del sistema soviético: en Moscú siempre tienen a alguien que los marca de cerca; en el Bolshoi su acompañante levanta imperativamente a unos espectadores para que se sienten los españoles; unas chicas los abordan en el bar del teatro diciendo en francés que se van a la cama por unas medias; los llevan a un reservado de unos grandes almacenes donde encuentran ropa inaccesible para los ciudadanos... son unas pinceladas certeras sobre la podredumbre política y las deficiencias de aquella sociedad, pero Guerra tiene un lunar amnésico en el libro.

Olvida mencionar el hecho estelar de la visita: la firma de un comunicado conjunto entre el PSOE y el Partido Comunista de la URSS en el que las dos formaciones declaran que «es preciso superar la división del mundo en dos grupos políticos militares enfrentados, así como su ampliación». En definitiva, el PSOE *se mostraba claramente contrario a la entrada de España en la OTAN.*

Esto, en el partido de Indalecio Prieto, que había escrito a favor de nuestro ingreso, en un partido occidental con fundadas expectativas de llegar al poder era noticia, un bombón para los soviéticos y, claro está, el *Pravda* le dio nada menos que la portada, lo que más tarde produciría llanto y crujir de dientes en nuestros socialistas.

Felipe y su grupo habían pecado de pardillos, el antiamericanismo (OTAN igual a Estados Unidos) y el neutralismo utópico debieron de influir en su talante; el deseo de no perder votos por la izquierda también. En las elecciones de meses antes, el PSOE había obtenido 118 diputados y el PC sólo 20; es posible, sin embargo, que los socialistas pensaran que tenían que seguir haciendo guiños a los radicales para que los comunistas no les socavaran el terreno de la izquierda. La deriva neutralista continuaría en los años siguientes. Felipe continuaba haciéndole ascos a la OTAN y, como apunté antes, ya en 1981 manifestaba que ningún país occidental que no estuviera en esa Alianza defensiva entraría en esos momentos en ella, y en febrero soltó en el Congreso que si el PSOE «gana las elecciones propondrá a la Cámara la salida de España».

Al aproximarse los comicios, los estrategas socialistas dictaminan que demonizar a la OTAN, enaltecer el neutralismo, puede ser electoralmente muy rentable y a González y otros dirigentes socialistas —Guerra, Solana, Maravall— se les calienta la boca. Felipe dice en marzo que está demostrado que la OTAN no garantiza la democracia ni impide la aparición de regímenes totalitarios. En la macromanifestación de noviembre en la Ciudad Universitaria, y en la que González estuvo demagógicamente eficaz, resumió: «¿Qué dirán los países de la OTAN cuando vean a medio millón de personas en Madrid diciendo que un entramado de españoles quiere vivir al margen de los bloques electorales, en paz y libertad?».

El mal para el PSOE estaba hecho. Había logrado con envidiable efectividad cambiar por completo el estado de la opinión pública, que de suavemente favorable o escéptica se convirtió, sin ambages, en anti-OTAN. Llegado al poder, sin embargo, González se fue convenciendo, si no lo estaba ya, de que la promesa era irrealista, casi una insensatez; comenzó primero con ambigüedad y luego abiertamente a rebobinar. Le llovieron las críticas. Sergio Vilar escribiría: «Después de incumplir la promesa de 800.000 puestos de trabajo, después de no realizar la reforma de la Administración Pública, de..., de..., el gobierno del PSOE está incumpliendo otra de sus grandes promesas: sacar a España de la OTAN».

El gobierno vive un par de años en «la ambigüedad calculada». Hay miembros que dicen estar en contra, otros que divagan sobre la conveniencia y otros a favor. González finalmente con valentía (convencer a los conversos al neutralismo y a los militantes socialistas no iba ahora a ser sencillo) toma la decisión de la permanencia y adversos y tibios se pliegan disciplinadamente. Recuerdo que en un viaje oficial a Iberoamérica, un colega diplomático sociata, director general, como yo, él de Relaciones Económicas (eran los momentos en que se rumoreaba que Felipe estaba ya embarazado con el sí de la permanencia), me dijo con rotundidad que aunque ésa resultara la decisión era impensable que ciertos compañeros del partido, como Guerra, hicieran campaña a favor del referéndum. Contesté sin vacilar que si el presidente rompía aguas con el sí, Guerra y hasta el último mono subirían a la pasarela, se pondrían falda corta y tacones y cantarían las excelencias de la OTAN. No me equivoqué: Guerra trabajaría arduamente en el referéndum, él sería el gran organizador; a Morán no se le dio la oportunidad de mover las caderas, el presidente prescindió de él meses antes.

El referéndum, anunciado en 1985, sería traumático. Calificado por Pedro J. Ramírez como «el mayor engañabobos de la transición», dividió a los españoles, a la clase política, a los partidos internamente y a los medios de información. Lo viví de cerca. Al ganar el PSOE las elecciones, Morán me dijo que iba a prescindir de mí como portavoz. Me recogió generosamente Luis Yáñez dándome un puesto de similar categoría: director general de Cooperación Iberoamericana. Cuando tres años más tarde, el presidente empieza a calentar motores para el cambio de postura en la OTAN y prescinde de Morán, nombra a Fernández Ordóñez, que el día que tomaba posesión me llamó, sin conocerme prácticamente, alentado por los periodistas y al parecer con la bendición expresa de La Moncloa (¿Guerra?), que le habría dicho que si nos íbamos a quedar en la OTAN había que contar con delanteros que supieran chutar a puerta en ese terreno y que yo era uno de ellos.

No me apetecía dejar la Cooperación pero viniendo del ministro era una «oferta que no podía rehusar» y transité de nuevo a la Dirección General de la Oficina de Información Diplomática (portavoz). Aunque volver a estar pendiente del teléfono dieciséis o diecisiete horas al día se me hacía cuesta arriba, el trabajo de vender la OTAN no tenía que aprenderlo. El gobierno del PSOE utilizó para quedarnos *exactamente los mismos argumentos que había empleado UCD* para que entráramos. Calvo-Sotelo y Pérez-Llorca podían haber pedido derechos de autor.

La prensa se escindió sobre la oportunidad de celebrar la consulta (*ABC*, *Ya*, *La Vanguardia* y *Diario 16* estaban en contra y *El País* a favor) y sobre cómo había que votar (*ABC* pedía la abstención, *El País* era ambiguo y otros periódicos, entre ellos *La Vanguardia*, aunque irritados por la convocatoria, pedían el sí como mal menor). En los partidos políticos el espectáculo rozaba la esquizofrenia. El PSOE, visceral enemigo de antaño, propugnaba ardientemente el sí. La Alianza Popular de Fraga, no queriendo hacerle el juego al gobierno, pedía la abstención y, encubiertamente, el no. Recuerdo que en un viaje a Alemania con los reyes, dos senadores alemanes que me tocaron enfrente en el almuerzo oficial, me preguntaron perplejos: «Pero ¿cómo el señor Fraga no pide el sí?». Fraga, según muchos, sería una «baja» del referéndum; su postura errónea en el referéndum contribuiría a que poco después dejara la jefatura de su partido.

En octubre de 1985, cuando ya era obvio que la consulta era inevitable, morían dos grandes del cine estadounidense: Rock Hudson y Orson Welles. Alguien establecería un paralelismo un tanto forzado entre Rock Hudson y el PSOE; el actor había encandilado a las jóvenes y no tan jóvenes de toda una generación. Era la estrella por la que suspiraban las mujeres de más de medio mundo y la industria de Hollywood lo consideraría el más taquillero del año 1957. La realidad era sorprendente: Hudson era un activo homosexual y en los últimos años de su vida se quitó con valentía la careta. En honor del partido socialista hay que decir que no se la quitó, simplemente evolucionó, pero el cambio en la imagen ofrecida en 1982 y la de ahora («En interés de España, vota sí») era brusco como la sorpresa que dio el actor. Con el genio Orson Welles se podría haber establecido otro. El autor de *Ciudadano Kane*, del que Godard escribiría «*Tous, toujours, lui devront tout*» (Todos, siempre, le deberán todo), había tenido unos inicios inigualables tanto en la radio como en el cine —*Ciudadano Kane*, hecha cuando tenía sólo 26 años, es para muchos la mejor película de la historia—, lo había tenido todo artísticamente pero había cerrado su carrera en un tono gris. Él mismo confesaría: «Empecé en la cumbre y he ido poco a poco bajando hasta el fondo». De Felipe González, en aquellos días de zozobra del incierto referéndum, se podía haber dicho lo mismo: estaba en la cumbre y por una gratuita consulta popular podía haber arruinado su carrera. Afortunadamente no fue así. Convencer a bastantes socialistas era tarea ardua, pedirles que se purgaran. Como el propio González comentaría, había muchos socialistas a los que les hubiera gustado que la pregunta del referéndum fuera: «¿Quiere usted permanecer en la OTAN con su voto en contra?».

Tal como había prometido a Shultz, González echó el resto en la campaña, dando un número inusitado de entrevistas a los medios de información nacionales y extranjeros. Los nervios gubernamentales aumentaron cuando el matutino *El País*, justo una semana antes de la fecha de la votación, insertaba una encuesta que resultaba ominosa: los partidarios de la no permanencia se movían entre el 52 y el 56 % y los del sí entre el 40 y el 46 %. Aunque venía siendo palpable que *El País* no suspiraba precisamente por la OTAN ni por nuestra permanencia, la encuesta en un diario de conocida influencia y biblia de buen número de votantes socialistas mostrando esa sima en la intención de voto alarmó. La última semana fue un maratón para González. El golpe del gong final a las doce de la noche le sorprendió ante los micrófonos de la SER con Fermín Bocos. Sabía que se jugaba mucho: «Si el toro del referéndum me revuelca voy a quedar muy erosionado», diría en marzo en Barcelona.

A lo largo del día de autos, 12 de marzo de 1986, la impresión fue que el toro podía cornearlo y la cuadrilla andaba nerviosa. Ordóñez no salió del ministerio y hacia las dos y veinte de la tarde me dijo que si no iba a comer a casa lo acompañase a tomar un bocadillo en la cafetería Los Galayos. Ni nos sentamos, el ministro estaba inquieto, yo también; por Madrid corría la especulación de que si se perdía el referéndum y González por vergüenza torera dimitía, Ordóñez sería un muy aceptable candidato para sucederle, pero Ordóñez estaba genuinamente preocupado por la situación y no parecía en ese momento tener ninguna apetencia.

Regresamos enseguida al cercano palacio de Santa Cruz y hacia las tres y diez sonó el teléfono rojo que une al ministro con los cargos del ministerio: «Ven cuanto antes», me dijo. Bajé los escalones de cuatro en cuatro sin coger el ascensor. El ministerio estaba vacío, me gustaba verlo así, aunque no era momento para paladear el empaque de un edificio que uno lleva dentro y en el que he pasado más horas que en ninguno de los que he residido en mi vida. El ministro tenía la cabeza apoyada en un brazo y en tono lúgubre me soltó: «Me dice Alfonso que se está perdiendo. Madre mía, ¿qué va a hacer este hombre ahora y qué va a pasar en el país?». Convinimos que la cosa tenía mala pinta. Volví a mi despacho para comprobar si de las entrañas de los teletipos también salían signos pesimistas. Los teletipos iban más lentos que Guerra. Hacia las cinco menos cuarto el teléfono me requirió de nuevo. Bajé. La cara del ministro era otra: «Dice Alfonso que ahora se va ganando».

Se ganó y de forma sorprendente: 52,55 % a favor y 39,80 % en contra. La inesperada goleada trajo enorme alivio («Ha acabado la pesadilla», diría *La Vanguardia*; «El referéndum tenía mucho de suicidio», señalaría Pepe Oneto) y se intentó explicar el porqué del vuelco de las previsiones pesimistas, de dónde procedía el milagro. La primera causa sería el miedo a la desestabilización económica y política (*Cambio 16*, *El Periódico*), ¿quién va a gestionar el no? era el interrogante de esas fechas; la segunda, la credibilidad y el esfuerzo de Felipe González, y la tercera, la actuación de Televisión Española. Única cadena existente en la época, la televisión fue vapuleada a derecha e izquierda por su falta de imparcialidad. La manipulación de TVE «sin molestarse, por primera vez, siquiera en disimularlo», clamaba *Cambio 16*. «Ha sido oficialista de modo sofocante», protestaba *El País*; «la encerrona de TVE a los oponentes al gobierno», señalaba *ABC*. Estaban lejanos los tiempos en que Felipe había dicho que el gobierno permanecería neutral en el referéndum. El gobierno, como hemos visto, se involucró desesperadamente y la televisión no fue aséptica. González admitiría más tarde que habría dimitido en caso de derrota: «Es la única salida que tenía» (Julia Navarro, *Entre Felipe y Aznar*, ed. Temas de Hoy).

La consulta popular tuvo una más que aceptable participación (17.247.000 votantes sobre un censo de 29 millones) y resulta curioso ver que las únicas provincias en que los noes superaron claramente a los síes fueron Álava, Barcelona, Guipúzcoa, Lérida, Las Palmas y Vizcaya. En el caso de las vascas y las catalanas parece claro que el PNV y Convergència i Unió, aunque ideológicamente fuesen claramente pro OTAN, no apoyaron el sí por consideraciones de otro tipo que Jordi Pujol explica elocuentemente en sus memorias (*Tiempo de construir*, ed. Destino). Su formación pensaba que el PSOE tenía mucha cara. Años antes, cuando se entró en la OTAN, en un debate, Raimon Obiols, líder socialista catalán, se había enfrentado a Miquel Roca diciendo: «Estos señores de CiU están dispuestos a permitir que los misiles de la Unión Soviética amenacen a nuestros Jordis y nuestras Nurias». Eran los tiempos en que los socialistas decían lo que les venía a la cabeza para denigrar a la OTAN, y Pujol —«las palabras de Obiols me dolieron mucho»— muestra su indignación porque ahora les pidieran apoyo. Alega, con todo, otra razón. Los que le pedían que diera instrucciones para votar el sí eran los mismos «que habían lanzado la LOAPA contra Cataluña, los que escatimaban traspasos y recursos a la Generalitat, los que pretendían desnaturalizar nuestro proyecto de creación de una televisión catalana. El gobierno —continúa— convocó el referéndum en marzo, pocos meses antes de las elecciones generales. Si lo ganaba llegaría fortalecido a las elecciones y tendríamos un gobierno hostil durante muchos años. Decidimos que daríamos libertad de voto».

Cuenta el ex presidente de la Generalitat que recibieron enormes presiones «para que rectificásemos. Alfonso Guerra llegó a decir a mi consejero Macià Alavedra en el momento en que había problemas con el traspaso en Sanidad: "Eso de la Sanidad se podría solucionar"».

En los medios políticos estaba muy extendido el convencimiento de que el dinero de la trama Filesa había servido para financiar al partido socialista y a la campaña de permanencia en la OTAN. El gobierno no podía acudir a la financiación oficial porque no está prevista en la ley. En las elecciones generales sí lo está; los partidos reciben una subvención en función de los escaños ganados. En un referéndum no está previsto. El gobierno, según García Abad, pidió ayuda a varios bancos pero las cantidades conseguidas fueron insuficientes. Ello hace creer a abundantes analistas que hubo que recurrir al entramado de Filesa, uno de los primeros escándalos del mandato socialista, para obtener financiación. «Aquel referéndum sería el origen de los problemas financieros del PSOE», confesaría Gabriel Jiménez, uno de los organizadores del mismo (Julia Navarro, obra citada).

Que CiU no tomara públicamente partido, lo que implica para muchos que solapadamente aconsejaba a sus votantes el no o la abstención, explica el resultado en Cataluña. Pujol admite sin tapujos que cometieron «un error forzado» y narra que años más tarde Felipe González le comentó: «Ni tú ni yo tuvimos nuestra mejor actuación». El comportamiento de ambas formaciones, siguiendo la narración de Pujol, daría para una buena película americana y es ilustrativo sobre los entresijos de las motivaciones de los políticos nacionales y nacionalistas. Muy revelador.

Ordóñez estaba contento y dijo que teníamos que salir a cenar a celebrarlo y al teatro. Era contrario a la convocatoria del referéndum, la prensa lo sabía y le tendía trampas en la campaña. Disciplinadamente respondía que se había decidido tenerlo y que se ganaría por la madurez del pueblo español. Incluso ante su pequeño sanedrín se abstenía de hacer comentarios críticos sobre la decisión de González, aunque los que lo conocíamos sabíamos interpretar sus silencios. Era madrugador; en mañanas en que él «toreaba» (era entrevistado) en la SER y yo en la COPE me llamaba a casa para que yo no desfalleciera: «Recalca el argumento que le diste anteayer a Radio Nacional, que ése hace mella»; quería contestarle que a esas alturas de la película yo era un convencido, que había batallado en la campaña ucediana y ahora en la sociata, que no necesitaba animarme, pero, también disciplinadamente, le contestaba: «Gracias, ministro, sigo remachando el clavo». Aparte de mi convencimiento sobre la conveniencia de quedarnos en la OTAN, el gobierno democrático era el convocante, no un partido político, y me parece que siendo funcionario debes ser fiel al grupo salido de las urnas.

No fuimos por fin al teatro; lo hicimos separadamente, aunque los ratos de nerviosismo del referéndum y en los viajes en el Mystère comentamos que el año era fértil por ser las reposiciones de autores que habían muerto cincuenta años antes, Unamuno y Valle Inclán y los dos asesinados por los dos bandos de la Guerra Civil: Lorca por el franquista y Muñoz Seca por el republicano. De éste había una versión musical de *La venganza de Don Mendo* montada por Pérez Puig y una reposición de *Los extremeños se tocan*. Del escritor andaluz, Núria Espert reestrenó *Yerma* y José Luis Gómez hizo *Bodas de sangre* y alguna otra.

Sí acompañé al ministro al Bernabéu en esas fechas. Lo recuerdo claramente no sólo porque un mes más tarde —la Liga terminaba pronto por el Mundial— el Madrid le obsequiaba con el título, que a mí no me dejó indiferente, sino porque siendo Ordóñez muy puntual y un tanto fuguillas, se ponía nervioso en su casa cuando iba a recogerlo y, cuando discutíamos en su cuarto de estar si la campaña iba bien o si había ministros que sonaban poco convincentes o convencidos, saltaba: «Vámonos que llegamos tarde». No era así; llegábamos al Bernabéu, después de haber recogido a un amigo suyo, media hora antes del partido, nos asomábamos y todo el cemento estaba vacío. Paseábamos, entonces, por la fachada del estadio y para el ministro comenzaba una situación embarazosa. Los aficionados, cada cinco pasos, le interrogaban cariñosamente: «¿Qué, ministro, este año no se nos escapa?» o «Como Hugo esté inspirado el Barcelona no se come una rosca» o «Estará usted disfrutando esta temporada» y más raramente «¿Cómo convocan ustedes ese jodido referéndum? ¿Va usted a suceder a Felipe?, porque en menudo lío se ha metido».

Ordóñez era en el fondo tímido y no sabía si detenerse, sonreír o mover simplemente la cabeza. Al final estallaba: «Oye, vamos a tomar un café que aquí no se puede andar». Yo contestaba modosamente: «Es que teníamos que haber venido más tarde». Nada. La próxima vez que me tocara acompañarle porque quería dar un último toque a una combinación (nombramiento) de embajadores antes de llevársela al presidente (sabía que Felipe confiaba en su criterio pero que en el Consejo de Ministros alguien podía objetar; recuerdo en mi época de subsecretario más de un caso de objeción en el Consejo, «pero ¿cómo?, si ése es muy de derechas...»), hablar de un viaje o de una entrevista, me convocaría de nuevo con enorme antelación y desembarcaríamos en el Bernabéu con treinta y cinco minutos de adelanto. Y, a sus puertas, seguiría la cantinela trascendente: «Don Francisco, con la quinta del Buitre nos salimos...».

Reagan felicitó efusivamente a Felipe González por el resultado del referéndum. Nuestro presidente estaba visiblemente satisfecho en aquellas fechas. Lo cortés con todo no quita lo valiente y España no accedió a la petición estadounidense de que sus aviones repostaran en las bases españolas o sobrevolaran España si, como se barruntaba, Washington realizaba una expedición punitiva contra Gadafi por el apoyo libio a diversos actos terroristas (el último una bomba en una discoteca de Berlín donde murieron dos militares estadounidenses y hubo treinta heridos, y otro en un avión de la TWA que sólo causó cuatro muertos pero que pudo degenerar en una tragedia mayor). El año 1985 había visto más de 800 atentados en el mundo que habían causado 2.223 víctimas. Reagan no era persona dispuesta a echar en saco roto la parte que le correspondiese de las víctimas (unos mil americanos en quince años) o la responsabilidad de Gadafi. En una reunión europea a la que asistió Ordóñez en los días previos al ataque, la mayor parte de los países decidieron no prestar apoyo a la acción americana, aunque luego bastantes de las protestas serían con la boca chica.

En la operación «Cañón El Dorado», en la tarde noche del 14 al 15 de abril, media docena de aviones cisterna Ec 10 Extyeder, a los que siguieron una veintena de bombarderos F1-11 muy precisos en ataques nocturnos y un puñado de EF-111 muy dotados para la perturbación electrónica de los sistemas de radar, salían de sus bases británicas. Ante las negativas francesa y española a permitir el sobrevuelo hicieron el recorrido por el Atlántico para entrar en el Mediterráneo por el Estrecho. (El americano Vernon Walters, que había venido esos días a obtener autorización para que los aviones repostaran aquí, obtuvo una negativa del presidente.) Recibí instrucciones de decir a los medios que nosotros estábamos en contra y no colaborábamos. La señora Thatcher en sus memorias (*The Downing Street Years*, ed. Harper Perennial) sostiene, no obstante, que «los españoles dijeron que los aparatos podrían sobrevolar España pero sólo si se hacía de tal modo que no se notara». No fue lo que llegó a mis oídos de funcionario: España, era la instrucción, no colaboraba. Otros aviones situados en los portaaviones yanquis en el Mediterráneo se unieron a ellos. Hacia las dos de la madrugada bombardeaban los aeropuertos militares de Trípoli y Bengasi, aniquilando los Ilyushin y el complejo donde parecía encontrarse Gadafi. La operación duró cuarenta minutos.

El líder libio, que perdió una hija adoptiva, salió ileso y probablemente fortalecido ante su pueblo. El ataque dividió a Occidente, como ocurriría años más tarde con Sadam Husein; muchos pensaban que había que dar un escarmiento a Gadafi, que poco antes había desafiado a la comunidad internacional ampliando sus aguas jurisdiccionales a 150 millas cuando los países del Mediterráneo las mantenían en 12 y que calificaba de «actos heroicos de guerra» los golpes antijudíos en el mundo, pero que ése no era el procedimiento. Precursora de las tesis de Bush, la Administración Reagan decía haber actuado en legítima defensa y el presidente declaraba: «Hemos hecho lo que tenemos que hacer y volveremos a hacerlo si es necesario». También como ocurriría en 2003, con la intervención en Irak, los medios de información yanquis no sólo *no censuraron* la acción de su gobierno sino que lo consideraron un acto perfectamente lógico.

Gadafi replicó con un proyectil lanzado contra la isla italiana de Lampedusa. No hubo bajas pero el disparo y su verborrea anunciando castigos contra Europa produjo el retraimiento de los cineastas estadounidenses que debían acudir al Festival de Cannes. Steven Spielberg, que quería resarcirse de la ducha fría seguida de bofetada que le había propinado la Academia de Hollywood (su película *El color púrpura*, que tenía once nominaciones, no obtuvo ningún Oscar, un chasco histórico), no hizo el viaje a la ciudad francesa por prudencia. Otro tanto le ocurrió a Martin Scorsese y al corajudo Sylvester Stallone.

Volvamos a España. Alguna razón tenía don Jordi Pujol. Alimentado por el éxito del referéndum, Felipe González adelantó las elecciones al 22 de junio, tres meses después de la consulta otánica. Los hados le fueron propicios; aunque perdía un millón de votos con relación a 1982, consiguió un resultado espectacular para una segunda legislatura: 184 diputados y 124 senadores; mayoría en ambas Cámaras. Las elecciones devolverían la sonrisa a Adolfo Suárez: su CDS obtenía 19 escaños, lo que en el sistema bipartidista ibérico no estaba nada mal. Defraudaron a la derecha: Alianza Popular perdía un diputado, quedándose en 105, y pulverizaron a la opción reformista liderada por Miquel Roca y Antonio Garrigues y en la que se integraban Florentino Pérez y otros. Los reformistas (PRD), a pesar de la buena imagen de Roca, no tenían quién los votara. No sacaron un solo diputado. Santiago Carrillo perdía su escaño, aunque su grupo llamado ahora Izquierda Unida pasaba de 4 a 7 diputados, y Fraga tiraría la toalla meses más tarde. Antes de marcharse puso en órbita a un político joven llamado Alberto Ruiz Gallardón al que nombró secretario general de Alianza Popular.

A mediados de 1986 las cosas no le iban mal a un sevillano al que unos diez años antes desconocían la mayor parte de los españoles.

Isidoro

Felipe González Márquez vino al mundo en Sevilla en 1942 en una familia de clase media, el padre era propietario de una vaquería. En el cenit de su popularidad, avanzados los ochenta, tantos sevillanos decían que vivían cerca de la casa de los padres de González y tanta gente aseguraba que lo había visto nacer que se decía que el que sería el presidente más longevo políticamente de la democracia española tenía que haber sido alumbrado en el centro del césped del campo del Betis para que pudiera ser cierta la presencia de tanta gente en el parto. Estudió bachiller con los padres claretianos y cursó la carrera de derecho en la Universidad Hispalense. En Sevilla ejerció como abogado laboralista unos cuatro o cinco años.

Habiendo entrado en el clandestino PSOE en 1965, el joven político vivió el enfrentamiento entre la vieja guardia del exilio encabezada por Llopis y la gente más joven del interior. El partido socialista se escindiría y la rama renovadora del interior y más robusta escogería a González, que se ocultaba bajo el seudónimo de «Isidoro», como secretario en Suresnes (1974) gracias a un pacto entre la asociación vasca y la andaluza. Persona activa en ésta sería Alfonso Guerra, íntimo de González en los primeros años de la transición y personaje importante en varios momentos de la misma, así como Luis Yáñez y otros integrantes de la posteriormente famosa foto de la tortilla en la que un grupo de jóvenes socialistas meriendan en el campo. Otros militantes habrían dado luego un

Potosí por haber estado ese día en la foto. Sobre la notable simbiosis de González y Guerra en la primera época de gobierno se cuenta una anécdota de años anteriores cuando ambos políticos daban una charla en un cursillo para militantes. Desarrollaba Felipe una idea y Guerra, seguidamente, encadenaba sin interrupción, continuaba Felipe momentos más tarde y un minero asturiano exclamó: «Cágome en mi madre... la primera vez que veo a dos paisanos con el mismo cerebro» (María Ángeles López de Celis, *Los presidentes en zapatillas*, ed. Planeta). La sintonía entre ambos se desvanecería a partir de 1990, año, apunta Alfonso S. Palomares (*Felipe González*, Ediciones B), que comenzó con un enorme estruendo informativo en torno a Juan Guerra, hermano del vicepresidente, y en el que «se iban a escenificar múltiples desencuentros informativos entre ambos». Como escribiría Umbral, después del escándalo del hermano del vicepresidente, «Felipe y Guerra ya no eran una unidad teológica».

Llegada la democracia, y después de que González fuera fugazmente detenido por la policía franquista, el PSOE de Felipe logró ocupar destacadamente el lugar creíble de la izquierda española, desplazando al temido Partido Comunista, el verdadero luchador contra el franquismo, y al PSP, otra formación socialista liderada por el profesor Tierno Galván. Ambos grupos socialistas buscarían financiación internacional, pero el PSOE se llevó el gato al agua en el apoyo no ya crematístico sino político de sus afines exteriores y en del votante español. En las dos primeras elecciones democráticas, la constituyente de 1977 y la de 1979, el PSOE emergería como la principal fuerza de la oposición. Felipe González triunfaría en las de 1982 con el mayor número de diputados de la historia de la democracia (202), después de que en el Congreso de su partido, en 1979, se abandonaran, a propuesta suya, con disensiones, los postulados marxistas.

La subida al poder de un equipo socialista en el reinado de don Juan Carlos es un hito de la transición. El Partido Socialista había aceptado —un trago para alguno de sus miembros— la forma monárquica en los preceptos de la Constitución, la bandera roja y gualda. Hubo una relación muy fluida entre el gobierno socialista y la Corona, y el rey se sentía cómodo con su nuevo jefe de Gobierno, quizá más que con el Suárez de la última época y que con el Aznar que seguiría a González. Sabino Fernández Campo diría más tarde a su biógrafo Manuel Soriano que no era conveniente que pareciese que el rey había sacado carnet del PSOE. Felipe González repetiría mayoría absoluta en 1986 (184 diputados), quedó al borde en 1989 (175) y corto en 1993 (153), aunque pudo gobernar en coalición. En todo ese largo período, España siguió modernizándose a buen ritmo: tren AVE, autopistas, importantes ayudas de Europa, etc.

El Partido Socialista arrancó su mandato con una sonada decisión política: la expropiación de Rumasa, affaire en el que el gobierno reaccionó con autoridad, no exenta de soberbia y precipitación, a las irregularidades de la empresa; la decisión, tomada en el Consejo de Ministros de más duración de la época felipista y que llegaría hasta el Tribunal Constitucional, sería costosa. Felipe González arrostraría dos huelgas generales que marcaron el distanciamiento entre el gobierno y el sindicato socialista UGT y el de su líder Nicolás Redondo con el presidente del Gobierno. Al final de su mandato, mientras su estrella en el extranjero seguía fulgurante, se le encargaron varias misiones internacionales y se habló de que podía ser propuesto para presidente de la Comisión Europea; en España su popularidad declinó en buena medida por la sucesión de escándalos políticos o económicos ligados a su Administración, casos Juan Guerra, Roldán, Filesa, GAL, Boletín Oficial del Estado, escándalos que lamentablemente en la biografía que reproduce Wikipedia ocupan tanto espacio como los datos sobre la trayectoria de González y sus notables logros.

Felipe González estaba casado con Carmen Romero con la que tuvo tres hijos. Viajé en ocasiones con ella, que no se prodigaba en desplazamientos; la impresión es que viajaba «a la carta»: acompañaba a su esposo a los desplazamientos que le interesaban y se quedaba en casa, bien por disgustarle la parafernalia o por sus clases, lo que desconcertaba a veces a sus anfitriones. En un viaje a Argentina y Uruguay, uno de sus presidentes en su discurso oficial, al dirigirse a González, daba la bienvenida al presidente y, sin percatarse de que ella no había viajado, a «la gentil Carmen Romero». A mi juicio resultaba persona sencilla, amable, reflexiva, un poco ausente. Los que la conocían comentaban que quería despojarse del ropaje convencional de esposa del presidente, no asistiendo a todos los actos oficiales en que era costumbre hacerlo y continuando con su trabajo de profesora de literatura que acabaría dejando por razones de seguridad. Sería elegida diputada por Cádiz en 1989 y en los mítines, lo que aun siendo merecido le chocaría como feminista de pro, era a menudo saludada con los gritos de «guapa, guapa». Alguien comentó que estaba ideológicamente a la izquierda de su marido.

Tuvo algo que ver con la creación de la «bodeguilla» en La Moncloa, una estancia en los sótanos del palacio donde el presidente entretenía en ambiente distendido a algún huésped ilustre o a invitados de la sociedad española: escritores, artistas, intelectuales. Durante una época ser invitado a la bodeguilla era señal de estar *in*. Cuenta Umbral que en una ocasión que acudió a ella Fernando Fernán Gómez, el escritor-actor comentó chuscamente al salir que no sabía «por qué los invitaba Felipe para conocerlos y charlar si él se pasaba hablando todo el rato».

Aunque pueda ser cierto que, con frecuencia, el presidente tenía tendencia a acaparar la conversación, en los viajes resultaba persona amable y enormemente asequible.

TAL COMO ÉRAMOS EN 1986

Cuando ganó las elecciones de 1986, Felipe González llevaba tres años y medio largos en el poder. España tenía unos 38 millones de habitantes. El 1 de enero entraba en vigor el IVA, consecuencia de nuestro ingreso en Europa en esa fecha; unos días más tarde moría Tierno Galván, al que los madrileños honrarían con el entierro más multitudinario de la historia y el día 30, el príncipe Felipe, que cumplía 18 años, juraba el cargo de heredero de la Corona.

España tenía una muy alta tasa de desempleo, 21,8 %, pero había algún dato alentador. La previsión de crecimiento de los países de la OCDE era del 3 %; el barril del petróleo había bajado (18,5 dólares), estaba más barato que en 1974; a diferencia de ahora, los países en vías de desarrollo tenían enormes dificultades; España redondearía un buen año turístico (43.235.000 visitantes). Nuestro PIB por habitante estaba muy por debajo de la media de los 12 países del Mercado Común (72,6 %). La Bolsa, muy al alza, estaba literalmente eufórica. Claro contraste con el inicio de la época Suárez, cuando el humorista Perich había escrito: «Lamentamos no poderles ofrecer las cotizaciones de Bolsa debido a un fallo técnico: el encargado de ofrecérselas no para de llorar». Otra diferencia con la España actual: el número de nacimientos extramatrimoniales era sólo del 8 %, mientras que en la Europa comunitaria era del 18 %.

En el terreno internacional, seguía la guerra de años de Irak e Irán y el régimen de Sadam Husein era condenado por el Consejo de Seguridad de la ONU por su utilización de armas químicas contra los iraníes. En Afganistán era la Unión Soviética la que estaba empantanada en una guerra que causó miles de muertos a los soviéticos y un enorme desgaste. Suiza, por amplia mayoría en un referéndum (75,67 %), rechazaba, algo insólito, entrar en la ONU; cambiaría de opinión unos veinte años más tarde. Caía la dictadura de Marcos en Filipinas y en Sudáfrica el régimen racista del *apartheid* se acercaba a su fin, aunque la señora Thatcher se negaba a imponer las sanciones que establecía Europa. Mandela, aún en la cárcel, estaba detrás de la esquina.

Era el año en que desaparecían dos gigantes de la literatura iberoamericana: el argentino Borges y el mexicano Juan Rulfo; en el que se publicaba la primera novela de Muñoz Molina (*Beatus Ille*), y en el que continuaba habiendo una rica floración de estudios sobre nuestra Guerra Civil. Nuestro cine, en frase de un crítico, seguía un tanto desconcertado. En la carrera del Oscar al mejor filme extranjero, la española *Tras el cristal* caía ante la argentina *La historia oficial*, y *Tiempo de silencio* de Aranda y —otra diferencia con lo que ocurriría ahora— *Matador* de Almodóvar no eran admitidas a concurso en el Festival de Cannes. En nuestras pantallas, aquí no hay variación, triunfaban las estadounidenses *La Misión*, *Memorias de África* y *Hannah y sus hermanas* del más seguido aquí que en su país Woody Allen. En nuestro mundo pop, Isabel Pantoja, Rocío Jurado y María Jiménez componían el trío ganador.

En fútbol, tres equipos españoles alcanzaban las tres finales europeas. El Barcelona perdía injustamente en Sevilla, en penalties contra el Steaua, la más importante, lo que debió de entristecer a media España y regocijar a la otra media. Iguales sentimientos despierta su rival, el Real Madrid, que ganó la Copa de la UEFA frente al Colonia. El Atlético de Madrid sucumbía 2-1 frente al Dinamo de Kiev. El Mundial de México lo logró merecidamente Argentina en una final frente a Alemania con una actuación memorable de Maradona tanto en ese partido como en el jugado frente a Inglaterra, que vio «la mano de Dios» en un tanto y una sucesión antológica de regates del ídolo en otro. Aunque España caería ante Bélgica en los penalties, el Mundial mexicano vio la consagración definitiva de Butragueño, que firmó una jugosa renovación con el Madrid que hoy parecería ridícula.

El rubio delantero madrileño sería primera plana en diciembre por otro motivo. En el momento en que forcejeaba en el Bernabéu con un defensa rival, su slip lo traicionó y una fotografía de Monge mostraba nítidamente su aparato sexual. Ese día estábamos el ministro Ordóñez y tres o cuatro cargos de Exteriores en un viaje oficial con los reyes en Nigeria. En la despedida, el presidente nigeriano acudió al hotel en que nos alojábamos. Yo había llamado a mi oficina en Madrid a que me dieran el parte; no había noticias de mayor relevancia y mi colaborador me comentó lo de la foto de

Butragueño. Formábamos las dos hileras protocolarias: la del gobierno receptor y la del séquito del rey antes de que éste y su anfitrión aparecieran y se colocaran para el besamanos o recorrieran nuestra fila para despedirnos. Vi a Ordóñez y le comenté que en Madrid todo estaba normal, le añadí lo del Buitre. El ministro se rió y me dijo: «Ahora se lo cuento al rey en cuanto baje». Ordóñez se tiró para el monarca cuando éste emergió y cuando estaba a punto de abrir la boca, el rey le espetó: «Paco, ¿sabes lo de Butragueño?».

Las tiradas de nuestra prensa se habían alterado en 1986. *El País* andaba en cabeza (348.364 ejemplares) seguido de *ABC* (219.000) y de *La Vanguardia* (136.947). La cadena SER era la más oída (3.425.000 oyentes) seguida de Radio Nacional (2.590.000) y la COPE (2.438.000). La radio pública se europeizaría adelantando una hora la programación informativa con su *España a las seis* que dirigían Casado y Sáenz de Buruaga.

NOTA ALTA

El «reinado» de Felipe González marca un momento notable de la presencia de España en la escena internacional. Dentro ya de la Comunidad, Felipe González supo «estar» en Europa; tuvo una envidiable popularidad en Iberoamérica, donde promocionó los procesos de paz y la defensa de los derechos humanos; fue respetado en Estados Unidos y oído con atención (él escuchó con similar cuidado) por conocidos líderes de la escena internacional —Gorbachov, Den Xiaoping—, algo que producía satisfacciones a los profesionales de la diplomacia no ideologizados.

Esto no quiere decir que el gobierno de Felipe González revolucionó la política exterior española, que dio un giro copernicano a la misma, que inventó la política con Iberoamérica o que, como apunta algún ideólogo socialista, España iba dando tumbos por tenebrosos mares y la llegada del gobierno socialista la colocó por fin a salvo en una peana privilegiada con la que nunca hubieran podido soñar sus predecesores. En realidad, la política que, con acierto, *vino a realizar el gobierno del PSOE*, que no era siempre la misma que tenía diseñada, se parecía bastante a la que esbozaba el gobierno de la UCD de Suárez. El líder socialista tuvo la sensatez y dispuso del tiempo para realizarla con fortuna, pero en el plano teórico las diferencias no eran notables. El eslogan acuñado por los mentores socialistas que establecía que España era un país occidental y europeo, con una fuerte dimensión mediterránea y una clara vocación iberoamericana casaba con la mentalidad de Suárez. Hay muchas constantes en la política exterior de un país democrático y, una vez engullida por los socialistas la píldora o el caramelo de la OTAN, las divergencias con lo anterior se difuminaban considerablemente. Añadamos que el gobierno socialista de González gozó de una credibilidad en el exterior que contrasta visiblemente con la que ha disfrutado su correligionario Zapatero. El sevillano, especialmente en su época intermedia, es quizá el líder español que ha conseguido una mayor popularidad fuera de nuestras fronteras.

Examinado el traumático tema de la OTAN, veamos ahora la asignatura pendiente de Israel y las relaciones con el imperio americano.

ISRAEL, ASIGNATURA PENDIENTE

Si en la asignatura de la entrada en el Mercado Común Europeo el gobierno de la UCD había pasado con buena nota un examen parcial importante con capítulos engorrosos y el PSOE haría lo propio con el segundo parcial y con puntuación alta el final, en el tema de las relaciones con Israel el partido centrista sólo había redactado los primeros apuntes. Los acontecimientos de Sabra y Chatila, en los que el ejército israelí fue acusado de entrar a sangre y fuego en zonas árabes, abortaron el intento de la Administración de Calvo-Sotelo que pensaba abordar y cerrar al final de su mandato. Vi a Pérez-Llorca apesadumbrado y me comentó: «Ahora no hay nada que hacer, hay que archivar otra vez el tema». El gobierno de Felipe González establecería relaciones unos tres años más tarde de conquistar el poder. Era el único país occidental que no las mantenía con Tel Aviv.

El Estado judío nació en mayo de 1948 por una decisión no de Estados Unidos sino de las Naciones Unidas cuya Asamblea General votó de forma clara su creación (33 votos a favor, 13 en contra y 10 abstenciones). Uno de los primeros actos del Estado de Israel fue solicitar a los países de la comunidad internacional el reconocimiento. La nota israelí no fue remitida a dos gobiernos: el de Alemania y el de España. La exclusión de Alemania era comprensible, el recuerdo del Holocausto perpetrado por los nazis estaba demasiado fresco; la de España era más discutible. En el ánimo de los dirigentes judíos primó mucho más el recuerdo de que el régimen de Franco había sido aliado temporal de los odiados alemanes, aunque fuera para luchar contra los soviéticos, que el de la ayuda que Franco directamente, o cerrando los ojos a la encomiable actividad humanitaria de los diplomáticos españoles en países controlados por Hitler, había prestado a las colectividades judías en apuros. Se calcula que, gracias a España y a sus diplomáticos, salvaron la vida así unos 40.000 judíos.

La cuestión es que Israel no sólo no buscó el reconocimiento de España sino que debutó en la ONU oponiéndose con su voto con entusiasmo al levantamiento del boicot que la ONU había decretado contra el régimen franquista. A partir de ahí hay un extraño juego del ratón y el gato; una simetría negativa en palabras de Samuel Hadas, un inteligente israelí que con su disfraz de representante ante la Organización Mundial de Turismo desempeñó un papel fundamental en allanar el camino para el establecimiento de relaciones en la España de los ochenta. Quiere decir que «cuando una parte deseaba relaciones, la otra se negaba y viceversa». Avanzados los cincuenta, el gobierno de Franco encontró rentable la falta de relaciones con Israel; «nos prestigia ante el mundo árabe», diría Castiella, el ministro de Exteriores. Su sucesor López Bravo expresaría en los setenta una idea parecida. Entonces era España la requerida y aunque el régimen franquista salió de nuevo en socorro de los judíos (en Marruecos, donde ayudó a la salida de varios miles camino de Israel, y en Egipto en 1967, con motivo de la guerra de los Seis Días), la postura no cambió. Una oferta de España en 1973 de empezar, como ocurría con los países del Este europeo, abriendo relaciones comerciales fue desestimada por Israel.

El gobierno de González acabaría con la anomalía. Tardó, con todo, tres años. La demora obedece a resquemores por la posible reacción árabe y a divisiones dentro del partido del gobierno. En la versión de Hadas, Múgica, Borrell y Barón estarían por hacerlo ya, y Guerra y parcialmente Morán, por aplazarlo. El ministro se empeñaba en que tenía que haber una contrapartida jugosa; quería, según algunos, que Israel se retirase de los territorios ocupados, el reconocimiento de los derechos del pueblo palestino y una paz justa y duradera. Cierta o no, la postura era un tanto maximalista y Felipe González se desmarcó de ella en 1984 manifestando que la solución del problema palestino no era condición para el establecimiento de relaciones con Israel.

Bien por existir una discordancia en el tema entre La Moncloa y Exteriores y probablemente más aún porque temiendo un sobresalto árabe se quisiera mantener el tema lo más confidencialmente posible, el hecho es que al poco Exteriores fue totalmente marginado y los contactos con Israel fueron llevados con enorme discreción por Julio Feo y Juan Antonio Yáñez, jefe de Gabinete y asesor diplomático de Felipe González. Cuenta Feo que al poco de la sustitución de Morán por Ordóñez, el nuevo ministro, más proclive al pronto reconocimiento de Israel, dijo a Feo durante el almuerzo ofrecido a Mubarak en La Moncloa que iba a hablar con el presidente porque era preciso acelerar el tema de las relaciones. Era difícil y embarazoso seguir teniendo a Exteriores en Babia y el presidente, despachado el egipcio, hizo pasar a Ordóñez a su despacho y le reveló que el pastel se estaba ya cocinando y le explicó las razones por las que el ministerio había sido puenteado. Según Feo, Ordóñez salió encantado, lo que no me extraña: estando informado y pensando que la cuestión estaba en buenas manos, hizo de la necesidad virtud y no le importó que Exteriores no tuviera protagonismo.

Los dos cocineros (Feo y Yáñez) debieron de gozar con su argumento de Graham Greene: introdujeron en Madrid sin pasar por la Aduana a un enviado de Shimon Peres, lo alojaron en un hotel con nombre supuesto y se entrevistaron con él tomando una horchata en el Retiro, no sabemos si Feo con barba postiza y gafas oscuras y Yáñez con un mono de trabajo. Disfrutaron con la operación de espías pero la cerraron con eficacia y de forma adecuada. Feo tenía fama de brusco pero era muy hábil. Un poco antes, el argumento había sufrido otro frenazo porque los israelíes bombardearon los campos de refugiados de la OLP en Túnez. Guerra parece que se expresó con acritud sobre esta acción israelí en el Consejo de Ministros.

El acuerdo cristalizó en enero de 1986. Fernando Morán debió de pensar que los israelíes tenían algo que ver con su salida del gobierno —al encontrarse después de su cese a Hadas, le espetó: «Estarán ustedes muy contentos, ¿no?»—, pero aunque los judíos debieron de respirar satisfechos con la llegada de Ordóñez a Exteriores, el nuevo ministro convocaría inmediatamente al representante israelí a su despacho; Felipe González tenía su decisión tomada. Además, otra cuestión apremiaba: Shimon Peres, colega israelí y correligionario de González, iba a perder las elecciones. El retraso en el intercambio de embajadores supondría una pérdida de utilidad política para el partido laborista (socialista de Peres) frente a sus adversarios del Likud. Hadas concluye que Felipe González decidió finalmente desprenderse del «legado». España haría una declaración reafirmando su postura en Oriente Próximo, es decir, su apoyo a las posiciones árabes, pero desapareció la exigencia de que «Israel diera a España algo a cambio». El 17 de enero se firmó en La Haya el establecimiento de relaciones.

La operación se había llevado en secreto, pero el día anterior saltó la noticia en Israel. Los israelíes juraron que era una filtración desde España. En Exteriores lo sabíamos media docena de personas y Ordóñez me dijo: «Sé que tú no has sido y los que están aquí en el ajo, Cajal que firmaría el reconocimiento y Dezcallar, tampoco han podido ser. Mira a la carretera de La Coruña». Un año más tarde, un israelí bien colocado apuntaba a que el filtrador era Julio Feo o su entorno. Me extrañaba mucho que Feo, muy discreto, pudiera haberse ido de la lengua pero también es cierto que los caminos de los fontaneros de La Moncloa son, por razones que nos escapan a los simples mortales, inescrutables. También, imagino, los de los fontaneros o asesores israelíes.

El establecimiento de relaciones con Israel posibilitó que, años más tarde, Madrid acogiese la primera Conferencia de Paz sobre Oriente Próximo en la que, algo inédito, se sentaron a la mesa Israel y los países árabes, incluidos los palestinos, ante la atenta mirada de los presidentes ruso y americano, Gorbachov y Bush padre. Marca el momento álgido del prestigio de España en el exterior en la época de Felipe González. Importantes capitales europeas anhelaban ser la sede pero levantaban suspicacias o eran vetadas por los árabes o por Israel.

Varios factores posibilitaban la celebración de la conferencia que se reuniría el 30 de octubre de 1991. Estados Unidos y la Unión Soviética estaban en la luna de miel iniciada poco antes por Reagan y Gorbachov; la primera guerra del Golfo, aunque felizmente resuelta, había arrancado con un mal sabor de boca en la opinión pública árabe. La calle árabe podía entender que la ONU hubiera reaccionado con presteza para castigar a Sadam Husein (resolución 660) por la invasión de Kuwait, pero seguía quejándose de que la Organización no viniese aplicando las referentes a Palestina; incluso los árabes partidarios de la intervención podían argumentar que Estados Unidos aplicaba dos varas de medir a los conflictos en el mundo árabe. Por último, durante la contienda, Israel había visto por primera vez cómo caían misiles sobre su territorio, quizá esto les influyó para comprender que había que intentar la vía negociadora global. Todo estó abonaba el terreno para la celebración de una conferencia. Bush manifestaría que «ha llegado el momento de poner fin al conflicto árabe-israelí» y, en opinión de Shlomo Ben-Ami, llevó literalmente «a rastras a Israel a la mesa de negociaciones».

El «fabricante» de la conferencia fue el nuevo secretario de Estado James Baker. Narra en detalle en su libro *The Politics of Diplomacy* los escollos que tuvo que sortear para que las partes implicadas en el problema de Oriente Próximo accediesen a celebrarla. Israel se negaba a que Rusia la copatrocinara, a que las Naciones Unidas tuvieran el menor papel y a que los palestinos se sentaran como delegación independiente. Baker estrujó al primer ministro israelí, Shamir. Rusia copatrocinaría y los palestinos participarían aunque dentro de la delegación jordana. La cuestión de la ONU era innegociable; los israelíes llevan grabado en su sangre que las Naciones Unidas siempre los han traicionado, han mamado que ya en el momento del nacimiento del Estado de Israel la ONU se cruzó de brazos cuando las naciones árabes invadieron el nuevo Estado, alumbrado precisamente por la ONU, y creen que la organización es tendenciosamente antiisraelí.

En el último minuto, Shamir intentó conseguir algo extra: la promesa de Baker de que, a cambio de acudir, Estados Unidos vetaría durante dos años cualquier resolución de Naciones Unidas a la que Israel se opusiera. Baker se negó pero prometió que su gobierno se esforzaría en que desapareciera de la agenda de la ONU una resolución que declaraba que sionismo es igual a racismo. Con su presidente poco complaciente hacia la intransigencia de Shamir, hastiado del torpedeo israelí, Baker dejó caer que, si el israelí no se avenía a razones, Washington no concedería a Tel Aviv el crédito de 10.000 millones de dólares que Shamir necesitaba para poder acoger a los judíos que llegaban masivamente de la Unión Soviética.

De los árabes, el hueso más duro de roer era el presidente sirio al-Assad, padre del actual. Baker lo visitó varias veces y pasó con él 63 horas, incómodas porque el sirio se sentaba con su interlocutor en unos sillones colocados de tal forma que para conversar había que torcer la cabeza y no hacía nunca una pausa para ir al baño, lo que agotaba al americano, que coligió que esa diplomacia de la vejiga era una treta de su anfitrión para cansar a su visitante. El sirio acabó dejando caer sus exigencias de la plena participación de la ONU y la de que la conferencia no tuviese caducidad, es decir, que pudiera reunirse en cualquier momento. Baker debió de desarmarle diciendo que si Siria e Israel llegaban a un acuerdo de paz, Estados Unidos estaba dispuesto a proporcionar fuerzas que garantizasen la seguridad a lo largo de la línea divisoria en los Altos del Golán. Presumiblemente, el americano utilizó con Israel la táctica mencionada: le retorció el brazo económicamente.

Obtenida trabajosamente la conformidad, faltaba encontrar el lugar europeo. Ginebra, sede de la ONU, era vetada por Israel. La Haya fue momentáneamente la escogida; los equipos americanos de seguridad y protocolo se encontraban ya en ella con los preparativos pero al-Assad torció el gesto. En la última reunión, entre pipí y pipí, Baker le ofreció otros nombres. El sirio movía la cabeza. Al llegar a Madrid, al-Assad dijo que Madrid podía ser. El americano lo agarró al vuelo, obtuvo posteriormente el acuerdo de Shamir. Esa noche, hacia las cinco de la mañana hora española, sonaba el teléfono en la casa de Ordóñez: «Paco, soy Jim Baker; la conferencia se concreta, será a final de mes y queremos que sea en España pero tienes que contestarme hoy. Ahora mismo sólo lo sabemos Bush, tú y yo». Ordóñez esperó un par de horas antes de llamar al presidente; éste, lógicamente, aunque faltaban unos dieciséis días para la fecha prevista, lo que planteaba enormes problemas de seguridad, logística, etc., dio luz verde. Era un premio gordo de imagen publicitaria para Madrid y para España. Se confiaba en España y las televisiones mundiales se concentrarían en nuestra capital durante tres o cuatro días.

Alguien comentó que González y Ordóñez, o incluso el rey, habían intrigado y maniobrado con habilidad para que el acontecimiento tuviera lugar aquí. Falso; fue porque nuestro gobierno contaba con un consolidado prestigio y, más aún, no levantaba ampollas en ninguno de los participantes, lo que es un mérito; en la época del gobierno socialista de la era Zapatero, cuando redacto estas líneas, esto habría resultado impensable. En mis notas tengo unas frases que me dijo Ordóñez al día siguiente y que resumían la situación: «Esto es una maravilla. Lo único que hemos hecho es que hemos sido la gente más seria del mercado». Añadió riendo: «Y los franceses me consideran un Maquiavelo».

En la conferencia, Bush contó a González que sus servicios, presumiblemente la CIA, le decían que a Gorbachov, con el que aún quería tratar temas importantes, le quedaba poco tiempo político. Felipe pensaba que había que hacérselo saber y que los dos grandes hablaran. Le contó al rey la situación apuntando que en función del clima que se creara, Gorbachov y Bush «podrían hablar con confianza y decir la verdad de lo que está pasando» (Victoria Prego, *Presidentes*). El rey montó una cena a cuatro con dos intérpretes, y el rey que, sigue González, «es un maestro para crear un clima de confianza, eso lo hace como nadie», le soltó con habilidad y en el tono adecuado a Gorby: «Bueno hay gente que parece que quiere segarle la hierba bajo los pies, porque se oye...». Gorbachov se echó a reír y se explayó sobre la crisis de la Unión Soviética y la proximidad de la caída de aquel gigante. A Bush le encantó la cena.

La conferencia abría un proceso de negociaciones. Al poco la OLP e Israel firmaban, con la mediación de Noruega, un documento por el que Israel reconocía a la OLP como representante del pueblo palestino y manifestaba su voluntad de negociar con ella. La OLP renunciaba a la violencia y reconocía el derecho de Israel a existir como Estado. Lamentablemente, como es sabido, las negociaciones no han cristalizado aún en el nacimiento de un Estado palestino. Han pasado veinte años. Es, quizá, la mayor asignatura pendiente de la ONU.

EL AMIGO AMERICANO

Los estadounidenses ofrecieron una sañuda resistencia a salir de Torrejón. Felipe González sería, con todo, un presidente respetado por ellos y el arranque de su gobierno fue auspicioso para Washington. Hubo abundantes detalles tranquilizadores para el lado americano: las Cortes con mayoría socialista habían ratificado el convenio negociado por Pérez-Llorca; Shultz, secretario de Estado de Reagan, vino pronto a Madrid, diciembre de 1982, y comprobó que Felipe González ni tenía rabo ni era un rojo *enragé* y que los españoles eran muy celosos de la preservación de la democracia y las libertades, lo que él piropearía. Los informes de la CIA debían de ser más reticentes hacia Morán, al que parecían tachar de no ser muy proamericano y de estar con Guerra y algún otro en el bloque anti-OTAN, pero la conversación entre los ministros discurrió razonablemente bien, aunque Shultz no quiso tenerla a solas con Morán, pidió colaboradores. El ministro español ofreció un almuerzo en el palacio de Viana (lubina del Cantábrico, rosbif de cebón gallego y helado de caramelo, regado con Riscal del 77 y Murrieta del 54). El gobierno anunciaría que compraría aviones de combate estadounidenses y, mejor aún, en mayo de 1983 nuestro presidente viajó a Alemania, donde conoció a Kohl, con el que entablaría una muy buena amistad. Hizo allí un opíparo regalo a la Administración americana tan apetecible como el que la Academia de Hollywood había ofrecido a José Luis Garci tres semanas antes al otorgar el Oscar a la mejor película extranjera a *Volver a empezar*. El obsequio de González está relacionado con la cuestión de los euromisiles y que marcaría el primer desencuentro entre el presidente y su ministro de Exteriores.

Estados Unidos, alentado por varios gobiernos europeos, había anunciado su intención de desplegar una serie de misiles en Europa. Se trataba de romper el desequilibrio de efectivos que existía en el viejo continente a favor de la URSS. Los soviéticos tenían una serie de misiles, los SS-20, dirigidos a Europa Occidental y bastantes dirigentes europeos querían tener la seguridad de que Estados Unidos rechazaría un ataque soviético aunque fuera dirigido sólo contra Europa. El despliegue de misiles estadounidenses de medio alcance (2.400 kilómetros) en países europeos era la prueba afirmativa. La garantía de que Washington se involucraría en cualquier caso en la defensa de sus aliados europeos.

La cuestión era polémica porque irritaría a los rusos, que inmediatamente pusieron en marcha su poderosa maquinaria propagandística en Europa denunciando la carrera de armamentos imperialista, etc. Hubo bastantes manifestaciones en contra y aunque tanto el francés Mitterrand como anteriormente el alemán Helmut Schmidt, socialistas ambos, defendían el despliegue, varias figuras europeas, entre otras el prestigioso socialista alemán jubilado Willy Brandt, se oponían. Morán tampoco parecía estar por la labor. Cuenta en sus memorias que en el avión hacia Bonn, entonces capital alemana, Boyer hizo una apasionada defensa de la OTAN y de la necesidad de que España se integrara en la estructura militar. Esto no le agradó; sabía la influencia de Boyer y que el presidente González había comentado que Olof Palme le había aconsejado que uno debe seguir a su ministro de Economía en un 90 %. El peor trago, con todo, llegó más tarde.

En la rueda de prensa alemana, Felipe fue preguntado sobre si comulgaba con la idea de Kohl (despliegue de los cohetes) o de Brandt (no despliegue). Morán se apresuró a pasar un papel a su jefe pidiéndole que eludiese la respuesta. Pero cuenta el propio Morán (*España en su sitio*) que «Felipe González rompe el papel». El presidente mostró comprensión hacia el despliegue, en la traducción del intérprete incluso se dijo «aprobación». Según Antxón Sarasqueta (*De Franco a Felipe*), Morán intentó matizar las palabras del presidente, pero éste poco después insistió al respecto: «Yo siempre digo lo que quiero decir». Era noticia. En Europa y en España. *El País* titularía: «Felipe González apoya el despliegue de los misiles» y se concluyó que en su debut en Europa a nuestro presidente se le habían caído las escamas de los ojos, si es que aún las tenía; se había percatado de que no habría progresos en el tema del Mercado Común si España no continuaba en la OTAN.

Al día siguiente, Felipe, en contra de la opinión de Morán, proseguía viaje a Berlín donde, desoyendo la opinión de alguno de sus asesores —nuevo gesto significativo—, se asomó al muro lo que, después de los titulares de las declaraciones mencionadas y dado el simbolismo de esa ciudad («Yo soy berlinés» había proclamado Kennedy ante el delirio de los berlineses occidentales y «Derribe ese muro, señor Gorbachov» entonaría Reagan avanzados los ochenta), era un nuevo empujón tácito al despliegue. La OTAN había apoyado años antes la iniciativa de los cohetes aunque varios países se reservaban el derecho a admitirlos en su territorio. En 1983, después de que los soviéticos derribaran un avión comercial surcoreano en el que perecieron 269 personas, los Parlamentos de Alemania, Gran Bretaña e Italia rápidamente reiteraron que desplegarían los Pershing II y los Tomahawk. La declaración de Felipe —al que ya Cuco Cerecedo en el ruedo de su jocoso libro mencionado, *Figuras de la fiesta nacional*, llamaba «Morenito de Bonn» argumentando que el socialista había adoptado el sobrenombre en noble homenaje a su benefactor, el socialista alemán Willy Brandt— fue muy apreciada por el canciller democristiano Helmut Kohl. Nos fue muy rentable.

Felipe González visitaría Washington en junio de 1983 causando buena impresión en Reagan. Aunque el americano curiosamente no encuentra espacio para mencionar *ni de pasada* al político español en las 725 páginas de sus largas memorias (*An American Life*), en su diario privado lo calificaría de «moderado, inteligente, agudo y agradable» (Powell, obra citada). Brotaron disensiones sobre la política hacia Centroamérica pero no se entró mayormente en la cuestión del referéndum o en la de la retirada de las tropas americanas. El presidente español dejó buen sabor de boca en sus numerosos interlocutores. Hubo algunos altibajos posteriores en las relaciones que el autor Powell atribuye a la mala relación entre el ministro Morán y el nuevo embajador americano Enders. El diplomático americano tenía la tendencia de puentear al ministerio despachando con La Moncloa e intentando ver al rey, práctica corriente en los enviados del imperio y que, en mi época de subsecretario, intentó con mediocre éxito imitar el embajador soviético. Los embajadores yanquis no sólo tienen esa querencia a tratar intermitente pero directamente con las alturas sino que por norma no despachan con el director de Norteamérica de Exteriores. Pueden invitarlo a almorzar a la embajada y tratar con él de lo divino o lo humano pero se les caen los anillos si van a su despacho. Quieren ir al del ministro o al del subsecretario, no más abajo. Y quieren verte ya, ese día; hay ministros que les siguen el juego y los reciben en el día.

En mi época de secretario de Estado, y estando al frente del ministerio por estar el ministro ausente, se desató una crisis por una amenaza de la Administración americana de suspender los vuelos de Iberia a Estados Unidos debido a que España se negaba a la inauguración inmediata de los vuelos de una tercera compañía americana, Continental, que se unirían a los que ya realizaban PAN AM y TWA. Como la cuota de mercado de las estadounidenses venía incrementándose en perjuicio de Iberia, nosotros insistíamos en que la entrada de Continental se demorara tres años y se hiciera de forma progresiva. El embajador estadounidense no quería acudir al despacho del director de Norteamérica o del de Relaciones Económicas Internacionales, que conocían mejor el asunto. Sólo quería verme a mí, que tenía una agenda cargada por visitar Madrid un ministro de Exteriores iberoamericano. Le pedí, imagino que maliciosamente, que viniera a las nueve y cuarto de la noche al ministerio. Le rompía la hora de la cena y optó por venir al día siguiente. Con el presidente de Iberia y el secretario de Estado de Comercio, con los que había conferenciado, ocultos en el cuarto de mi secretaria, el embajador me dijo que le abrían un expediente a Iberia, a lo que no tuve más remedio que contestar que yo era un simple funcionario pero que no podíamos descartar que el gobierno español, a su vez, tampoco permitiera el aterrizaje de los vuelos regulares de compañías americanas. No cedimos y hubo acuerdo.

La práctica de los enviados americanos es tanto más sobrada cuanto nuestro embajador en Washington, con frecuencia, es recibido por el secretario de Estado el día de las credenciales, si lo hace, y luego en tres o cuatro años no lo ve nunca más a solas. El contraste con las prácticas del líder del mundo occidental y lo que se concede a los demás mortales no acaba ahí. La protección que se otorga al edificio de la representación estadounidense es extraordinaria, y me parece normal dado que son un blanco apetecible para un terrorista o un descerebrado; hasta el domicilio del segundo de su representación tiene un lugar de aparcamiento reservado en la puerta. Comparación: durante mi estancia en la ONU fui elegido por los miembros presidente del Comité Mundial contra el Terrorismo de la organización. He dicho terrorismo. No se me dio la menor protección y debido a que la ciudad de Nueva York estaba empezando a recortar los espacios de aparcamiento de residencias diplomáticas me quitaron en esas fechas el que había a mi puerta. Tuvimos que batallar, nosotros, claro; era impensable pedirle al ministerio en Madrid que les comunicase a los yanquis que iban a aplicar un pelín, sólo un pelín, de reciprocidad con su embajada aquí; finalmente recuperamos el espacio. Protección del edificio no hubo, la policía neoyorquina me indicó que me habían seguido alternativamente unos días y que no había problema.

Enders tenía, por otra parte, una propensión a sobrevender sus logros en España y se encontraba entre los que creían que la celebración del referéndum y la reducción de las tropas eran operaciones de imagen de los españoles que no tendrían lugar. Debía de saber, además, que el rey Juan Carlos veía con cierta aprensión una pronta salida de los cazas americanos de Torrejón.

Reagan vendría a Madrid en mayo de 1985, después de que González (octubre de 1984) obtuviese la aprobación del Congreso del «Decálogo», un programa de seguridad en el que por fin se decía que era intención del gobierno permanecer en la OTAN. El documento, en alguna medida, era un ropaje con el que el gobierno se tapaba las vergüenzas de su cambio de postura sobre la OTAN. La hoja más grande y más tangible del taparrabos era el anuncio de que se rebajaría la presencia de las tropas yanquis en España.

La visita de Reagan, ¿cómo no tratándose de España?, fue polémica. Había arrollado en su reelección, había barrido a Mondale (58 contra 40 % de los votos) como cuatro años antes había noqueado a Carter. Antes de la Presidencia había sido durante dos mandatos gobernador de California, el estado más poblado de Estados Unidos y previamente presidente del correoso sindicato de Actores de Hollywood. Era muy apreciado en su país por su campechanía, optimismo y sentido del humor y enterraría la Guerra Fría con Gorbachov; aquí, sin embargo, era un tosco cowboy, un actor de segundo orden que por los misterios de Estados Unidos había llegado a presidente. Reagan gustaba de ironizar sobre cualquier tema incluido su pasado de actor. Kissinger, que no trabajó con él, comentaría años más tarde: «Reagan fue un importante presidente en un período especial, ocho años antes podía haber fracasado, ocho años después podía haber sido menos relevante».

El presidente sería recibido con dos voluminosas manifestaciones en las que se increpaba no sólo a la OTAN y a la presencia de las tropas americanas en España sino que se protestaba por su visita y, por supuesto, se quemaban banderas estadounidenses. Alfonso Guerra, vicepresidente, se ausentó de Madrid posiblemente para no saludarlo.

Reagan no daría una conferencia en la universidad como era su propósito; nuestro gobierno consideró quizá con tino que no era oportuno, pero sí habló en la Fundación March ante empresarios y periodistas. Utilizó el teleprompter, tan usado ahora por Obama, y ahí también lo empitonaron. El comentario repetido es que eso probaba que era un autómata incapaz de decir nada sin leerlo. En las conversaciones con Felipe González, incluso en la del rey y oyendo el discurso del monarca en la cena oficial, el americano se percató de que España divergía claramente de sus análisis sobre

Iberoamérica pero no parece que le causara mala impresión. Tampoco reaccionó a lo que debió de decirle Shultz que había oído con firmeza de Morán el día anterior: el referéndum tendría lugar. Reagan se deshizo en elogios sobre la recuperación democrática de España y su efecto beneficioso sobre Iberoamérica. La foto de su esposa dando unos pasos flamencos dio la vuelta al mundo.

El acto siguiente, meses más tarde, fue la entrevista citada de González con Shultz en el hotel de Nueva York. La sangre no llegó al río, pero estuvo a punto de hacerlo en la que en 1986 tuvo lugar entre el americano y Ordóñez, que había sustituido a Morán. El referéndum había pasado meses antes y una de las cláusulas contenidas en la pregunta hecha a los españoles era que España sería desnuclearizada y se reduciría la presencia militar yanqui. Para los cínicos era un gran caramelo que endulzase al votante socialista el amargor de quedarse en la OTAN; no es menos cierto que la cercanía de Torrejón a la mayor aglomeración urbana de España y los recuerdos históricos que traía la hacían el blanco adecuado para rebajar la presencia americana. España no iba a ceder.

Eso le dijo Ordóñez a Shultz y el americano reiteró su envite de que no deseaban estar donde no se los quería. Ordóñez, que aconsejado por Salas (su jefe de Gabinete) y por mí mismo, utilizó esta vez intérprete para sus comentarios, no para los de su interlocutor, fue sólido y reiterativo: España no quería que los americanos se marcharan, estaba dispuesta firmar un nuevo convenio de mayor duración, quería ser un aliado fiel, pero la salida de Torrejón era irrenunciable. El ministro dejó caer con aplomo la frase: «Créame, no queremos que ustedes se vayan pero España puede vivir sin las bases actuales».

Las negociaciones se arrastraron durante un par de años. Los americanos no vacilaron en intoxicar con repetida frecuencia. Preocupados, quizá, con el ejemplo que se crearía si España lograba que abandonaran parcialmente nuestro país alentando a las opiniones públicas de otros países incómodas con la presencia de tropas extranjeras, los negociadores yanquis trataban de camuflar totalmente el tema de la reducción de tropas repitiendo que sólo se estaba hablando sobre la renovación del convenio. Era cierto pero para nosotros la reducción era el tema clave, central, del mismo. A fines de 1986, la señora Ridgway, subsecretaria para Europa, tuvo el tupé de decir en su Congreso que los españoles no habían pedido la reducción de tropas. Pregunté a Ordóñez si podía zumbarle a la americana sin llamarla explícitamente mentirosa, el ministro me instruyó que reiterara que la reducción estaba desde hacía tiempo sobre la mesa pero que no le disparara al cuerpo.

Yo estaba un tanto negro porque los periodistas estadounidenses que recalaban unos días en España para hacer un par de artículos sobre el asunto bebían en las fuentes de la embajada su versión archiminimalista y de alguna crónica se sacaba la impresión de que los españoles estaban mintiendo. Aconsejados por alguno de sus colegas residentes aquí, más de uno vino a verme para oír nuestra versión. Un concienzudo rubiales desplazado desde París me confesó que en la embajada le habían advertido que yo era un encantador de serpientes pero que podía tergiversar los temas con habilidad; en resumen, que estaba mintiendo en lo de la reducción. Me eché a reír y le repetí lo que en días pasados me había remachado en un viaje Felipe González cuando le pregunté si seguíamos yendo en serio en lo de la reducción: «de Torrejón, se van». Añadí que no sabía si la embajada me difamaba o me adulaba con lo de encantador de serpientes y la tergiversación. El yanqui también se rió con esto.

Las escaramuzas informativas continuaron. Ordóñez me indicaría en una ocasión que Serra, su colega de Defensa, le había comentado que el presidente le había tirado suavemente de las orejas por permitir que los americanos se hicieran ilusiones; que acariciaban la idea de que aun cediendo tendrían diez años para salir de Torrejón. Mi ministro remachó que el presidente le había dicho que tenían que dejar la base, sin más: «Y que no le importaba que cogieran berrinches». Armado con esto, yo seguía erre que erre afirmando que dijeran lo que dijesen Jefferson, Mark Twain o Gary Cooper, una seria reducción tendría lugar.

Un negociador nuestro llegó a comentarme que fuera prudente porque los americanos eran susceptibles y malos enemigos. Como ocurrió en alguna otra ocasión, mis compañeros de Exteriores no se percataban de que tenía que seguir honestamente la marcha de la negociación pero que las instrucciones y los decibelios que yo tenía que poner en mis manifestaciones los fijaba el ministro, a quien yo veía tres o cuatro veces al día, y no ellos. Es más, de varios de los ministros con los que he trabajado de cerca (Pérez-Llorca, Ordóñez, Matutes, etc.) he recibido órdenes de filtrar una noticia a la prensa (yo citaba al periodista en alguna cafetería de la calle Montera cerca del ministerio pero no de las muy próximas a las que íbamos a abrevar la gente de Santa Cruz en el insoslayable café de las once de la mañana de los funcionarios) y ante mi advertencia de que al departamento concerniente de nuestro ministerio no le iba a entusiasmar la aparición o el sesgo de la noticia, el ministro respondía: «Tú véndele esto a tal periodista y ya me ocuparé yo de decírselo a quien tenga que decírselo de la Casa». Por supuesto que, en alguna ocasión, cuando se me permitió informar al director general de turno y éste no parecía satisfecho por los detalles que había dado, tenía que puntualizarle ante su mohín de desaprobación: «Te aclararé *de nuevo* que yo sirvo la paella como *quiere el ministro* que la sirva, no como *tú quieres*».

De mucha más enjundia que las mías eran las escaramuzas en la mesa de negociaciones; hubo unas ocho rondas, que libraban en el día a día Cajal, Mirapeix, Leña, etc., y en *los momentos de la verdad*, el presidente u Ordóñez. Cuando Estados Unidos cambió al embajador y nos mandó a Bartholomew, que tenía fama de ogro, Felipe González lo convocó y le leyó nuestra cartilla. Le vino a decir, en resumen, que no creyese que le estaba pidiendo tres mil reales por la mula para luego dejársela en mil quinientas. Eran tres mil; aunque él no lo creyese, Torrejón no era negociable.

No lo fue. El acuerdo final salió de una entrevista el 7 de enero de 1988 entre Ordóñez y Bartholomew. Un regalo de Reyes, me comentaría el ministro, y no sólo para nosotros. Los estadounidenses aceptaban retirar el ala 401 de Torrejón a los tres años de la entrada en vigor del nuevo convenio. Éste, sin embargo, para las otras bases tendría una larga duración, ocho años, y sería renovable cada año. En el convenio, firmado meses más tarde, surgió otro escollo: el tema nuclear. Los americanos no podrían almacenar armas nucleares aquí ni sobrevolar España con aviones que las llevasen (el recuerdo de Palomares era ominoso) pero permitiríamos que buques militares estadounidenses hicieran escala en nuestros puertos sin preguntar si portaban armas nucleares.

El convenio de diciembre de 1988 pasó en el Congreso muy holgadamente (279 votos a favor, 24 abstenciones y los 11 en contra de Izquierda Unida). Un triunfalista comentaría que desde que De Gaulle en los sesenta había obligado al ala militar de la OTAN a abandonar París (eran épocas en que el francés, para deleite de sus compatriotas, plantaba cara a los anglosajones y vetaba la entrada de Gran Bretaña en el Mercado Común), era la primera vez que un aliado de Estados Unidos forzaba al imperio a sacar fuerzas de su territorio.

La guerra del Golfo

Si en Estados Unidos la seriedad de nuestro gobierno caló un tanto después de la batalla del referéndum y del pulso sobre las bases, su papel subió con el apoyo dado a la coalición liderada por Estados Unidos en la primera guerra del Golfo a principios de 1991. Aunque Sadam Husein invadiendo y anexionando Kuwait hizo un descomunal error de cálculo —ni se había dado cuenta de que la Guerra Fría había terminado ni coligió que su control de la riqueza petrolífera del pequeño emirato no sería consentida por lo peligrosa—, Estados Unidos tuvo que desplegar una intensa actividad diplomática en la ONU y ante muchos países. En la ONU tendría una aprobación mayor (13 votos de 15) que en su Senado pero logró en ambas instancias una clara luz verde para desalojar por la fuerza al autócrata iraquí. Reunió, entonces, una coalición para llevarla a cabo; en ella había varios países árabes.

Bush padre, que hablaba de vez en cuando con Felipe, le llamó para pedirle que participáramos, quería que España le sirviera de apoyo logístico —desempeñamos en este aspecto un papel esencial—, y que nuestro país tomara parte aunque fuera de forma simbólica. Nuestra opinión pública, una vez más y a pesar de la bendición explícita de la ONU, era un tanto reacia a la participación. Un 39 % se inclinaba por que nos comportáramos como otros aliados europeos pero un 42 % decía que nones, que no era un asunto nuestro. El prestar nuestro territorio como una gran escala para montones de aviones americanos, entre otros los gigantescos B-52, o ingleses o tenernos como base de reposo —se habilitaron centenares de camas para eventuales bajas estadounidenses—, el uso prioritario del oleoducto Rota-Zaragoza, etc., podía ser digerible, pero lo de pegar tiros en el desierto junto a los yanquis no era plato de nuestro gusto.

Hubo que montar una operación en que nuestra presencia sería a centenares de kilómetros de la línea de combate, una fragata y dos corbetas para tomar parte en el bloqueo de las aguas iraquíes, lo que implicaba que la posibilidad de que tuviéramos bajas era prácticamente inexistente. Al mismo tiempo, se trató de arropar psicológicamente al máximo a nuestros efectivos (el servicio militar era aún obligatorio), y los buques hicieron escalas para que los jóvenes —entonces no había «jóvenas» uniformadas— pudieran hablar telefónicamente con sus familias; la televisión dio varios programas demostrando que no, que no, que nuestros soldados no iban a estar verdaderamente en la guerra; Marta Sánchez actuó ante ello. Era un remedo del desplazamiento de Carmen Sevilla a Ifni en 1957 o del de Marilyn Monroe a Corea algo antes, cuando ovacionada en un estadio abarrotado de militares, infantes que entrarían en combate, comentaría posteriormente a su marido DiMaggio: «Uy, Joe, no sabes lo que es que te aclamen treinta mil personas». DiMaggio, el beisbolista más famoso de los cincuenta que se acababa de retirar, ovacionado centenares de veces en su estadio neoyorquino, musitó nostálgico: «Creo que sí lo sé».

El trato con celofanes de nuestros militares hubiese hecho enarcar las cejas a Hernán Cortés o al Gran Capitán y, desde luego, un diplomático estadounidense que estaba muy agradecido por la ayuda logística me comentó que, sin embargo, a la hora de dar la cara, éramos un aliado «*a little bit peculiar*» (un poco especial). Las circunstancias de nuestra actual idiosincrasia parecían imponerlo. Nuestra incruenta participación y el pronto final de las hostilidades hizo la aventura más «vendible» para nuestra opinión pública. No se dio ninguna información sobre los detalles de nuestro apoyo logístico, número de escalas de aviones yanquis, etc. De un lado, González pensaba que no había que facilitar ningún dato que llegase a Sadam Husein; de otro, cuanto mayor pareciese nuestra ayuda, más se encresparía nuestra opinión pública. Estábamos de nuevo ante el cóctel letal: acción bélica más Estados Unidos.

La superioridad de Estados Unidos fue total ante lo que se denominaba el quinto ejército del mundo. Un oficial de carros de combate yanqui con el que traté en Los Ángeles me narraba que en las dos guerras del Golfo el dominio tecnológico de su país era aplastante: el alcance de los proyectiles lanzados desde los tanques americanos era uno o dos kilómetros superior al de los carros de combate iraquíes; sólo tenían que colocarse a la distancia adecuada para poder impactar en el enemigo sin que los proyectiles de éste llegaran al blanco. Hubo, con todo, las inevitables bajas colaterales, rápidamente aireadas con habilidad por Sadam, y Felipe González dirigió en febrero de 1991 una carta a Bush padre mostrando su preocupación por las bajas civiles que aparecieron en la prensa después de una oleada americana, pidiendo incluso el nombramiento de una comisión para que investigara cómo habían ocurrido y aconsejando que se suspendieran los bombardeos sobre Bagdad por razones humanitarias y políticas dada la incidencia en la opinión pública árabe de las imágenes con civiles muertos.

Bush contestó pronto, cortés pero firmemente. Los mandos estadounidenses se esforzaban en reducir las muertes civiles incluso con riesgo de sus pilotos. Sadam desplegaba material militar en áreas residenciales y aviones cerca de riquezas arqueológicas. Una comisión internacional sería burlada porque Sadam habría eliminado antes de su llegada los vestigios del búnker atacado situado en las proximidades de edificios civiles y el dictador continuaba burlándose de la ONU. Hablaba de acatar una resolución del Consejo pero, a pesar de los ataques y del sufrimiento de su población, no de marcharse de Irak. Un diplomático americano me comentaría más tarde que la petición de Felipe González era razonable y humanitaria pero que parar abruptamente los bombardeos significaba colocar sobre el terreno a más infantería con más bajas y que «ustedes, una mayoría de los europeos, en esas ocasiones, no quieren hacer el gasto, quieren que la mayoría de los hombres en tierra, y las bajas, las pongamos nosotros».

A este respecto añadiré que —sin cuestionar la humana gestión de Felipe González, y después de haber pasado once años en Estados Unidos, en dos lugares tan diferentes como Nueva York y Los Ángeles— los estadounidenses empiezan a tener una creciente convicción de que los europeos somos unos «gorrones», que cuando hay un conflicto que afecta, de un modo u otro, a todos, los europeos nos hemos acostumbrado a que Estados Unidos no sólo haga el mayor desembolso económico sino también en vidas humanas.

La primera guerra del Golfo, a diferencia de la segunda, que veremos, se luchó en ausencia de periodistas occidentales. Sólo dos permanecieron en Irak: el americano Peter Arnett y el español Alfonso Rojo. De este modo Husein pudo normalmente manipular la información. El conflicto fue la consagración de la doctrina Powell: Estados Unidos sólo se involucraba en una guerra si la operación contaba con un objetivo claramente definido, su superioridad era abrumadora y había una estrategia de salida. La intervención produjo un efecto saludable en Estados Unidos, enterró el síndrome de Vietnam; la humillación vivida en los arrozales asiáticos en los setenta pasó a mejor vida, y fulminó otro dogma predicado desde entonces: el de que por mucha superioridad tecnológica que tengas la guerra no se puede ganar desde el aire. Se logró que los bombardeos dejaran tambaleante a Irak, como más tarde ocurriría en Kosovo con Milosevic.

GORBY, HA NACIDO UNA ESTRELLA

Entre Felipe González y Gorbachov hubo un flechazo. En esa época, el líder soviético era una superestrella; prensa y opinión pública se lo rifaban. Gorbachov había sucedido a tres vejestorios: el ucraniano Brézhnev, Andrópov y Chernenko. Asistí en un gélido día de noviembre de 1982, acompañando al ministro Pérez-Llorca, al entierro del primero. Eran fechas en que UCD también emitía sus últimos estertores: había perdido las elecciones un par de semanas antes, nos encontrábamos en ese dilatado período que establece nuestra legislación entre la salida de un gobierno (el centrista, entonces) y el debut de otro (el socialista) y Pérez-Llorca, a pesar de que no estaba cayendo la que caía en Europa cuando el derrumbe de Zapatero y el triunfo de Rajoy, me comentó que era un poco surrealista que nosotros estuviéramos allí; creía honestamente que el partido socialista debería tomar las riendas cuanto antes pero que los legisladores de la transición habían querido proporcionar toda clase de garantías para la proclamación veraz del resultado de unas elecciones. Para ello habían dado entrada al Poder Judicial, lo que hace el período más dilatado.

Al parecer, los constituyentes españoles estaban escaldados con las prácticas de la República cuando, en las elecciones, el partido ganador al reunir rápidamente un quórum maniobraba con mil mañas para impugnar las actas de provincias en las que había resultado perdedor, anulando los resultados en esas circunscripciones y obligando a repetirlas controlándolas ya desde el poder.

Se cita como paradigmático de este pucherazo pilotado desde las alturas el dado por la izquierda en Cuenca en las elecciones de 1936. Esto indujo a los legisladores de la actual democracia a introducir la intervención de los tribunales en esta parte del proceso.

Pero estábamos en Moscú por razones de cortesía diplomática. Había muerto un longevo zar de la URSS con la que manteníamos relaciones. El ministro y sus tres acompañantes (UCD era relativamente parca en sus desplazamientos) presenciamos el sepelio de la persona que había regido la imponente URSS durante dieciocho años; vimos, helados en una tribuna al aire libre, el desfile funerario en la Plaza Roja a los acordes de la impresionante *Marcha fúnebre* de, ironías, el polaco Chopin interpretada con brío por la banda del ejército soviético. También comprobamos que la «nomenklatura» que presidía la ceremonia estaba integrada casi exclusivamente por carcamales. Los dos que tomaron sucesivamente el mando, Andrópov y Chernenko, morirían en breve; al referirse al «Imperio del mal», Reagan comentaría que sus líderes se le morían en un santiamén, mientras que la frugal Thatcher, pesarosa por haberse comprado unas botas caras para asistir al frío entierro de Andrópov, pensó que al menos las amortizaría pronto porque el de Chernenko estaba cercano. No se equivocaba y llegó Gorbachov, un personaje totalmente distinto.

El nuevo secretario general de la URSS era relativamente joven, 54 años, simpático y, para completar la impresión de modernidad, su esposa, la impertinente Raisa que pondría de los nervios a Nancy Reagan, era licenciada en psicología, profesora, gustaba de vestir con ropa occidental y pronto se dijo de ella que era la primera mujer de un líder soviético que podía resultar atractiva y que no pesaba el doble que su marido. En años anteriores había corrido por las cancillerías una disquisición chistosa. Un intelectual occidental cavila en voz alta ante un ruso sobre lo que habría ocurrido en el mundo, qué rumbo habría tomado la política internacional, si en vez de caer Kennedy asesinado por unas balas en Dallas le hubiera ocurrido a Kruschev en Leningrado. El ruso responde re-

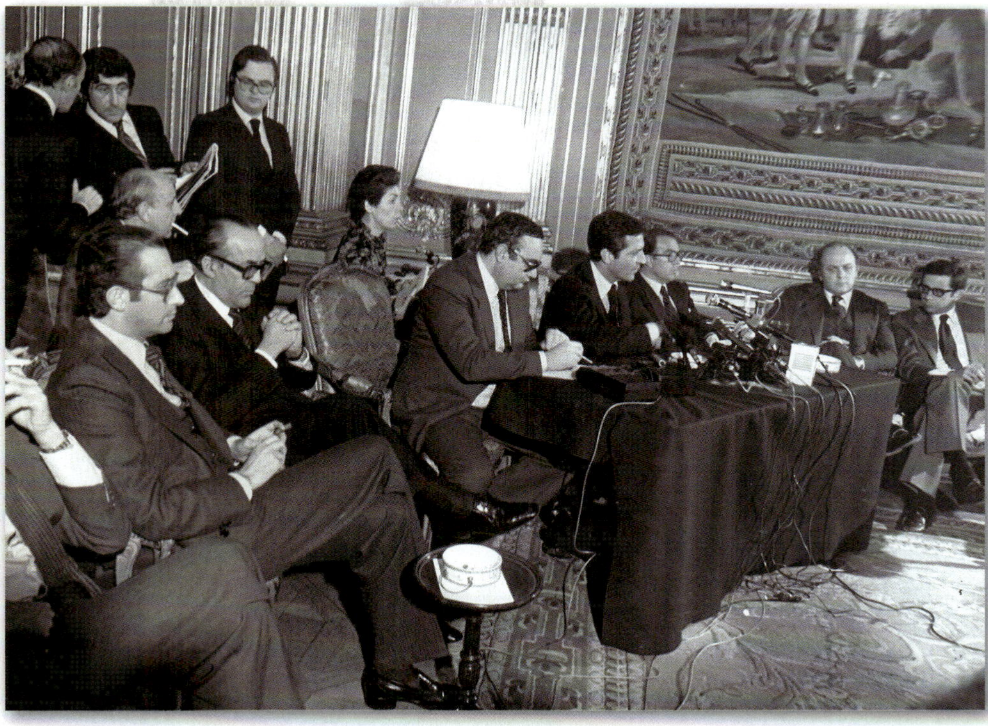

1979, Suárez, flanqueado por Oreja y otros ministros, da una multitudinaria y delicada rueda de prensa en París mientras ETA tenía secuestrado a Rupérez.

© M. Povedano

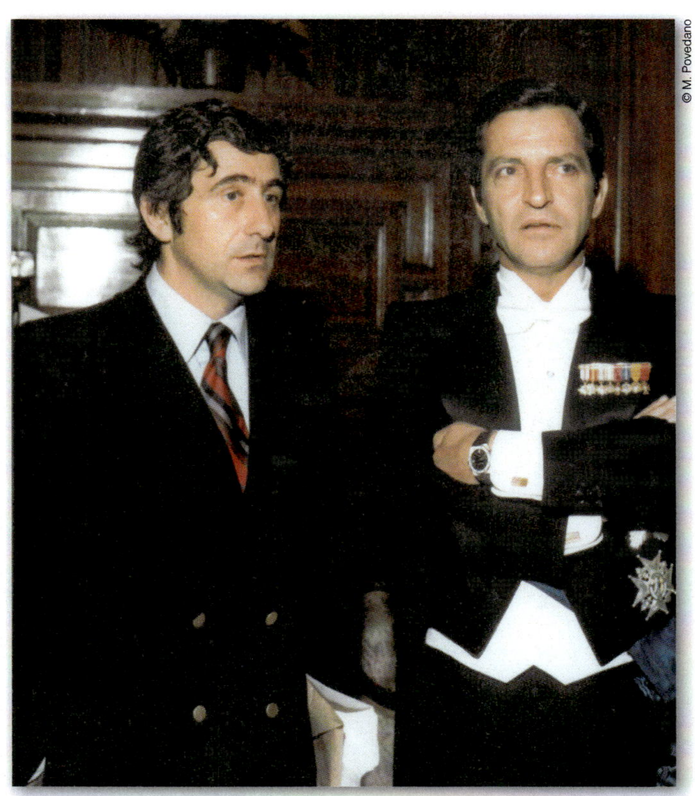

Suárez acababa de ficharme para Moncloa.

1978, Suárez y Giscard. No hubo química. El francés lo consideraba poco «intelectual» y no quiso convencerse de que en España gobernaba Adolfo Suárez y no el rey.

1979, Suárez, pionero en el abrazo al líder palestino Arafat. La foto tendría un coste para él en ciertos medios escritos de Estados Unidos.

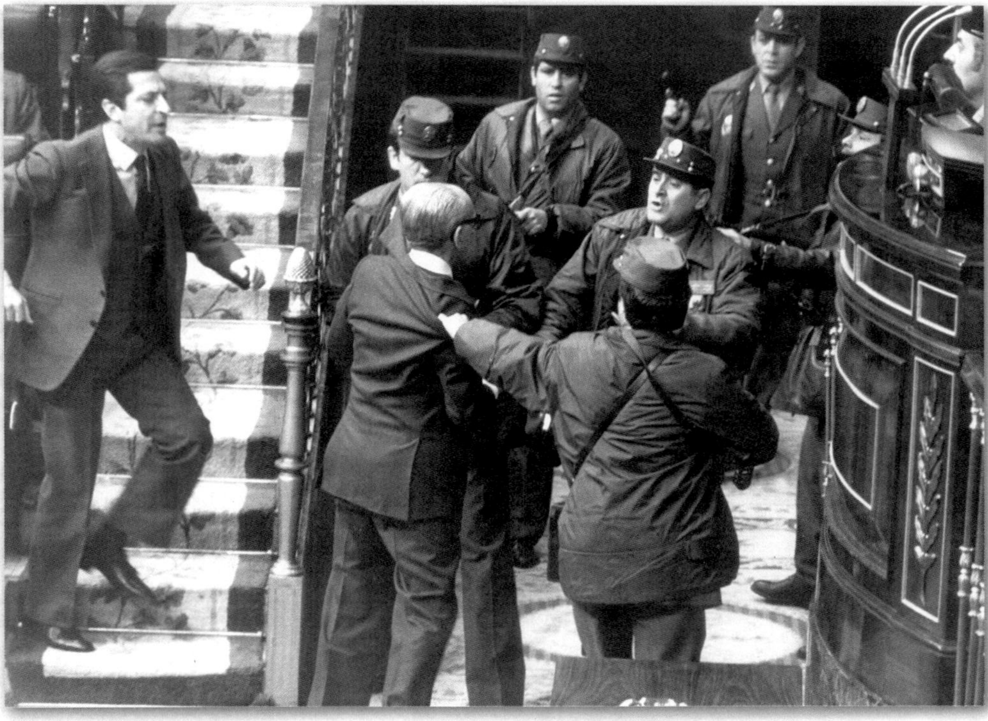

23F de 1981, una instantánea histórica. Suárez con agallas defendiendo la Constitución y el Parlamento, se enfrenta a los golpistas que zarandean al también valiente Gutiérrez Mellado.

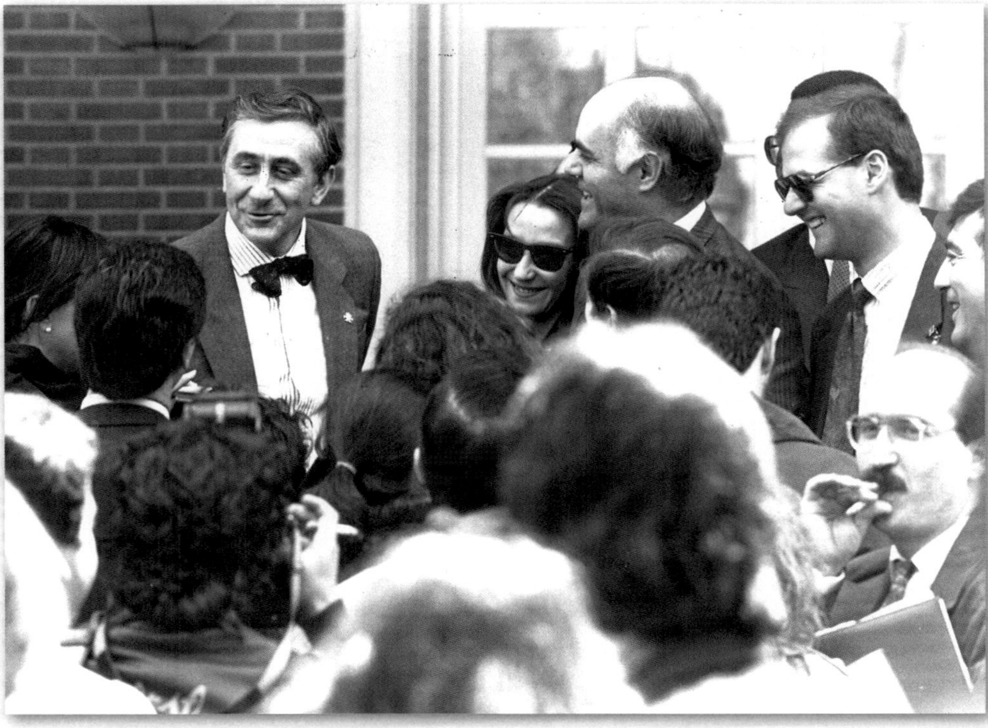

El autor en los jardines de La Moncloa tratando de encantar a las serpientes de la «canallesca periodística».

1981, la visita del secretario de Estado Alexander Haig levantó una enorme expectación por su improvisado y desafortunado comentario sobre nuestro golpe de Estado. Esta fue su rueda de prensa.

1981, el gobierno de Calvo-Sotelo logró que el *Guernica* volviera a España y concretamente al Prado, tal como había dispuesto Picasso.

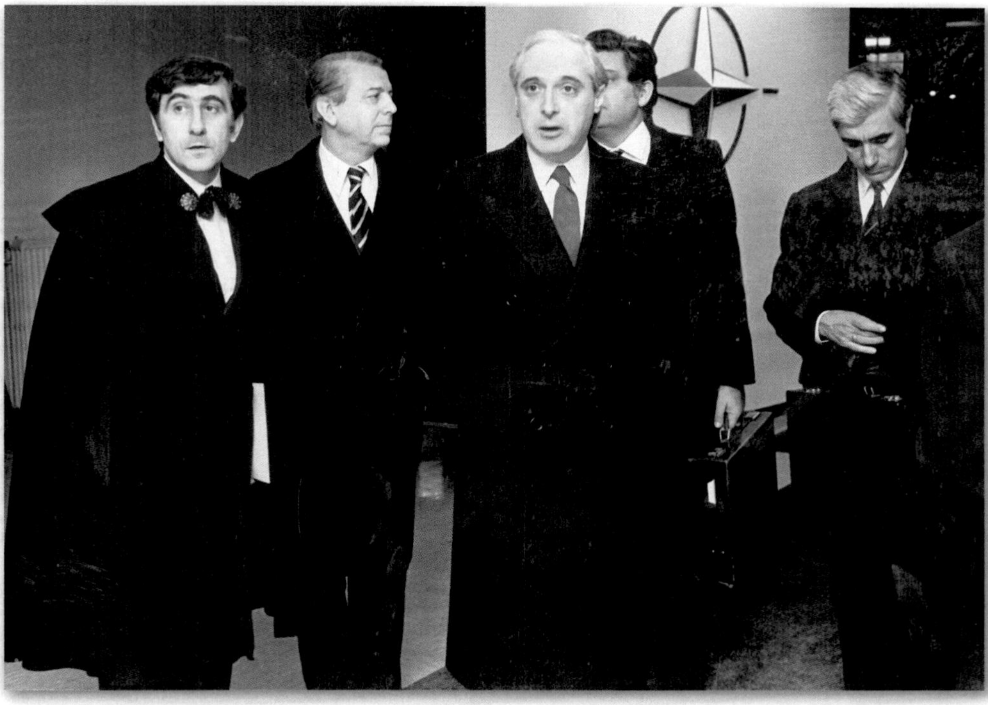

© NATO Photo

1981, Pérez-Llorca había «sudado» la entrada en la OTAN. La foto fue tomada en la sede de la Organización.

© EFE

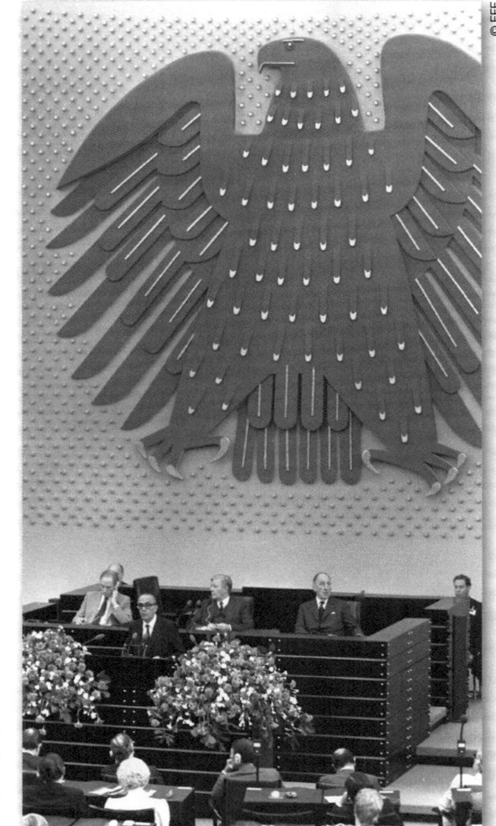

1982, Calvo-Sotelo debuta en la Cumbre de la OTAN en Bonn. Se congratula de nuestra entrada y advierte que España vetará cualquier intento de condenar a Argentina por la guerra de las Malvinas. Algo que la señora Kirchner, como otras cosas, ha olvidado.

© EFE / Manuel Hernández de León

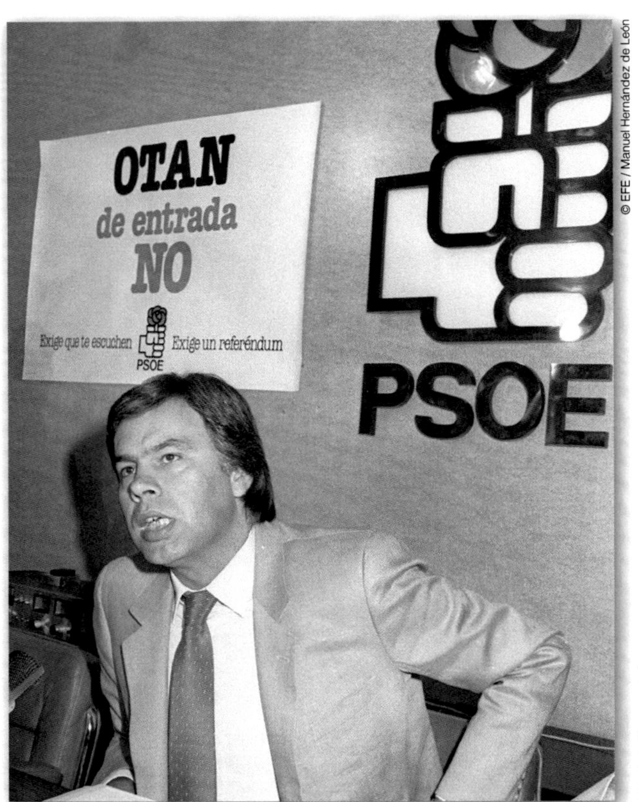

Un pecadillo juvenil de González. En 1981, calentó el tema de la OTAN electoralmente, luego se percató de las consecuencias y tuvo que rebobinar. Más tarde reconocería el error.

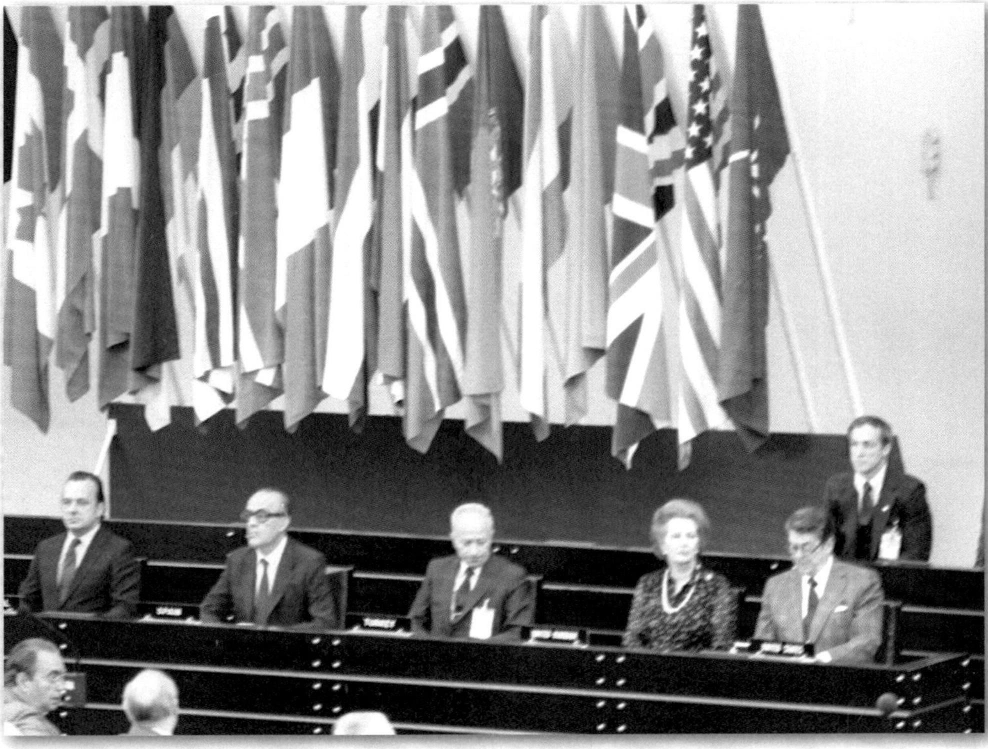

1982, Calvo-Sotelo junto a dos *superstars* del momento: Reagan y Thatcher.

12 de junio de 1982, una fecha trascendental para España: Felipe González firma en el Palacio Real la entrada de España en Europa.

Ordóñez no alardeaba de ello pero no ocultaba su madridismo. El club quiso mostrar su agradecimiento y el ministro invitó a una representación del club a una cena en el palacio de Viana: Mendoza, Butragueño, Sanchís, Michel, Chendo... y, quien le apunté y él coincidió, que era el absolutamente indispensable: el irrepetible Alfredo Di Stéfano. Ordóñez andaba ya muy enfermo. Su médico, Carlos Sáenz, está en la foto. Los otros son el embajador Durán y su compañero de asiento en el estadio Santiago Bernabéu, J.M. Concejo.

1989, a González le costó un tiempo convencer a su correligionario Mitterrand de que los etarras eran terroristas y que Francia no debía ser mezquina dilatando nuestro ingreso en Europa.

1991, un acontecimiento relevante. España acoge la Conferencia de Paz en Oriente Medio; la celebración aquí fue un tributo al buen hacer de González y su ministro Ordóñez. Los presidentes Bush y Gorbachov escuchan al español al que respetaban.

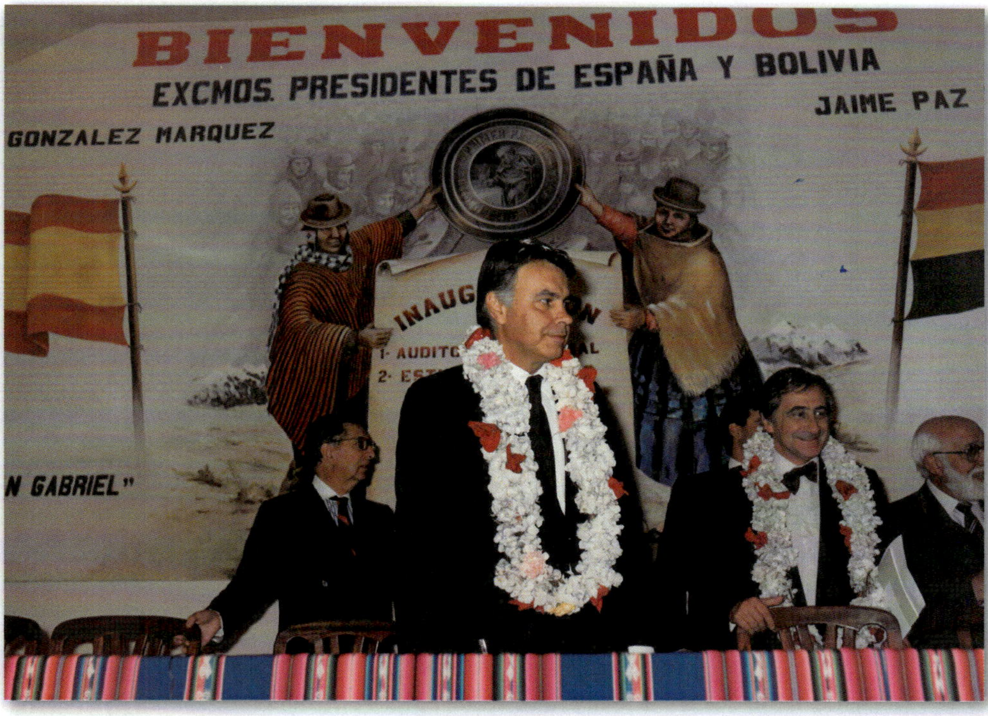

© M. Povedano

Felipe González era americanista, afán que el autor, secretario de Estado en ese momento, compartía con él. La foto está tomada en Bolivia, en 1992.

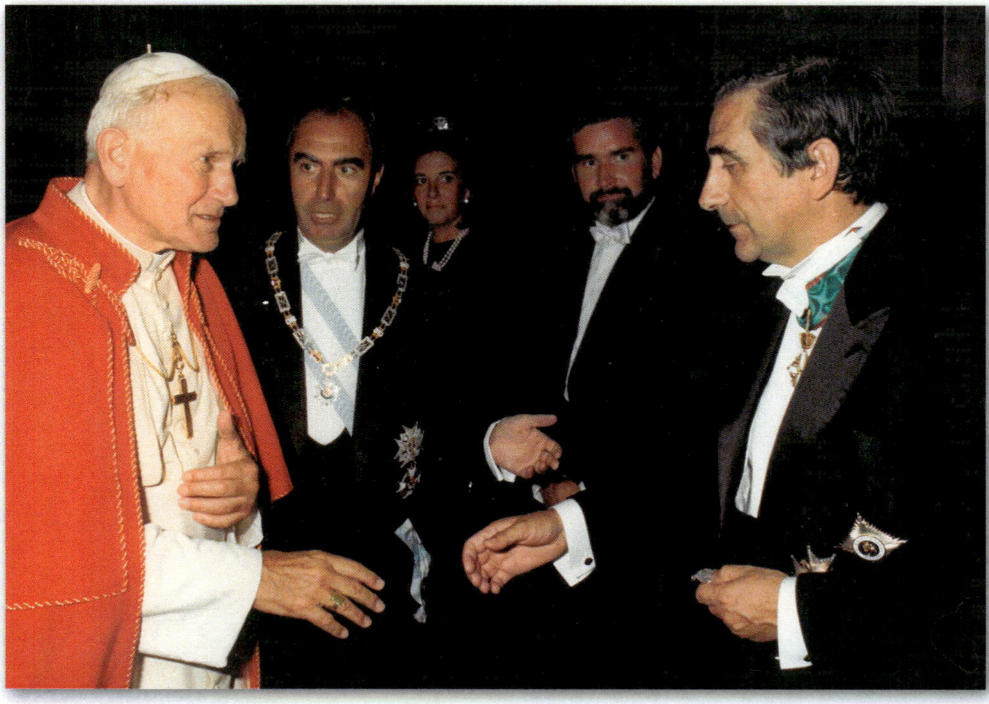

© L'Osservatore Romano

Canonización de fray Junípero Serra. Preside nuestra delegación el llorado Félix Pons. Estoy a punto de pedir a Juan Pablo II que bendiga una medalla de la Virgen para un diestro que me había brindado un toro.

1992. II Cumbre Iberoamericana de Madrid. Fue muy concurrida, entonces las cumbres despertaban considerable interés. Coincidió con la Expo de Sevilla y los Juegos Olímpicos de Barcelona. En
la fotografía puede verse al rey, Felipe González y Salinas (México), estos dos últimos inventores del
evento, en primera fila. Detrás de ellos están Borja (Ecuador), Cristiani (Salvador) y Castro (Cuba).
En la tercera fila, Callejas (Honduras), Calderón (Costa Rica) y Rodríguez (Paraguay).

Credenciales en el Palacio Real. En ausencia por enfermedad o viaje del ministro de Exteriores, el
subsecretario asiste al rey. Por eso aparezco detrás del monarca.

1994, el carismático Kofi Annan, secretario general de la ONU, con Aznar en la Moncloa hablando de Irak.

En 1997 Matutes jugó con habilidad para que la importante Cumbre de la OTAN tuviera lugar en Madrid. Era la de la ampliación al este. En la foto, los matrimonios Clinton y Aznar en esas fechas.

El presidente argelino Buteflika, héroe de la independencia, mostraba un claro aprecio por Aznar. Recordaba, incluso con admiración, un discurso que el abuelo de nuestro presidente, embajador en Naciones Unidas, hizo en la Asamblea.

En el año 2000 Matutes pasa los trastos a Piqué, el ministro de Exteriores de verbo más brillante de la democracia.

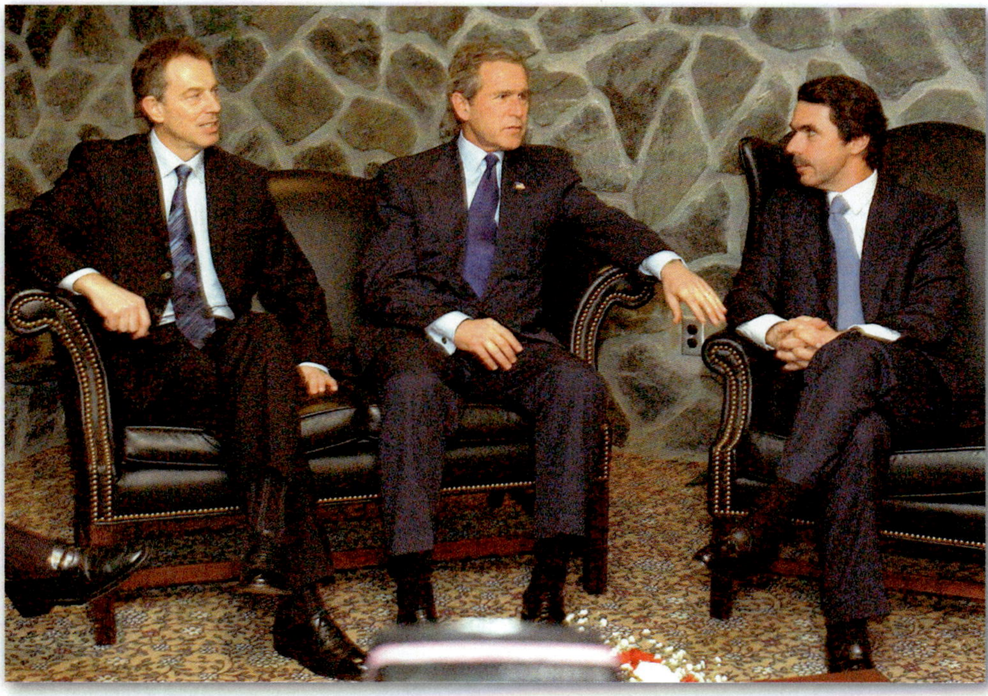

© EFE / Sergio Barrenechea

En marzo de 2003 tuvo lugar la Cumbre de las Azores, un día antes de la intervención en Irak. Los dos europeos, Blair y Aznar, parece que deseaban esperar, los militares estadounidenses dijeron que era «ahora o nunca».

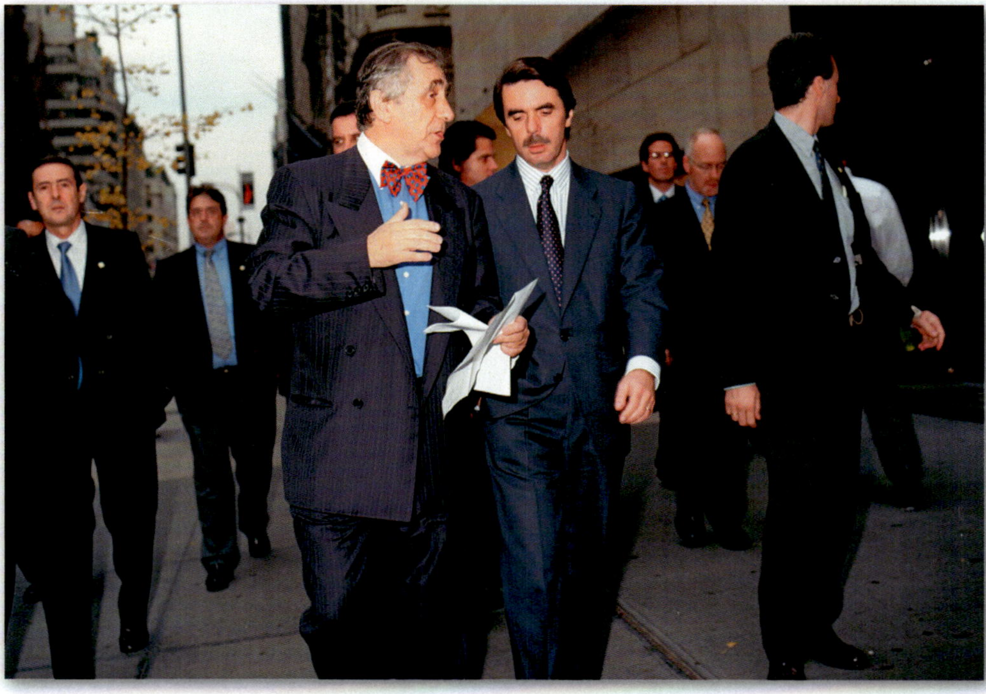

© M. Povedano

Por la Quinta Avenida neoyorquina camino de la ONU. Aznar me repetía nuestra postura en el Sahara o yo le apuntaba los argumentos que darle a Annan para conseguir un buen puesto para Moratinos. Tratamos de los dos temas durante el paseo.

Julio de 2003. España preside el Consejo de Seguridad de la ONU. Debe de ser el momento en que aprobamos la resolución sobre el Sahara.

El «amateurismo» y el adanismo de nuestro futuro presidente influyeron en la «sentada» ante la enseña estadounidense durante el desfile del día de la Hispanidad en 2003. Alguien debió de advertirle que en muchos países el desaire a la bandera es algo imperdonable. Afortunadamente, la foto tuvo escaso eco en Estados Unidos.

El anuncio de la retirada de nuestras tropas de Irak en abril de 2004 no gustó en varios gobiernos amigos. No podían llamarse a engaño, Zapatero lo había anunciado en la campaña electoral pero la forma en que salieron las tropas fue considerada chapucera, precipitada e insolidaria por varios aliados. En Estados Unidos no gustó a republicanos ni a democratas.

2007, Zapatero había pedido educadamente a Chávez que se comportara y no insultara a ausentes. El venezolano, que no tenía el uso de la palabra, porfió y llegó la frase del rey que dio la vuelta al mundo: «¿Por qué no te callas?».

Imagen patética en la Cumbre de la OTAN en Rumanía de abril de 2008. Zapatero aparece solo por su incomodidad en las reuniones internacionales o su total desconocimiento de los idiomas. Mientras los demás líderes discuten temas en los pasillos o gastan bromas, nuestro presidente está aislado.

Zapatero con su añorado Obama. Su supuesta «alma gemela» no visitó el hogar español ni siquiera para una prevista conferencia en la que se le esperaba aunque se desplazó a unos cuarenta países.

flexivamente: «No sabemos, pero lo que sí se puede asegurar es que Onassis no se habría casado con la viuda de Kruschev». (Recordemos que el magnate Onassis sí esposó a la viuda de Kennedy.)

Gorbachov causó pronto una buena impresión. La señora Thatcher, poco propensa a simpatías por cualquier dirigente comunista, diría que era una persona con la que ella podía «hacer negocios» y, cuando lo recibió en Gran Bretaña antes de ser el jefe supremo (la primera salida a un país capitalista europeo del político), consideró que era un ruso que se reía con naturalidad, un buen polemista que se apartaba del papel de ventrílocuo habitual en los dignatarios soviéticos en el exterior. Mantuvieron una dura discusión en la que la Thatcher le dio a entender que la propuesta soviética de dejar Europa sin armas nucleares era una trampa para romper el equilibrio de armamentos y dejar a Europa a merced del potente ejército soviético. En sus memorias, la Thatcher narra que al despedirse, Gorby, que había superado ampliamente el tiempo de la entrevista, le dijo jocosamente: «Me voy porque dice la gente de la montaña de mi tierra que no pueden vivir si no tienen invitados o aire puro, pero que si los invitados se quedan más de lo conveniente se asfixian». En general, los rusos son, en efecto, gente muy hospitalaria, que tarda en irse de los convites y alarga las despedidas. Un dicho ruso sostiene que «hay que temerle más a un invitado que está ya de pie que a uno sentado».

El mérito de Gorbachov es que fue el primer dirigente soviético que se percató claramente de que su sistema político económico estaba agotado y actuó en consecuencia. Llegó al poder conociendo que la Unión Soviética no podía resistir la competencia con Estados Unidos y Occidente; dedujo que si quería alimentar a los soviéticos no podía seguir la carrera de armamentos con Estados Unidos; que, aparte de la superioridad tecnológica de Estados Unidos, que terminaría proporcionando a Washington un armamento más invulnerable, el sistema soviético era incapaz de suministrar las dos cosas: limitado bienestar y seguridad exterior. Gorby debía de reflexionar sobre la frase de aquel comentarista que decía que el problema es que Dios le ha dado al hombre sangre para un cerebro y un pene, pero no la suficiente para que los dos funcionen a la vez.

Ésa era la situación soviética. Lejos estaba el «debate de la cocina» de Nixon con Kruschev, en el que ambos disputaban sobre qué país proporcionaba más bienestar a sus ciudadanos. La frase de Kruschev «os enterraremos» sonaba a fines de los ochenta como una bravata risible. Mantener su estatus de superpotencia militar era ya una hemorragia insostenible para la URSS y su intervención en Afganistán lo ponía más que nunca de manifiesto. Hay analistas, como el autorizado Bregolat, que sostienen que Gorbachov no se percató de la celeridad que tomaría el proceso que él desencadenó, que no quería ir tan lejos, que buscaba una reforma más limitada; Eric Hobsbawm opina que era «un sincero y apasionado reformador comunista»; en todo caso, la historia es la que es y en aquellos momentos el mundo se bañaba en una alegre Gorbymanía que también hizo estragos en nuestro país. Francisco Umbral, después de asistir en El Pardo al acto en que el rector Villapalos invistió a Gorbachov como doctor honoris causa de la Complutense, escribiría: «Aquella tarde esperanzada regresamos a Madrid entre las bellas señoras que vivían el esnobismo de haber hablado un poco en inglés con el temible rojo. Estaban emocionadas, trémulas y cachondas de haber participado tan directamente en la historia» (*La década roja*, ed. Planeta).

Felipe González visitaría Rusia y recibió en Madrid a Gorbachov, a fines de octubre de 1990 en una visita que despertó enorme expectación. El día 2 había tenido lugar la reunificación alemana y el 15 Gorbachov había obtenido el Nobel de la Paz. El encuentro evidenció la sintonía entre los dos políticos. Nuestro presidente mostró su fe en que Gorbachov estaba sinceramente empeñado en su *glastnost* y en su *perestroika*, es decir, en su apertura a la democracia y en la modernización de su país. El hecho es que Gorbachov se esponjó con las palabras y la actitud de González. Necesitaba evidentemente apoyos externos para cubrirse los flancos en su inquieta patria. En el almuerzo que el español ofreció en La Moncloa el 27 de octubre de 1990 (lomos de merluza al vino blanco, costillar de corderito al perfume de romero con patatas panadera y setas de cardo, mousse de mango con salsa de madroños regado con Blanco Mirador, Imperial Gran Reserva 81 y a los postres un Jerez Matusalen), Felipe González estuvo elocuente y adulador: la *perestroika* supera los modelos de confrontación y coexistencia, el cambio político ruso es de capital importancia para Europa y para España y, miel para los oídos de Gorby, «el interés de mi país es invertir en la *perestroika*».

El ruso estaba encantado. Declaró que España y Rusia pertenecían a la misma generación, afirmó que la URSS había dado el primer paso hacia la convertibilidad del rublo, dijo que su país necesitaba créditos como lenitivo para que la transición fuera menos dolorosa, que no pedía limosna sino créditos en condiciones normales, y que después «de mis conversaciones con González, más me he convencido de que estoy en el buen camino».

Los tiempos, como es fácil comprobar, cambian. Hace veinte años la Unión Soviética solicitaba con premura créditos de España; ahora, rebosante de gas y petróleo, tiene las terceras reservas mundiales de divisas.

Los Gorbachov visitaron Barcelona. Es práctica corriente que los jefes de Estado extranjeros que no vienen escopeteados visiten una comunidad autónoma. En ocasiones se pasean por dos. Con Gorbachov se barajó que fuera a Sevilla y Barcelona. Las estrecheces cronológicas forzaron a optar y se escogió Barcelona, un reconocimiento del peso de Cataluña en España y una deferencia hacia Pujol que en aquel momento seguía hablando de una Cataluña con personalidad propia en el seno de España. El desplazamiento al que asistí, yo, como subsecretario —era el cargo más alto de Exteriores que viajó a la capital catalana y compartí coche con el ministro de Exteriores soviético Shevardnadze—, fue sabroso desde un punto de vista protocolario y pintoresco en cuanto a la actuación de determinados políticos. Gorbachov era el primer presidente soviético, y ruso, de la historia que llegaba a nuestro país y lo hacía convertido en el Michael Jackson de la escena política internacional. Se pensó, entonces, que tal como había hecho el rey con la reina de Inglaterra con la que viajó a Sevilla, el príncipe acompañase al ruso a Barcelona. No viajó el ministro de Exteriores aunque sí lo hizo el de Defensa, Narcís Serra, catalán y cuyo departamento es el segundo en la clasificación protocolaria de los ministerios (Exteriores, Justicia, Defensa, Hacienda, Interior, etc.). Con todo, después del príncipe, era evidente que la persona de mayor relevancia por parte española era Pujol.

Dentro del territorio de su autonomía, el presidente de la misma tiene prioridad en la precedencia con las contadas excepciones que marca la ley. El Real Decreto de 4 de agosto de 1983 lo establece claramente así: el presidente de Cataluña, Andalucía o La Rioja cede la precedencia al rey, al príncipe, al presidente del Gobierno, al de las Cortes, pero no a un ministro y ni siquiera a un vicepresidente a no ser que esté ejerciendo de presidente por ausencia del titular.

Desde que el ilustre visitante pisó tierra en Barcelona comenzaron los codazos y no precisamente de Pujol. La recepción en el aeropuerto fue rápida y protocolariamente ortodoxa. El príncipe, flanqueado por Pujol, acogió a Gorbachov. Se trasladaron todos con Serra al anillo olímpico donde los esperaba Maragall, alcalde de la ciudad, quien comenzó, como estaba previsto, a dar explicaciones a los Gorbachov sobre las instalaciones y las expectativas de los Juegos Olímpicos. Todo normal, en principio, porque en esos momentos era el anfitrión de la sede de los Juegos. A partir de ahí, sin embargo, el resto de las personalidades, entre otros los peces gordos que hemos mencionado, observaron atónitos cómo el alcalde, seguido a veces de Serra, arrastraba aparte, una y otra vez, a Gorbachov para chupar toda la cámara con él. Protocolo, que estaba tan pasmado como nosotros, empujaba al príncipe y al presidente de la Generalitat para que salieran en la foto. Maragall, impertérrito, en una de sus «maragalladas» en calificativo de Julio Feo, repetía el distanciamiento. Pujol acabó marchándose y el príncipe, aunque no abrió la boca, debía de andar un tanto mosqueado.

Al almuerzo en el Palacio Real de Pedralbes se llegó con considerable retraso. Los responsables de Protocolo venidos de Madrid querían a toda costa que Pujol conversara dilatadamente con Gorbachov y montaron una reunión entre los dos matrimonios mientras los invitados tomábamos el aperitivo. Habían transcurrido unos siete minutos cuando Serra, percatándose del aparte, pidió insistentemente a Seguridad que lo dejara entrar; quiero recordar que se acercó a Shevardnadze, que estaba en un grupo conmigo, para que le siguiese. El tímido pero amable georgiano, que luego sería presidente en su renacido país, probablemente conocedor de que su señorito quería estar a solas con el Honorable, declinó la invitación. Serra porfió hasta que lo dejaron entrar y raudamente, detrás de él, se coló Maragall, que quería obsequiar al ruso con un libro antiguo y que posiblemente acapararía la conversación con el soviético.

La entrevista entre Gorbachov y Pujol, entre la interrupción y la barrera del idioma —el político catalán, a diferencia de bastantes políticos españoles de su generación, es más o menos políglota, pero no habla ruso—, se quedó en entrevistilla. Como colofón, momentos antes de concluir la curiosa reunión de los «grandes» y literalmente segundos antes de que los demás entráramos en el comedor, un asesor del ministro Serra, sin consultar ni pedir permiso a Protocolo, pasó por la mesa presidencial y, con envidiable desparpajo, cambió la colocación del ministro y de su señora. Como consecuencia, Serra quedó sentado inmediatamente a la izquierda del príncipe, la señora de Gorbachov a la derecha de don Felipe y Pujol a la derecha de ésta. Es decir, el presidente de la Generalitat estaba protocolariamente situado por debajo de un ministro del gobierno.

Aunque el detalle puede parecer nimio, no estamos en el siglo XVII donde una disputa en Londres por la colocación en una ceremonia de las carrozas del embajador de Francia y el de España desembocó en una trifulca con palafreneros heridos, caballos muertos y relaciones hispano-francesas al borde de la ruptura; el hecho no debió de hacer las delicias de Pujol ni de los responsables de Protocolo. En fin, se trata de pinceladas sobre la voracidad por chupar cámara y las tribulaciones de Protocolo cuando llega un matador de categoría especial.

Ya en el café, alguien me llamó desde Madrid para que transmitiera a Gorbachov que sí se podía acelerar un trámite de algo, no recuerdo qué, que había tratado con nuestro presidente. Informé a Shevardnadze, que al salir me llevó al lado de su jefe, quien cogiéndome las manos me recalcó que estaba muy agradecido a España, que trasladase su reconocimiento a nuestro presidente, un verdadero «*drug*» (amigo) y que no me olvidase de «Karol» (el rey).

El reconocimiento elogioso de Gorbachov continúa siendo patente en los medios políticos occidentales. En su país, sin embargo, tiene un muy reducido índice de popularidad. No sólo por su lucha contra el alcoholismo —detestada al ser entonces y ahora una lacra de la población masculina de su país— sino porque una buena parte de los rusos lo culpan del declive, de la pérdida de grandeza de Rusia. Su mérito como introductor, voluntario o involuntario, de la democracia es pasado por alto. Complejidades del alma nacionalista rusa. Putin, que goza de una envidiable aceptación, ha dicho en alguna ocasión que una de las mayores tragedias del siglo XX ha sido la explosión y desaparición de la Unión Soviética y muchos rusos creen a pies juntillas que en la era de Gorbachov, y en una parte de la de Yeltsin, Occidente se aprovechó alevosamente de los problemas internos de Rusia para debilitarla y cortarle las alas en el terreno internacional. La creencia más extendida y de lo que cualquier diplomático ruso se quejará sin necesidad de compartir un vodka es la de que cuando Rusia accedió a permitir que las dos Alemanias se reunificaran, los americanos y europeos occidentales prometieron, a su vez, que no alentarían el ingreso en la OTAN de países que hubieran estado en el seno de la Unión Soviética, promesa que, según los rusos, se ha incumplido groseramente.

En la reunificación de Alemania, Felipe González se colocó en el lado de los buenos, en el de la corriente de la historia, lo que le volvió a ganar el aprecio de Kohl. Tuvo olfato en ese momento aunque le fallase, como a todo el mundo, un poco antes. En octubre de 1988 recibía al presidente de la Alemania comunista, Honecker, con el que no trató de la reunificación alemana, posibilidad inimaginable en aquellas fechas, y el portavoz de Honecker, según recogía *ABC*, pudo jactarse de que la cuestión del muro no había sido abordada por nuestro presidente («¿El muro? ¿Qué muro? No, nadie habló del muro»); el español, meses más tarde, cuando para su sorpresa y la del mundo se desplomó el Muro de Berlín, se percató pronto de las posibilidades que surgían con el derribo de la muralla y fue de los primeros en telefonear a Kohl. Nuestro país no había luchado dos guerras mundiales contra los teutones y los temores de que la absorción de los dieciséis millones de la Alemania comunista creara un gigante intratable estaban muy difuminados o eran inexistentes.

La reacción de los dos líderes occidentales más importantes, Mitterrand y la señora Thatcher, fue muy diferente. Aunque formalmente, en reuniones y conferencias, franceses y alemanes de todas las tendencias repitiesen con solemnidad que la separación de las dos Alemanias era una injusticia histórica producto de la Segunda Guerra Mundial y del imperialismo soviético, la realidad es que Thatcher y Mitterrand se estremecieron cuando el muro fue derribado y se percataron de que las dos Alemanias podían unirse alumbrando ya sin paliativos el mayor país de la comunidad europea. Helmut Kohl ha comentado repetidamente que puede contar con los dedos de una mano quiénes estuvieron de acuerdo con la reunificación.

Se ha sabido posteriormente que la británica y el francés trataron de impedirla. La señora Thatcher confiesa en sus memorias que «si había alguna esperanza de detener o ralentizar la reunificación sólo podía venir de una iniciativa anglo-francesa». Ambos líderes celebraron reuniones en ese sentido de las que la Thatcher sacó la impresión de que Mitterrand era tan reacio como ella pero que públicamente sería más cauto. Felipe González, aun tratando de no fustigar a un colega socialista, cuenta que cuando estalló el muro, sabiendo que Ordóñez viajaba con su colega francés Dumas, lo llamó y le indicó que pidiera a éste que sugiriera a Mitterrand que, ante la magnitud de los acontecimientos, convocara un Consejo extraordinario de la Unión Europea como le correspondía por ocupar la Presidencia. (No está claro por qué Felipe no lo llamaba directamente, ¿intuía las reticencias del presidente galo?) El francés remoloneó diciendo que sólo faltaba un mes para una cumbre programada. La aparición de su rival Giscard en la televisión criticándolo por no darse cuenta de la trascendencia del momento provocó la convocatoria de un consejo-cena extraordinario en el Elíseo de los líderes europeos, que a Felipe le dio la impresión «de ser algo para cubrir el expediente y ganar tiempo para la respuesta».

El francés, a pesar de su cautela, se movía. Alertó a la Thatcher de que Kohl «tenía tal popularidad en la nueva situación que los alemanes a sus órdenes podían conquistar más territorio que Hitler». Tuvo la osadía de viajar a Kiev para entrevistarse con Gorbachov y pedirle que no diera luz verde a la reunificación, y poco más tarde a Alemania del Este para decir a sus dirigentes comunistas que no se integraran en su hermana occidental. Era una puñalada a su aliada Alemania que resultó más profunda cuando se negó a asistir con Kohl a la apertura de la Puerta de Brandeburgo que había separado a la Alemania libre de la comunista.

La señora Thatcher no se anduvo por las ramas. Fue a ver a Gorby, le pidió que «se pararan las grabadoras y los que tomaban nota» y le manifestó que «la unión alemana socavaría la estabilidad internacional». Las gestiones resultarían estériles. Por olfatear el curso de la historia o porque necesitaba la ayuda alemana (la Thatcher deja caer maliciosamente en sus memorias que Kohl accedió rápidamente a pagar el costoso traslado de las fuerzas soviéticas estacionadas en la Alemania del Este), Gorbachov dijo que él no sería obstáculo. El ruso fue más lejos, le sopló al alemán Genscher que Mitterrand porfiaba por que se bloquease la reunificación. Otro golpe de gracia para las pretensiones franco-británicas sería que Estados Unidos, que también había luchado contra Alemania en la Guerra Mundial, no se oponía, incluso la apoyaba abiertamente.

1989, año de la caída del muro y el del ecuador del largo «reinado» de Felipe, fue venturoso para el político sevillano en las relaciones internacionales. En el primer semestre, España había desempeñado la Presidencia europea de la que salimos muy airosos; el crecientemente importante Kohl apreció sensiblemente su gesto pro reunificación; en el verano vendría el rey Hasan; en la última quincena de octubre González viajaba a Washington, invitado con interés por Bush padre, y el 23 se celebraba en España una Cumbre hispano-francesa. La ganada aureola de estadista debió de favorecerle en las elecciones de esa misma semana, 29 de octubre, las terceras que ganaría con 175 diputados. Resultado inferior a las dos anteriores pero suficiente para gobernar. Durante la campaña electoral surgió la grave enfermedad de La Pasionaria. Su muerte días más tarde tuvo muy amplio eco en la prensa. Algún monclovita comentó discretamente que el gobierno en los postreros días que precedieron a las elecciones estaba considerando destacar policías en el hospital ante el temor de que algún allegado político de Dolores Ibárruri, con la idea de influir en el resultado electoral, decidiera desconectar los cables que la mantenían penosamente en vida.

Gorbachov se retiraría frustrado después del golpe de Estado legal de Yeltsin. Sería cicatero no reconocerle el coraje de permitir la caída del Muro de Berlín y la reunificación alemana, está en la Historia europea con mayúsculas, pero en su país —la URSS se desintegraría en 15 repúblicas, demasiado para un nacionalista ruso— ha acabado siendo menospreciado. Kissinger ha escrito (*Diplo-*

macy, ed. Simon & Schuster) que resignadamente Gorbachov le había confesado en 1989: «Saber lo que estaba mal era sencillo, lo difícil era saber qué era lo adecuado». Alguien ha comentado de Gorby que acabará pasando a la historia como una figura trágica, un zar liberador comunista que a semejanza de Alejandro II destruyó lo que quería reformar y fue destruido a su vez en el proceso. Justamente lo contrario del modo que ha pasado a la historia Mitterrand, un hombre culto y de dudosa ética que bastantes años después de su muerte es admirado por una parte no despreciable de sus compatriotas (en el año que precedió a su muerte se vendieron en Francia un millón quinientos mil libros sobre su persona).

MITTERRAND, UN «AMIGO» QUE OS QUIERE BIEN

Mitterrand es de los políticos más finos y ciertamente más cínicos que han desfilado por Francia en los últimos cien años. Calvo-Sotelo dice que era «un político químicamente puro que siente la fruición del enredo, lo acepta cuando sobreviene y lo provoca cuando lo necesita... uno de sus mayores aciertos es que mantenía, cuando llegó, la paciencia que tuvo para llegar». (El francés tenía un mandato de siete años y ascendió a la Presidencia al borde de los 65 años.) Más inclemente fue Enric González en *El País* cuando escribió que fue «el paradigma del abuso del poder. Lo de alojar y recrear a su otra familia (su amante Anne Pigeot y su hija Mazarine) por cuenta del erario público fue un pecadillo venial comparado con el atentado contra la ONG Greenpeace; simuló años antes otro ficticio contra su persona (el del Observatorio) para hacerse popular y, sobre todo, con las actuaciones de la célula que instaló en el Elíseo» supuestamente antiterrorista pero cuyo objetivo fue espiar a adversarios políticos, desprestigiar a periodistas incómodos; «funcionaba al margen de cualquier ordenación legal. El presidente se autorizó a sí mismo, simplemente para proteger su vida privada (su familia secreta, su enfermedad secreta...)

violó la vida privada de otros, lo cual constituye un rasgo totalitario». Un tribunal de París, años después de su muerte, condenó a varios colaboradores de Mitterrand por escuchas ilegales a 150 de sus adversarios políticos. El juez diría, según *Le Monde*, que «el presidente estaba personalmente en el origen de la creación de la célula». Los franceses le han perdonado esta y otras numerosas fechorías; en todas partes cuecen habas.

En contra de lo que creían los progresistas españoles, la coincidencia de dos gobiernos socialistas en Francia y España a fines de 1982 no cambió en un primer momento la actitud gala en los temas vitales para nuestro país que hemos abordado en capítulos precedentes, es decir, el obstruccionismo en el ingreso en Europa y la muy escasa cooperación en la cuestión del terrorismo de ETA.

Felipe González abundaría, ya avanzado su mandato, en las impresiones de sus predecesores cuando dijo que los franceses se empeñaban en ver secuelas del franquismo «aquí y allá, no se dan cuenta de que hemos ido más allá que Francia en el terreno de las libertades» (entrevista al periódico *La Dépêche*). Las muestras de paternalismo eran abundantes. En el tema vasco la situación era curiosa. Nuestra Euskadi gozaba de una amplia autonomía y los socialistas franceses en la campaña electoral de 1981 hablaban de la creación, por fin, de una provincia vasca en Francia. Ganadas las elecciones, París dio carpetazo al asunto. Como apunta Acuña, la desconfianza hacia la contaminación autonómica fue creciendo durante el mandato de Mitterrand. En octubre de 1984, el presidente hablando en Bayona enterró el tema: «La defensa de las peculiaridades vascas no debe confundirse con una etapa hacia la autonomía o hacia la independencia».

En la para nosotros vital cuestión del terrorismo, el paternalismo era más hiriente. Julio Feo —enviado por Felipe González a París en noviembre de 1983 para hablar con el jefe de Gabinete del primer ministro francés y pedirle que detuvieran a la cúpula de

ETA que campaba por sus respetos en el sur de Francia o que la alejaran de allí— tuvo una bronca con un asesor de su colega que displicentemente le decía que España tenía que hacer gestos políticos; meses antes Barrionuevo, ministro del Interior, se entrevistó con su colega francés Deferre. Éste empleó el mismo tono condescendiente e ignorante; preguntó si en el País Vasco había un Parlamento (uno cavila sobre qué clase de informes le prepararían sus asesores o qué tiempo dedicó Deferre a leer algo pertinente sobre España antes de la entrevista; es claro que un ministro del Interior español de esas fechas no le iba a hablar de hacer una coproducción cinematográfica sobre Napoleón y Goya ni de la plaga de la filoxera en el siglo XIX), y cuando Barrionuevo le mostró una relación de etarras que se encontrarían en Francia, Defferre sentenció: «Todo esto es propaganda vieja. Debe buscarlos usted en España». El embajador francés en España utilizaría una cortina de humo similar: «ETA tiene su dirección no en Francia, sino en Bilbao». Era una cómoda pero insigne memez por la que el diplomático podría haber sido abofeteado. ETA podía tener su dirección en Bilbao o San Sebastián, pero si los que asesinaban cruzaban rápidamente a Francia, se refugiaban allí y desde cuatro kilómetros de la frontera planeaban nuevos asesinatos o recibían a los pagadores del chantaje revolucionario, el daño que infligían a la democracia española era enorme. Los políticos galos nos insultaban con su displicencia.

Las cosas empezaron cambiar un tanto a fines de diciembre de 1983 cuando Felipe González visita a Mitterrand en París. Le habló seriamente de lo crucial de la cooperación francesa. Escribe González que recuerda «la incredulidad de Mitterrand cuando puse sobre la mesa la lista de asesinatos de ETA después de que se concediera la amnistía». El francés, cuenta Felipe, preguntó si las cifras eran correctas. La incredulidad de Mitterrand no es creíble. ¿No habían hecho Suárez y Calvo-Sotelo «denodados esfuerzos políticos y diplomáticos» para convencer a los franceses, como reconoce el propio González? Yo mismo vi a Pérez-Llorca en una tensa discusión con ministros franceses mencionar que ETA había seguido matando.

Podemos preguntarnos una vez más sobre qué clase de papeles le preparan sus asesores a los políticos franceses, ¿le advertirían de que Felipe podía interesarse por las posibilidades del Betis frente al Paris Saint-Germain o sobre si era cierto que Mitterrand le había echado los tejos a Catherine Deneuve como luego se asegura que hizo con Juliette Binoche («*Ah, les français..., vous savez l'amour, Oh, la, la*») y se dejarían en el tintero las complejidades del terrorismo vasco? En cualquier informe previo a una visita de un mínimo de relieve se reseñan para la superioridad los temas candentes o peliagudos, y prever que el presidente español mencionaría las ya centenas de asesinados por ETA era el catón para cualquier redactor diplomático.

Paulatinamente, la cooperación francesa mejoró y comenzaron con cuentagotas a alejar a presuntos etarras y a conceder extradiciones. El inicio del giro será en septiembre de 1984, casi dos años después de la llegada de Felipe González al poder. Francia concedía extradiciones; habíamos pedido ocho, los tribunales franceses aprobaron siete y el gobierno acabaría concediendo tres, los otros cuatro reclamados fueron expulsados. El giro lento pero creciente francés obedecía a varias causas. De un lado, la sentida y probablemente rabiosa argumentación de González ante Mitterrand se vio reforzada con la actitud europea; Bélgica había concedido un par de extradiciones y Francia quedaba cada vez más en evidencia; de otro, el régimen español parecía cada vez más consolidado y, por último, París temió, con la aparición de la violencia en el País Vasco francés, la propagación de la infección del sur al norte de los Pirineos. En definitiva, el contagio de la violencia.

Nos estamos refiriendo a la aparición de lo que se llamó el GAL, un violento y anónimo grupo que comenzó a matar a presuntos etarras en el sur de Francia. Felipe González niega con vehemencia que la irrupción del GAL en territorio francés tuviera nada que ver con el cambio de actitud francesa. Afirma que la actitud de

Francia «no cambió por los atentados en su territorio, sino por la consideración de sus intereses de Estado». Bastantes comentaristas, sin embargo, están en desacuerdo con la conclusión de González y se muestran convencidos de que la tonante aparición del GAL tuvo su incidencia en el giro galo.

En su libro (*ETA entre España y Francia*, ed. Complutense), Sagrario Morán describe el alcance de la entrada en escena a fines de 1983 del GAL, «el grupo terrorista más mortífero de la historia de Francia». Realizó 38 atentados en territorio galo en los que hubo 27 muertos. A través de los GAL, concluye la investigadora, se consiguió exportar el problema vasco a suelo francés y se logró, *junto con otros factores*, la implicación definitiva de Francia en la lucha antiterrorista española. El abogado de los etarras en Francia Dennis Langlois comentaría que «los GAL fueron la respuesta que España encontró para implicar a los franceses en el conflicto vasco-español», lo que lleva a la cuestión de quién estaba detrás de los GAL, de si era un grupo independiente o estaba dirigido desde alguna instancia española con fondos reservados. La cuestión ha hecho correr ríos de tinta; está extendida la creencia (la impresión existía ya en aquellas fechas en varios escalones gubernamentales) de que era altamente improbable que las autoridades españolas no supieran nada sobre la génesis o las interioridades del grupo y varios miembros del gobierno de Felipe González fueron encausados a fines de 1994 acusados de colaborar con los GAL.

Fueran cuales fuesen las motivaciones francesas, la repetición de los contactos entre Felipe y Mitterrand tuvo que tener asimismo su importancia al constatar el francés que su paternalismo estaba trasnochado; el hecho es que las autoridades francesas fueron cortando las alas a los sospechosos galos, eliminando el estatuto de refugiado a varios de ellos, deportando a otros a países sugeridos por España y con los que se había negociado, etc. En junio de 1984, el ministro francés Defferre firmaba en Madrid unos acuerdos con Barrionuevo y pronunciaba, por fin, la esperada frase: «*Un terroriste n'est pas un refugié politique*». La cooperación no fue aún completa, se necesitó más tiempo, pero la complacencia y el pasotismo franceses en el tema terrorista eran ya cosas del pasado. Tres meses antes, España había hecho una importante y significativa compra de material militar, anunció la adquisición de 414 unidades del misil franco-alemán Roland, descartando al estadounidense Chaparral y al británico Rapier.

La entrada de España en la Comunidad Europea tardó también en convertirse en un camino de rosas. Ya hemos visto que el embajador Bassols, probablemente la persona que con su colega Gabriel Ferrán es quien dedicó más horas a la negociación, señala que «la Francia socialista de Mitterrand no había querido brindar un éxito a la España gobernada por UCD». No se equivoca pero eso no quiere decir que le abriera instantáneamente las puertas de par en par a la de Felipe González. Una afirmación de Mitterrand había sido en esas fechas iniciales: «Si España entrara hoy en Europa sería un desastre».

El inicio del desbloqueo llegaría de la mano de Alemania en junio de 1983. El ministro francés aún rezongaba en mayo diciendo que el ingreso de España tenía que compensarse con un aumento de recursos para subvencionar la agricultura del sur; en otras palabras y simplificando, para compensar a los agricultores franceses de zonas que votaban en buena medida socialista, y el canciller alemán Kohl, con el que Felipe, como hemos mencionado, haría muy buenas migas, puso el billetero sobre la mesa. De la reunión en la Cumbre de Stuttgart salió un «paquete» con mejora en las subvenciones para la agricultura mediterránea pero Alemania, el principal contribuyente al presupuesto comunitario, lo ligó a la ampliación de la Comunidad a España y Portugal.

Hubo otros escollos, el más importante se sorteó en la Cumbre de Fointanebleau en junio de 1984; Londres obtenía el «cheque británico», recibiría anualmente una cantidad para compensar la diferencia entre lo que aportaba y lo que recibía de la Comunidad. Resulta chusco comprobar cómo los políticos reinterpretan la historia. En enero de 1987 hubo una Cumbre hispano-francesa en

Madrid. Antes de viajar a nuestra capital, Mitterrand hizo unas declaraciones en las que destacaba su papel en la normalización de las relaciones, no sin razón en su último tramo. Chirac, primer ministro galo en ese gobierno de «cohabitación» que permite la legislación francesa, es decir, un presidente de un partido y un primer ministro de otro, estaba ya en Madrid y se enteró de lo dicho por su presidente cuando iba a dar una rueda de prensa en el Ritz; no vaciló en refutarlo y reafirmar la paternidad de su gobierno en la mejora de relaciones con España. En el tema del terrorismo no andaba desencaminado pero como cuenta Durán-Loriga, nuestro embajador en Francia a la sazón, «ver un rifirrafe francés en torno a la paternidad de las buenas relaciones con España era algo nuevo y significativo». Ya no había obstáculos.

España y Portugal firmarían su entrada en la Comunidad el 12 de junio de 1985. Hubo una ceremonia solemne por la mañana en Lisboa en el bonito claustro del Monasterio de los Jerónimos y otra por la tarde en Madrid en el Palacio Real. Por parte española firmaron Morán, Marín y Ferrán. ETA, sabiendo que bastantes focos de la prensa internacional apuntaban a España, se sumó al acontecimiento con la siniestra marca de la casa: asesinó en Madrid a un coronel del ejército, a su conductor y a un policía nacional y en el País Vasco a un brigada de Marina. El rey en su discurso resaltó que al inicio de la Edad Moderna, «al constituirse la comunidad internacional, España estaba presente como uno de los primeros estados-nación constituidos en Europa». Felipe González fue elegante al recordar que había sido Suárez el que había abierto el camino hacia Europa.

En el *sprint* final hubo una anécdota iluminadora de las rencillas dentro de nuestra Administración. Boyer, ministro de Economía, envió una carta a Morán en la que, según Bassols, explicaba «con cierta osadía, cómo debería ser la estructura de nuestra embajada ante la Comunidad. La persona clave debería ser el representante permanente adjunto que debería pertenecer a su ministerio y no a Exteriores. Morán contestó con una carta breve, seca y evasiva». La pelea no trascendió porque González realizó un reajuste ministerial el 3 de julio, veinte días después de la firma del Tratado. Tanto Boyer como Morán, por razones probablemente diversas, salieron del gabinete.

Morán tenía escasa sintonía con Felipe González. Había sido objeto de una impropia campaña de ridiculización en la prensa; aparecía en cualquier chiste en que hubiera un simplón, campaña que en buena medida había superado. Él la imputa en su libro a las asechanzas de la embajada de Estados Unidos, lo que parece algo fantasioso aunque es seguro que tanto la representación yanqui como los medios judíos se alegrasen de su marcha. Era persona inteligente y buen conocedor de la realidad internacional; él se pregunta en su libro por las razones por las que fue cesado. (Unos quince días antes de su salida, al interesarse con Felipe sobre si había remodelación ministerial, el presidente le contestó nada menos que «si encuentro con quién, te sustituiré».)

La respuesta nos la da Julio Feo con dos razones: «Sus posturas no coincidían plenamente con las del presidente; su manera de ser generaba tensión y el presidente llevaba muy mal eso». La explicación es elocuente. Feo elogia en más de una ocasión la capacidad intelectual de Morán pero restriega una y otra vez que Morán era un utópico, que en Exteriores se resentía «el nivel de complicidad que González establecía con sus interlocutores internacionales» por lo que podía implicar de dejar a Exteriores in albis, que el ministro «trataba de explicar algún asunto al presidente pero que éste ya tenía más información sobre el tema de la que el ministro le estaba proporcionando». Tengo experiencia en que hay que ser modesto al explicar las cosas a los señoritos sobre todo si éstos son aficionados a un tema; más de un compañero me comentó que cuando, en un viaje, Morán intentaba sentar amplia doctrina, de desarrollar una pequeña lección sobre algún aspecto de la política de los países iberoamericanos, la irritación contenida de González era patente.

El ministro conocería dolorosamente su cese, según ha escrito, de la boca del presidente alemán Von Wiezsacker que se encontraba en Madrid. Hablando de un posible reajuste, el germano le dijo: «Sí, hay cambios y usted sale. El presidente González me lo ha dicho». Lo que prueba, de ser los hechos totalmente ciertos, que hay formas más insólitas de enterarte de tu cese que el motorista de Franco (es sabido que Franco, con relativa frecuencia, comunicaba a un ministro su cese con una carta que llevaba un motorista al domicilio del interesado). Cuenta Feo que «el entorno de Morán, muy irritado, tuvo la peregrina idea de intentar un plante con la dimisión de todos los altos cargos del ministerio». Peregrina, a fe mía.

TORERO DE FAMA EN IBEROAMÉRICA

Felipe González tenía un considerable conocimiento de la realidad y de las figuras políticas iberoamericanas: Torrijos, Carlos Andrés Pérez, Betancur, Peña Gómez, Alfonsín, Ferreira Aldunate, etc., y asentada nuestra democracia, además contó con el tiempo para moverse por aquel continente y activar nuestras relaciones con aquellos países. La transición española, por su posible contagio benéfico, había sido seguida con expectación y ansiedad en varias naciones. Recuerdo un viaje a Argentina, al poco de celebrarse allí unas elecciones al abandonar el poder los militares, en que el maître de un restaurante y la vendedora de una tienda en la chic calle Alvear (era una de esas épocas en que los precios en Argentina estaban por los suelos y uno entraba en un establecimiento a indagar el precio de una camisa y salía con dos, una chaqueta deportiva y un pantalón) tuvieron un comentario idéntico al saber que éramos de la delegación española: «Ay, qué bueno es Felipillo, con cuatro como ése se arreglaba este país». El maître, moviendo la cabeza, añadió quejumbroso: «El otro, Suárez, también parecía muy bueno. Han tenido ustedes suerte con sus políticos nuevos, veremos lo que pasa aquí». En Argentina, el momento era de desencanto, un porcentaje inaudito de los jóvenes manifestaban que emigrarían a España si pudieran.

El gobierno español firmó diversos Tratados de Cooperación con naciones democráticas de la zona —Colombia, Argentina, México, Venezuela—, un apoyo no sólo económico con apertura de una línea de crédito, sino sobre todo político, y se embarcó en el refuerzo de los procesos de paz en Centroamérica: El Salvador, Nicaragua, etc. El gobierno no tardó en darse cuenta del déficit democrático del sandinismo en Nicaragua; en un viaje a Costa Rica, Ordóñez oiría de su colega local que España parecía repetir con Centroamérica la parábola del hijo pródigo; muchos desvelos con el descarriado democrático, es decir, Nicaragua, donde sus dirigentes habían dado abundantes muestras de alicortar las libertades, perpetrado la escandalosa rapiña económica conocida como «la piñata», y menos mimos con los que tenían un sistema claramente homologable y en algunos casos, como ellos, ejemplar. En sus conversaciones con Estados Unidos, con todo, el ministro y nuestra diplomacia se esforzaban en mostrar que aunque hubiera derivas autoritarias serias, uno no podía cerrar los ojos a que en varios países de la zona existían situaciones de pobreza y flagrante injusticia que perduraban.

Los serios intentos de apuntalar especialmente las relaciones con las democracias iberoamericanas se vieron, pues, entreverados de acusaciones de que había dos medidas diferentes a la hora de dialogar con las no democráticas: vinagre y sal para las de derechas y café y pastas para las de izquierdas. La animosidad del gobierno socialista hacia el régimen de Pinochet era en buena medida comprensible; pareció, sin embargo, curioso (como reseñaremos en otro capítulo) la asistencia de tres ministros a una manifestación contra el mismo. Paralelamente, seguía el argumento, la complacencia con los sandinistas era desusadamente generosa: amplios contactos, promesas de crédito, funcionarios socialistas vendiendo por los ministerios papeletas de una rifa de ayuda al gobierno de los poco presentables hermanos Ortega...

Llegamos a la sui géneris Cuba, un país y un gobierno que, en el amor y en la repulsa, despierta aquí pasiones. Sin llegar a ser lo que Israel significa en Estados Unidos, es claro que, durante la transición, Cuba ha sido un asunto de *política interna* para los partidos españoles.

Las relaciones con la Cuba de Castro del gobierno socialista, correctas en buena parte del período de González, sufrieron serios altibajos y el líder español acabaría desengañado, con la impresión de que Fidel era incorregible y que mientras estuviera en el poder las posibilidades de cambio, incluso las de reforma económica, eran muy escasas.

Hubo sobresaltos desde el principio. En julio de 1985, Castro nos hizo un elocuente regalo. En uno de sus torrenciales discursos declaró que «el 12 de octubre de 1492 se inició una de las páginas más bochornosas de la historia. Fue infausta y nefasta aquella fecha. Choca con todos los valores que nosotros más apreciamos: la paz. La población fue aniquilada. No quedó casi nada aquí en Cuba». No era un buen augurio en momentos en que Chicago retiraba su candidatura y Sevilla quedaba como única candidata para la Exposición de 1992, quinientos años después de que llegáramos a América. El padre de Castro lo hizo mucho después; era un gallego que emigró a la isla a principios del XX, tendría sus hijos con una mujer que no era la suya y los mandó (gozaba de una posición acomodada) a un colegio de jesuitas en Cuba. A pesar de su obvia sangre española, Fidel, embalado ya, no vaciló en seguir proclamando: «Porque me siento indio, y pertenezco a esta indiada, me siento aborigen».

Las invectivas de Castro no entusiasmaron aquí. Ni al gobierno, ni a la prensa. Emilio Romero escribiría en *Ya*: «Realmente muchos españoles de América y los gallegos de la Península, tras oír esto, no tendrán más remedio que exclamar: "Éste es un gallego de mierda"». En *ABC*, Lorenzo Contreras argumentaba que la rabieta de Castro obedecía a que «no había digerido que nuestro presidente hubiera suspendido el viaje que iba a realizar a la isla antillana, Perú y Ecuador».

Años después de llegar a la Presidencia, a fines de 1986, González visitó oficialmente Cuba, un respiro para el régimen de La Habana, y logró la liberación de algún preso político significativo como Gutiérrez Menoyo. Mezcla de su histrionismo y de su cerrazón ideológica, el Comandante, en un primer momento, había dicho que cómo se le podía pedir que liberase a Menoyo; era como si él pidiera que liberásemos a un terrorista de ETA («¿Cómo lo voy a soltar —le diría previamente a Julio Feo—, si enseguida va a empezar a matar a mujeres y niños?»). Lo soltó por fin con motivo del viaje.

Creo que, junto con el periodista Pepe Colchero, soy el único que, habiendo acompañado a Suárez años antes a Cuba, también participé en el de Felipe González. Castro estaba menos ágil pero seguía siendo un showman un poco caduco. Se llevó a González a pescar casi durante dos días, visitamos La Habana Vieja, una parte de la cual ha sido restaurada por España, y una de las noches nos llevó al supuestamente mítico cabaret Tropicana; había varias bailarinas, mulatas o no, con un cuerpazo, pero el espectáculo era un poco de quiero y no puedo. Hubo profusión de fotos de Castro y González con varias de las más espectaculares.

El presidente español, que habló largo y tendido con Castro y que presumiblemente le insinuó la conveniencia de hacer reformas, firmó asimismo un acuerdo de indemnización para los españoles expropiados por el castrismo a principios de los sesenta. Bastantes medios de información españoles vapulearon despiadadamente a González por considerar que la cantidad obtenida era exigua, 5.000 millones de pesetas; era, con todo, la mayor y el mejor acuerdo arrancado a la dictadura cubana hasta la fecha.

Felipe González ofreció a Castro ayuda, una especie de asesoramiento técnico para modernizar el obsoleto sistema económico cubano. El Comandante pareció o fingió aceptar, pero el asesoramiento —incluso Solchaga actuaría en algún momento— no llegó a buen puerto. El inmovilismo del cubano era firme y debió de pensar que lo ocurrido en la Unión Soviética con Gorbachov podía acontecer en Cuba si abría un poquito la mano. Años más tarde, en la larga entrevista-libro con Ignacio Ramonet despotricaría incluso contra la oferta española: «Felipe González, quería "ayudarnos", figúrese, como si nosotros fuéramos tontos y no conociéramos a España». «Se reunían conmigo para aconsejarnos cosas que habrían liquidado a esta revolución en seis meses. Es decir, que era una broma realmente.» «Hay que hacerle un monumento al PSOE por lo mucho que contribuyó a que la URSS sea lo que es hoy...»

Los dardos del Comandante llevan incluso veneno cuando afirma: «Yo hacía rato que sabía que Felipe no tenía nada de socialista, en absoluto». «Lo he dicho con claridad. El gobierno de la época está implicado en eso (el GAL). Y su presidente no puede haberlo ignorado.»

Mencionemos también la crisis de los «forzudos» ocurrida años más tarde. Las relaciones hispano-cubanas se tensaron de tal forma que Castro suspendería su desplazamiento a Perú para asistir a la toma de posesión de Fujimori. Poco antes, varias decenas de cubanos, descontentos con el régimen y ante las casi insuperables trabas que el castrismo presentaba a quien quisiera salir del país, habían irrumpido en las embajadas de Italia, España, Checoslovaquia y Suiza pidiendo asilo y ayuda para marcharse de Cuba. Ante la actitud de las autoridades cubanas, las representaciones habían negociado la salida, sin represalias, de los acogidos quienes solicitarían posteriormente visado para los países respectivos. El gobierno de Castro aparentemente no pondría dificultades para su marcha.

El caso español presentaba mayores dificultades. En nuestra sede entraron dos grupos: uno de nueve que lo hizo intermitente y, según todos los visos, espontáneamente, y otros nueve que, como decía Joaquín Ibarz en *La Vanguardia*, «ingresaron de forma inexplicable dada la numerosa presencia de policías cubanos en los alrededores de la embajada, recae la sospecha de que son provocadores». Eran, los que llamamos «los forzudos», agentes, con certeza, de la policía cubana que se habían colado para crear problemas a los otros y a nuestros diplomáticos. Felipe González, con el que hablé telefónicamente en un par de ocasiones por estar yo al frente del ministerio en ausencia del ministro, me dijo que deberíamos huir de una avalancha como la del Mariel pero que no podíamos dejar de acoger a gente que vive en países que no respetan los derechos humanos. Por fin, se negoció la salida dando los cubanos garantías de que no serían perseguidos, nuestra embajada seguiría en contacto con ellos, y de que podrían solicitar dejar el país. No sé si se les concedió esto.

Menem, uno de los mandatarios con los que conferenció Felipe González durante la crisis, comentaría que en ocasiones «Fidel Castro está medio loco». No ya confidencialmente sino en público, Fidel Castro arremetería contra Fernández Ordóñez, que se había limitado a defender los derechos de los refugiados: «Ordóñez parece hallarse bajo los efectos de un ataque de amnesia histórica, no se pueden tomar en serio los responsos de un angustiado administrador colonial».

Castro vendría a la II Cumbre Iberoamericana celebrada en Madrid en 1992, un año en el que España hizo el copo en acontecimientos internacionales: Cumbre, capitalidad cultural para Madrid, Juegos Olímpicos en Barcelona y Expo Universal de Sevilla. Las Cumbres surgieron el año anterior en Guadalajara (México) por una iniciativa mexicano-española. Eran un interesante foro de discusión de los problemas de los países iberoamericanos de ambos lados del Atlántico y aunque últimamente parecen haber perdido algo de su aliento —quizá habría que celebrarlas sólo cada dos años—, constituyeron un importante lugar de encuentro de una veintena de mandatarios. Costeadas, a partir de la de Madrid, en un crecido porcentaje por España, la idea fue acogida con entusiasmo en muchos líderes iberoamericanos y con suspicacia en una muy pequeña minoría. Las reticencias de Portugal fueron soterradas pero importantes en las dos primeras. De un lado, el primer ministro Cavaco pensaba que era una treta española para liderar una serie de países y llevar a Portugal de comparsa y, de otro, a la vista de la Constitución portuguesa, brotó un problema de celos entre el papel de Cavaco y el del presidente Mario Soares, siendo éste menos quisquilloso y menos suspicaz de las intenciones de España. El problema «luso-portugués», como lo calificábamos en Exteriores, se resolvió, por fin, con la participación de los dos. Pensar, por otra parte, que países como Brasil o México, y otros, iban a dejar que España los liderara era una entelequia.

La Cumbre de España fue un éxito, dentro de los límites del proyecto. Los mandatarios asistieron a la inauguración de los Juegos Olímpicos, donde Protocolo hizo equilibrios para que Fidel no se sentara en el lugar más visible del palco; recalaron en Madrid y terminaron en la Expo de Sevilla en cuyo almuerzo doña Violeta Chamorro, presidenta democrática de Nicaragua, le tiró de las orejas verbalmente a Castro preguntándole cuándo iba a permitir elecciones verdaderas en su país. El cubano se escapó con una finta y comentaría, como había hecho en Guadalajara, que el rey era persona sencilla y campechana. Se le escapó algo así como que era monárquico y ante los apuntes irónicos de sus colegas aclaró que era realista de don Juan Carlos.

Los dignatarios elogiaron con entusiasmo la Expo comentando que España estaba floreciente por el despliegue de la muestra; no sabían el importe del acontecimiento, de conocerlo el pasmo habría sido mayor, aunque alguno acabó inquiriendo que cuántos «pellones» iba a significar. Fui a la Expo, puesto que era secretario de Estado de Iberoamérica, en unas cuatro ocasiones para acompañar a ilustres visitantes en su día nacional: Menem de Argentina, los ministros de la India, etc. Recuerdo que en el de Colombia, el «Gabo» García Márquez, en una cola gigantesca en su pabellón, me dedicó el primer ejemplar en España de sus *Doce cuentos peregrinos*. Los visitantes extranjeros traían un obsequio personal para el «ministro» que los acogía; Menem me dio una bonita cosa de plata. El gobierno decidió, con un curioso criterio de austeridad y pulcritud, que aquel y otros gobiernos no aplican a cosas más llamativas, que los obsequios les fueran retirados a los anfitriones y quedaran depositados en La Cartuja. ¿Dónde estarán cogiendo polvo?, me pregunto. ¿Dónde parará mi recuerdo?

Los Juegos Olímpicos transcurrieron con aceptable normalidad y fueron un gran éxito en muchos aspectos. El Comité Organizador tenía cuatro patas: la ciudad de Barcelona, el Comité Olímpico Español, la Generalitat y el Estado. Fui uno de los representantes del Estado, que era un importante financiador, los dos últimos años. Las reuniones eran serias y agradables, todo el mundo era consciente de que Barcelona había presentado una excelente candidatura, que Samaranch había hecho una labor esencial para conseguir la adjudicación, pero que el rey y el gobierno no habían estado precisamente de Don Tancredos, también habían tocado a personas, sonreído, adulado.

Notamos, sólo de forma intermitente, es cierto, la diligencia de algunos miembros catalanes del Comité por subrayar no ya la barcelonidad de los Juegos, era lo reglamentado, sino la catalanidad de los mismos con difuminación patente de las señas de españolidad. Una exposición previa organizada por el Ayuntamiento, por ejemplo, tenía la rotulación en catalán, francés e inglés sin ningún letrero en español lo que forzó el comentario del rey a Maragall: «Pasqual, en esto os habéis pasado un poquito». Hubo una enorme profusión de banderas catalanas, comprensible en cierta medida, y el rey, que llegó tarde al acto, sería pitado por un sector no simbólico del público el día de la inauguración del bonito estadio olímpico. Los catalanes resultaron unos buenos organizadores y los éxitos deportivos de España borraron cualquier mal sabor de boca. Tuvimos el récord de medallas de nuestra historia, el triunfo en la final de fútbol fue desbordante y la foto de la Familia Real en una grada saltando literalmente de júbilo con la consecución de un gol de España (pienso que ninguno de sus miembros es verdaderamente aficionado al fútbol) merecía honores de portada por su frescura y oportunidad.

Los logros deportivos causaron sorpresa en propios y extraños. Unas semanas antes del inicio de los Juegos, Felipe González tuvo un desliz que pasó desapercibido. En un viaje oficial a Bolivia, en la conferencia de prensa en el palacio Quemado con el presidente Paz Zamora, al ser cuestionado, era la primera pregunta, sobre la seguridad en la Olimpiada, despachó con una frase sobradamente pesimista las posibilidades deportivas de España: «Creo que la organización va a ser una organización al nivel de las exigencias del momento actual. Tengo menos esperanzas de que haya medallas para nuestro país». Yo estaba cerca del presidente, pues Ordóñez no viajaba y yo iba de «señorito» de Exteriores, y como antiguo pastor de la canallesca informativa, me sobresalté pensando en un titular fatídico: «Felipe afirma que España no conseguirá medallas en Barcelona». Se lo advertí garrapateándole algo en un papel. Lo captó. Cuando cinco preguntas más tarde Paz Zamora respondió a algo sobre la hoja de coca, Felipe González aclaró: «Se me olvidó decir antes al periodista deportivo que, además, vamos a sacar más medallas que nunca en los Juegos Olímpicos de Barcelona». A la segunda acertó, España tuvo 22 medallas. (La pregunta sobre la seguridad de España en cualquier acontecimiento creó otro incidente años más tarde en la presentación de la candidatura de Madrid: el príncipe Alberto de Mónaco, miembro del COI, inquirió sobre el tema de forma que fue considerada excesivamente impertinente. Los miembros de nuestra Familia Real no irán poco después a su ceremonia de investidura y tampoco a su boda.)

LA VERDAD SOBRE EL CASO SOLANA

Entre el viaje a Bolivia y la Cumbre Iberoamericana, Javier Solana reemplazó a Ordóñez cuyo visible debilitamiento le impedía, a pesar de su pundonor, seguir en la brecha. Moriría en agosto, muy llorado por mucha clase política, la totalidad de la prensa y abundantes diplomáticos. Paco Umbral, devoto del personaje, escribiría: «Murió Paco Ordóñez y no sé si he perdido un amigo, un compadre, un maestro, un líder o no sé qué... Los aviones de Paco Ordóñez sí que han ensanchado España, él presentó al mundo una España de chaqueta cruzada e hizo la política de la amistad, que siempre es la mejor, incluso con el enemigo».

Javier Solana fue recibido con sentimientos encontrados en Exteriores. A la Casa le gustaba que tuviera el oído del César, lo que es fantástico para los integrantes de Exteriores; que el presidente tenga en cuenta al ministerio siempre es bueno, pero le precedía una fama de persona hosca, un tanto deshumanizada. La descripción de María Ángeles López de Celis con respecto a Solana como un «discapacitado de alto standing», aduciendo que los demás (los subordinados) «no existíamos en su mundo, éramos invisibles» había corrido de algún modo por el palacio de Santa Cruz. Cuenta la autora que en una ocasión una de las secretarias se rompió una pierna, andaba cinco semanas con escayola y su jefe «nunca le preguntó las causas de su minusvalía temporal».

Por el ministerio había circulado asimismo la anécdota que contó Luis García Berlanga. Es sabido que en 1982 cuando el partido socialista llegó al poder ofreció diversos cargos a intelectuales. En Exteriores, por ejemplo, Morán ofreció la embajada en Bonn a Jesús Aguirre, duque de Alba, que pediría, entonces, París, y al no obtenerla, rehusó la de Alemania; a Elías Díaz, la de Roma, también rehusó; hubo algún otro caso. Al cineasta Berlanga, Solana, como ministro de Cultura, le pidió ocuparse del Nodo. Berlanga acabó aceptando y solicitaba entrevista periódicamente al ministro para comentarle cómo iban sus trabajos de ordenación de aquel increíble archivo cinematográfico de toda la época franquista que contiene desde la llegada de Eisenhower hasta el gol de Zarra en Río pasando por las faenas de Manolete.

El ministro no encontraba momento para recibirlo y, pasado un año, Berlanga acudía al ministerio para explicar otra vez sus cuitas al subsecretario o a la directora general de cine Pilar Miró. Al franquear la puerta del ministerio encontró a Solana que salía con prisa acompañado de su jefe de Gabinete y de Pilar Miró. El ministro le dio un fuerte abrazo y se quejó con énfasis porque Berlanga no pasaba nunca a verlo. El cineasta trataba de intercalar «pero, hombre, ministro, si he pedido entrevista en numerosas ocasio...» y Solana, que llegaba tarde a algún sitio, le repitió que parecía mentira que no lo visitara. Se despidió de un Berlanga estupefacto. Ya cerca de la puerta, el ministro se volvió y le dijo distraídamente: «Hoy he firmado algo tuyo..., sí, sí..., ¿qué es lo que he firmado?». Por detrás se oyó la voz de Pilar Miró que decía: «Su cese».

Berlanga contaba esto con gracia y reprodujo la escena en su película *Todos a la cárcel*; el ministro del filme era de otra cartera, y Berlanga debió de divertirse escribiéndola y filmándola.

Una vez en el ministerio, los que frecuentábamos al nuevo ministro nos percatamos pronto tanto de sus virtudes como de sus defectos, pero llegamos a la conclusión de que, como nos comentaría un importante diputado del PSOE, si no te interponías de ninguna forma en el camino de la sucesión de Felipe González por Solana, «Javier era bastante llevadero», no mordía. Solana aprendió pronto los dossiers, lo que causó buena impresión y resultó ser un paciente y visiblemente eficaz negociador así como un ministro muy trabajador. En la reunión mediterránea de Barcelona dio pruebas de su habilidad.

Su reinado fue corto porque fue llamado a más altos destinos. Solana había demostrado ser ducho en establecer relaciones personales y no hacerse enemigos en su período de ministro. Esa no despreciable cualidad y una serie de afortunadas circunstancias lo catapultaron a secretario general de la OTAN. Una de ellas sería la polémica sobre los ensayos nucleares franceses en el Pacífico. Francia había hecho pruebas de ese tipo en el atolón de Mururoa a fines de 1995; varios países iberoamericanos mostraron pronto su indignación, la ONU trató del caso y la Unión Europea, que

Francia presidiría en enero, se escindió, quedando París en minoría. En la ONU, Suecia, Finlandia, Dinamarca, Holanda, Bélgica, Portugal, Irlanda y Austria votaron en contra de los galos, Alemania y Grecia se abstuvieron y Gran Bretaña y España se alinearon con Francia. Que un ministro *socialista* español de Asuntos Exteriores hiciera abundantes gestiones con los países de Iberoamérica para aplacar su ira en una cuestión tan delicada como las *pruebas nucleares* era un tanto paradójico pero sería agradecido por Francia.

En esas semanas se produjo la dimisión del secretario general de la OTAN, Willy von Claes, acusado de corrupción en la compra de helicópteros. Surgieron pronto dos candidatos: el ex primer ministro holandés Ruud Lubbers y el danés Uffe Ellemann-Jensen, el más claro aspirante al puesto. El primero sería vetado por Estados Unidos, al parecer porque había sido frío con el despliegue de los misiles, y el segundo, fervientemente vetado por Francia por sus declaraciones en contra precisamente de las pruebas nucleares. Eso facilitó la candidatura inesperada de Solana un par de semanas antes. El español estaba allí y había hecho méritos.

El nombramiento fue un notición en España. *El País* arrancaba en primera plana apuntando «los dos motivos» de la elección de Solana: «la participación española en los bombardeos de Bosnia y su particular opinión sobre la Alianza, el ministro confesó al gobierno de Estados Unidos que él es partidario de que España se integre plenamente en la estructura militar de la organización». Ambos motivos hubieran sido inconcebibles pocos años antes; el mundo gira. En 1982, bastantes miembros del PSOE, entre ellos Solana, habrían mandado a la hoguera a quien emitiese tal opinión.

La prensa española dedujo que el precio del apoyo de Estados Unidos a Solana era nuestra entrada en la estructura militar de la OTAN («Solana: gato encerrado», titularía *Diario 16* calificando el hecho de «claudicación mercantil»), lo que violentaba el Decálogo de Felipe González y el presidente se vio obligado a declarar rotundamente que esto no era así. La cuestión era harto bizantina. El Decálogo tenía algo de brindis al sol y asimismo, en esos momentos, de papel mojado. La deriva de España hacia la integración militar en la OTAN era inevitable; su plasmación, sólo cuestión de tiempo. *El Mundo*, con el irónico titular de «Solana en la OTAN: de entrada, sí», escribía: «Que un dirigente del PSOE se convierta en "gerente" de tan delicada empresa no deja de ser alucinante», pero concluía que «sería mezquino no admitir satisfacción porque un ciudadano español tenga una responsabilidad de tanta importancia». Es lo que creo sentíamos muchos compatriotas: satisfacción.

Como «gerente», Solana tendría que hacer algo que no imaginaría cuando tomó el cargo: ordenar los bombardeos de la OTAN a la antigua Yugoslavia, un mal trago para cualquiera. Muchos aplaudimos la intervención para frenar la limpieza étnica de Milosevic, pero Solana (*Reivindicación de la política*, ed. Debate) se escabulle con un argumento falacioso al explicar por qué no se actuó con el apoyo de una resolución del Consejo de Seguridad de la ONU: «Todos queríamos la resolución, pero también todos pensábamos que llegado el momento, no era imprescindible. Una vez más se trataba de un territorio europeo. Los debates en el Consejo de Seguridad dejaban claro que una resolución era inviable y se decidió actuar... se presentó un ultimátum a Milosevic. Cuando lo rechazó, después de una ronda telefónica, se tomó la decisión».

Jurídicamente, la argumentación de Solana es un calco de la muy denostada de Bush y el trío de las Azores para el caso de Irak, que se resume así: no teníamos autorización de la ONU, la resolución era inviable en el Consejo (por veto de algún grande) pero nos pusimos bastantes países de acuerdo, dimos un ultimátum y actuamos. El hecho es que la ONU había bendecido en esos años las intervenciones en Haití, Somalia, Bosnia, Timor Este. En Kosovo, como luego en Irak, no; la organización fue marginada.

Solana transitaría años más tarde al puesto igualmente capital de Mister Pesc, es decir, el gran jefe de la política exterior de la Unión Europea. Conociendo su capacidad de trabajo debió de dejarse en él parte de su salud con viajes agotadores, mediaciones, gestiones en las que a veces se vería desasistido de los grandes europeos. El paso del tiempo y la percepción de que los gigantes de la Unión Europea, es decir, Francia, etc., no iban, ni siquiera después de la cacareada reforma, a darle mucho juego al responsable de la política exterior, se llamase Solana o el Arcángel San Gabriel, patrón de los diplomáticos, le debió de forzar a dimitir y ganarse un merecido descanso. En Exteriores sería sustituido por Carlos Westendorff, un competente diplomático gran conocedor de la maquinaria europea.

LOS GOZOS Y LAS SOMBRAS

Felipe González perdió las elecciones de 1996 con Aznar; ambos políticos, por cierto, parecen detestarse como ninguna otra pareja de presidentes de la democracia. El paro alcanzaba de nuevo niveles muy altos, unos 3,5 millones; rebasaba el 21 %, y los escándalos a los que hemos aludido ligados a su gobierno, algunos muy llamativos y penosos, habían erosionado seriamente la imagen de su Administración. Los escándalos, principalmente el del GAL, dividieron a la prensa española. El muy influyente *El País* fue acusado de seguidismo al gobierno socialista. No tomó la iniciativa en temas que resultaban enormemente jugosos y, a menudo, los abordó con reticencias. Sus rivales (*El Mundo*, *ABC*, etc.) se dieron, sin embargo, un festín con denuncias casi diarias, desplegadas de forma llamativa, sobre la falta de ética de personas cercanas al poder. Algunas resultaban irrebatibles. Despiadadamente, el humorista Máximo escribiría a fines de 1995: «40 millones de españoles presentan su dimisión al rey».

El desgaste de trece largos años en el poder también pasaba factura. Felipe cerró su campaña electoral con la certera frase de «hemos modernizado a España». No le bastó. Años más tarde diría que lo que le había producido «mayor satisfacción era haber logrado la reconciliación de los españoles con su pasaporte». Felipe

González continuaría siendo muy solicitado en el exterior como asesor, conferenciante, articulista. En un par de ocasiones su nombre sonó con fundamento para ocupar la cúpula de la Unión Europea, bien como presidente de la Comisión, bien para el puesto que más tarde se creó de presidente del Consejo. Aunque en esa elección influyan razones coyunturales, conveniencia de darle el puesto en esos momentos a un país no de los grandes, o de otro tipo, recelo de las grandes capitales, Berlín, París, etc., ante un candidato de fuerte personalidad, la candidatura de González era plausible: contaba con muy amplias relaciones dentro y fuera de Europa, conocía bien la temática comunitaria, hablaba francés, no producía rechazo... La candidatura no cuajó por diversas razones, una de las cuales, no despreciable, es que González no mostraba la menor apetencia por residir la mayor parte del año bajo el encapotado cielo de Bruselas.

José María Aznar

El hombre que mantuvo su palabra

—Ave María Purísima.

—Sin pecado concebida.

—Padre, me acuso de que he ido a la boda de la hija de Aznar...

—¿La boda? ¿Qué es eso de la boda? ¿Quieres celebrar una...?

—No, no, que me acuso de haber asistido a la boda de la hija de Aznar...

—¿Cómo? ¿Has estado en ese acto fatuo, disparatado, de bochornosa ostentación y de patente soberbia?, ¿ese enlace con ese Agag que, además, es amigo del disoluto y fascistoide de Berlusconi?

Antonio C., el feligrés, siente ya que ha metido la pata en su confesión anual; creía que en el confesionario estaría don Calixto, un párroco septuagenario, medio sordo, que lo despacha todo en un santiamén con tres avemarías, y al que podría colarle desde una estafa hasta la infausta boda, pasando por cualquier pecadillo contra el sexto... pero la voz no es familiar. Puede que sea la del padre Urzaiz, un cura algo más joven, medio vasco, medio murciano y progre que suple en ocasiones a don Calixto. Oye, detrás de la celosía, la voz del cura que rezonga:

—Y ahí estarían los Rajoy, los Trillo, los Álvarez-Cascos, los Acebes... la plana mayor de la España casposa, cutre, maloliente, meapilas, inculta, tétrica y funeraria, todos los que..., qué pedante despilfarro... Hasta el carca pero austero Felipe II se habrá revuelto en su tumba...

—Bueno —tercia apocadamente Antonio, al que la reacción del cura le confirma que la asistencia a la boda fue un acto irreflexivo, poco ético y de dudoso talante democrático—, también estaba Adolfo Suárez y... —pero la voz veladamente irritada del cura le corta ominosamente:

—Y, sé recto y sincero, sé hombre, ¿has disfrutado en esa boda? ¿Te has recreado en un acontecimiento de esas... características?

Envarado, Antonio va a inventar que le apretaban los zapatos, que Purita tenía una enorme jaqueca, que no le gustó el ambiente y que por todo ello se marcharon muy pronto, pero no se atreve a mentir y musita:

—Bueno, el ambiente, es cierto, era un poco espeso; yo, como director general, tuve que aceptar la invitación y en un grupo de mi ministro hice un par de chistes y su señora se rió mucho, lo pasamos, bueno, normal, pero me doy cuenta de que...

El cura quiere pasar página, no porque haya cola —la clientela del confesionario es en estos tiempos inexistente incluso con las rebajas que los sacerdotes aplican ahora a la penitencia— sino porque quiere reprimir la santa y casi desbocada ira que se ha apoderado de él y pregunta:

—¿Algo más?

—Bueno, vengo facturando lo que puedo sin IVA, he despedido con habilidad, no sé si justamente, a dos trabajadores que tal vez podía haber mantenido de una empresa de mi familia política y le he sido infiel a mi mujer una vez, en una convención en Marbella, ya sabe usted, se bebe, se bromea...

—Sí, sí, hijo, la carne es débil, Jesús sabe perdonar y, en lo otro, deberías tener cuidado cuando dejas a alguien en el paro... Bueno, por todo esto reza ahora tres salves. Por lo de la boda reza el yo pecador durante un mes, prívate del vino durante tres meses y haz una donación razonable, un tercio de lo que ganes en un mes, a cualquier ONG, no tiene que ser esa de las huchitas, la del Domund o una de la Iglesia, hay seglares muy buenas... Amnistía Internacional o la Cruz Roja pueden valer.

El aturullado Antonio, al levantarse, y mientras reza las salves en un frío banco contiguo, aún oye al cura, disparado, balbucear «qué pijo de gente...» (¿es el cura murciano o está ridiculizando a los pocholos de la calle Serrano?). «Este país no tiene arreglo... votando a cavernícolas para que gobiernen..., gente de mala baba, que aparecen en esas fotos con posturas de cura franquista lleno de odio y rencor..., con esos dientes llenos de esa mierda de FAES y de impotencia, dientes cómplices del "se sienten, coño"..., personas amigas de los guerrilleros de Cristo Rey...» Sale Antonio, absuelto, reconfortado de su tribulación, no se había atrevido a comulgar en esas semanas por la maldita boda, después de lo que ha escuchado en las últimas fechas en radios, tertulias, leído en la prensa y oído de amigos progres (tiene varios), que descalifican con inquina o simple condescendencia la funesta boda, su boato y su despliegue mediático. Los mejores intencionados sentencian: «Esto de la derechona es un oprobio, el principio del fin de Aznar. Así nos harán retroceder a la época del franquismo».

A MEDIADOS DE 2012...

«Está de sobra probado. Jamás ha tenido la más mínima tentación de enriquecerse y es una persona que vive modestamente, como vivimos nosotros, al margen de que podría tener mil ocasiones de poder hacerlo de otra manera... El señor Aznar tiene 4 o 5 grupos internacionales que nada tienen que ver con intereses españoles y, por lo tanto, yo no los puedo comparar.»

Las manifestaciones en 2011 del ministro socialista Jáuregui, ahora no estamos en la ficción, tratando de probar la probidad de su antiguo jefe, Felipe González, y sembrando dudas sobre la rectitud del comportamiento de Aznar, no tienen desperdicio. *¿Por qué no los puede comparar?* ¿Qué diferencia ética o estética hay entre que Aznar sea nombrado asesor de Endesa y González de Gas Natural? La polémica comparativa surgió cuando trascendió que el dirigente socialista había aceptado en 2010 ser consejero de la empresa catalana y, en consecuencia, percibir unos emolumentos por su asesoramiento o sus gestiones. Posteriormente, cuando el antiguo presidente del PP hizo lo propio con Endesa, hubo sonrisitas y comentarios jocosos por parte de sus adversarios. Al difundirse entonces con profusión que Felipe González le había precedido, las risas se congelaron y Jáuregui trató de hacer una distinción entre uno y otro.

Las disquisiciones del ministro eran torpes. Soy un convencido de que no hay nada que reprochar en que Felipe González acepte un puesto que ha de tener una jugosa remuneración (tampoco en el caso de Aznar), absolutamente nada, pero ¿qué quiere decir eso de que «vive modestamente» con relación a su sucesor? ¿Cómo de modestamente? ¿Reside González en un pisito con derecho a cocina en el «humilde» barrio de Salamanca y Aznar en un palacio con puente levadizo, cincuenta y tres habitaciones, dos mayordomos con librea, un ama de llaves, dos doncellas y una planchadora? ¿Qué quiere decir eso de que tendría otras mil formas de enriquecerse? ¿No las tiene igualmente Aznar? ¿Es gratuito el resto de las actividades, conferencias, etc. de Felipe González? ¿Es lesivo para los intereses de España que Aznar asesore a un grupo internacional? ¿No lo ha hecho en ninguna ocasión Felipe González? ¿Por qué el asesoramiento de Endesa puede plantear conflicto de intereses y el de Gas Natural no?

El establecimiento de una distinción tan zafia en boca no de un alocado sectario sino de un político de reconocida sensatez como Jáuregui muestra el grado de demonización en el que un número abundante de sus adversarios ha colocado al ex presidente Aznar. Todos los males le son imputables, él está en el origen de la crisis económica española por ser el padre de la burbuja inmobiliaria, olvidando sus detractores que la responsabilidad estaría archirrepartida; en un par de años del gobierno socialista de Zapatero se concedieron más licencias de obras que en los de Aznar a pesar de que Zapatero debía de tener más elementos de juicio para deducir que la burbuja podía estallar. Por supuesto que Aznar, declarando que la crisis era de gran calado y que España sería empitonada gravemente, estaba siendo en extremo antipatriota. Se olvida también aquí que Obama y estadistas sensatos llevaban tiempo diciendo lo mismo y que era Zapatero el que, en su «buenismo», continuaba haciendo el avestruz.

El político del PP produce un rechinar de dientes, una inquina descarada que no se da con tal intensidad en otros políticos de la democracia. Si aparece una foto en el rancho de Bush en la que Aznar, relajado, tiene los pies encima de una mesita baja, lo que por cierto es práctica habitual de su anfitrión, resulta que eso prueba que es un tipo zafio; si paseando por la húmeda y cálida Habana con el rey y el séquito se despoja de la chaqueta, resulta que es un ordinario; si comenta con respeto y afecto hacia el germano que habló con Kohl con intérprete porque su colega sólo habla alemán resulta que es un petulante que sin hablar idiomas va tachando a su congénere de monóglota (la realidad es que Aznar no presumía, él podía haber hablado en francés. Juro por mis muertos que en su época de presidente manejaba esa lengua con bastante soltura. Podría testimoniar el día del Juicio Final, si es que lo hubiere, que cuando se entrevistó con Kofi Annan en La Moncloa utilizó el francés sin intérprete e incluso, perdón por atreverme a sostener esto, comprendía una parte importante de las respuestas que Annan le daba en inglés. Perdón, de nuevo, por mi osadía.)

Si va a dar una conferencia a la universidad, un grupo de energúmenos con nula formación democrática intenta no rebatirle en el coloquio sino sencillamente reventar la charla para que no pueda hablar y, a la salida, da un corte de mangas al mismo grupito; abundantes comentarios en los medios se refocilan censurándolo por el gesto burdo del ex presidente pero omiten o pasan por alto como trivial algo tan condenable como que un grupo de fascistas, pueden ser de izquierda pero son fascistas, traten de impedir que un político hable en un recinto universitario. Si dice que el viaje del rey a Cuba en un momento determinado «no toca» hay un clamor por menospreciar al monarca. Se olvida que todos los presidentes opinan y vienen autorizando los desplazamientos oficiales del monarca. Podríamos seguir dando ejemplos. Por afinidad, la ascensión de Ana Botella a la Alcaldía también levanta ronchas; *antes de que empiece a actuar*, ya le empiezan a caer los epítetos descalificadores; parece, por ejemplo, que es funesto que sea católica practicante.

Esta animadversión que fustiga cualquier cosa que toca o hace el ex presidente me llama la atención. Hay decisiones de Aznar discutibles; yo mismo me pregunté en los meses que precedieron a Irak si debíamos casarnos y jurarnos amor eterno con los americanos o si bastaba con estar seriamente prometidos, y luego te das cuenta de que una cosa te lleva a la otra; pero encuentro chocante, a mi vuelta a España pasados varios años, esa tirria obstinada. El cuerpo te pide hacer de abogado del diablo Aznar.

PETRÓLEO, MENTIRAS Y *VIDEOTAPE*

La estigmatización del político popular ha sido parcialmente superada aunque muchas figuras socialistas continúen viendo rojo con cualquier actividad presente, pasada o futura de Aznar. Lo que no ha superado por el momento, y veremos si el paso del tiempo logra borrarla, es la mancha de la guerra de Irak. Es más indeleble que la sangre en las manos de Lady Macbeth o la tinta de una estilográfica en una chaqueta. Los dirigentes de otros países que protagonizaron o apoyaron ese conflicto han recompuesto su imagen, alguno sólo de forma parcial, es cierto; hasta Bush la ha parcheado. La cota de popularidad del político estadounidense sigue baja pero ya son muy numerosos los artículos, incluso en medios que siempre le fueron adversos, que subrayan desmayadamente que Obama ha tenido que continuar, en ocasiones profundizar, varias de las prácticas, hasta hace poco consideradas nefastas, de Bush. Prohibió Obama afortunadamente la tortura con ahogadillas pero no ha cerrado Guantánamo; no ha logrado encausar a los terroristas en un juicio civil; ha ordenado sin proceso la ejecución de Bin Laden, momento en que su mediocre popularidad tuvo una llamarada; ha dado más órdenes que ningún presidente de liquidar a sospechosos terroristas desde aviones no tripulados, y ha acelerado su programa de retirada de Irak en buena medida porque el gobierno iraquí se ha negado a prorrogar un privilegio que le arrancó Bush, el de que los soldados estadounidenses no podían ser perseguidos en caso de delito ante los tribunales locales. Bush no podía permitirlo y Obama se ha dado cuenta de que él tampoco.

Aunque Obama tuvo la valentía de oponerse a la guerra de Irak, y ha tratado de ser coherente, una vez en el poder se ha dado cuenta de que una cosa es predicar y otra dar trigo. Otros dirigentes occidentales que estuvieron en la operación al lado de Bush han tenido una suerte diversa. Blair salió tocado pero Irak no fue la única causa de su salida del poder. A Berlusconi lo ha noqueado la economía y que los italianos se estaban cansando de sus francachelas, no el apoyo al conflicto. Durão Barroso, primer ministro portugués de la época, fue ascendido a presidente de la Comisión Europea. Los dirigentes polacos permanecieron en sus puestos y el prestigio de Javier Solana, que hizo unas declaraciones comprensivas poco antes del conflicto subrayando la responsabilidad de Sadam Husein («no me salió muy bien aquella declaración», diría más tarde), no se erosionó.

Aznar, sin embargo, lo tenía muy crudo desde el principio. Aparecía como un aliado activo con el imperio americano, algo muy impopular en nuestro país, o, lo que es peor, estaba apareciendo como el perrillo faldero de un presidente republicano de Estados Unidos; para muchos la cosa olía a petróleo, lo que es una segunda agravante en España y, por si fuera poco, se trataba de un conflicto armado no bendecido por la ONU. El cóctel era explosivo. Si Felipe González había encontrado una opinión popular levantisca a nuestra colaboración con los yanquis en la primera guerra del Golfo, y a la que hubo que mimar como hemos visto, ahora Aznar se enfrentaba a una mucho más mentalizada, irritada y ruidosa.

Los puristas de la legalidad internacional y los adversarios de Aznar apuntan rápidamente que la diferencia en la reacción obedece a la cobertura jurídica; los españoles eran conscientes de que la primera intervención, la de la época de Felipe González, tenía el endoso de la ONU y la segunda, la de la era Aznar, no. Es correcto (aunque no lo sea que en la segunda la ONU se pronunció en contra; la verdad es que ni la aprobó ni la condenó), *pero la explicación es claramente insuficiente, tiene algo de hipócrita.* Uno puede, con algo de esfuerzo, intentar creer que el pueblo español es tan bonachonamente pacifista y tan apegado al respeto a la ley que una guerra sin base legal le saca literalmente de sus casillas y tiene que echarse a la calle.

¿Es esto realmente así? La experiencia nos hace dudar, nos demuestra que el pacifismo y el legalismo de los españoles son totalmente *selectivos*, a la carta, vamos. Hay ejemplos recientes que lo prueban. Cito los conocidos: *a)* pocos años antes, con el PSOE en el poder y España en el Consejo de Seguridad, había tenido lugar la catástrofe humanitaria de Ruanda (unos ochocientos mil muertos a machetazos), el premio Nobel nigeriano W. Soyinka se lamentaría de que los tutsis, la etnia masacrada, era «una especie en extinción» y aquí no se agitó una pancarta; *b)* más tarde tuvimos la guerra de Kosovo, nunca tuvo el apoyo de la ONU, participamos, un español (Solana) dio la orden de iniciar los bombardeos, que duraron, por cierto, unos setenta días; hubo muertos inevitablemente... tampoco vimos algaradas ni manifestaciones. El hecho de que la intervención la asumiera la OTAN no le otorgaba la menor legalidad. El artículo 53 de la Carta de la ONU se la quitaba. Reza así: «No se tomarán medidas coercitivas en virtud de acuerdos regionales o por *organismos regionales* sin autorización del Consejo de Seguridad...»; *c)* algo antes se produjo la intervención soviética en Afganistán para apuntalar un régimen comunista. Los soviéticos no lo lograron, perdieron 15.000 hombres, causaron infinidad de muertes. No tenía la menor base legal; fue tan llamativo que las Olimpiadas de Moscú fueron boicoteadas por unos 40 países. Ni santa indignación, ni frases airadas ni manifestaciones.

Raúl del Pozo, en un artículo titulado «Ladra, profeta», publicado en *El Mundo* en abril de 2002, da fe de este pasotismo cuando denuncia la violación por los judíos de la Basílica de la Natividad en Belén y escribe: «Europa, llena de mala conciencia, no se atreve a hablar para que no le digan antisemita..., los heridos se pudren en las aceras... Aznar, por lo menos, ha marcado el teléfono de Arafat, pero no he visto a Zapatero encabezar manifestación alguna contra la falta de médicos, de ambulancias, de sepultureros en Ramala. Dónde se han metido Pujol, Arzalluz, Beiras, Fidalgo y todos los cardenales en los días...». La queja de Raúl del Pozo, nuestra pobre o nula reacción, es aplicable a infinidad de acciones violentas en la arena internacional.

¿Por qué el clamor contra Aznar, que ni siquiera envió soldados al conflicto? ¿Por qué encuestas serias de la época muestran que los españoles estaban en contra *incluso aunque la ONU hubiera aprobado la guerra*, lo que me crearía personalmente problemas en Estados Unidos? La razón esencial es que se produjo una ocasión de libro para que el pacifismo y el antiamericanismo de nuestra población emergiese con fuerza. Veamos por qué. En primer lugar, tanto la personalidad de Aznar como *las circunstancias* llevaron a España a jugar un papel protagonista y enormemente visible en el arranque de la intervención. Tanto o más que la voluntad del presidente contó un hecho que no fue suficientemente sopesado. España acababa de ser elegida miembro del Consejo de Seguridad, la guerra fue en marzo y habíamos debutado en enero. En el Consejo no puedes inhibirte, tienes que significarte. Si a Aznar le pedía el cuerpo solidarizarse con Estados Unidos, la pertenencia de España al Consejo le impediría hacerlo a medio gas. Si te solidarizabas tendrías que mojarte a fondo. La foto de las Azores resultaba así inevitable.

Mirado desde otro punto de vista, la entrada en el Consejo de Seguridad, conseguida después de años de trabajo y que consideramos (yo era embajador en la ONU ese día) como un éxito espectacular, acabaría teniendo efectos inesperados: influyó decisivamente en la política exterior española e incluso en nuestra historia al incidir, por nuestra forzada visibilidad con los americanos en el conflicto, en las elecciones generales siguientes.

La segunda razón es que había unos actores poderosos que, por una mezcla de convicción y oportunismo, podían agitar las aguas contra el gobierno. El más importante, el partido socialista. En la primera guerra del Golfo, el gobierno de González no tuvo al principal partido de la oposición arengando a la opinión pública porque España enviase tres buques de guerra a un conflicto «para que los americanos tuvieran petróleo». El PP estuvo de acuerdo en la participación o se calló. En la que apoyó Aznar, en la segunda, el PSOE fue persistente en su aguijoneo de la opinión denunciando una intervención imperialista que perseguía el petróleo. La opinión pública española no necesita más, ya había ocurrido con «la OTAN, de entrada, no», sólo precisa de alguien que denuncie que los codiciosos Estados Unidos nos están arrastrando a una aventura belicista en la que no tenemos nada que ver.

Nuestra fijación con el petróleo como motor de muchas acciones de cualquier gobierno estadounidense es obsesiva. Fernando Fernán Gómez leería un manifiesto delante de una pléyade de artistas e intelectuales en el que, de forma harto simplista, ponía al petróleo como motivo esencial de la intervención en Irak. Y Umbral escribiría años antes referido a un presidente demócrata: «El nuevo Orden Mundial que Clinton ha heredado de Bush (el padre) sólo funciona cuando debajo de los muertos hay petróleo. Es más bien el Nuevo Oleoducto Mundial». Es una constante de nuestra progresía y del mundo del espectáculo; sin embargo, en Somalia, en Bosnia, en Haití, etc., Estados Unidos intervino con más costo que en el que incurrieron los europeos y allí no había *ni una gota de petróleo*.

La conversión del acto de los Goyas en acto monográfico anti-Bush Irak también fue curiosa. Otra muestra del pacifismo selectivo.

Me terminé de percatar de lo que se venía encima una mañana cuando llevaba unas tres semanas sentado en el Consejo de Seguridad. Las sesiones del Consejo, bastantes de ellas las celebran sus quince miembros a puerta cerrada: ni público, ni prensa ni los representantes de las otras 177 embajadas, suelen ser menos tediosas que las de la Asamblea General aunque no faltan los momentos somnolientos. Me sonó el teléfono en una de ellas y abandoné la sala; era el asesor diplomático de Aznar, que resultaría rotundo: «El presidente quiere que salgas a cualquier medio de información que te lo pida, *a cualquiera*, y que des nuestro punto de vista sobre el problema de Irak».

Eran momentos en que Sadam Husein seguía remoloneando sin obedecer a la ONU; el inspector jefe decía que «sí pero no», es decir, que no podía afirmar que Sadam continuara teniendo las armas de destrucción masiva (que había tenido), pero tampoco asegurar que las hubiera destruido. Bush enviaba tropas a la zona, lo que daba a entender que intervendría; Aznar, aunque pidiéndole calma al americano, lo seguía, y en España había ya agitación. Que el presidente del Gobierno me mandara, a mí, un recado de este tipo significaba que la cosa andaba mal. Contesté que yo defendía lealmente la postura del gobierno pero que había recibido instrucciones de nuestro Ministerio de Asuntos Exteriores, en el sentido de que yo no debía hablar del tema, que la política informativa sobre el potencial conflicto se haría desde Madrid.

La orden que había recibido de Exteriores era vesánica. El Consejo estaba profundamente dividido entre los seguidores de Estados Unidos (Gran Bretaña, España, Bulgaria), los adversarios (Francia, Alemania, Rusia, China y Siria) y seis indecisos: México, Chile, Pakistán... La mera división era muy noticiosa y los periodistas acechaban a los quince embajadores al salir de las sesiones para ver quién ganaba terreno. Todos mis colegas, los elocuentes y los cipreses, se veían forzados a dar explicaciones. Habiéndome convertido en el mudo, yo me escapaba por una escalerilla que me llevaba al garaje y, haciendo un recorrido por espacios que hubiese frecuentado Sean Penn en la película de Sydney Pollack (*La intérprete*), en la que éste me había prometido un papel que luego por achantarse ante los sindicatos me retiró, emergía en el exterior dando esquinazo a los periodistas. Era un proceder estúpido pero tenía claro que si decía lo más mínimo, alguno de los amigos del ministerio —en todo escalafón si te dan un cargo de responsabilidad hay compañeros que hacen vudú por la noche clavando alfileres en tu efigie— no dejarían de trompetear que yo era una *vedette* con ansias de lucirme.

El asesor de Aznar fue terminante: «Embajador, el mensaje es claro; tú sabes quién manda en el gobierno y el presidente te pide que le hagas el favor de salir a la palestra desde ya». Salí sin vacilar, aunque en más de un momento en las semanas anteriores reflexionaba que debería bastar con besarnos apasionadamente con los americanos sin pasar a la cama (luego resultó que no era posible) e intuyendo que, a corto plazo, se trataba de una misión imposible en nuestro país por las razones apuntadas. La opinión pública española sería marcadamente antiamericana y antibelicista antes, durante y después de la guerra. Si en Estados Unidos la intervención tuvo un apoyo masivo, un 72 % la aprobaba y 77 senadores de 100 que cuenta el Senado votaron a favor, en España era justamente lo contrario. Un 71, 74 o 76 % de nuestros encuestados estaban en contra y lo manifestaban ruidosamente.

Nuestra opinión «compraba» avasalladoramente *lo obvio*:

1) «Las Naciones Unidas no han apoyado el conflicto»,

y también lo dudoso o falso:

2) Se interviene «en contra de lo que ha dicho la ONU». Falso; como en Kosovo, no se permitió que la ONU se pronunciara aunque había más base para hacerlo que en los Balcanes (res. 1441).

3) «Se hace una guerra aunque el inspector jefe dice que Sadam Husein no tiene las armas». También falso; el inspector jefe,

Hans Blix, nunca dijo eso; manifestó que no habían aparecido pero que necesitaba más tiempo, como mínimo mes y pico más para pronunciarse con rotundidad y, desde luego, esto lo dijo delante de mí, que la actitud iraquí había mejorado pero si Sadam Husein «cooperase plenamente, como hicieron los sudafricanos», el asunto se sabría «de la noche a la mañana». Otra de sus frases después de haber inspeccionado unos 300 sitios sospechosos: «No puedo saltar a la conclusión de que las armas existen. Sin embargo, esa posibilidad no está excluida».

4) «Una vez más, una guerra por el petróleo.» Argumento muy en boga en España, es una obsesión nacional, algo más enraizado en nosotros que la sangría, la paella o los toros y, entre los jóvenes, que el botellón; cuando hay un conflicto que huela de lejos o de cerca el petróleo, multitud de españoles deducirán que todo es para que la gente de California u Ohio tenga gasolina barata olvidando que el suministro estable de los productos energéticos nos es tan vital como a los yanquis; ellos van camino de ser autosuficientes en un 50 %, nosotros tenemos mayor dependencia del exterior. (En 2012, por primera vez desde 1949, las exportaciones de petróleo de Estados Unidos serán superiores a las importaciones.)

5) «La guerra se montó sobre la patraña total; de las armas, Bush y sus aliados sabían que no existían y se lo inventaron.» Otra falsedad tan extendida que se da la paradoja de que serios analistas de nuestro país apuntan que era un camelo inventado por Estados Unidos para afirmar en el mismo párrafo que Husein era un canalla que había *gaseado* a su propia población. Y, pregunto yo, ¿qué es el gas sino un arma química de destrucción masiva?

Resumamos lo que parece obvio; es cierto que los responsables estadounidenses hicieron todo lo posible por magnificar la amenaza para justificar su conducta, dando por buena alguna prueba claramente endeble; es incluso posible que Bush, después del atentado de las Torres Gemelas, decidiese que tenía que derrocar a Sadam Husein y acabar lo que su padre no hizo, etc., pero todo el mundo creía —*gobiernos, servicios de inteligencia, medios de infor-*

mación— que las armas existían. No sólo los adversarios internos de Bush pensaban que era así (Kerry, su contrincante demócrata en la elección, diría el día del ataque: «Creo que las armas de destrucción masiva de Husein son una amenaza y por eso he votado para asegurar que lo desarmamos»), sino incluso sus adversarios externos que estaban en contra de la intervención, como Chirac, el árabe Mubarak, entre otros, manifestaron en aquella época que Sadam poseía como mínimo las armas biológicas y las químicas. Desde luego lo creían los militares estadounidenses.

En sus memorias, Condoleezza Rice (*No Higher Honor*, ed. Crown) cuenta que Bush tenía la convicción clara de que existían pero que se percataba de que las pruebas existentes no eran aplastantes para poder convencer a bastantes de los escépticos. Doy fe también de que en los embajadores en la ONU el convencimiento era unánime. Sobre las armas y sobre el remoloneo intolerable de Sadam Husein, los embajadores razonaban: *a*) este dictador ha usado hace años armas prohibidas contra los iraníes y contra su propia gente, y *b*) hace meses le dimos la «última oportunidad» (res. 1441) para demostrar que las había destruido y sigue sin mostrar todas sus cartas.

En lo que sí llevan razón los adversarios de Aznar y de Bush es en que existía un número muy considerable de países que pensaban que prolongando dos, tres meses las inspecciones se le podría desenmascarar y evitar una guerra y que la impaciencia y la política de Bush llevarían a un conflicto de consecuencias incalculables en aquel momento. El argumento no era baladí, sólo que la maquinaria militar estadounidense trasladada a la zona ya era imparable. Había más países en ese segundo bando que en el de los partidarios de la intervención. Lo que nos lleva a la última falacia.

6) «España estaba aislada y Aznar hizo un papelón con Blair apartándose de Europa.» También incorrecto. Aznar y Blair no estaban en minoría, en un lado estaban Francia, Alemania, Suecia, Bélgica, Austria... y en el otro, Gran Bretaña, España, Italia, Polonia,

Portugal, Chequia, Dinamarca... Mitad y mitad, quizá más en el lado de los de Aznar. El halcón americano Rumsfeld fue burdo cuando descalificó al grupo de Francia y Alemania llamándolos «la vieja Europa», ¿por qué vieja?, pero la pretensión franco-alemana de arrogarse la representación de la pureza europea al enfocar el tema de Irak era igualmente risible. Como me decía el colega italiano, ¿por qué la patria de Beethoven, Molière y Schubert era más Europa que la de Cervantes, Shakespeare, Verdi y Camoens? Aznar fue el inspirador de una carta aparecida en el *Wall Street Journal* firmada por una docena de presidentes europeos que mostraba la descarnada división del continente pero que era una respuesta al vedettismo de Chirac y Schroeder.

En cuanto al supuesto bloque monolítico árabe de rechazo a la acción de Bush, baste señalar que Arabia Saudí garantizó a Estados Unidos que pondría en el mercado la cantidad suficiente de petróleo para compensar la que Irak dejase de exportar durante el conflicto. Subirían su producción de 8 a 10,5 toneladas. Importante garantía. En su libro *Plan of Attack*, Bob Woodward, uno de los periodistas que hicieron saltar el escándalo Watergate que acabaría con la presidencia de Nixon, cuenta algo más significativo sobre los meandros de la unidad árabe. El príncipe Bandar, todopoderoso embajador saudí en Estados Unidos, miembro de la Familia Real, tenía un fácil acceso a la Casa Blanca. El 19 de marzo, día de la invasión, recibió una llamada de Condoleezza Rice que le preguntó si podía pasar a las 19.45. Hablaba en clave; cualquier cita después de las 18.30 significaba que el embajador vería al presidente. No vio al presidente pero la asesora le dio a entender que el ataque empezaría en las próximas horas; era lo que el embajador estaba esperando y deseando. Dijo a su interlocutora: «Dile al presidente que la próxima vez que lo vea, si la guerra ha comenzado, me afeitaré la barba», y añadió: «que lo tendremos presente en nuestras oraciones y en nuestro corazón».

Bandar dejó la Casa Blanca contento con el próximo fin de Sadam y nervioso porque pensaba que no era descartable que el líder iraquí comenzase a lanzar proyectiles con carga química o biológica sobre Israel, Arabia Saudí, Jordania o cualquier aliado de Estados Unidos. Desde el coche llamó al príncipe heredero Abdullah: «El pronóstico para esta noche es que va a llover fuerte en Roda». «¿Cuándo empezará la tormenta?», preguntó desde Ryadh el heredero. «No lo sé —contestó—, pero pon la televisión.»

En su ameno libro, para el que Woodward tuvo evidentemente acceso directo a todos los protagonistas americanos del conflicto, incluido tal vez el presidente, el autor cita en varias ocasiones a Aznar. No sólo en la Cumbre de las Azores sino en los esfuerzos de nuestro presidente, secundando a Blair, para que Bush llevara el caso a Naciones Unidas e intentar obtener el apoyo de la Organización, al amparo de la resolución 1441, que repetía que Sadam estaba en flagrante violación de la Carta de las Naciones Unidas y que si desaprovechaba la última oportunidad que se le daba, tendría que atenerse a las consecuencias. Bush les hizo caso hasta que sus militares le advirtieron que era ahora o nunca, que el ataque por razones meteorológicas y económicas no podía demorarse más.

El apoyo que Gran Bretaña y España querían obtener de la ONU no llegó por dos razones. La primera es que ellos y Estados Unidos no pudieron convencer a suficientes países indecisos del Consejo de Seguridad. La postura vacilante de México, decididamente ambigua en momentos por parte de éste, y Chile se saldaría a la postre con un no. Después de la negativa, Bush, según Woodward, pidió a Aznar que telefonease al chileno Lagos, conversación telefónica que no resultó, y el presidente español le habría pedido a su colega estadounidense que llamase al rey para explicarle cómo estaban las cosas. No sabemos si Aznar quiso tener una deferencia con el rey o si nuestro monarca era de los escépticos ante la intervención y Aznar pensó que era conveniente que el americano le diera un toque. Bush lo hizo complacido.

Nuestro presidente viajó a México con el propósito de convencer al presidente Fox. Era una misión imposible y en la que sería vapuleado por la prensa mexicana que veía al gachupín, al antiguo colonialista, aliado con el gringo, el detestado imperialista del norte (que tropecientos millones de mexicanos quieran desesperadamente emigrar a Estados Unidos no impide que el vecino del norte sea mirado con enorme desconfianza por la opinión del país azteca). Aznar recibió un varapalo en los medios de información mexicanos pero, me pregunto yo, si estaba metido en la coalición con Bush, ¿podía negarse a intentar persuadir a un dirigente «de su familia» con el que tenía buenas relaciones? En sus memorias (*Decision Points*, ed. Random House), Bush narra una escena graciosa. Telefoneó a Fox para rogarle que apoyara la resolución de la ONU y el mexicano le contestó cantinfleando: «¿De qué resolución se trata?». La cosa quedó en el aire, Fox ya no dio la cara. Pasada una hora, el ministro mexicano informó a Condi Rice que Fox se marchaba a la clínica para una intervención en la espalda. La respuesta era negativa.

La segunda es que Francia dio a entender que vetaría cualquier resolución que intentara autorizar la guerra. Cuando Francia lo manifestó claramente, el secretario de Estado, Colin Powell, se sintió doblemente traicionado. No ya por el fondo del tema sino por la forma y el escenario. Había acudido a una sesión extraordinaria del Consejo de Seguridad presidida por Francia, que en teoría se iba a dedicar al terrorismo. El americano, un palomo (un blando) en el círculo de halcones (los duros) cercano a Bush, sintió que Francia le había tendido una trampa. El ministro francés Villepin hizo una intervención brillante y populista sobre la guerra de Irak. «Nada —diría en la conferencia de prensa posterior—, nada, justificaría la guerra.»

Powell, soy testigo, se subía por las paredes. Los franceses lo dejaban en ridículo ante sus colegas duros del gabinete que le habían aconsejado que no acudiera a un acto montado con Dios sabe qué intenciones por los franceses. Más importante aún, Powell sintió que los franceses hacían saltar por los aires su estrategia: él confiaba en que Sadam Husein se asustase al ver la guerra cerca; ahora, si los franceses aliviaban la amenaza aislando a Estados Unidos con su advertencia de veto, el iraquí se envalentonaría y seguiría con su juego pensando que no habría ataque.

Lo hubo y Bush lo anunció en televisión a las 22.16 del día 19 de marzo cuando ya dos F 117 habían lanzado sus bombas a las que seguirían diversos misiles Tomahawk sobre una finca llamada Dora en la que se creía erróneamente que se encontraba Sadam Husein. La CIA se equivocó en el momento, el dictador había estado allí; unas horas antes una fotografía aérea había detectado 36 coches de seguridad aparcados junto al edificio principal, pero se había marchado. El dictador sería cazado unos ocho meses más tarde oculto en un pozo de una finca cerca de su pueblo natal. Sería juzgado y ejecutado por sus compatriotas.

Cabe preguntarse cómo el dirigente iraquí, viendo que los americanos habían desplegado unos 200.000 soldados en sus fronteras, siguió manteniendo el equívoco sobre la existencia de las armas de destrucción masiva. Es obvio que después de Bush era la persona mejor situada para impedir la guerra. ¿Cómo, a semejanza de Gadafi años más tarde, remoloneó cuando dirigentes árabes lo contactaron para que abandonara el poder y se exiliara? Richard Haas y otros analistas sostienen que estaba convencido de que los americanos, por la presión internacional y por el costo, lanzarían una guerra limitada como había ocurrido años antes con Bush padre, que la presión de Francia, Rusia, grandes suministradores de Irak, etc., haría que los americanos se detuvieran a mitad del camino. Todo antes que admitir abiertamente que lo de las armas de destrucción masiva era algo del pasado; habría sido «un signo de debilidad que sería explotado por sus enemigos internos o por los iraníes».

Como diría Blair, «Husein creyó que Estados Unidos y sus aliados estábamos faroleando cuando amenazábamos con intervenir y nosotros estábamos diciendo la verdad; y nosotros creímos de verdad que poseía las armas de destrucción masiva y en realidad estaba faroleando». Una enorme devastación y sufrimiento surgió de ese doble malentendido.

Otro cuestionamiento, en el que yo sí participaba, era el de si resultaba sensato iniciar una intervención en Irak mientras se estaba profundamente enfangado en Afganistán.

La guerra duraría poco pero se complicaría enormemente acabada la ofensiva militar. Los dirigentes estadounidenses creyeron que serían recibidos con palmas y olivos; esto sólo duró unos días. Los americanos cometieron varios errores de bulto en la posguerra: llevaron pocas tropas al país, purgaron la Administración de todos los que habían pertenecido al partido oficial y desmantelaron el ejército. Pronto, grupos de insurgentes comenzaron a hostigar violentamente a las tropas extranjeras y, peor aún, la caída de Sadam Husein destapó una tenebrosa caja de Pandora, la hostilidad, el odio entre los chiíes y suníes iraquíes produjo una soterrada guerra civil entre los extremistas de ambas comunidades, que no vacilaban en atentar contra mercados, mezquitas... donde la presencia de militares americanos era nula. Suníes ponían una bomba en una mezquita chií y viceversa.

Cuando los americanos abandonaron definitivamente el país en diciembre de 2011, la prensa estadounidense calculó el costo: 4.832 americanos habían perdido la vida, unos 32.000 regresaban heridos y el desembolso económico había sido descomunal; según algunos, ascendió a un billón de dólares. Del lado iraquí, más de 110.000 personas habían perecido, la mayor parte a manos de iraquíes. Ilustrando el carácter de contienda partidista de los últimos años, tres días después de la salida de los soldados yanquis se producían 14 atentados en Bagdad. El saldo era espeluznante: 68 muertos y 201 heridos. La revista *The Lancet* da otro dato significativo: con el procedimiento de terroristas suicidas los insurgentes han matado en ocho años unos 200 soldados de la coalición extranjera, mientras que habían causado la muerte a unos 12.000 iraquíes y herido a unos 30.000.

La inexistencia de las armas de destrucción masiva tuvo varios efectos de calado. Al ser acompañada del empantanamiento sangriento de la situación en Irak, la eliminación de Sadam Husein traería el mencionado estallido de la rivalidad entre las comunidades chií y suní con una cascada de atentados que causarían muchos más muertos que la invasión americana. Todo esto, la guerra entre iraquíes, fue atribuido a la invasión americana y acarreó un desprestigio considerable a Estados Unidos y lo que significa. Al no poderse probar que Husein estuviese detrás de al-Qaeda socavó parcialmente la legitimidad de la guerra contra el terrorismo y, más aún, desacreditó las llamadas de alarma para situaciones parecidas. Por ejemplo, las fundadas afirmaciones de que Irán esté peligrosamente cerca de obtener el arma nuclear, al ser proferidas por Estados Unidos, y aunque en noviembre de 2011 la agencia competente de Naciones Unidas emitiera un informe con pocas dudas al respecto, son acogidas en ciertos medios con escepticismo.

SIN SALERO, PERO CON PALABRA

Aznar nació y estudió derecho en Madrid. Era hijo del periodista Manuel Aznar Acedo y nieto de otro del mismo nombre, muy conocido, que había dirigido un importante periódico en Cuba, la Agencia Efe y desempeñado el cargo de embajador de España en la ONU al poco de ingresar nuestro país en la organización.

El futuro presidente del Gobierno sacó la oposición de inspector de Hacienda en 1976 y sería destinado a Logroño. Allí fue captado por Manuel Fraga para que ingresara en Alianza Popular. Con dudas iniciales sobre si lanzarse decididamente a la política (su mujer era reacia), fue diputado por Ávila en las elecciones de 1982 en las que el PSOE obtuvo la abrumadora mayoría de 202 diputados (Alianza pasó de 9 a 106). Ávila era territorio de Suárez; su partido, el CDS, se presentaba con Rodríguez Sahagún a las elecciones, y el hecho de que Alianza Popular acabara primera en la provincia por delante del CDS y del PSOE animó al joven político de 29 años. En 1987 fue elegido presidente de Castilla y León y poco después vicepresidente de su partido, ahora ya Partido Popular.

Derrotaría a Felipe González en las elecciones de 1996 llegando a la Presidencia con 42 años. Repitió triunfo en el año 2000 esta vez con mayoría absoluta, 183 diputados, y arrancó esta legislatura colocando, algo inédito en nuestra historia parlamentaria, a dos mujeres en la Presidencia del Senado y del Congreso. Avanzado su segundo mandato, anunció que no se presentaría a la reelección.

La revista *Historia 16*, en un extraordinario que conmemoraba veinte años de la transición, decía: «Cree en Dios, en santa Teresa, en el Cid Campeador y en Manuel Fraga. El catalán Joaquim Molins dice que no da la talla pero con un lustro le ha bastado para hacerse con el control de la derecha dura, hoy centro derecha, abandonar el *look* ultra, jubilar a los nostálgicos, apagar a los pirómanos y llegar a los 42 años a las puertas del poder..., juega al paddle, lee. Es un tímido con un elevado concepto de sí mismo». El propio Aznar escribe: «Me he esforzado en recuperar la tradición liberal española, un partido de centro como el nuestro tenía que reivindicar la tradición liberal-conservadora que es la suya».

Julia Navarro sentenciaba: «Frío, introvertido, exento de carisma, Aznar lograba lo que otros hombres de la derecha más arrolladores no habían conseguido: el gobierno de España. Por algo será». Posteriormente, Pilar Cernuda y Fernando Jáuregui (*Ocho años de Aznarato*, ed. Planeta) escriben que Aznar «tiene palabra y una voluntad de hierro» y, según una persona que le aprecia, «le pierde la falta de gracia, el chiste fácil».

Aznar se casó en 1977 con Ana Botella con la que tiene tres hijos. El romance surgió al regreso de un viaje de estudios —eran compañeros— a Turquía. Ella sacó las oposiciones de Técnico de la Administración Civil y trabajó en diversos departamentos hasta que él llegó a la Presidencia. Pidió, entonces, la excedencia y, a diferencia de su predecesora, acompañó a su marido en viajes y actos oficiales. María Ángeles López de Celis (*Los presidentes en zapatillas*), que no tiene excesivas simpatías por los Aznar, quizá influida por la tirria visceral que sentía por la jefa de Secretaría que trajeron a La Moncloa, cuenta en tono crítico que desde que su marido tomó posesión del cargo, «ella lo hizo de todo lo demás, resuelta a dejar su impronta. Él la dejaba hacer, no cabe duda de la influencia de Ana sobre su marido, es un poder en la sombra..., se movía como pez en el agua y mandaba y ordenaba con la naturalidad de quienes lo han hecho toda la vida». Cernuda y Jáuregui dicen que tiene «personalidad propia, arrolladora como la mayoría de las mujeres educadas en el seno de una familia muy numerosa (es la mayor de 13 hermanos). Es abierta, extrovertida, simpática y atrajo inmediatamente a un José María Aznar infinitamente más tímido y taciturno». Personalmente, he viajado con Ana Botella y la tengo efectivamente por persona sencilla, extrovertida y simpática. Tiene otra característica agradable para su interlocutor: se expresa con desenvoltura y aplomo en la gama de temas que conoce y escucha con atención y curiosidad en aquellos que no domina.

Cuando Aznar le comunicó que no se volvería a presentar, Ana Botella decidió entrar en política. Hay quien dice que Gallardón le ofreció espontáneamente darle un importante puesto en el Ayuntamiento de Madrid. Otros aseguran que fue Aznar quien se lo pidió al alcalde, algo que éste difícilmente podía rehusar. Encargada durante años de los temas medioambientales de la capital y segunda en la lista de las últimas elecciones de 2011 al Consistorio madrileño, la marcha en diciembre de Gallardón al Ministerio de Justicia ha hecho que a fines de diciembre se convirtiese en la primera alcaldesa de la historia de Madrid.

En 1996, cuando Aznar llega al poder, España tenía unos 40 millones de habitantes; en 1976, en el arranque de la democracia, era de 32.253.000 millones. La situación del país había cambiado enormemente en esos veinte años. La esperanza de vida era de 71 años. Políticamente, la expresión «ruido de sables» había pasado a la historia. Nuestra esfera privada, según la descripción de Toharia en el mencionado número de *Historia 16*, había cambiado muy considerablemente. Se había consolidado una nueva concepción del matrimonio y la familia que desenfatiza la importancia de la creación a favor del entendimiento entre los cónyuges, existía una configuración cada vez más simétrica de las relaciones marido-mujer, había aumentado enormemente la utilización, y la legitimación social, de los métodos anticonceptivos y la fecundidad había caído en picado. Si en 1974 había habido en España 682.010 nacimientos, en 1996 la cifra se movía alrededor de los 360.000. La mujer había hecho avances considerables en algunos sectores laborales, un 50 % de las promociones de judicatura eran mujeres, aunque se integraban con mayores problemas en otros.

Los españoles se habían vuelto más deportistas; según algunas encuestas, el 23 % se enfundaban el chándal en algún día de la semana para hacer alguna clase de ejercicio. En otros terrenos deportivos seguíamos igual: Real Madrid y Barcelona tenían un presupuesto desorbitado en relación con otros clubes, unos 8.600 millones de pesetas el Barcelona y 8.200 el Madrid; es decir, unos 50 millones de los actuales euros, lo que palidece con las cifras de la temporada en que vivimos (2011-2012): 460 millones los blancos y 418 el club catalán. El teatro, a diferencia del momento actual y de 1976, vivía un mal momento y casi se entonaba su epitafio. José Carlos Mainer se preguntaba: «¿Es el público el que ha dejado morir el teatro (aquel que todavía no se había suicidado por afán de experimentalismo) y que dejará morir el cine si no nos salva Antonio Banderas?».

Aznar cambiaría otro aspecto importante de la sociedad española: su gobierno fue el que abolió el servicio militar obligatorio que venía existiendo desde prácticamente dos siglos antes. «Se acaba la mili», diría el ministro Trillo después del Consejo de Ministros del 9 de marzo de 2001.

El servicio militar que obligaba a todos los españoles varones fue instituido por el primer rey Borbón Felipe V y lo consagraría poco después la Constitución de Cádiz de marzo de 1812 en su artículo 361. Hasta recientemente era el momento en que muchos jóvenes españoles conocían algo diferente de su lugar de nacimiento.

En la época anterior de los Austrias los ejércitos eran profesionales, haciéndose un reclutamiento forzoso sólo en tiempo de guerra. La duración del mismo variaba; en 1991 había sido reducido a once meses, poco antes oscilaba entre uno y dos años. En 2001 desaparecía.

LA BULA PROGRESINA

El gobierno del PP inició su andadura subrayando algo que el propio Aznar había anunciado antes de las elecciones: sería menos complaciente con el régimen de Castro de lo que había sido el de González. Aznar lo había anunciado en varias ocasiones, la más cercana un año antes en la Casa de América: su gobierno introduciría cambios en la política con Cuba y se hablaría sin tapujos con la disidencia política de aquel país.

Con esta mera declaración de principios, el nuevo ejecutivo, que no siempre tuvo tacto en su trato con el demagógicamente irascible Fidel, incurría en un serio pecado original de la época: el de creer que los regímenes dictatoriales de izquierdas pueden ser tratados con la misma vara que los de derechas, especialmente si son iberoamericanos. Debutó, además, con otro pecado oprobioso para nuestra opinión pública: el de aparecer como aliado-subordinado de Washington en su trato al régimen cubano. El cóctel de nuevo estaba en la mesa y con él las bofetadas.

El gobierno aún hacía los primeros nombramientos cuando llegó a Madrid Al Gore, vicepresidente de Clinton y futuro Nobel de la Paz. Seducido por la personalidad de su visitante, demócrata, progre, innovador... y porque el ambiente se había calentado con el innoble derribo de un avión de una asociación de Miami por el régimen cubano, Aznar tuvo la «ligereza» de afirmar, *en la rueda de prensa que compartió con Gore,* que España congelaría la cooperación oficial con Cuba aunque mantendría la ayuda humanitaria. Acababa yo de volver (era mi tercer desempeño del puesto) a mi cargo de director de la Oficina de Información y fue la primera vez en mi trabajo con Abel Matutes, primer ministro de Exteriores de Aznar, que bajé corriendo la escalera del ministerio para irrumpir en el despacho del ministro con el télex en la mano y decirle: «Si ésta es la política..., bueno, yo soy un mero guripa, pero esto, así..., aquí, no vende. Cantarle las verdades a Fidel con el amigo americano al lado... aquí, en España, lo sé muy bien, no vende. Es mejor que Aznar le meta un dedo en el ojo a solas a Fidel que darle un leve codazo con Clinton o con Gore al lado».

No me equivoqué. El gobierno se desmarcaría de aspectos claves de la política estadounidense hacia Cuba pero la imagen estaba creada.

La andanada, muy a menudo disparatada, llegó pronto. El gobierno, se dijo, «se ha embarcado en una escalada de despropósitos», estaba «escribiendo una de las páginas más negras de la historia de las relaciones internacionales» y se obstinaba en ensañarse con un país que sufre «el mayor bloqueo de la historia de la humanidad». Cuando en la Cumbre Iberoamericana de Chile Aznar pidió a Castro que iniciase, *sólo que iniciase*, la apertura en su país; cuando le dijo que a él le tocaba tener un gesto, «mover ficha» y cuando España posteriormente presentó en la Unión Europea un documento, que sería aprobado, en el que se reiteraba la petición al gobierno cubano, aquí fue Troya. Tengo la copia de una nota que le hice a Matutes en la que advertía que el documento tal como estaba era demasiado maximalista y pormenorizado, más irritante para los cubanos, advertencia que provocó cierto disgusto en algún joven turco pepero del ministerio, y que dijeran al ministro que yo era un poco felipista, pero la idea central era la expresada: «Señor Castro, es hora de que tome medidas de apertura». Repito que fue Troya. Habíamos topado con la bula progresina.

La cascada de acusaciones a «la arrogancia, hipocresía y chulería» del gobierno podía resumirse en estas premisas:

1) *El gobierno ha fabricado una crisis sin precedentes en las relaciones con Cuba.*

Frío, frío. Hay muchos precedentes, de ambos lados, bastante más hirientes. El aviso del PP al régimen de Castro no era nada con el sopapo que dimos a todos los cubanos cuando nació el país. En 1898 nos reunimos en París con los estadounidenses para negociar la independencia de la isla sin llevar a ningún cubano a la mesa de la negociación. Sin ir tan lejos en la historia, recordemos dos crisis más recientes. A principios de los sesenta, Fidel Castro se calentó en una larga perorata en su televisión en la que puso a caer de un burro al régimen de Franco y acusó a nuestro embajador de injerencia en los asuntos cubanos. La soflama, marca de la casa, fue tan larga que el embajador Lojendio tuvo tiempo de coger el coche salir hacia la televisión y entrar en el estudio para interrumpir e increpar a Castro. Fue lógicamente declarado persona non grata y la embajada permaneció sin titular *más de quince años.*

La segunda es la mencionada de la invasión de nuestra embajada por cubanos que querían dejar el país. Ordóñez, que manifestó que tenían derecho a marcharse, recibiría diversos piropos de la cúpula cubana: «está descalificado desde el punto de vista moral», «no se pueden tomar en serio los responsos de un angustiado administrador colonial». Simultáneamente, el bueno de Félix Pons, presidente de las Cortes, era calificado de «tipejo fascistoide». Lo que en boca de un dirigente castrista, más que paradójico es parajódico.

2) *Al Gore ha llevado al gobierno a una supeditación bochornosa a los intereses de Estados Unidos.*

Ya hemos apuntado que Gore no tenía que convencer de nada *al gobierno de Aznar,* que repetidamente había manifestado antes de la visita del americano que habría cambios con Cuba.

La acusación de seguidismo con los yanquis se adentraba en lo grotesco cuando se acusaba de tibieza al gobierno en la oposición a la Helms Burton, una ley estadounidense que sancionaba a personas que comerciasen con Cuba. La postura española era de total rechazo a una norma que consideraba inaceptable por sus pretensiones extraterritoriales. Aznar lo dijo en dos ocasiones a Gore y, soy testigo, cuando Clinton nos envió al embajador Eisenstadt para trabajarnos el hígado, Matutes le comunicó que comulgábamos con ellos en el deseo de la apertura cubana pero que estábamos totalmente en contra de la Ley Helms Burton. No hubo matices.

3) *El gobierno se ha aliado con un cubano impresentable, Mas Canosa, y con los reaccionarios cubanos de Miami.*

Ésta es muy buena. Mas Canosa era un controvertido empresario cubano residente en Miami. Un par de cubanos residentes allí, huidos de la isla, me dijeron que era un benefactor de bastantes compatriotas que llegaban a Florida. Esa impresión era minoritaria en España. Aquí, desde que se entrevistó con la gente de Aznar, Canosa era el origen de todo mal: estaba relacionado con la mafia, tenía cuentas pendientes con la justicia yanqui, evasor de impuestos... El gobierno de Aznar, seguía el pliego de cargos, tenía la desfachatez de mantener contactos con un personaje de tal catadura moral.

Asistí a la última parte de la entrevista que mantuvo Matutes con Canosa y, sinceramente, fui incapaz de distinguir si era una madre Teresa para los que llegaban desvalidos a Miami o un gángster redomado.

Ahora bien, hay un detalle importante que comenzó a alucinarme, a lo que le di vueltas. Es la fecha en que Canosa se había convertido en ese delincuente carne de presidio. La cuestión era clave. Porque, comencé a pensar, ¿cómo es posible que Canosa fuese ahora, cuando charlaba con Matutes, un contumaz malhechor, estafador, casi violador de muchachitas, y un año antes, cuando se entrevistó con él el ministro socialista Solana, o un poquito antes, cuando lo recibió Felipe González, fuese un hombre intachable, libre de toda sospecha? Tan intachable que Telefónica, con la bendición del gobierno, no del seguidista y lacayo de Aznar sino del anterior, del socialista, le vendió la empresa Sintel permitiendo que tal monstruo desembarcase en España.

¿Cuándo se produjo esa funesta transformación de Mas Canosa? Yo vivía sin vivir en mí por conocer la fecha. Tuvo que ser en algún momento entre la entrevista con Solana, en que aún era puro, y la de Matutes, cuando Mas Canosa ya, *vade retro*, era un malnacido. Posiblemente, la mutación fáustica de Canosa se produjo más o menos el día de las elecciones. Iba de bueno y campechano por la vida, se podía tomar café con él y venderle juguetes telefónicos, pero ganó el PP y el acontecimiento desató en su interior las pasiones más abyectas. Se convirtió en Lucifer y, entonces, viendo ya todo el mundo que era un tipo torvo, golpista, al bueno de Matutes se le ocurre recibirlo.

Queda la guinda. El gobierno, seguía el requisitorio, no tiene el menor pudor en codearse con la mayoría de los exiliados de Miami. Da la impresión que los cubanos de Miami por haberse marchado de la isla y emigrar al imperio del capitalismo son gente despreciable. La demonización del exilio cubano, la aceptación del término «gusanos» para un colectivo ingente que se ha visto obligado a abandonar su país es algo que me resulta increíble. ¿Por qué es denigrante tratar con ellos? Como escribió Albiac, nadie me hará aceptar que el exilio de un cubano sea menos cruel que el de un republicano español. ¿Y qué demócrata no consideraba respetable a un exiliado del franquismo?

4) *La actitud y los comentarios del gobierno sobre Cuba son la mayor injerencia imaginable tanto más cuanto que es un miembro de la familia iberoamericana.*

La afirmación es risible. La petición inhibitoria por tratarse de un miembro de la familia iberoamericana resulta incomprensible porque la práctica de nuestros gobiernos y fuerzas políticas venía siendo justamente la contraria. Las llamadas de respeto a la democracia en los países americanos —Chile, Argentina, el Salvador...— habían sido constantes y nadie se rasgó las vestiduras; eran regímenes de derechas, claro, y eso puede que explique el síndrome. Con los gobiernos autoritarios de derechas no hay injerencia sino el deber de actuar.

Veamos el caso chileno en los ochenta. Nuestro gobierno condenó de forma oficial las medidas represivas de Pinochet y nuestras fuerzas políticas manifestaron abiertamente su hostilidad. Las hemerotecas son parlanchinas. Veamos la prensa del 12 de septiembre de 1983 que refleja una manifestación gigantesca en Madrid contra el régimen de Pinochet. Participa todo el espectro político. ¿Qué vemos, además, en la foto? Uno..., dos..., tres ministros del gobierno socialista (el vicepresidente Alfonso Guerra, Javier Solana y Maravall). En la manifestación se pidió, con obvios vituperios, la democracia para Chile y la renuncia de Pinochet, pero si en la época de Aznar hubo voces indignadas que denunciaban la presencia de un simple diputado (Cortázar) en un acto de la Fundación del mencionado Mas Canosa «por ser una clara injerencia en los asuntos cubanos», ¿qué pintaban tres *ministros* del gobierno en una manifestación contra un gobierno con el que teníamos relaciones? ¿Es la presencia de un diputado mayor injerencia que la de tres ministros del gobierno en una manifestación?

Estamos aquí, y sé que argumentando esto más de uno me etiquetará de fascista, ante una muestra elocuente de la ley del doble rasero pero en sentido contrario del que se tachaba a Matutes en las Cortes cuando se le acusaba de injerencia en los asuntos de un país iberoamericano. A no ser que admitamos el aserto, otro misterio teológico para un demócrata, de que la agresividad contra un régimen autoritario de derechas no es injerencia y la simple manifestación contra otro tipo parecido pero de izquierdas lo es en cualquier caso. Es una prolongación en el campo de las relaciones internacionales de la conocida y monumental memez de la superioridad moral de la izquierda.

Nos hallábamos así ante una resurrección de la bula progresina o *sinistrina*, un privilegio o exención muy en boga en los años sesenta o setenta y que imaginábamos ya caduco. El dogma que la sustenta es conocido: los regímenes dictatoriales de derechas deben ser combatidos desde su nacimiento. Los similares de izquierdas, aunque cometan los mismos desmanes, deben disfrutar de un respiro de treinta o cuarenta años, o más, porque están inspirados en ideas hermosas y progres, superiores en suma. Hitler, en otras palabras, era el cabrón mayor de la Historia; Franco, su acólito levemente menos perverso, pero Stalin, bueno... con Stalin, sin aplaudirlo (aunque escritores insignes le hicieron poemas), había que ser comprensivo... y nada de denigrarlo.

En resumen. No era sostenible que los españoles después de los famosos veinticinco años de paz del franquismo, y los chilenos en 1983, después de diez de pinochetismo estuvieran maduros para la democracia y los cubanos, en 1996, después de treinta y siete de partido único y hoy, después de cincuenta, no lo estén. Es absurdo.

El gobierno español de aquella época no pidió en realidad sanciones para Cuba, se pronunció en contra del embargo estadounidense y se demostró que los esfuerzos encomiables de Felipe González para persuadir a Castro para comenzar la apertura («falló Castro; se volvió atrás de determinadas líneas de comportamiento que teníamos fijadas») produjeron un nimio resultado. Un año más tarde, Manuel Marín, como comisario europeo, viajó a La Habana y comprobó la escasa predisposición del castrismo a iniciar reformas democráticas.

El pecado del gobierno de Aznar de la época, independientemente de lo que le pidiera el cuerpo a algún belicoso del PP, fue querer que los cubanos, sin injerencias externas, comenzasen una transición política. No veo mucho matonismo ni injerencia en querer para los cubanos lo mismo que para los argentinos de Videla, los chilenos de Pinochet o los españoles de Franco.

Castro calificaría a Aznar de «fuhrercito» y en la entrevista a Ramonet se despacha diciendo que es un «conservador reaccionario y amigo de la mafia terrorista cubano-americana de Miami». Debió de irritarle especialmente que cuando un periodista preguntó al presidente español que cuándo iría el rey a Cuba, Aznar contestó: «Irá cuando le toque». Castro olvida que, de acuerdo a nuestras leyes, el rey viaja oficialmente al extranjero dentro de la planificación y con el beneplácito del gobierno. En la misma entrevista rememora una escala que hizo en Madrid al regreso de Rusia de los funerales de Andrópov. Era la presidencia de González, que lo recibió en el aeropuerto y lo llevó, junto al nicaragüense Ortega, a La Moncloa para almorzar. Tomaron en el aperitivo jamón de Jabugo, queso y, sigue contando, «el jerez me había abierto el apetito. Recuerdo que sirven el almuerzo, un vegetal, una pechuguita de codorniz que yo pensaba era la entrada, y de repente ¡ya me sirven el postre! Fue divertido».

Aznar piensa que Castro es políticamente incorregible. Cuenta en su libro *Retratos y perfiles* (ed. Planeta) que cuando se celebró la Cumbre Iberoamericana en La Habana en 1999, Castro, molesto porque los reyes no habían ido antes a Cuba en visita de Estado, puso en marcha «una operación que consistía en advertir a los habitantes de La Habana que cuando los reyes visitaran la ciudad no quería ver a nadie en la calle. Efectivamente, cuando visitamos a pie el centro histórico no había un alma en las calles. En cada puerta había situado un policía o un comisario». Los reyes irían más tarde, aún en mandato de Aznar, a Cuba. Entonces, sí hubo gente en las calles.

Aznar sigue narrando que en la Cumbre anterior, Oporto, octubre de 1998, Castro le comunicó que quería visitar Extremadura pero, aun siendo cierto, lo que deseaba era entrevistarse con él. Aznar accedió a verlo en La Moncloa pero le apuntó que la entrevista duraría dos horas. «Siempre me han asombrado las personas que expresan el gozo que les ha producido disfrutar de seis u ocho horas seguidas de conversación con Castro».

A Castro, que ha sobrevivido a nueve presidentes de Estados Unidos, alguno de los cuales dio luz verde para que se atentara contra su vida, la enfermedad lo ha apartado del poder. Su hermano Raúl ha esbozado tímidas reformas; la revolucionaria de permitir pequeños restaurantes llamados «paladares» en los que sólo puede haber seis mesas y únicamente pueden trabajar los familiares del dueño nos parece aquí un chiste, y otras parecidas que no han aliviado la situación económica de la isla. Anunciar en 2011, pasados cincuenta y dos años de régimen, que una serie de profesiones, como la de barbero, serían liberalizadas suena igualmente a broma.

No menos chocante es la pamema de que Cuba está asfixiada por el vergonzoso bloqueo yanqui. ¿Qué bloqueo? No hay tal. Que los cubanos atiborrados de propaganda del régimen lo crean es comprensible, pero que una persona de fuera comulgue con esa percepción y la enarbole para justificar las limitaciones del régimen castrista es literalmente fascinante.

Para comenzar, si hubiera *bloqueo* nadie podría comerciar con la isla ni entrar allí para hacer turismo. España, Canadá, Italia, México, Brasil, Venezuela, etc. comercian con la isla y envían miles de turistas. En segundo lugar, el embargo norteamericano, que es lo que hay, un *embargo*, tiene muchos agujeros, hasta el punto de que Estados Unidos es el mayor vendedor de productos alimenticios a Cuba. Y en tercer lugar, el llamado bloqueo es la mejor coartada de los castristas ante su gente. Así justifican las penurias y que el sistema no da más de sí. El propio Fidel Castro le dijo a Aznar en octubre de 1998 que él «necesitaba el embargo para esta generación y la siguiente» (José María Aznar, *Retratos y perfiles*). Buen ejemplo de claridad y de cinismo. Y 2012 arrancaba con un muerto en una huelga de hambre. Su crimen: ser disidente político.

Extenderme en el examen cubano, es una debilidad de los españoles cuando hablamos de Iberoamérica, me impide tratar de otros aspectos de la política iberoamericana de esa época. Pero he leído asimismo profusamente que el gobierno de Aznar arrambló con la impecable política de Felipe González en esa zona, especialmente en las relaciones con países progresistas como la Argentina de Kirchner, etc. Yo alabo mucho el enfoque y la política iberoamericana del felipismo; muy modestamente colaboré en ella con convicción y hasta con entusiasmo. Por varias razones; una de ellas, su personalidad. Felipe ha sido el político español más popular en aquel hemisferio. Ahora echar por tierra, ridiculizar la labor de Aznar también me parece injusto y grotesco. Tuvo buenas relaciones con muchos políticos de la zona y colaboró generosamente con ellos. Daremos un ejemplo con el irrepetible y progresista Kirchner.

El controvertido presidente argentino no arrancó con buen pie en sus relaciones económicas con España. Iberia decidió salir de Aerolíneas Argentinas porque la compañía era un auténtico avispero laboral; los sindicatos eran reacios a esbozar un plan de viabilidad y los representantes y empleados de Iberia, ante la pasividad oficial, tenían poco menos que moverse en la clandestinidad en Buenos Aires por temor a ser agredidos.

La inquietud creció en las empresas españolas que se asentaban en Buenos Aires; más de una, como ocurre en otros países de la zona cuando las aguas bajan alborotadas, tuvo que leer esa simpleza de que «los españoles se llevaban la plata hace tres siglos y ahora han vuelto a hacer lo mismo». Como si las empresas alemanas, japonesas o italianas hubiesen decidido instalarse en aquellos países con el único objeto de hacer filantropía mientras que el objetivo de las españolas sería el de expoliar. El gringo codicioso y explotador era ahora sustituido por el español codicioso y nostálgico del colonialismo.

Kirchner vino a Madrid y en lugar de suavizar la situación lanzó más de un exabrupto contra los empresarios españoles en una reunión con la CEOE. El rey y Aznar trataron de templar las cosas; algo se logró, aunque los argentinos seguían teniendo la sensibilidad a flor de piel. Años más tarde, pedirían incluso la sustitución del embajador de España por considerar que defendía muy agresivamente a los empresarios españoles.

En los años de Aznar, Garzón vendría a complicar las cosas. En su vocación de redentor penal universal, intentó, tal como había hecho con Pinochet, encausar a determinados militares del antiguo gobierno argentino por crímenes o desapariciones de ciudadanos españoles. El ansia de justicia del juez español, por pura que fuera, tenía que irritar sobremanera a los dirigentes chilenos o argentinos, elegidos ya democráticamente ambos, que pensaban que si habían decidido de una u otra manera pasar página con una ley de amnistía, se encontraban de pronto con que un juez español, un «boludo gallego», se ponía a revolverles el corral y alterar el patio. Recuerdo al ministro socialista chileno, Valdés, buen amigo porque había sido embajador en Madrid, quejándose cuando venía a Naciones Unidas porque el gobierno de Aznar era demasiado pasivo ante las pretensiones de Garzón que, se deducía, podían originar corrientes desestabilizadoras en Chile.

En este ambiente de altibajos y con una situación argentina muy distinta de la de ahora, Argentina estaba entonces en la ruina, la clase empresarial tocada por incontables casos de corrupción. El país, en suma, estaba al borde de la quiebra. Era la Grecia de América. Estados Unidos era quien podía echar una mano y los dirigentes yanquis estaban divididos sobre si acudir en ayuda del crucero argentino o dejar que se hundiera. Aquí entra en escena Aznar y dejo que sea la señora Condoleezza Rice, que tenía el oído del César Bush, la que lo cuente:

> Argentina llevaba tiempo empantanada con una deuda pública fenomenal, acabaría haciendo en 2002 suspensión de pagos. Cuando pregunté a Anne Kruger, antigua compañera y directora adjunta del Fondo Monetario Internacional, qué demonios estaba ocurriendo en Argentina me comparó con destreza al agobiado ministro de Finanzas argentino con Sísifo: cada vez que logra subir un poco la piedra acaba un poco más abajo y en la dirección equivocada...
>
> Había tantas preocupaciones superpuestas que era difícil separar las consideraciones económicas de las políticas. ¿Estaba Estados Unidos interesado en liderar, a través del Fondo Monetario Internacional, lo que parecía ser el rescate de un país? Aunque el Departamento de Estado se inclinaba a apoyar un programa de préstamo... el Tesoro y el Fondo eran reacios a hacer nada más. Después de todo, Argentina se había tragado

22.000 millones de dólares sin mostrar muchas reformas y el derroche y la corrupción eran una plaga en el gobierno argentino...

Tuve mil llamadas y reuniones intentando encontrar un compromiso. El asunto iba adelante y atrás pero una petición personal del primer ministro español Aznar a Bush cambió el curso de las cosas. «El presidente quiere verdaderamente ayudar a Argentina —le dije a Anne en una cena—. Tienes que llegar a un acuerdo con el ministro argentino.» La decisión fue impopular en bastante gente del gobierno y en el Fondo Monetario. Argentina consiguió su acuerdo. Aunque el gobierno de Kirchner no mostró ningún agradecimiento por lo que habíamos hecho, la economía de Argentina mejoró en cinco años consecutivos de crecimiento después de la crisis.

No parece, pues, que Aznar fuera socavando las relaciones con Kirchner. Más bien, le echó una mano decisiva. Ignoro asimismo si Kirchner se mostró agradecido con nosotros. Su señora, no lo parece.

EURO: ASIGNATURA APROBADA CON NOTA

Alguien ha escrito que Aznar echó verdaderamente los colmillos europeos en el Consejo Europeo de Amsterdam en 1997. El propio Aznar ha admitido que fue uno de los momentos más duros en su andadura comunitaria. Blair, que debutaba prácticamente en esa reunión, cuenta en sus memorias que se percató allí de que Aznar era un negociador avezado y duro. La descripción del inglés en su libro es interesante; comienza diciendo que el presidente español necesitaba que el tratado que se negociaba recogiese la posición especial de España como recipiente de ayuda comunitaria al tiempo que se reconociese que España estaba en el grupo de los grandes. «Esto planteaba problemas a los otros grandes.» El relato de Blair arroja luz sobre el modo en que transcurren algunas reuniones internacionales y las fustas diplomáticas.

Hay una creencia extendida de que las conferencias internacionales son un momento de cuchipanda, de frivolidad, como todo lo relacionado con la diplomacia. La frase de Juan Valera, que ya hemos comentado, refleja una concepción que no ha desaparecido del todo y que no se corresponde en absoluto con la realidad. Las reuniones comunitarias europeas, en cualquier ámbito, son justamente lo contrario, ni polca ni foie-gras, a veces unos escuetos bocadillos, tedio a veces, tensión en otras, jornadas muy intensas, los presidentes o ministros han de volver a la carrera a su país donde a menudo tienen una huelga en puertas, una crisis u otro compromiso y, sobre todo, mucha atención. En las reuniones intracomunitarias en cuanto te descuidas un país amigo te ha robado la cartera y ha obtenido algo que lesiona tus intereses.

Reproduzco por su interés el texto de Blair:

Los holandeses (la Presidencia) intentaron, con apoyo de los alemanes, la vieja táctica de dejar para el final las peticiones españolas. La finalidad es arreglar lo de los demás y después apretar las clavijas al recalcitrante, al que se le arrincona o se le avergüenza: «Europa te necesita, ¿cómo puedes hacer peligrar la estabilidad de Europa en un momento como éste? ¡No tienes sentido de la historia! ¿Quieres ser el responsable del fracaso de Europa?», etcétera.

(Esta táctica de singularizarte como el díscolo, insolidario, extraño, rompeconsensos... también la utilizan los estadounidenses con frecuencia en la ONU, con frecuencia cuando quieren arropar a Israel. A la media docena de países europeos que estudian salirse de la línea marcada se los acosa singularizándolos: «Tú eres el único que...». No es cierto, los únicos son seis u ocho pero ellos amedrentando consiguen que las posiciones se inclinen.)

Pero devolvamos la palabra a Blair:

Utilizaban «un montón de tonterías manidas pero eficaces en muchos casos».

Pero no con Aznar. Esperaron a parchear con todos los demás, incluso conmigo, y entonces le ofrecieron un compromiso, ni bueno ni malo. Dijo: «No, ya he expuesto cuáles son mis términos». «Ah, sí, pero queremos saber tu última oferta.» «Ésa es mi última oferta —replicó, y añadió—: me voy a la habitación de al lado a fumarme un puro», lo que hizo inmediatamente.

Lo intentaron todo. El holandés Kok entró y mostraría su desaprobación a la manera moderada de un protestante holandés. Jacques Chirac trató de convencerlo a la francesa. Helmut Kohl finalmente se levantó y trasladó su peso considerable a la habitación contigua; tenía el aspecto de un monstruo de la naturaleza en busca de un erizo. Volvió desconcertado, el erizo se negaba a que lo aplastasen. Kohl se volvió y me dijo casi ladrando: «Tú eres nuevo como él. Entra e inténtalo».

Fui donde estaba José María, que se encontraba solo con su intérprete y dando chupadas a su puro como si el asunto no fuera con él. Prescindimos del intérprete y hablamos en francés. Le repetí que la negociación estaba pendiente de un hilo... que todo el mundo se iba a quedar decepcionado, especialmente Helmut si él no cedía. «Lo sé, estoy muy triste», me dijo con una enorme sonrisa. «Diles que les expliqué claramente en qué términos el tratado sería aceptable para mí, no me han preguntado en todo este tiempo... y ahora lo hacen. Pues los términos aceptables para España son los mismos. Y tengo más puros para fumar.» [Blair concluye] Aznar consiguió lo que quería.

Blair desarrollaría con Aznar «una amistad personal duradera que tendría importantes consecuencias en el futuro», lo que es un rasgo común de los presidentes españoles, hacer muy buenas migas con un dirigente extranjero de un partido no hermano. Apreció enormemente que los Aznar acogieran a su familia una Semana Santa cuando él estaba retenido en Gran Bretaña negociando los acuerdos sobre el importante tema de Irlanda. Cuenta que cuando voló a reunirse con ellos llegó agotado y se levantó tarde. Buscó a Aznar y lo encontró conversando animadamente con su suegra (¿en qué hablarían?). La suegra le dijo: «No tenías que haberte molestado en aparecer, hemos arreglado todo».

«Arreglado ¿el qué?»

«Gibraltar, por supuesto», le contestó la madre de la avispada Cheri. En ese viaje, Blair se enamoró de Córdoba a la que encontró fascinante mientras callejeaba y tapeaba con el guitarrista Paco Peña.

Javier Elorza, embajador ante la Unión Europea durante seis años y que ha desempeñado puestos importantes con gobiernos del PSOE y del PP, explica las razones de la conclusión de Blair y por las que Aznar debía sentirse razonablemente satisfecho en Amsterdam (*Política Exterior*, núm. 79, enero-febrero de 2001). Los quince suscribieron entonces la llamada Declaración 50 que decía que antes de que entraran más países en la Unión «habría que encontrar una solución satisfactoria al problema de España». La explicación es la siguiente: en la Unión Europea hay dos órganos importantes, el Consejo de Ministros que legisla con el Parlamento y la Comisión que administra y negocia. Cuando España entró en la Unión en 1985 se le había dado tratamiento de grande en la Comisión (dos comisarios) y de mediano en el Consejo (ocho votos en lugar de los diez de Francia, Italia, Reino Unido y Alemania). Si al entrar más países —Polonia, etc.— se quitaba a España la condición de grande en la Comisión, había que compensarla en el Consejo de Ministros.

Así ocurrió. La Unión marearía el tema en varias Cumbres y lo saldó en el Consejo Europeo de Niza de diciembre de 2000. Lo aprobado en Amsterdam en la noche descrita sería importante para que España saliese bien parada del reparto de poder que se cocería en Niza. La Unión cambiaba de tamaño y había que mudarle el traje. Doce nuevos países —Polonia, Hungría, Eslovenia, Chequia, etc.— se unían a los existentes y el mayor de éstos, Alemania, con la absorción de la Alemania comunista, pasaba a tener 82 millones de habitantes. Los nuevos, conforme iban entrando, querían no sólo voz sino voto en el Consejo, puestos de comisario (ministro) en la Comisión y escaños en el Parlamento Europeo. Alemania, por su lado, argumentaba que si el número de habitantes de un país era determinante a la hora de otorgarle votos en los diferentes órganos, ella tendría ahora derecho a más por haberlos aumentado.

La pretensión alemana chocó con la oposición frontal de Francia. París defendió la estricta paridad entre los dos países, acordada teóricamente ya en 1951 cuando se pusieron los cimientos del Mercado Común. Admitía que Gran Bretaña e Italia, con población también cercana a los 60 millones, tuvieran el mismo número de votos, pero se negó con rotundidad a primar a Alemania en el órgano decisorio más importante, el Consejo. Los cuatro grandes tendrían 29 votos, España 27 (como Polonia cuando ingresase), Holanda 13, Grecia 12, etc.

La batalla por el número de votos en el Consejo no es fútil porque aunque hay temas que han de ser adoptados por consenso, es decir, con la aceptación de todos los miembros, el número de los que se pueden aprobar por mayoría cualificada ha crecido considerablemente a lo largo de los años. De ahí la importancia de tu número de votos. En función de los que tengas puedes bloquear, con mayor o menor facilidad aliándote con otros aunque sean de los pequeños, una medida que crees va en contra de tus intereses. Se adjunta el cuadro del reparto de votos que salió de Niza:

Según Elorza, «los acuerdos de Niza constituyen un magnífico resultado para España». El diplomático lo explica diciendo que se logró un reforzamiento importante del peso específico y de la cuota de poder de España en el Consejo. Sus votos pasaban de ocho a veintisiete (se multiplicaban por 3,37) mientras que los de los cuatro grandes pasaban de diez a veintinueve (se multiplicaban por 2,9). En segundo lugar, se mantenía la unanimidad en cuestiones importantes para España como la aprobación de medidas que contribuirían a mantener un cierto tiempo la ayuda económica para que España se acercara a la media europea; España se aseguraba aún las ayudas de cohesión.

Se aprobó asimismo un plan de acción que consagraba el principio de mutuo reconocimiento de todas las resoluciones judiciales de los quince Estados miembros, algo que asimismo nos interesaba. El balance era bueno para nosotros y así lo reflejaba el muy influyente *Financial Times* haciéndose eco de un informe de David O'Sullivan, secretario general de la Comisión Europea. O'Sullivan era crítico sobre el desarrollo de la Cumbre: «El reparto de votos envenenó la atmósfera y se hizo más por motivos políticos que con criterios objetivos», pero la conclusión era halagüeña para nosotros. Según él, España y Gran Bretaña «eran los máximos ganadores» de la reunión de Niza, al proteger mejor sus intereses vitales.

España llegó fuerte a la reunión de Niza porque para asombro de muchos había hecho los deberes y pasó el examen del euro. Para entrar en el club restringido de países que adoptarían esa moneda común eliminando las pesetas, marcos, francos, etc., había que llenar un número determinado de requisitos que en 1996 o 1997 nuestro país estaba lejos de cumplir. Cuando el gobierno, por boca de Aznar y de Rato, anunció que España tomaría todas las medidas necesarias para poder estar a fines de 1999 en la cita del euro hubo un escepticismo cortés en Europa y bastantes risas en España. Se nos veía impotentes para consumarlo.

Las condiciones que había impuesto el Tratado de Maastrich eran cinco y en el verano de 1996 España sólo cumplía una, la referente a los tipos de interés. Estábamos lejos de las otras cuatro: la deuda pública (debía ser inferior al 60 % del Producto Interior Bruto), el déficit de las Administraciones Públicas (inferior al 3 %), la inflación (menos del 2,7 %) y el tipo de interés a largo plazo (inferior al 7,8%). El primer examen sería en diciembre de 1997, por lo que no había demasiado tiempo.

El gobierno tomó varias medidas radicales: ahorro presupuestario, bajada de impuestos (un 13 % de media), liberalizaciones (por ejemplo, la de teléfonos) y abundantes privatizaciones (Telefónica, Repsol, Iberia, Endesa...). El socialista Borrell diría que el gobierno estaba vendiendo las joyas de la abuela y que una vez consumido su importe la situación no sería brillante, pero la operación funcionó. La economía respondió muy favorablemente a las medidas del gobierno: bajó el paro, la prima de riesgo de España, que al final del período socialista había estado en casi 600 puntos, y que hoy en 2012 en época de crisis temblamos cuando la vemos pasar de 320 a 390 puntos, comenzó a bajar y se reduciría prácticamente al cero en el «reinado de Aznar».

El hecho es que España entró en el euro. Se negó incluso a aliarse con Italia para pedir una prórroga. La prensa de ese país calificó de «desdeñosa bofetada a Italia» que nuestro gobierno insinuara que no se uniría a nadie para solicitar de Bruselas flexibilidad. Matutes hizo unas declaraciones conciliadoras hablando de un malentendido. Sotillo y Ayllón en *ABC* escribían que «la determinación española de reducir el déficit al 3 % del PIB para estar en el grupo de cabeza del euro ha sorprendido a varios socios que no contaban con que el gobierno de Aznar estuviera dispuesto a asumir tal reto de disciplina económica».

España pasó con nota el examen del euro en la fecha adecuada.

Cumbre en Madrid

Aznar repite con frecuencia que siempre ha creído en el vínculo atlántico y en el atlantismo. Lo que parece querer decir es que no sólo quiere tener una relación estrecha con Estados Unidos, sea Clinton, sea Bush su presidente, sino que cree que la OTAN, aunque la Guerra Fría para la que fue concebida haya sido enterrada, tiene aún un papel fundamental en la escena internacional. Piensa que fue un error la política abstencionista de Fraga en el referéndum de 1986, que tuvo un coste para su partido.

La querencia otánica de Aznar se vería satisfecha en 1997 cuando la Organización aceptó celebrar su Cumbre en Madrid. Sería

Abel Matutes, en buena medida, quien lo lograría. El primer ministro de Asuntos Exteriores de Aznar, un hombre realista y que gustaba de ir con la verdad por delante, poseía unos excelentes contactos personales por haber sido comisario europeo en carteras con competencias que iban más allá de los asuntos intracomunitarios. En los viajes que realicé con él en algo más de un año (ocupé con él por tercera vez, como he dicho, la dirección de la Oficina de Información) pude comprobar que era un hombre muy apreciado por su cordialidad y su propensión a ir al grano. Cuando quería sacar algo, Matutes era cauto en su enfoque y huía de echar las campanas al vuelo; cuando la «presa» era cazable, se lanzaba con enorme determinación y pantalones a por ella.

Recuerdo la mano izquierda con que logró aupar a dos socialistas: Moratinos, al que consiguió que los ministros de la Unión Europea lo nombraran enviado especial para Oriente Próximo, y a Carlos Westendorff, que lo sería para el complicado de Bosnia. En ambas ocasiones, Matutes fue generoso; presencié cómo hablando con Aznar, sin ponerse ninguna medalla, atribuía el mérito de la designación de Moratinos a los diplomáticos de Exteriores, y en el de Westendorff tanto él como Aznar prefirieron olvidar que en la no distante campaña electoral, Westendorff, a pesar de su tacto y su experiencia, se había calentado en un par de actos electorales y en tono jocoso e irónico se había preguntado en voz alta ridiculizando al candidato popular: «¿Se imaginan ustedes a José María Aznar representándonos en Europa?».

Ministro y presidente con buen criterio decidieron no tener esto en cuenta, a pesar de que la «herida» estaba aún fresca, y concentrarse en la promoción de un español competente y placeado. En la designación de Westendorff estuvo también templado. Nos hallábamos en una reunión comunitaria en la bonita Sintra cuando Eugenio Bregolat, a la sazón director de Política Exterior, le trajo la noticia de que se atascaba lo de Westendorff porque los italianos tenían dudas y querían hacer campaña por un candidato propio. Matutes, que tenía amarrados la mayor parte de los votos comunitarios, ordenó a Bregolat que dijera claramente a los italianos que si a estas alturas querían abrir el pastel él lo tendría muy en cuenta para el futuro y que les iba a crear dificultades en esto y en aquello. El diplomático socialista español obtendría luz verde ese día.

Para la venida de la histórica reunión de la OTAN a Madrid, Matutes se movió sin alharacas. Cuando en la mañana de la reunión en que se decidió la sede brotó la noticia de que podía ser España, un ministro asistente había comentado que le encantaría comer jamón en Madrid en julio, los periodistas comenzaron a acosarme. Matutes me dijo que diera una larga cambiada, que aún no estaba cerrado. Después del almuerzo llegó con la noticia: Madrid sería la sede de la Cumbre en la que se aprobaría la primera ampliación de la OTAN desde que ingresó España, dando entrada a antiguos «súbditos» de la Unión Soviética, lo que era un tema peliagudo por el impacto en Rusia.

Los miembros de la Alianza estaban divididos con respecto a quién se le abrían las puertas. Los aspirantes eran muchos de los antiguos aliados de la Unión Soviética e incluso alguno que se había desgajado de ella. Estados Unidos no hizo concesiones; hay muchas ocasiones en la relación de los países de la Alianza en que con presidente unilateralista, Bush hijo, o multilateralista, Clinton, es el gobierno de Washington quien decide la opción que se va a adoptar. El portavoz de Clinton anunció que en Madrid sólo entrarían Polonia, Hungría y Chequia, y asunto zanjado.

Las razones de la postura minimalista estadounidense eran dos: la admisión de esos tres países tendría un coste no despreciable en la década siguiente y era obvio que la factura sería asumida en buena medida por Washington. Los europeos olvidamos con frecuencia que la prepotencia de Estados Unidos está basada no sólo en su superioridad militar sino en que nosotros somos menos propensos a tirar de chequera en cualquier operación que afecte a nuestra seguridad. Por otra parte, Clinton estaba haciendo un brindis a su clientela interna. Los votantes de las minorías polaca, húngara y checa en Estados Unidos contaban más que los de Rumanía, defendida por Alemania, o los de Eslovenia, respaldada por Italia. Ambas tendrían que esperar.

El anuncio estadounidense unido a su negativa a cambiar la estructura de la OTAN dando satisfacción a París, que deseaba mayor protagonismo europeo en la cadena de mando, provocó una de las frecuentes minicrisis entre Francia y Estados Unidos en las que nuestros vecinos calman su orgullo diciendo que ellos van por libre y los americanos piensan que desde De Gaulle los franceses son un pequeño incordio. (Quejándose de la ingratitud francesa en la Segunda Guerra Mundial, el americano Roosevelt calificó a De Gaulle de «desleal, poco confiable y poco cooperativo».) Solana daría la razón a Estados Unidos. España manifestó que tampoco se integraría en la estructura militar si no se nos daba el mando aliado en el corredor entre Cádiz y Canarias.

La repercusión en Rusia tuvo mayor calado. Era y es dogma de fe en Moscú que Washington y los países de la OTAN los habían engañado al reunificarse Alemania. Según la versión rusa, James Baker convenció a Gorbachov en febrero de 1990 de que permitiera la unión de las dos Alemanias permaneciendo el nuevo Estado en la OTAN con el argumento de que si Alemania se quedaba fuera estaría tentada de desarrollar armamento nuclear lo que, con la conducta germana en las dos guerras mundiales, era una perspectiva poco tranquilizadora. El ministro alemán Genscher indicó a Baker que prometiera a Gorbachov que a cambio de la unificación no habría ampliación de la OTAN hacia el Este.

Baker trató del asunto con Gorbachov y esbozó la propuesta con él, pero estando en Moscú, dice la versión estadounidense, recibió instrucciones tajantes de la Casa Blanca. Podía prometer que en el territorio de la antigua Alemania comunista sólo habría fuerzas alemanas y no de otros países de la OTAN pero no podía comprometerse a que la OTAN no absorbiera nuevos países. Ésta es la versión que hasta hoy defiende, vehemente, Baker. Putin, obviamente, no la cree.

Para goce de Aznar, que confiesa que lo encuentra enormemente simpático, el encantador de serpientes Clinton vendría a la Cumbre de Madrid. Hubo el despliegue de seguridad habitual; la delegación estadounidense reservó 190 habitaciones en el hotel, cuatro de ellas consecutivas para la pareja presidencial, en una de las cuales se instalarían los guardaespaldas más cercanos a Clinton. Se informó al hotel de que la señora Clinton era alérgica a ciertos tejidos.

Es práctica frecuente en los desplazamientos de políticos importantes que las habitaciones cercanas al dignatario así como las equivalentes de los pisos inferior y superior sean ocupadas por miembros del séquito o por personal de seguridad. La razón obviamente es la seguridad. Llegó desde Estados Unidos el coche blindado del presidente (unos cuatro presidentes yanquis han sido asesinados en la historia; el último Kennedy, cuando circulaba en Texas en coche descubierto) y Clinton destapó el bien lleno tarro de su encanto. Verlo en el intervalo de las reuniones beber agua directamente de una gran botella mientras varios otros dirigentes se agolpaban a su alrededor era un espectáculo. Francia, por boca de Chirac, se quejaría de la actitud política altanera de los americanos pero se quedó sola. Kohl parecía muy contento con la admisión de Polonia, etc. Y Aznar estaba ufano.

Clinton seguiría viaje a Granada con su esposa e hija; vio de nuevo la bella puesta de sol contemplando la Alhambra sobre la que había dicho una pequeña cursilada que nos resultaría muy útil porque eso atrae visitantes americanos. Cualquier lugar que acaricie una figura mediática, y Clinton lo era enormemente por razones políticas, su encanto, su fama de mujeriego empedernido, etc., cobra inmediatamente un plus para el visitante. Clinton, sonriente, relajado, nos hizo un buen servicio y las relaciones con Estados Unidos estaban en un buen momento. Los quebraderos de cabeza le vendrían poco después en su país con la becaria, el *panty-hose* de ésta, el retozar en el Despacho Oval y el vestido manchado. Casi le cuesta la presidencia. Ya lo dijo el cura del confesionario: la carne es débil y más para un hombre farruco encerrado todo el día en un despacho con mil agentes de seguridad alrededor.

Para Kissinger admitir a Hungría, Polonia y la República Checa en la OTAN era eliminar de una vez por todas «el vacío estratégico que en el siglo XX había tentado tanto al expansionismo de Alemania como al de Rusia». En la Cumbre de Madrid, Rusia ya no aparecía como el enemigo inveterado, aunque los países europeos que no entraron siguieron llamando a la puerta por su secular desconfianza hacia las intenciones de Moscú. Muchos entrarían más tarde. No todos, para no excitar a Rusia.

Ya en Madrid resultaba claro que la Alianza tendría que enfrentar otros problemas, como el étnico o como los resultantes de hechos ocurridos en otras zonas (Afganistán, más tarde Libia, etc.) que podían amenazar la seguridad de los aliados.

DANDO VUELTAS AL PEÑÓN

Gibraltar es una pequeña península (4,8 kilómetros cuadrados) que le fue arrebatada a España en 1704 en la guerra de Sucesión al trono de nuestro país. Inglaterra, después de fallar en su intento de apoderarse de Cádiz, tomó la plaza luchando por el candidato perdedor, el archiduque austríaco Carlos, no la abandonó y llegó a un acuerdo con el rey francés Luis XIV, defensor del candidato triunfador.

En el Tratado de Utrecht de 1713 reconocería al nieto de Luis XIV (Felipe V), como rey de España y, como compensación, entre otras concesiones, Inglaterra lograría la cesión de Gibraltar. Por el artículo X de Utrecht se cede a Inglaterra la propiedad de la ciudad, castillo y puerto de Gibraltar aclarando que se cede «sin jurisdicción alguna territorial y sin comunicación alguna con el país circunvecino por parte de tierra».

Hay una cláusula importante: si en algún tiempo la Corona británica decide «dar, vender o enajenar de cualquier modo la propiedad de la ciudad, se ha convenido que se dará a la Corona de España la primera acción antes que a otros para redimirla».

Por lo tanto: *a)* España tiene un derecho preferente a la recuperación lo que impide la independencia de Gibraltar sin consentimiento de España; un informe oficial británico (informe Kershaw) lo reconoce: «Tiene que reconocerse que es impracticable considerar la descolonización en la forma de integración con Gran Bretaña o la independencia»; *b)* se cedió la ciudad pero no el istmo, las aguas territoriales o el espacio subyacente. Detalle importante porque Gran Bretaña a lo largo del XIX fue ocupando progresivamente y por la vía de la fuerza la parte sur del istmo utilizando argumentos de tipo humanitario (brote de peste amarilla...) para conseguirlo.

España siempre reivindicó el Peñón. Durante el franquismo, el movimiento de descolonización que se propagó por el mundo abonó nuestros intereses. Una famosa resolución de la ONU de 1960 (la 1514) proclamaba un principio general que nos favorece al establecer que la libre determinación no puede prevalecer sobre la integridad de un Estado. Castiella, ministro de Exteriores de Franco, hizo de Gibraltar un tema primordial de nuestra diplomacia (los burlones decían que su ministerio era «el del Asunto Exterior»). España, con el embajador Jaime de Piniés, se movió bien en la ONU y hubo varias resoluciones específicas sobre Gibraltar. Señalan que es una colonia que destruye la integridad territorial española, que el tema debe ser resuelto por negociaciones España-Gran Bretaña y que en ellas deben tenerse en cuenta los intereses y aspiraciones de la población de la colonia.

Castiella propuso en Londres en 1966 un convenio por el que España recuperaría el Peñón, los británicos conservarían la base militar y los gibraltareños podrían continuar siendo británicos. Hubo silencio de Londres, agravado después por un decreto en el que Londres garantiza a los gibraltareños que no llegaría a un acuerdo por el que pasasen «bajo la soberanía de su Estado contra sus deseos...». Esta modificación del estatus de Gibraltar llevó a las autoridades españolas a cerrar las comunicaciones terrestres tal como hemos visto se recoge en Utrecht.

Con nuestra democracia (ha habido varios momentos negociadores: Oreja, Morán, etc.) el tema de fondo sigue empantanado.

Las conversaciones tienen un doble objetivo: establecer unas relaciones de buena vecindad, funcionamiento de la frontera, navegación, polución, etc., algunos de los cuales crean perjuicios enormes a España (contrabando, sociedades financieras poco transparentes) y, punto clave, tratar de la soberanía. La cooperación ha sufrido altibajos; en el de soberanía ha habido hasta ahora muchas esperanzas frustradas.

En lenguaje paladino podemos resumir que los británicos vienen apuntando: «Háganse ustedes simpáticos con los gibraltareños, denles muchas zanahorias y mucho cariño y, entonces, cuando los tengan conquistados, podemos pensar en devolvérselo». España manifiesta: «Voy a dar un tratamiento de postín a los "llanitos" (los habitantes de Gibraltar), conservarán la nacionalidad británica, la autonomía será la más generosa que vieron los siglos pero quiero que usted, Londres, que es a quien le corresponde, me ceda la soberanía del territorio».

El gobierno de Aznar puso otra opción sobre la mesa, la cosoberanía hispano-británica. Matutes avanzó en una reunión con los británicos el posible plazo de ochenta años (le pasé un papel advirtiéndole: «Más de un comentarista te va a crucificar por dar un plazo tan largo») y esa noche, al filtrarse la noticia, el teléfono de casa echaba fuego con llamadas de periodistas españoles, británicos, la BBC, etc.

Blair invitaría a Aznar a su residencia privada de Chequers y en esa reunión el británico aceptaría que los ministros hablaran seriamente sobre la soberanía.

El ministro Piqué sustituyó a Matutes cuando éste se retiró por motivos de salud. La salida de Matutes me impulsó a la embajada en la ONU que estaba vacante y que Matutes, que me vio con dudas sobre ese destino, me dijo que si Rupérez no se decidía era para mí si lo deseaba. Estaba deseando que dijera que sí para quitarme la duda, pero mi compañero rehusó. Yo tenía algún remilgo, porque las reuniones de la ONU a las que había asistido eran, en mi recuerdo, el paraíso del tedio, algo así como lo que decía un británico sobre *Parsifal*: «Es la clase de ópera que levanta el telón a las seis y cuando han pasado tres horas largas miras el reloj y son aún las seis y veinte».

Ahora bien, si Matutes dejaba el barco, los que trabajábamos de cerca con él y estábamos compenetrados con él, podíamos ser carne de cañón. El que llega, aunque no le caigas mal, tiene alguien de más confianza aparte de que un nuevo jefe es una lotería. Uno de los puntos flacos de la profesión diplomática, no sólo es que hoy eres coronel o general y mañana teniente o sargento, se encuentra en que aunque tengas ya unos 68 años, u 86, siempre tienes alguien por encima de ti. Y de los jefes ya se sabe que uno es buena persona y competente, otro es incompetente y te pone nervioso, otro es competente pero va estrictamente a lo suyo, todo vale para trepar, y el cuarto, competente o incompetente, es un auténtico hijo de su madre. Habría que hacer un estudio para ver qué categoría es la más numerosa.

De ahí que yo piense que, aparte de la salud, hay dos cosas importantes: no tener jefe e ir andando al trabajo. Ante la incógnita de quién aterrizaría el día que al bueno de Matutes su familia lo convenciera de que ya estaba bien, para lo que no podía faltar mucho, me marché a la ONU, un puesto de oro, a pesar de todo, desde muchos puntos de vista. No sé si me equivoqué; Piqué, como su predecesor, estaba decididamente en la primera categoría.

Fue Piqué el que aparentemente estuvo más cerca de la tierra prometida del Peñón. La vio fugazmente pero los llanitos no le dejaron pisarla. Piqué, una persona muy persuasiva y quizá el ministro portavoz más brillante de la democracia —en Exteriores estábamos encantados de cómo explicaba nuestra política—, dedicó mucho tiempo al tema de Gibraltar. Lo abordó inicialmente con Robin Cook, el primer ministro de Exteriores que tuvo Blair. No logró convencerle de que se moviera pero su firmeza remachando que la excelente relación entre dos países aliados sólo tenía esa importante y perenne nube en el horizonte debió de hacer mella en otros ámbitos del Foreign Office.

Con su sucesor, Jack Straw, hubo una química mucho mayor. Trataron principalmente del tema en una reunión formal en Londres en julio de 2001, otra en Barcelona en noviembre, y tres en Londres, Valencia y Londres en 2002. Hubo claros progresos. Los gibraltareños que fueron invitados a participar en las negociaciones según la fórmula «dos banderas y tres voces», es decir, formarían parte de la delegación británica aunque tuvieran una voz diferenciada, rehusaron acudir a ninguna de las reuniones, pero los ministros español y británico parecían estar más cerca de desbrozar ampliamente el camino de lo que lo habían estado ninguno de sus predecesores. Por primera vez, Londres hablaba abiertamente de cosoberanía.

No sólo es que se repetía que se quería llegar a un acuerdo global que incluyese la soberanía sino que se afirmaba que se quería alcanzarlo hacia el verano de 2002. La cosoberanía estaba linda y oronda sobre la mesa. Los ministros sabían que tenían un frente interno que vencer: el español, convencer al espectro político y a nuestra prensa recalcitrante de que España tragaba por compartir casi indefinidamente la soberanía de un territorio que considerábamos español; el inglés, persuadir no ya a su opinión pública o a alguna facción nostálgica de los Comunes sino, sobre todo, a los llanitos gibraltareños que no era malo que España recuperara al menos la copropiedad del pequeño territorio.

Piqué dijo a su colega que España respetaría todos los derechos de los gibraltareños e incluso la práctica totalidad de sus privilegios (algunos de los cuales resultarían irritantes para muchas autonomías españolas). Tácitamente ambos ministros acordaron que cada uno se trabajaría a su hinchada.

El momento, a fines de 2001, si no de euforia, era de velado optimismo. El secretario de Estado británico dijo incluso al *ABC*, en abril de 2002, que Gran Bretaña y España compartirían de forma definitiva la cosoberanía sobre Gibraltar y que los gibraltareños serían consultados en un referéndum sobre el acuerdo, una vez ultimado.

A la postre, sin embargo, Piqué sería capaz de mostrar que había hecho adecuadamente los deberes y pasado el examen, Aznar lo respaldó, el PSOE dijo estar de acuerdo y los medios de información españoles, incluso los más nacionalistas, no estuvieron esquivos a la fórmula. Straw, persona inteligente y articulado como vi en Naciones Unidas, se aplicó, debió de forcejear con los llanitos pero no logró convencerlos. Esto, principalmente, detuvo el compromiso. En lo elaborado por las dos delegaciones había otros dos escollos:

Los británicos sostenían que la fórmula de la cosoberanía cerraba el asunto. Si se aceptaba, España no podría sostener que albergaba una reivindicación posterior sobre la soberanía total.

La base militar de Gibraltar sería mantenida bajo mando británico.

El secretario de Estado británico resumiría el tema en los Comunes el 12 de julio. España y Gran Bretaña habían llegado a un amplio acuerdo de principio para compartir la soberanía pero los tres requisitos mencionados seguían existiendo.

El primer y segundo condicionante tenían auténtico calado, aunque no pareciesen insuperables. Aunque era obvio que España difícilmente podía admitir que renunciaba para siempre a la reivindicación de Gibraltar y tampoco era admisible que se aceptase indefinidamente una base extranjera sobre nuestro territorio; en el equipo de Piqué existía la impresión de que se podrían haber encontrado fórmulas para soslayarlos, fijar un plazo dilatado en el tiempo en el que España ni podría ejercitar su reivindicación ni tampoco pedir que nuestra bandera ondease con la de Gran Bretaña en la pura base militar...

Lo que hizo que el tren descarrilase es que, una vez más, los británicos no sólo quisieron respetar los derechos de los gibraltareños sino también los *deseos*, algo que como hemos apuntado en otro capítulo no tuvieron en cuenta en Hong Kong ni en otros lugares.

Piqué no tuvo tiempo de intentar dar una nueva vuelta a los dos condicionantes menos insoslayables. En esas fechas, Aznar hizo una combinación ministerial que es como cuando vas a un guateque con ánimo decididamente ligón y tomas rápidamente tres copas, sabes cómo empiezas pero no con quién ni cómo termina. Hubo quien opinó que Aznar quería involucrar a Convergència en la gobernabilidad de España ofreciendo a Roca Junyent la apetitosa cartera de Exteriores; otros coligieron que quería que Piqué permutara con Rato. El caso es que Piqué, según los bien informados, con la total confianza del presidente, acabó aterrizando en el Ministerio de Ciencia e Investigación.

Para el día precisamente en que Piqué transitaba de una cartera a otra había fijado un nuevo encuentro con Straw. Hubo que aplazarlo. Fue el día en que saltó la noticia de Perejil e imagino que el diplomático que la comunicase al ministro, que literalmente estaba metiendo en una cartera sus efectos personales para marcharse, tendría que haber consultado muy bien los archivos, o llamar a Defensa, para poder explicar a Piqué, con un pie en el ascensor, dónde se encontraba Perejil.

Ana Palacio, que sustituyó a Piqué, fue sorprendida por Perejil cuando viajaba a España a tomar posesión. Celebraría con Straw una reunión sobre Gibraltar pero el sobresalto del envite marroquí, el embolado complicado de nuestra implicación política en la intervención en Irak o la percepción de que Straw no iba a retorcerles el brazo a los gibraltareños, la forzaron a concentrarse en otros temas.

Una isla en el mar del Sahara

No menos curioso es el cuestionamiento de la actuación del gobierno de Aznar en el incidente del islote de Perejil, lo que nos lleva a las relaciones con Marruecos y al delicado tema del Sahara.

No es fácil explicar por qué Marruecos se metió en el berenjenal inhóspito de Perejil en el verano de 2002. Se trata de un minúsculo islote (13,5 hectáreas) situado cerca de la costa marroquí y cuya soberanía quedó en nebulosa cuando Marruecos alcanzó la independencia en 1956. Como ambos países creían tener títulos sobre él se llegó al acuerdo tácito de que ninguno mostrara signos de posesión en el mismo. Esta situación fue quebrantada por Marruecos el 10 de julio de 2002. Unos gendarmes lo ocuparon y enarbolaron la bandera de su país. Era la víspera del inicio de los festejos de la boda del monarca Mohamed VI, y Perejil, concebido por alguien como un festejo patriótico que las ensalzara, se convirtió en un chubasco que aguó en parte la celebración.

No se sabe de qué organismo marroquí partió la idea de ocupar el rocoso islote. Ignacio Cembrero en un trabajado libro (*Vecinos alejados*, ed. Círculo de Lectores) da posibles explicaciones: irritación marroquí por el despliegue naval español días antes junto al peñón de Alhucemas, presentar un hecho consumado que condujese a una mediación internacional que sentaría doctrina para las pretensiones marroquíes sobre Ceuta y Melilla, quizá algo de ambas cosas; la razón alegada posteriormente por los marroquíes de que intentaban controlar más eficazmente las actividades contrabandistas era demasiado pedestre; es harto improbable, con todo, que Mohamed VI no estuviera al tanto del asunto.

La noticia llegó a La Moncloa y al ministro de Defensa, Trillo, hacia la hora del almuerzo. El gobierno se encontraba con una crisis mayúscula por un pedazo estúpido de tierra. No reaccionar podía tener dos consecuencias funestas: daba alas a un paso marroquí de mayor calado y la opinión pública española, tan proclive a deducir que nos bajamos inmediatamente los pantalones ante

Estados Unidos o Marruecos (hay otras naciones a las que los españoles, ante cualquier incidente, piensan que les mostramos rápidamente las posaderas —Cuba, Gran Bretaña, Francia—, pero nada parecido a las dos citadas en primer lugar), deduciría en un tris que «el moro nos humillaba otra vez». Reaccionar con dureza por la caquita del Perejil podría tener un efecto búmeran a medio plazo. No todo el mundo aplaudiría y Marruecos era, y es, un país vital para España.

Aznar, que reuniría un gabinete de crisis esa tarde, se asombró cuando llamó al primer ministro marroquí Yusufi y éste le explicaba: «Ni yo ni mi gobierno hemos autorizado nada, el hecho lo conozco como lo conoces tú, pero no tengo más explicaciones que darte». La manifestación del marroquí, caso de ser cierta, aporta una nueva prueba de los meandros de la política de nuestro vecino y del papel no siempre preponderante del primer ministro. Radi, presidente del Parlamento marroquí y amigo de Trillo, manifestaría a éste un año más tarde algo idéntico: «El gobierno parlamentario de Marruecos no ordenó la toma de Perejil» (Federico Trillo, *Memoria de entreguerras*, ed. Planeta).

En la reunión de La Moncloa, a la que no asistía Ana Palacio que acababa de tomar posesión y se encontraba en Bruselas, se decidió que si los marroquíes no desalojaban el islote se los obligaría a hacerlo. Cuenta Aznar en su libro que se tardó una semana en intervenir y que le dijo a varios colegas europeos que «lo que vosotros habríais hecho en un día, yo he tenido que esperar una semana para hacerlo». La dilación del español no obedeció, al parecer, a consideraciones logísticas sino diplomáticas. Ana Palacio se encargó de negociar con los marroquíes el abandono de la isla, lo que parece hizo con energía, y Aznar dio varios telefonazos a sus colegas europeos pidiendo solidaridad. La obtuvo de la mayoría, «aunque con diferencias relevantes en cuanto a la intensidad». La Presidencia danesa de la Unión Europea, en un comunicado mostraba total solidaridad con España y pedía que Marruecos se retirase inmediatamente. Brotó, sin embargo, la peculiaridad francesa.

Chirac le salió rana; lo que sólo sorprendió a medias al español, que ha confesado (Cembrero, *Vecinos alejados*, pág. 50) que en algún momento Chirac le había sugerido «que entregase Ceuta y Melilla a Marruecos». En el tema de Perejil, el francés no es que se puso de perfil, es que apoyó la pretensión marroquí y vetó posteriormente cualquier protesta colectiva de la Unión Europea.

El gesto tendría influencia en Aznar, que afectaría incluso a su actitud con Estados Unidos en el inminente conflicto de Irak. Que el socio francés le volviese la espalda en un momento en que el prestigio español estaba en juego y el amigo americano se mostrase dispuesto a mediar, como ocurrió, para que todo volviera a la casilla inicial debió de afectar a un Aznar ya temperamentalmente inclinado a comulgar con Bush en cualquier proyecto de lucha contra el terrorismo. Más tarde, Aznar escribiría en *Retratos y perfiles*: «Lo importante en Perejil no fue la propia crisis que España hubiera podido solucionar por sí sola... Lo relevante fue *cómo se manifestaron las actitudes que cada uno adoptaría a partir de ahí*».

En Estados Unidos estaría parte de la clave para solucionar el asunto.

Militarmente, un par de docenas de soldados españoles se descolgaron sobre el islote desde unos helicópteros una madrugada y redujeron a la media docena de efectivos marroquíes. Diplomáticamente, Ana Palacio, que ante la tardanza marroquí repetía que España no podía esperar mucho más, consiguió que el americano Colin Powell, mediando, presentase un texto que aceptarían las partes con el compromiso «de restaurar y mantener la situación de la isla previa a julio de 2002». En su mencionado libro, en el que hay una detallada descripción del incidente con sus momentos de tensión (el Congreso celebraba esa semana el debate sobre el Estado de la Nación, etc.), Trillo muestra un claro agradecimiento a la labor de Powell.

La tensión tuvo otras consecuencias; nuestro rey no fue a la boda del monarca marroquí a pesar del aprecio existente entre los monarcas de las dos casas reales; no está claro sobre si recibió invitación; el regalo que le enviaba don Juan Carlos, un cuadro del conocido pintor Manolo Valdés, fue retenido (se presume que sería enviado posteriormente) y hubo una andanada verbal marroquí sobre Ceuta y Melilla en la que participaría el propio rey en su mensaje del trono (era la primera vez que ocurría).

La lentitud marroquí en replicar a España durante la crisis, que llevó a un desenlace que sería considerado humillante por buena parte de sus medios de información, hay que explicarla por el mecanismo de toma de decisiones del reino alauí, la luz verde final tiene que ser invariablemente del monarca, y entonces el refrán español cobra toda su validez, «las cosas de palacio van despacio».

El rey marroquí se ha mostrado agraviado con España en varias oportunidades. Mohamed VI probablemente se enfadó en el tema de la emigración cuando el ministro Piqué se refirió a la connivencia de un sector de la policía marroquí en la cuestión de las pateras. Nuestro embajador en Rabat, Jorge Dezcallar, había escrito en marzo de 2001 que «en ocasiones algunas autoridades locales no ponen todo su empeño en tratar de reprimir el fenómeno de la emigración ilegal». El soberano alauí nos echó en cara que en España también había mafias de la emigración, pero eso no eliminaba la responsabilidad de su gendarmería.

Otros agravios marroquíes podían resultar comprensibles pero imputárselos a las autoridades españolas era erróneo y pueril. Uno conocido es el de la actitud de la prensa española siempre hosca hacia Hasan II y ahora hacia su hijo. Es totalmente cierto que nuestros medios de información han tenido una tirria un tanto generalizada hacia la casa real marroquí y un paternalismo equivocado hacia Marruecos. Lo que se encuentra normal o irrelevante en Túnez o Argelia es objeto de crítica en Marruecos, que no ha sido precisamente el país menos democrático de la zona.

La fijación con el rey Hasan era asimismo enfermiza y debe de pesar en el ánimo de Mohamed VI, que no ha pasado nunca unas vacaciones en nuestro país. Recuerdo hace años cuando Hasan nos visitó oficialmente. Sevilla era una de las ciudades escogidas para el desplazamiento real y allí nuestro ilustre vecino asistió a un espectáculo flamenco que le impresionó. Quiso cortésmente saludar a los artistas e hizo un breve aparte con el principal bailarín. Pensamos que los estaba invitando a actuar en Marruecos pero una revista española dedujo en portada que a Hasan II le había gustado el mozo y se estaba intimando con él. No había la menor prueba y si hubiera sido verdad, en una España tan desinhibida como prometíamos ser, no debería de habernos preocupado; pero a las características con las que nuestros medios etiquetaban a Hasan (astuto, taimado, traicionero), se añadía peyorativamente la de bisexual. Era un mal regalo de despedida, quiero recordar que era un sábado, y estoy viendo en el Pabellón de Estado de Barajas las caras tensas de los príncipes vecinos, uno de ellos el actual rey, que hablan el castellano, al desayunarse con la portada de la revista.

Aclarado esto, que no me entusiasmó precisamente —el ministro Ordóñez movía tristemente la cabeza e imagino que nuestro rey tampoco estaría jubiloso—, hace tiempo que los dirigentes marroquíes deberían entender sin necesidad de explicaciones de nuestra embajada que la prensa española es totalmente libre y que nuestro gobierno no puede embridarla aunque estén tratando un tema de forma que nos desagrada.

Con otro enfado de la época de nuestros vecinos, que me echó en cara mi colega marroquí de la ONU, ocurrió otro tanto. Diversos ayuntamientos andaluces habían organizado un referéndum sobre el Sahara ante la pasividad de las autoridades de la región; algún alto cargo de la Junta de Andalucía depositó incluso su papeleta. El evento era una bufonada: por mucho que defiendas la causa saharaui, votar en pueblos andaluces sobre la independencia del Sahara era una payasada cuyo resultado previsible era encolerizar a los dirigentes y al pueblo de Marruecos. Con razón. ¿Qué pensarían los simpatizantes de esa carnavalada si los ediles de abundantes localidades de Florida o Nueva York organizasen un referéndum sobre la permanencia o el abandono del poder por Fidel

Castro en Cuba? ¿No proclamarían que, por poco democrático que sea Fidel, era una astracanada absurda?

Admitido esto, la acusación marroquí de que el gobierno español estaba colaborando o no hacía nada para impedir aquello no tenía ni pies ni cabeza. Me recuerda la actitud del gobierno de Chile cuando Garzón pidió la extradición de Pinochet. El canciller chileno aguijoneaba a Matutes para que se le parase los pies al juez pero, aunque nuestro gobierno estaba incómodo con la situación, ¿cómo se los paraba en un Estado de derecho? Fue precisamente en los funerales de Hasan II, donde la representación oficial española fue la más numerosa, cuando Matutes abordó al enviado del PSOE para ver cómo el gobierno y el partido socialista decían a Garzón que moderase sus ímpetus, que lo de la jurisdicción universal era discutible, que nos estaba enturbiando las relaciones con un país democrático como Chile que pedía que regresara a su país y no fuera encausado en España, etc. Quiero recordar que el PSOE, no Felipe González, se puso de perfil: que el gobierno lidiara solo el tema. Ya he mencionado las quejas del canciller chileno Valdés.

SAHARA

La clave es el Sahara. Desde la llegada de la democracia, España y Marruecos han tenido encuentros y desencuentros, tal vez más frecuentes en la época de Aznar. Han tenido como causas la pesca, la cuestión migratoria, Perejil, puede que incluso la bisoñez del nuevo monarca. Mohamed VI un tanto inexplicablemente redujo al mínimo protocolario una visita que iba a realizar a España al principio de su reinado y en la que el gobierno le había ofrecido nada más y nada menos que se dirigiese a ambas Cámaras del Congreso; en los círculos peperos se comenzaba a comentar que el nuevo rey «parecía bien intencionado pero que al lado de su padre era un pardillo». Todo ha podido influir en las suspicacias y en las crisis; el telón de fondo, con todo, es el Sahara. Los habitantes del país vecino lo consideran una provincia marroquí en la que incordian unos miles de rebeldes alentados por la ambiciosa Argelia. En nuestro país oficialmente no se niega, ni se afirma, la marroquinidad, se estima que es un territorio por descolonizar, que el tema está en Naciones Unidas, que ha aprobado que sus habitantes se pronuncien sobre lo que quieren.

La cuestión arranca en las postrimerías de 1975. Franco está en coma y el rey Hasan II, que venía reivindicando el territorio ante un jefe del Estado español poco proclive a entregárselo al presentar en la ONU el territorio como una región autónoma que podría tener una deriva independentista, montó un golpe espectacular, la organización de la Marcha Verde. Decenas de miles de civiles marroquíes, con mujeres, niños, etc., se dispusieron a invadir pacíficamente el territorio. El gobierno español, con el príncipe Juan Carlos en funciones de jefe del Estado, comprende que no puede disparar contra la muchedumbre. Toma entonces una decisión poco airosa y muy criticada. Firma un acuerdo con Marruecos y Mauritania traspasándoles el territorio.

Ni el incipiente movimiento independentista del Polisario ni Argelia, que a su tendencia a apoyar cualquier movimiento de liberación que surgiese en la faz del planeta unía su obsesión con que su rival crónico Marruecos no saliese fortalecido, estaban de acuerdo. El Polisario comenzó a hostigar a las fuerzas armadas marroquíes. La ONU gestionó un cese de hostilidades enviando observadores, cascos azules, alumbrando en 1988 lo que se llamó el Plan de Arreglo según el cual habría en el Sahara un referéndum basado principalmente en el censo que había dejado confeccionado España. Nuestro gobierno, el socialista de Felipe González, apoyó el proyecto. En 1996, cuando llegó al poder, Aznar mantendría la misma postura.

El plan fracasó. Marruecos, que lo había aceptado en principio, comenzó a poner pegas. James Baker, el prestigioso antiguo secretario de Estado yanqui, el de la Conferencia de Madrid, consideraría años más tarde que los marroquíes no deseaban ya el plan probablemente «porque les preocupaba no ganar el referéndum».

Y así estamos desde entonces; los marroquíes quieren encontrar una solución en la que no se hable de referéndum y el Polisario está dispuesto a aceptar cualquiera que incluya la consulta a los habitantes, es decir, que la población se pronuncie. Y España, incómodamente en la periferia cercana, entre dos fuegos, no quiere crear problemas a Marruecos pero desea ser fiel a lo que diga la ONU y sabe el sentimiento pro Polisario de nuestra población. Si te sales de la neutralidad te caen bofetadas.

Comprobé esto de cerca cuando tomé posesión como embajador en Naciones Unidas en 1997. Al despedirme, Matutes sólo me dio una instrucción: «Llevas años en esto y sabes los temas, no te importe llamarme por teléfono si hay alguna cosa delicada, sólo ten cuidado de no encresparnos a Marruecos, seguimos con nuestra postura de apoyar las resoluciones de la ONU sobre el Sahara, pero hay que cuidar a Marruecos».

Pronto noté que los marroquíes interpretaban interesadamente incluso nuestros suspiros. Un conocido periodista español me comentaría meses más tarde que un empresario andaluz con intereses y privilegiados contactos en Marruecos le contó que, una semana antes, en una reunión sobre el Sahara en la ONU, «el embajador, el de la pajarita, había mantenido una postura muy agresiva hacia Marruecos». No sabía de qué me hablaba, no había asistido a ninguna reunión sobre el Sahara en el pasado reciente. Se estaba refiriendo a una a la que había asistido el consejero Carlos Morales de mi embajada y en la que éste me aseguró, y le creo, que se habían tratado temas rutinarios, sin polémica, y que él había intervenido escasamente.

No tardé en percatarme de que el Plan de Arreglo estaba muerto. Baker, encargado por Kofi Annan del tema, lo dio a entender en una visita a la ONU y, sin abandonarlo, empezó a pergeñar otro que se llamó el Acuerdo Marco, un plan en el que la opción del referéndum era más favorable a Marruecos al permitir que votaran todos los llegados recientemente al territorio. Ahora era el Polisario el que se oponía al pensar que Marruecos llenaría el Sahara con súbditos marroquíes en los meses o años anteriores de su celebración.

El nuevo proyecto quedaría en el aire aunque más de un dirigente marroquí afirmara incorrectamente que era por la oposición de España. La afirmación podía ser buena para nuestro ego y para el mío personal, pero era una pamema. Nunca recibí instrucciones de oponerme al proyecto y, por otra parte, sin estar España ni siquiera en el Consejo de Seguridad, era atribuirnos una importancia y un peso en la ONU que no teníamos. Si los permanentes del Consejo hubieran estado de acuerdo cualquier objeción de España habría sido fútil. Lo que olvidan los marroquíes es que Argelia también se mueve en la ONU y su argumento de que no se debería celebrar una consulta «poco presentable» para fijar definitivamente el destino de un territorio después de veinticinco años a cargo de la ONU, decía un diplomático argelino, no era seria ni coherente.

No creo tampoco que nuestro gobierno tomara la senda del torpedeo sin contarme nada. Las visitas de personalidades españolas a la ONU en 2001 me dicen lo contrario. En un mes tuve tres significativas. Piqué, ministro de Exteriores, vino a Nueva York el 14 de noviembre. Annan le dio a entender que estábamos en un callejón sin salida, Baker había cavilado sobre la solución de la autonomía dentro de Marruecos, «pero los otros dos no quieren ni oír hablar».

Aznar vendría el 30 de noviembre. Veo en mis notas que andando hacia la ONU por la Quinta Avenida y repasando los temas que abordaría con el secretario de la ONU, me repitió lo de que cuidara a Marruecos y dijo que «si las partes se ponen de acuerdo, genial, eso sería lo mejor, en su defecto está el Plan de Arreglo que Marruecos aceptó»; que se pusieran de acuerdo entre ellos eliminaría un montón de problemas. En mis notas tengo que «Presidente se expresa en la entrevista con fluidez en francés». Lo que indica que tampoco tenía rabo y cuernos en el tema de los idiomas. Kofi Annan no se mostró muy esperanzado sobre una pronta solución.

Unos ocho días más tarde vino el príncipe Felipe. Era justamente el día en que la prensa que le llevé al hotel decía que su noviazgo con la Sannum había terminado. Él lo había leído en los resúmenes que le había enviado La Zarzuela. Fue muy escueto sobre el asunto, que parecía tomar filosóficamente. Kofi Annan lo había conocido en un viaje a España, le había causado una buena impresión y le debía de haber dicho que cuando fuera a Nueva York con mucho gusto lo recibiría. Fuimos repasando en el coche los temas que podría mencionar o los que le podían sacar. El príncipe tomó nota mental y luego en los veinticinco minutos que estuvo con Annan los abordó, apunté, de forma impecable. La conversación fue en inglés. Don Felipe no se pronunció sobre el Sahara, se extendió en otros temas, aunque oyó de su interlocutor que en algún momento, ya no, la opción de la partición del territorio había aflorado fugazmente en las negociaciones de Baker. Cuando intervine yo, tal vez la única vez que lo hice, para inquirir quién estaba interesado en esa posibilidad, Annan dijo cautamente: «*Perhaps, Algeria*».

De mi experiencia sobre el tema del Sahara en la ONU extraje dos conclusiones:

1) Para Marruecos, si España no adopta una postura claramente promarroquí, nos estamos portando arteramente, queremos apuñalarlo de nuevo, etc. Que intentes mantenerte neutral, bien por tu respeto a la doctrina de Naciones Unidas, bien por cómo cedimos el territorio en 1975, bien por el talante mayoritario de nuestra opinión pública, o por una mezcla de todo, constituye para Marruecos un acto taimado y poco amistoso.

2) La mayor parte de los españoles tienen justamente el pálpito contrario; por muy aséptico que parezcas, por mucho que digas que hay que contar con los saharauis, nuestra opinión pública ante cualquier noticia de la ONU sobre el Sahara, colegía, sin vacilar, que España *se plegaba una vez más* a los dictados de Francia y Estados Unidos abandonando a los saharauis.

Lo que viví en 2003 contradice las dos deducciones. A fines de 2002, poco antes de que España entrase en el Consejo de Seguridad, Baker era invitado de nuevo por el secretario general de la ONU a echarle imaginación y a presentar otro plan. Nosotros poco tuvimos que ver con la invitación.

Una vez que entramos en el Consejo en 2003 me percaté en un almuerzo que ofrecimos los miembros a Baker que el político estaba un poco hastiado del tema. Estaba convencido de que los actores en presencia no se apearían de su burro: Marruecos no quería hablar de un referéndum y el Polisario no aceptaría nada en que los habitantes del territorio no pudieran votar libremente. Baker, que había oído de varios miembros que el problema se eternizaba, que las Naciones Unidas llevaban gastados cientos de millones de dólares en las fuerzas de paz (a las desplegadas en el territorio se las conoce por la siglas MINURSO), nos dio a entender que el todopoderoso Consejo era un calzonazos, le encargaba un plan y luego no lo aplicaba. Dio a entender: «Si lo que yo alumbro, después de un parto laborioso, les gusta y lo aprueban, ya es hora de que se fuerce a las partes a aceptarlo».

El diagnóstico derrotista del americano se cumplió. En la primavera presentó un plan que parecía dar satisfacción a ambas partes y superar las dificultades del censo. Contemplaba dos votaciones. En la primera, a celebrar en breve, los habitantes existentes en el territorio en el momento de la salida de España, así como sus descendientes, escogerían un gobierno autónomo y una asamblea que regirían el Sahara durante cuatro años. Transcurrido ese período, las mismas personas más todas las que se hubiesen establecido en el territorio antes del año 2000 (lo que implicaba los llegados desde Marruecos después de la anexión del Sahara) optarían, en otro referéndum, por la solución definitiva: absorción pura y simple por Marruecos, autonomía o independencia.

Inicialmente, el plan fue rechazado por todos los implicados y, por supuesto, por nuestra opinión pública, que acabaría siendo más papista que el Polisario. Una encuesta española mostraba que el 43 % de los entrevistados se oponían porque «era de hecho la entrega del Sahara a Marruecos» y un 39 % hacían una lectura más audaz, lo rechazaban porque «suponía una traición al pueblo saharaui».

Los acontecimientos en Naciones Unidas no se compadecían con esa visión. Kofi Annan, al que había que considerar neutral, emitió un informe que era un espaldarazo sin reservas al plan. Lo tildaba nada menos que de «solución política óptima del conflicto...» y pedía a los miembros del Consejo que lo apoyásemos. Madrid me instruía, imagino que después de ciertas vacilaciones, que lo deseable era un acuerdo entre las partes pero que votaríamos a favor de la propuesta de Baker.

Argelia fue la primera en dar el sí. Marruecos y el Polisario seguían haciéndole ascos en julio cuando España asumió la Presidencia del Consejo; las posibilidades de que nos crucificara uno u otro bando en cuanto emitiéramos un suspiro se acrecentaban. El Consejo de Seguridad, como hemos comentado, tiene quince miembros, cinco permanentes que tienen además el veto, y diez elegidos por dos años entre los que se encontraba España. En un alarde de democracia, los permanentes permiten que la presidencia rote mensualmente siguiendo el orden alfabético inglés.

Rusia la había desempeñado en junio y ahora le tocaba a España; uno no sabe si en esos atolladeros, con sensibilidades tan a flor de piel, eso es bueno o malo. Ya en nuestra presidencia, hacia el 10 de julio mi colega argelino, un eficaz diplomático que había aprendido español porque quería leer a García Márquez en castellano, me abordó bastante ufano en un pasillo para anunciarme que el Polisario, que tiene en la ONU un representante oficioso, me pediría entrevista para comunicarme que, aunque a regañadientes, aceptaba el Plan. Esto presumiblemente acentuaría la oposición de Marruecos.

La clave de la aprobación de la resolución de apoyo al Plan Baker, aunque los españoles prosaharauis aún no lo crean y para pasmo, desde el lado opuesto, de Marruecos, la tuvo Estados Unidos. Se pueden encontrar varias razones que expliquen por qué Washington, acusado sempiternamente en este tema de contubernio con París para favorecer a Rabat, se empeñara decididamente en sacar adelante una resolución que Marruecos detestaba. Una, que el plan les parecía justo; otra, que el gobierno de Estados Unidos, que sufraga el 22 % del presupuesto de la ONU, está harto del coste del Sahara, y otra, que para la Administración Bush cualquier propuesta presentada por James Baker era algo que no se podía rehusar.

No es ya que Baker fuera estadounidense, y normalmente en la ONU no dejas en la estacada a uno de tu nacionalidad, es que era persona muy cercana a Bush, había sido secretario de Estado con su padre y, sobre todo, Bush hijo le debía en cierta medida la presidencia. Bush había ganado las elecciones en 2000 después de una reñida controversia en el recuento de votos en el estado de Florida, litigio que llegaría al Supremo. El jefe del equipo de abogados que defendió la validez del escrutinio que daría el triunfo a Bush fue precisamente Baker.

En consecuencia, si Baker levantó el teléfono o tomando café un día en la Casa Blanca mencionó simplemente de pasada las bondades de su plan para el Sahara, el presidente Bush daría instrucciones a su diplomacia de que había que sacarlo adelante. Aunque Mohamed VI telefoneó a Bush, la postura yanqui no se alteró. Cuando llegó la noticia de que Estados Unidos estaba barajando cargar a Baker con otro muerto (el de que marchara a Bagdad para encargarse de la reconstrucción de Irak) nos acabamos de percatar de que cualquier intento de socavar su trabajo ante la Administración Bush sería completamente desoído.

Aunque era conocido que desde la Presidencia del Consejo España respaldaba el plan, instruido por Madrid, hube de pedir a mi colega norteamericano Negroponte que suavizara el texto subrayando la mención explícita del acuerdo entre las partes así como que constara que el Consejo «apoyaba» el plan, en vez de «endosarlo», una churumbelería lingüística diplomática. Las dos sugerencias lo debían hacer más digerible para Marruecos. Aznar manifestaría un año más tarde a Ignacio Cembrero que «si para lograr una resolución unánime convenía utilizar unas expresiones determinadas, estábamos dispuestos a ello». Indiqué a Negroponte que había algún país importante como Rusia, que se sentaba en ese momento a mi derecha, que también deseaba que el texto no fuera un trágala inadmisible para Marruecos, que se mencionara el deseable acuerdo de las partes.

Avanzaba el mes y nos encontrábamos en una situación un tanto surrealista. El embajador marroquí, Benouna, un preparado jurista que posteriormente sería nombrado juez del Tribunal Internacional de Justicia, me reprochaba que España no era neutral, que nos portábamos mal con Marruecos; su ministro de Exteriores hacía a la prensa la misma sorprendente acusación: «La postura de España no es ni constructiva ni neutral»; simultáneamente mi correo electrónico se llenaba con una catarata de mensajes de españoles que me zaherían por justamente lo contrario, por «venderme a Estados Unidos y Francia» para abandonar a los saharauis (bendita ignorancia la de esos españoles, Estados Unidos y Francia mantenían posturas contrarias y España estaba dando un espaldarazo a una propuesta que era ya apoyada por los saharauis) y, para más paradoja, España y Rusia pedían a Washington que endulzara un texto que Marruecos detestaba.

Por fin, el 30 de julio, cuando andábamos hacia la sala del Consejo, Negroponte me cogió del brazo y me mostró su última propuesta. Recogía los dos edulcorantes que le había pedido. Se daba el apoyo al Plan Baker «como solución política óptima basada en el acuerdo de las partes y les pide que se pongan de acuerdo para aplicarlo». Ya en la mesa de herradura se lo mostré al ruso y escribí torpemente en su lengua: «*Saglasen?*» (¿de acuerdo?). «*Da, saglasen*», replicó.

La resolución 1495 fue aprobada con unanimidad. Francia batalló en contra pero entendió que significarse individualmente vetándola, desmarcándose de catorce países, era excesivo. Tuvo, pues, quince votos afirmativos. Leí, como presidente, una declaración de Marruecos oponiéndose.

Pero, sorpresa, sorpresa. Han pasado más de ocho años y el tema sigue estancado. Aunque la prensa marroquí dedujo que se trataba de una derrota mayúscula de su diplomacia, el plan no pasó del papel. La ONU es así. Su máximo órgano, el Consejo, toma una decisión clara y unánime pero no se puede implementar si todas las partes no están de acuerdo. Baker tiró la toalla; pasados estos años resulta evidente que su plan ha muerto.

La aprobación de la resolución acrecentó la animosidad marroquí hacia el gobierno de Aznar viendo asechanzas e insidia donde no las había, como he explicado. En sus manifestaciones internas los marroquíes demonizaban a Aznar y tenían opiniones más matizadas hacia la ministra Ana Palacio. Olvidan los políticos marroquíes que era literalmente impensable que Palacio se apartara en un tema como éste, ni un centímetro, de la línea marcada por su presidente.

Lo que en Rabat es perverso se convierte, desde la independencia de Argelia y la guerra de las arenas, en bueno y encomiable en Argel y así Aznar sería ensalzado por el gobierno progre de esa nación. Ya el año antes de la resolución, el presidente Buteflika, que buscaba a Aznar en un pasillo de la ONU y que había comentado que el abuelo de Aznar pronunció en la ONU cuarenta años antes, defendiendo las tesis árabes, uno de los mejores discursos que se habían oído en aquella casa, me dijo que su colega, nuestro presidente, «era un gran amigo de Argelia y un estadista».

A fines de 2003 Marruecos, intentando mostrar a la ONU que quería avanzar en la solución del Sahara, presentó un borrador a Annan en que otorgaba una cierta autonomía al territorio. Era tan pobre (cualquiera de nuestras autonomías gozaba de mayores poderes) que Baker y Aznar, a quien se lo trajo un ministro marroquí, pensaron que no tendría la menor aceptación. En Exteriores recomendaron a los marroquíes que no lo presentaran por ser contraproducente.

Poco después cambió el gobierno español y con ello nuestro enfoque del tema del Sahara, como veremos.

LOS IDUS DE MARZO

El terrorismo ha desempeñado un papel determinante en la vida de Aznar y en su conducción de la política internacional. Su reacción ante los acontecimientos neoyorquinos del año 2001 fue muy apreciada en Estados Unidos y tendría incidencia en sus opciones en el campo exterior; el atentado del 11 de marzo en Madrid en 2004 sacó a su partido del gobierno cuando todo el mundo daba por descontado que Rajoy lo sucedería en La Moncloa.

Aznar, por otra parte, había sido objeto de un atentado del que salió milagrosamente ileso y en el que demostró que era persona de temple. Fue en abril de 1995. Piensa que con él los terroristas de ETA querían segar la alternativa democrática, se vislumbraba que meses más tarde Aznar ganaría las elecciones. En esas fechas se habían multiplicado los asesinatos de demócratas destacados del País Vasco, siempre de partidos estatales: Gregorio Ordóñez, Miguel Ángel Blanco, José Luis Caso, Manuel Zamarreño, secuestro durante dieciocho meses de Ortega Lara, etc.

La lucha contra el terrorismo fue un objetivo prioritario del gobierno de Aznar tanto nacional como internacional. En 2001, las Torres Gemelas vinieron trágicamente a dar relieve a su política en este campo en Estados Unidos.

El 11 de septiembre de 2001 se producía en la capital del mundo el mayor atentado terrorista de la historia y ciertamente el más fotografiado. Unas tres mil personas morían al derribarse las dos Torres Gemelas después del impacto en las mismas de los aviones secuestrados por los terroristas de al-Qaeda.

El atentado era inaudito por múltiples razones:

a) Por la atrocidad de las *cifras*: perecieron en una hora y cuarenta y siete minutos casi tres mil personas. Nunca, desde la Guerra Civil (batalla de Antietam, septiembre 1862) había habido un día tan cruento en la historia de Estados Unidos.

b) Por las *circunstancias*. De un lado, los golpes terroristas iban contra edificios totalmente emblemáticos; de otro, el país no estaba en guerra y era atacado.

c) Por la *visibilidad*. Toda la nación, y el mundo, pudieron contemplar en detalle la masacre en directo o en diferido.

Todo ello originó un trauma auténticamente nacional que explica muchas de las decisiones que siguieron y que aquí, en Europa y en España, no fue percibido en toda su intensidad.

Sin la cólera generalizada despertada por los atentados, Bush no habría podido lanzar las intervenciones en Afganistán y en Irak que tanta repercusión tuvieron en la escena internacional y acabaron influyendo en nuestro país. Sin la rabia de la población estadounidense, el Senado norteamericano habría cuestionado las acciones del presidente desde la intervención en Irak hasta la extensión de las facultades de las agencias de inteligencia, con los ciudadanos encontrando normal la interceptación de las conversaciones telefónicas y otros recortes de las libertades. Sin el hambre del castigo a los culpables, de que aquello no quedara impune, la Administración no habría encontrado una actitud complaciente en todos los aspectos de la reacción de Bush. Publicaciones muy progres y que en la elección del año anterior se habían decantado por Al Gore, el rival de Bush, instaban a éste para que actuara con firmeza y diera una lección a los culpables y encubridores del atentado.

Ni la opinión pública, ni los legisladores ni lo medios de información hicieron muchas preguntas sobre, por ejemplo, la justificación de la guerra de Irak o la existencia de las armas de destrucción masiva; los preparativos del ataque a Irak se iniciaron al año de las Torres Gemelas y la herida estaba aún supurando. Consideraron en general que el ataque a Sadam Husein estaba dentro de la lógica y comulgaron con que éste tenía las armas de destrucción masiva. Tampoco hubo muchas preguntas acerca del posible atasco en Afganistán o Irak una vez que se hubieran obtenido los objetivos militares.

Los medios de información estadounidenses, y la opinión pública, empezaron a cuestionar el asunto no cuando las famosas armas no aparecieron —hubo críticas pero reducidas—, sino fundamentalmente cuando la situación en Irak fue empeorando después de la guerra y empezó a calar la convicción de que sería un esfuerzo muy costoso en armas y hombres. Los estadounidenses no cuestionan las intervenciones en el exterior cuando se sienten atacados. Hay que ayudar a un aliado mientras la operación se desarrolla normalmente y se le ve un fin. Entonces no son cicateros ni en el costo humano ni en el económico. La situación cambia radicalmente cuando no se progresa y no se ve el fin de la acción. Ocurrió en Vietnam y ocurría ahora en Irak. Empezó entonces, sólo entonces, el declive galopante de la popularidad de Bush.

Los neoyorquinos, que dieron muestras de coraje, estaban profundamente impactados. Asistí, por ejemplo, poco más tarde, a una cena en el impresionante Museo de la Radio y Televisión en la que había una veintena de ejecutivos, productores de televisión y cine (el de *Tiburón*, entre otros), actores, guionistas... y un comentario extendido fue el de que este o aquel guionista o autor no estaban de humor para escribir nada en esas semanas que siguieron al atentado. Existía asimismo el ansia de que Bin Laden pagara por su atrocidad. Su muerte, por cierto, años más tarde fue acogida con regocijo y no hubo excesivas inquietudes porque hubiera sido eliminado sumariamente sin ninguna clase de proceso. Al contrario, había orgullo por el éxito de la audaz operación del comando de la marina de Estados Unidos. La CIA, con su paciente detección del santón terrorista y su minuciosa preparación de la incursión peliculera en territorio paquistaní, se lavaba momentáneamente la cara.

La solidaridad con Estados Unidos fue total en un primer momento. Cuando se avecinó lo de Irak buena parte de ella se había difuminado. La oposición que Alemania y Francia mostraron a la intervención en ese país suscitó abundantes resquemores; con Francia el resentimiento fue más allá. Es Francia un país que polariza intermitentemente a los medios estadounidenses. Es considerada, con frecuencia, el paradigma de lo chic y bastantes estadounidenses son un tanto papanatas hacia la cultura francesa. Sin embargo, en la esfera internacional las desavenencias entre París y Washington despiertan comentarios vitriólicos estereotipados. El francés es pronto, con énfasis, tratado de ingrato («¿no los hemos salvado dos veces de que se los coman?»), de cobarde, de diletante, de pedante, de buscar un protagonismo que no le corresponde...

Por lo apuntado en apartados anteriores, España, por el contrario, estuvo fugazmente de moda. En las abundantes cenas a que fui invitado en esos meses eran numerosas las personas que se acercaban y me susurraban: «*Thank you*». El alcalde Bloomberg, un republicano que va por libre, un multimillonario que viaja en metro, que gastó varias decenas de millones de dólares en una de las elecciones que ganó, y que se ha puesto un sueldo de un dólar al año en la Alcaldía, me llevó pronto a su casa a una de las cenas que daba para la sociedad neoyorquina. Era una distinción. Fui a un par de programas de televisión de bastante audiencia. El progresista *The New York Times*, de su parte, insertó en esos meses un editorial en el que por primera vez se aplicaba el calificativo de «terrorista» a los miembros de ETA.

La actitud del gobierno español fue reconocida en los medios políticos de Washington y neoyorquinos. La idea defendida por Aznar de que resulta pueril pensar que el terrorismo es un fenómeno local cobraba nueva validez. La cooperación entre los servicios de inteligencia y policiales entre los dos países, con coincidencia en la calificación de los movimientos terroristas, aumentó enormemente.

Con el acuerdo de varios gobiernos logramos que el Consejo de Seguridad, del que formábamos parte, dedicara una sesión al tema del terrorismo. Aznar vino a Nueva York e intervino en él.

Pidió una acción concertada contra ese flagelo, negó que la pobreza sea la causa fundamental de esa plaga y abogó por que las víctimas encuentren un púlpito adecuado en la ONU. Habló en otro foro importante y fue entrevistado en un difundido canal de televisión. Tengo la impresión de que esa entrevista, al necesitar traducción simultánea con la consiguiente pérdida de soltura y contundencia, influyó en que el político se decidiera a aprender inglés en serio cuando dejó el poder.

La barbarie de Atocha cambió el curso de la historia inmediata de España y sofocó las justificadas y cantadas expectativas del Partido Popular. Aunque siga habiendo no pocos interrogantes en relación con el atentado, casi todo parecía apuntar en los meses siguientes a que fue obra de unos extremistas islámicos. No forzosamente teledirigidos por la casa madre de al-Qaeda, la organización tardó mucho en dar a entender que eran obra suya y lo hizo de forma tangencial. Parecería, si se acepta plenamente la tesis islámica, más bien obra de una rama local deseosa de hacerse notar con algo sonado. Lo que admite pocas dudas, sin embargo, es que la elección de la fecha inmediata a las elecciones tenía la clara intencionalidad política de influir en ellas.

Lo logró y, de paso, hizo un daño considerable a la reputación de Aznar y su equipo. Repitamos que nadie daba un duro en la mañana del 11 de marzo por las posibilidades de los socialistas en las elecciones. En las 48 horas que siguieron parece que confluyeron dos percepciones que produjeron el vuelco electoral, es difícil precisar en qué grado espontáneas y en qué grado hábilmente alimentadas. La de que el atentado era una respuesta islámica a nuestro apoyo a la intervención en Irak y la de que el gobierno estaba manejando interesadamente la información. La instrucción al parecer dada a sus periodistas por el director de una cadena de radio en las primeras horas de la mañana del día 11, cuando la paternidad de ETA era aún la lógica, es bastante indicativa del ambiente: «Si es ETA, el PP arrasa. Si es al-Qaeda, podemos ganar el domingo. En consecuencia, la autoría, desde ya, es confusa».

Los acontecimientos posteriores en el mundo probaron que los terroristas no sólo golpeaban a países aliados de los yanquis y el gobierno de Aznar insiste en que fueron dando veraz información conforme disponían de ella. La impresión mencionada, no obstante, caló. Incluso en Estados Unidos, el vicesecretario de Estado, Armitage, diría en una rueda de prensa que había habido un «*mishandling*» (torpe o mal manejo) del tema por el gobierno.

Aunque personas importantes del gobierno de Bush se apresuraron, al ser interrogados, a afirmar en público que no veían en las elecciones un éxito de los terroristas, probablemente querían evitar que otros países aliados se asustaran y empezaran a planear su salida de Irak; en privado los comentarios eran más matizados. Igual ocurría en la prensa estadounidense que siguió el tema con inusitado interés. Conclusión unánimemente aceptada es que existía un patente vínculo entre los atentados y el resultado electoral. Sin Atocha, habría ganado el PP.

Ahora bien, había matices en la descripción. El *Washington Post* encontraba «razonable el deseo del electorado de castigar al Partido Popular por su equivocada reacción a los atentados» pero deploraba que «Zapatero, con su precipitada respuesta, probablemente convencerá a los terroristas de que su intento de influir en la política española con asesinatos masivos ha obtenido un notable éxito».

La prensa más a la derecha, *Wall Street Journal*, *Washington Times* y un nutrido grupo de columnistas de diversa tendencia abundaban en el aserto de que los terroristas sacarían la conclusión de que pueden alcanzar sus objetivos con la matanza de inocentes. Josef Joffe, director del periódico alemán *Die Zeit* y columnista frecuente en la difundida revista *Time*, concluía: «Habiendo cronometrado el baño de sangre para las elecciones, los terroristas han conseguido un resultado que va más allá de sus más optimistas previsiones... el aviso para cualquier gobierno europeo es: distánciate del Gran Satán (Estados Unidos) o veremos lo que te puede pasar». La expresión «apaciguamiento con los terroristas» circulaba. La idea encontró un pasto fácil en los humoristas.

Yo me encontraba en Viena el 11 de marzo. Presidía casualmente una reunión, poco operativa, de organizaciones interesadas en la lucha contra el terrorismo. Durante mi ausencia, en la mañana neoyorquina del 11, mi embajada en la ONU recibió instrucciones precisas de conseguir una resolución del Consejo de Seguridad condenando a ETA. Eran horas, las instrucciones debieron de redactarse a media mañana de Madrid, en que la convicción sincera del gobierno era que se trataba de ETA. Timmermans, asesor de Aznar, explicaría que «al principio, todos creíamos que era ETA, la policía, los servicios secretos, incluso el presidente del Gobierno regional vasco... porque habíamos impedido el mismo tipo de atentado en tres ocasiones diferentes».

Lo creo, pero para embarcar al Consejo de Seguridad en una condena tajante y precisa no sólo hay que basarse en una convicción sólida sino en la certeza total. Hubo una cierta precipitación y nos columpiamos. Algunos miembros del Consejo —Rusia y más sorprendentemente Alemania— pusieron objeciones pero la embajada hizo los deberes, advirtió a la ministra Palacio de los remilgos teutones y ésta hizo sus llamadas. La solidaridad ante la tragedia y las instrucciones de sus jefes vencieron el ánimo de mis colegas objetantes. El Consejo adoptó la resolución 1530 que en su primer párrafo condenaba enérgicamente los atentados «perpetrados por el grupo terrorista ETA» y los consideraba una amenaza a la paz y la seguridad.

Cuando regresé a Nueva York dos días más tarde, a la vista de los descubrimientos, hubo que disculparse como sugerí a Madrid. Dirigí una carta al presidente del Consejo en la que manifestaba que cuando se pidió la aprobación de la resolución: «Mi gobierno abrigaba el firme convencimiento de que la banda terrorista ETA estaba detrás de los terribles sucesos, en función de los antecedentes inmediatos, de la información de la que en ese momento se disponía».

En las semanas que siguieron, la clase política estadounidense, cuando nos dedicaba atención, lo que no era frecuente, manifestaba solidaridad con el sufrimiento español por el atentado y mostraba una cierta desconfianza hacia las intenciones de Zapatero.

Han pasado diez años desde los atentados de septiembre de 2001 y en esa década Estados Unidos no había recibido ningún zarpazo terrorista en su territorio. Ha logrado neutralizar varios, no todos conocidos. Igual ha ocurrido en otras naciones occidentales como Alemania, Francia, etc., dos naciones, estas últimas, por cierto, que se opusieron denodadamente a la guerra de Irak.

La «tranquilidad» estadounidense se ha logrado debilitando a al-Qaeda. Los servicios americanos han utilizado con profusión los «abejorros» (*drones*), unos pequeños aviones sin piloto capaces de eliminar a un sospechoso con nulo riesgo para el ejecutor. En el primer trismestre de 2009, los servicios estadounidenses realizaron 10 ataques con abejorros; en el de 2010 eran ya 25. Lo que daría un total de 100 al año, significativo para descabezar parcialmente la cúpula de al-Qaeda. Paralelamente, la célula fundamentalista ha cometido dos errores de bulto: creyó que podía luchar contra los americanos en Irak y sus golpes terroristas pronto irritaron a los jefes de las tribus suníes que empezaron a considerarlos como enemigos. En segundo lugar, las revoluciones de la primavera árabe han pillado a al-Qaeda en pañales; ha llegado incluso a condenarlas, con lo que ha perdido legitimidad en la calle árabe.

Junto a esto ha habido un despliegue monumental de recursos estadounidenses. Es otra consecuencia del 11 de septiembre.

Igual que los servicios de inteligencia, escarmentados al no haber detectado los preparativos del 11 de septiembre, el primer rearme de Sadam Husein... no vacilaron en agrandar el peligro que éste podía representar dando por seguro su posesión de las armas de destrucción masiva; el Congreso estadounidense, tan cicatero y zahareño con Obama en otros temas, ha sido generoso en asignar fondos a los servicios de inteligencia. No quiere que si se produce una catástrofe alguien pueda decir que eso ocurrió porque los legisladores fueron remisos en dotar de fondos a un determinado programa.

Los padres de la patria, en consecuencia, se negaron en rotundo a votar los fondos necesarios para que Obama pudiera trasladar a los sospechosos de Guantánamo a territorio estadounidense donde podrían ser juzgados, pero han sido magnánimos en facilitar recursos a las agencias de información. Dana Priest y William Arkin (*Top Secret America*, ed. Little Brown) sostienen que Estados Unidos gasta anualmente un mínimo de 80.000 millones de dólares en sus servicios de información y espionaje. Esto sin contar otra cantidad jugosa del departamento de Homeland Security.

Obama no ha recortado los programas, los ha expandido. Como ocurrió con la guerra de Irak, no hay un verdadero debate sobre si los fondos se gastan adecuadamente, si se da una duplicidad perniciosa entre agencias, etc.

José María Aznar, haciendo abstracción de la percepción de los tres días de marzo que empañarían su imagen, terminó su mandato con una placentera situación económica. Sus detractores sostienen sanguíneamente que se montó en la ola de prosperidad económica del momento, pero sus cifras y logros son envidiables.

Había prometido, cuando los pronósticos le eran favorables, que sólo estaría ocho años en el poder y lo cumplió. Otro tanto ocurrió con otras dos promesas: la entrada en el euro en el pelotón de cabeza y la mejora de la situación económica. No tocó las pensiones como decían sus enemigos; redujo el impuesto sobre la renta, con lo que más de cuatro millones de españoles dejaron de hacer la declaración; eliminó el Impuesto de Sucesiones y logró, lo que hoy asombra, el equilibrio presupuestario, es decir, el déficit cero. Fue en 2001 y se mantuvo hasta el final de su segundo mandato.

La convergencia con la renta europea fue asimismo vistosa. En 1996, España tenía una renta equivalente al 78,5 % de la europea. A fines del período Aznar era del 86 %. La creación de empleo también fue notoria; en los ocho años aznaristas surgieron cuatro millones de nuevos puestos de trabajo. Parte de su éxito —el 10 de marzo, el periódico *Le Monde* publicaba en primera página una muy elogiosa caricatura de Aznar haciendo un balance de sus años de gobierno; la del día 12 era ya crítica— ha quedado opacado por los idus de marzo.

Aznar no ha sido el más simpático ni el más carismático de los presidentes de la democracia. Pero palabra tenía, se sabía aquí dentro y también en los círculos extranjeros que yo frecuenté donde era respetado por ello.

Concluido su mandato es asesor de algunas empresas, entre otras una del magnate mediático Murdoch, propietario del *Times* de Londres, del *Wall Street Journal*, de la cadena y productora Fox (Murdoch me contó en una cena en Nueva York que las películas de la serie *Misión imposible* estaban obligadas a ser taquilleras porque sólo Tom Cruise percibía unos 12 millones de dólares por filme y un suculento porcentaje de los ingresos totales). Aznar preside la sociedad de estudios FAES. Ha aprendido inglés en esos años, lo que, dada su edad, implica una férrea voluntad.

José Luis Rodríguez Zapatero

El hombre que no sabía demasiado

Uno de los chefs más famosos de la historia es el francés Carême, que «reinó» en la cocina francesa a principios del siglo XIX. En un tiempo fue cocinero del todopoderoso Talleyrand, un político que llenó una época de Francia y que supo apreciar la importancia de la buena mesa no sólo para su placer personal sino —fue ministro de Asuntos Exteriores de Napoleón y posteriormente del rey Luis XVIII— para sus manejos políticos y diplomáticos. Talleyrand fue quien pronunció la frase con la que se instruye a los diplomáticos demasiado intrépidos: «Sobre todo, no pongan demasiado celo».

A Napoleón no le preocupaba mayormente el arte gastronómico y dejaba la organización de los banquetes diplomáticos a cargo de Talleyrand o del ministro Cambacérès. Éste era odiado por Carême, que cuenta que era un roñoso que guardaba las sobras de una comida para ofrecerlas al día siguiente. Sea cierto este pecado gastronómico o invención del resentido Carême, el hecho es que la mesa de Cambacérès era reputada y su obsesión por la cocina, conocida. Cuenta Barbara Norman (*Tales of the Table*) que en una ocasión Napoleón lo llamó para discutir la suerte del duque d'Eguien, que sería posteriormente ejecutado, y la charla se alargó porque la decisión era un asunto capital en la política de la época. El intercambio de pareceres entre el emperador y el ministro se prolongaba y Napoleón notó que el impaciente Cambacérès, inquieto, entregaba una nota a un ordenanza para que la llevase a algún sitio. Sospechando de un posible doble juego de su subordinado, el emperador hizo que retuvieran al mensajero y leyó la misiva. Iba dirigida al cocinero del ministro y decía: «Guarde los aperitivos, con los asados no hay nada que hacer».

Mucho más elogioso fue Carême hacia Talleyrand, del que decía que comprendía «el genio del cocinero, lo respeta y es capaz de apreciar los progresos más sutiles». Regularmente a las ocho de la mañana, Talleyrand pasaba una hora con su chef discutiendo el menú de la cena que daría por la noche. La charla era meticulosa porque, en ocasiones, en las cenas de Talleyrand se degustaban 48 platos diferentes aparte de los entremeses. Carême tuvo que organizar varios banquetes monumentales en la corte de Luis XVIII. Uno para 1.200 personas se celebró en la Grande Galerie del palacio del Louvre (el actual museo) en febrero de 1815. Los arquitectos construyeron una cocina en el gran vestíbulo en la que se afanaron cien cocineros. Ningún ágape superó, sin embargo, al que preparó para 10.000 oficiales, en lo que son ahora los Campos Elíseos, en una gran tienda montada para la ocasión que corría desde la actual plaza de L'Étoile hasta la de la Concordia.

Los cocineros, pilotados por Carême y otros chefs de prestigio, prepararon 6 bueyes, 75 terneras, 250 corderos, 8.000 pavos, 2.000 pollos, 1.000 perdices, 1.000 patés, 1.000 carpas y 10.000 espetones. Como describiría Carême, «el rey de los cocineros y cocinero de reyes», en un libro: «Nunca hubo un trabajo más agotador para los cocineros».

Era ésta la época en que los franceses estaban inventando en Occidente los restaurantes tal como los concebimos hoy. Fue debido, en buena medida, a un hecho político de considerables repercusiones: con la revolución, los cocineros de los nobles de la época se quedaron en el paro por la desaparición o exilio de sus señores. Alguno de ellos decidió abrir una casa de comidas y ahí empezó todo. El caso, no obstante, es que, probablemente con menos refinamiento que en esos momentos franceses, las comidas o cenas oficiales con numerosos comensales para celebrar algún acontecimiento político o religioso, una boda, un tratado de paz, etc., vienen teniendo lugar desde tiempo inmemorial. Como sostiene Brillat-Savarin en los Aforismos IV y VI de los XX con que abre su *Fisiología del gusto*, «el destino de las naciones depende de la manera como se alimentan» y «la gula es un acto de nuestro juicio, por el cual concedemos preferencia a las cosas que son agradables a nuestro paladar sobre las que no lo son».

No hace falta que nos extendamos en repetir que la buena mesa ha sido un excelente instrumento de la diplomacia universal, resulta útil para crear un ambiente propicio a una reunión, negociación, etc.

Puede parecer normal, en consecuencia, que en su desplazamiento a las sesiones de la ONU en la Asamblea de septiembre de 2008, nuestro presidente Zapatero decidiera invitar a la familia iberoamericana. Algún gruñón puntilloso, sin embargo, encontrará chocante que sin llegar a las multitudes que alimentaba Carême y la realeza francesa, el número de los invitados a la cena ofrecida por Zapatero no fuera precisamente modesto, se movía entre trescientos y cuatrocientos. En momentos en que se veía o, como mínimo, se vislumbraba la penuria, es decir, la crisis, montar una cena de ese número de personas no exactamente en una posada de Medina del Río Caudaloso sino en un hotel de postín de Nueva York podía chirriar un poco.

La idea, con todo, era muy bonita para detenerse en nimiedades, nuestros gobernantes son enormemente desprendidos, y se organizó en el Waldorf Astoria, uno de los hoteles de más empaque y más caros de Nueva York. La España pujante de Zapatero no podía quedar mal. No está de más que recordemos que Zapatero, con su optimismo antropológico, no vacilaba ese mismo año en realizar afirmaciones tan osadas como: *a)* «Prometo crear dos millones de nuevos empleos» (marzo), y *b)* «La actitud de quienes exageran sobre el alcance de la actual situación económica es antipatriótica, inaceptable y demagógica» (30 de abril).

Tradicionalmente, el cónclave de la ONU de septiembre (la Semana Ministerial), al que los dirigentes mundiales van por las razones serias apuntadas en otro capítulo, amén de que las esposas puedan comprar en Saks o en Blomingdale's y asistir a un musical, con lo que luego deslumbrar a las amigas de su tierra, es escenario de variopinta oratoria. Gadafi fue por primera vez en 2009 y se despachó durante 90 minutos en lugar de los 15 programados. Se hizo presentar como «Rey de los Reyes de África», despotricó contra el Consejo de Seguridad, «el Consejo del Terror», pidió una investigación profunda sobre los asesinatos de Kennedy y Luther King y demandó el traslado de la ONU a Trípoli, los delegados no tendrían *jet lag* y no habría problemas de ataques de al-Qaeda. Nadie le aclaró lo del musical y las compras en la Quinta Avenida. Trípoli no parece que sea un lugar muy allá en esas dos actividades.

En esa Semana Ministerial, en un hotel digno cercano a la ONU tenía lugar un *desayuno* del ministro español de Exteriores con los colegas iberoamericanos, al que asistían unas treinta personas. Era algo morigerado, se hablaba de algún tema de interés del momento y se discutía el perfil de la próxima Cumbre Iberoamericana. Esto era la práctica en mi época de representante en la ONU.

Los franceses, «*ah, vous savez, la France c'est different, c'est le savoir faire, oh, la, la, c'est magnifique*», optaban por algo mucho más rimbombante en mi estancia en la ONU: organizaban una cena por todo lo alto para doscientas o trescientas personas en un hotel caro, traían un cocinero de Francia, en una ocasión a la venerable cantante Juliette Gréco, etc. Alguien debió de pensar que si los franceses tenían la *grandeur* y la *francophonie*, nosotros teníamos la caballerosidad y la hispanidad y ya Moratinos pasó del parco desayuno de las épocas aznariana y felipista a una cena con más de ciento veinte personas. Bueno, dejémoslo correr, las orejas de la crisis aún no asomaban claramente, sobre todo para un ministro que despacharía más tarde el tema con la expresión «la supuesta crisis». Moratinos, muy rumboso con los vinos (en alguna ocasión en cenas con colaboradores rechazó las botellas de 34 dólares y pedía de 100), debió de pensar en las virtudes de una cena diplomática y en el Aforismo VII del venerado Brillat-Savarin: «El placer de la mesa se siente en todas las edades, en todas las condiciones, en todos los países y todos los días; puede asociarse a todos los demás…».

Imbuidos de este espíritu, Zapatero y sus asesores dedujeron entonces que era justo y necesario que nuestro presidente subiera el listón y llegamos a la cena del Waldorf a fines de septiembre de 2008. Espectacular y nutrida. Cuentan que, en la época soviética, el chovinismo de las altos cargos rusos era tal que en un duelo de ballet en el Bolshoi entre la troupe del mismo y un reputado conjunto inglés, cuando concluyó la actuación de una conocida bailarina rusa amante de un alto cargo, la esposa del marido infiel, henchida de fervor patriótico, exclamó: *«Nasha, lushe»* (la nuestra es mejor que la inglesa).

Y eso es lo que debió de rumiar algún asesor de Zapatero: nuestra cena, mejor. ¿Por qué no invitar a unas trescientas personas? Quizá me quedo corto; aparte de las delegaciones iberoamericanas (presidente, ministro, embajador en la ONU y cónyuges), concurrirían, siguiendo la pauta de los franceses, todos los altos cargos de la ONU, todos los españoles importantes de Nueva York (¿cómo te vas a dejar fuera a Plácido Domingo, el español más conocido y admirado en Estados Unidos; al cardiólogo Fuster, que aparte de una eminencia mundial ha solucionado muy amablemente varias papeletas médicas a todos los que hemos estado destinados en Nueva York; a Ángel Corella, que es ovacionado en cuanto aparece en escena en el Met?) o que se encuentren allí en esas fechas, periodistas, los séquitos harto nutridos del presidente y Moratinos…

En las delegaciones españolas a la ONU y otros acontecimientos internacionales, no es infrecuente que para una tarea que, trabajando pero sin herniarse, puede hacer un funcionario vayan dos; ha ocurrido en todos los partidos y reinados, pero con el PSOE último tengo la impresión de que un poco más. En el pasado reciente, en el otoño de 1995, hay un hito insuperable, es el de la

Conferencia sobre la mujer que tuvo lugar en Tokio en esa fecha. La delegación española, los miembros oficiales, sobre todo «miembras» fundamentalmente en esta oportunidad, fue la segunda más numerosa del mundo mundial, viajaron 102 personas, a cargo del contribuyente; ahí le mojamos la oreja hasta a Francia. La de Estados Unidos era de 57.

Volvamos a 2008. Las vacas gordas de nuestras finanzas ya habían pasado y ese hotel no factura una cena para 300 comensales por menos de 100.000 dólares, lo que no es una futesa, sobre todo si tenemos en cuenta, por mi experiencia neoyorquina, que esa cantidad no incluye las flores, ni las invitaciones ni otras fruslerías como la atracción musical, etc. Alguien ha comentado que una cena con música es un insulto al intérprete y al cocinero, por lo que la actuación artística viene teniendo lugar antes o después del ágape. En esta ocasión fue un conjunto de cámara iberoamericano, ¿colombiano?, el que deleitó a los asistentes. Nuevo gasto, billetes de avión para los intérpretes, hotel, caché.

La factura total, en consecuencia, debió de ascender a un ojo de la cara y parte del otro. El Waldorf es el Waldorf; de los hoteles lujosos de Nueva York, probablemente el de más historia y por el que tiene querencia (paga el contribuyente) más de un político español. Situado en la majestuosa Park Avenue —su predecesor ubicado en Quinta Avenida fue demolido para que se levantara el Empire State Building—, el Waldorf fue el primer hotel americano con servicio en las habitaciones y de los primeros que permitió como huéspedes a señoras que no fueran acompañadas. En él han residido largas temporadas, incluso años, figuras conocidas de Estados Unidos: el presidente Hoover, el general McArthur o el compositor Cole Porter, cuyo piano Steinway adorna aún el gran hall de recepción, su canción «You are the top» (Porter componía la música y la letra de su fabuloso repertorio), dice: *«You are the top, you are a Waldorf salad»* (Eres lo más grande, como una ensalada del Waldorf). La ensalada Waldorf lleva manzana, nueces, apio, uvas y mayonesa, aparte de lechuga, claro.

Marilyn Monroe vivió en ese hotel en los meses en que rodó *La tentación vive arriba*, en el año escaso en que estuvo casada con Joe DiMaggio y en él debía de residir cuando se inició su separación. La relación sentimental y la boda de la bomba del cine con el deportista, que se retiraba, más famoso de Estados Unidos, fue seguida por todo el país. Yogi Berra, un mito del béisbol, fue preguntado sobre qué efecto creía que el asunto tendría. Berra dio una respuesta memorable: «No sé qué efecto tendrá sobre nuestro béisbol pero es un huevo mejor que compartir habitación con Phil Rizzuto en los desplazamientos». (Rizzuto era un compañero de equipo.)

DiMaggio parece que fue desde el hotel a recoger a su esposa la noche en que se rodaba la escena, ahora famosa, en que el viento que sale del suelo de un aliviadero levanta las faldas de la actriz mostrando su ropa interior.

Por las habitaciones del Waldorf han pasado otros presidentes: desde Franklin Roosevelt a Obama. Posee el hotel un ascensor en el que cabía el vehículo de Roosevelt, que podía llevarlo a la Estación Central a uno de cuyos andenes se tiene acceso directo desde el hotel. Es posiblemente el ascensor de carga que utilizó el atleta Jesse Owens al regreso de la Olimpiada de Berlín donde había ganado cuatro medallas, y de paso aplastado el mito de la superioridad de la raza aria que sostenía Hitler. Owens entró al hotel después de haber sido aclamado por millones de neoyorquinos al desfilar bajo una lluvia de confetis por las calles de la ciudad. Eran los años treinta y, aunque en el hotel se le rendía un homenaje, hubo de tomar el ascensor de carga. Los normales estaban reservados para blancos.

Después de esta digresión histórica, y pensando en la factura de la cena de marras, recordemos que los restaurantes y hoteles estadounidenses tienen dos plagas gravosas de las que no se percata inicialmente el turista español: *tax and tip*, los impuestos y el servicio. Los precios de los platos, para el recién desembarcado pueden parecer accesibles; luego, sin embargo, en Nueva York hay que añadirles el 8,50 % de impuestos y el 15 % del servicio. Nadie, por otra parte, hasta que llega la factura, se para a calcular que cualquier botella de vino tiene un importe 3 o 4 veces superior al de España. El precio final, en consecuencia, con los aditamentos de los impuestos, el vino y el servicio (propina), es el razonable calculado.

La plaga del servicio es un tanto irritante. No está recogido en la ley, por lo tanto, *no es obligatorio*. En Estados Unidos, sin embargo, se ha convertido en una práctica social tan arraigada que todos los americanos la respetan a rajatabla. Aunque la prestigiosa guía gastronómica Zagat sostenga que el 80 % de los estadounidenses modulan su propina en función del servicio, la afirmación es engañosa; quiere decir que irán más allá del 15 % en su gratificación si quedan muy satisfechos con el servicio, nunca por debajo.

Es ésta otra de las peculiaridades y paradojas de Estados Unidos. En el país del individualismo, del capitalismo salvaje, los clubes de las Ligas deportivas tienen un techo legal presupuestario, han de repartir con frecuencia con el equipo visitante los ingresos de taquilla y de televisión y, en algunas, su chequera no les da prioridad para fichar a una joven promesa. El club más modesto, al abrirse la temporada de fichajes, puede escoger primero. Un igualitarismo que aquí resultaría chocante. ¿Se imaginan al Madrid o al Barça resignándose a que el Sporting o el Almería se lleven por poco dinero a una deslumbrante promesa que ha surgido en el Lorca?

Con el servicio, con la propina en restaurantes ocurre otro tanto. Muchos estadounidenses, cuando les argumentas —al principio de residir allí, después tiras la toalla— que en una factura de 100 dólares una propina de 6 debería bastar te responden con naturalidad que los camareros están fatalmente pagados, que sin las propinas no llegarían a fin de mes. Nadie te explica por qué en ese negocio el cliente tiene que completar una parte del sueldo que le correspondería al patrón. El hecho es que los americanos, por ese sentimiento de culpabilidad, porque no quieren aparecer roñosos o por darse ínfulas, abonan gustosos ese 15 % de servicio.

Regresemos a la dichosa cena porque ahora viene el morbo. No creo que sufragáramos el impuesto porque al estar organizada por nuestra embajada o consulado entramos dentro de la exención que tienen las sedes diplomáticas y los diplomáticos. (Recuerdo que en mi estancia en Nueva York en la época de Aznar, una copa que ofreció nuestro Ministerio de Educación en un hotel, y que por razones que se me escapan no se quiso hacer en mi residencia —miel para los oídos y la cabeza de mi mujer que había sugerido hacerlo en ella—, fue pagada, por razones de urgencia, con mi tarjeta de crédito personal. La burocracia de Educación tardó 40 días en reponer mi desembolso.)

No nos escaparíamos del servicio, sagrado como digo, y de que el número de comensales aumentara. En estas cenas, alguno de los muy importantes se cae del cartel, están hastiados de recepciones y no están obligados a ir, pero la mayor parte de los invitados, sabiendo que se van a codear con presidentes, ministros, etc., no fallan. El divorciado emerge con su mujer; en realidad, no se odian, el contrato prenupcial estaba muy bien articulado y llevan educadamente el reparto de los hijos; la separada pide venir con un acompañante al que le hace mucha ilusión conocer al presidente del Gobierno; hay en Nueva York un académico que va a dar una conferencia en Minnesota y un capitoste del PSOE (o del PP) de Badajoz que porfía para ser invitado... Suma y sigue.

El salón, la «Starlight Room» en el piso 18 o 19, según me contó un embajador amigo sudaca, quedaría deslumbrante. Había unas 36 mesas. La principal en la que se sentarían nuestro presidente con su colega de México, Calderón; de Costa Rica, el Nobel Óscar Arias; la de Chile, Bachelet; el de Guinea, Obiang; Guatemala, Colom; las dudas de los de Ecuador y Raúl Castro; el secretario general de la ONU, el coreano Ban Ki-Moon, etc., acomodaría a unos 20 comensales; las restantes serían más reducidas. Cada una —es un detalle chic y que sirve mediocremente para poder dirigirte a la tuya— tiene un nombre de algo iberoamericano. Pueden ser flores, monumentos, etc. En esta ocasión se optó por accidentes de la naturaleza. Atacama era el de la presidencial y luego estaban Teide, Titicaca, Osono, Iguazú, Amazonas, Machu Picchu, Chimborazo...

En fin, abrevio. Todo estaba preparado, el discurso de Zapatero, del que nunca sabremos si aportaría un nuevo y excitante ángulo de la Alianza de Civilizaciones, estaba cocinado, cuando, avanzada esa jornada de septiembre, ¡cataplás!, ocurrió algo inesperado... totalmente inesperado...

¿Llamó el rey a Zapatero comunicándole que pensaba abdicar esa noche, lo que llevó a nuestro presidente a pasar doce horas febriles al teléfono hablando con Rajoy, Felipe González, la reina, un par de personas con influencia con el monarca... para que le ayudaran a pedirle que reflexionara? ¿Hubo un atentado muy cruento, tres docenas de muertos, en España o en un país iberoamericano? ¿Se le había ocurrido al infumable Bush, al que le quedaban dos meses en el poder y que quería desviar la atención de la crisis económica en la que alguna culpa tendría, despedirse con algo sonado como la invasión de Cuba con la que querría sacarse la espina que había aguijoneado a su padre y a un montón de presidentes yanquis desde Nixon («*I will teach a lesson to that fucking Cuban*»)...?

Nada de eso. Era simplemente que, de pronto, al presidente Zapatero no le apetecía ir a «su» cena. El cuerpo no se lo pedía, él parece ser así, y dejó a todo el mundo plantado.

No creía en el Aforismo VIII de Brillat-Savarin: «La mesa es el único lugar donde no se aburre uno durante la primera hora». El hecho es que a nuestro presidente la idea de cenar con los colegas le aburría, así, de repente, y mientras toda la embajada se lanzaba a los teléfonos frenéticamente para inventar, imagino, que Zapatero no se encontraba bien, nuestro líder se marchaba a un restaurante que le habían recomendado donde con gente de su gabinete y algún amigote podría reírse y no tener que aguantar las «banalidades» de la conversación con la señora del presidente que le tocara al lado.

Moratinos sería el anfitrión. Hubo menos primeros espadas, que se excusaron a la carrera al ver que no estaría ZP, pero tuvo el mismo costo para nuestras arcas y algo para nuestro prestigio y seriedad porque, me dice mi informante iberoamericano, no todo el mundo se creyó la excusa ofrecida en el mismo día por nuestra embajada.

No es la única vez que el antiguo presidente siente ese hastío por una cena oficial. En Shanghái, el 30 de agosto de 2010, en el día de España de la Feria Internacional hay una cena organizada por los empresarios españoles. Unos 200 invitados, las señoras de largo. Es conocido que China es nuestra importante asignatura pendiente comercial y turística. Zapatero es el invitado de honor. Da otra espantada. No aparece, su talante no se lo pide. Se va a cenar con unos amigos. No está de humor.

Hay una anécdota reveladora sobre la cautela de Chou En-lai, el inteligente primer ministro y lugarteniente de Mao, moderador de alguno de sus excesos y al que alguien ha descrito como el mejor diplomático que había conocido. Preguntado en los sesenta sobre la importancia y el alcance de la Revolución francesa de 1789, el bueno de Chou, casi dos siglos más tarde contestaba: «No podría decirle, es demasiado pronto para contestarle».

En 2010, nuestro presidente no podía pensar que era pronto para predecir la importancia de China al principio del siglo XXI. Sabía sobradamente que era el gigante que hemos mencionado al principio de este libro, que la reforma de Deng Xiaoping priorizando, a diferencia de Gorbachov, los cambios económicos y postergando la mudanza política había dado fértiles resultados. China se ha convertido en la fábrica y el banquero del mundo, un interlocutor casi indispensable de Estados Unidos, un gobierno y una sociedad a la que hay que cuidar. Su potencial como inversor o como emisor de turistas que tanto necesitamos es incalculable. Ésa es la razón principal del desplazamiento de Zapatero.

Por ello los invitados a la cena de Shanghái se hacen cruces. El líder visionario, el que ha de saber que China es la nación del futuro ya inmediato, la panacea para alguno de nuestros problemas... no asiste al ágape. Está más a gusto con amiguetes. Alguien recordó entonces que, al principio de su mandato, su primera visita oficial a Polonia, una nación que por su tamaño, número de votos en el Consejo Europeo, es una interesante aliada potencial de España, fue cancelada, con una excusa no creíble, el mismo día que debía empezar. Zapatero no tenía el talante adecuado ese día. Como Curro Romero cuando barruntaba que el toro era «un malaje» y ya no había forma de que se decidiera a hacerle faena.

Javier Valenzuela, que trabajó en La Moncloa con Zapatero, da un bosquejo de su personalidad bastante iluminador (*Viajando con ZP*, ed. Debate): «A diferencia de Aznar que pedía actos sociales que le dieran más oropel... el socialista descartaba, en principio, inaugurar consulados o centros del Instituto Cervantes, almorzar o cenar con celebridades locales, asistir a espectáculos o saraos, dar conferencias en universidades de ese tipo».

Valenzuela puede creer que hace así un retrato halagüeño de su antiguo jefe; para mí la descripción es simplemente penosa. Cualquier servidor del Estado en el extranjero tiene que pechar con tropecientos actos sociales de los que prescindiría con placer. (¿Alguien puede imaginar que yo disfrutaba con los doscientos cuarenta y tantos cócteles que tuve que soportar en nuestra campaña para entrar en el Consejo de Seguridad? ¿Cuántas veces al volante camino de una cena diplomática te has vuelto hacia tu mujer y has exclamado: «Daría 50 o 60 dólares por no tener que ir a esto, y si fuera *rico*, 1.000».)

Zapatero, con la descripción dada por Valenzuela, no parece haber entendido que *el prestigio, la buena imagen, la credibilidad son esenciales para las relaciones internacionales de un país*. El potencial de «vendedor» de las realidades de España del presidente del Gobierno, y no digamos el del rey, es incomparablemente mayor que el de los embajadores. Su obligación de cubrir actos sociales es palmaria.

El rey lo ha entendido a la perfección y asiste disciplinadamente en el exterior, sin cansancio, sin hastío perceptible, a lo que parezca conveniente para proyectarnos, y Aznar, González, Calvo-Sotelo... concurrieron a numerosas inauguraciones, almuerzos con celebridades, espectáculos, saraos, conferencias... Está en el cargo y en el sueldo. ¿Puede alguien imaginarse a cualquiera de sus predecesores o a Chirac o a la Merkel o al presidente chino dando una «espantá» de este calibre?

Probablemente yo tenga deformación profesional por cuarenta y dos años de servicio al Estado en la diplomacia y no descarto que estas cosas *me duelan* más de lo normal, pero encontré inaudita, escandalosa la conducta del presidente. Nunca he visto nada parecido.

Esta introducción me conduce a mi primera conclusión. Zapatero *no se encontraba cómodo* haciendo política exterior; algunas reuniones eran un auténtico purgante para él, estaba deseando que terminaran; hay un documento gráfico revelador: la secuencia televisiva de la cumbre de la OTAN en la que, solo, se afana ficticia o inoportunamente alrededor de unos papeles mientras los demás charlan; la escena es sobrecogedora, por no decir «patética», como concluía Gabriela Bustelo en *La Razón*. Como español te daba pena verla. Su falta de afición al tema, su refugio en los tópicos baratos fue pronto advertida por sus colegas, pasando en consecuencia desapercibido. No era un problema de idiomas, Suárez también tenía esa carencia; eso influye pero el asunto va más allá.

No comulgo, sin embargo, con la idea de que Zapatero iba haciendo un ridículo espantoso en las reuniones internacionales, que era el hazmerreír, como se sostiene; tampoco, como dicen algunos del PP, con que Chávez y Evo Morales o los hermanos Castro eran sus únicos amigos en la escena internacional. No creo ni siquiera que fuera íntimo de esos dirigentes. Aunque regodearse, en su primera época, con la existencia de un eje Berlín-París-Madrid era algo infantil tuvo buenas relaciones con Chirac y Schroeder. Pero resulta obvio que pasó sin la menor gloria por la arena exterior y que su presencia en los foros internacionales, incluso en aquel en que logró entrar, en el G-20, entrada que es un punto a su favor, resultó totalmente irrelevante. En su inocuidad exterior, Zapatero se asemeja al personaje «Mr. Celofán» del musical *Chicago*.

Ningún diplomático extranjero asistente a acontecimientos internacionales (he hablado con un montón) recuerda ninguna idea o propuesta presentada por Zapatero. La Alianza de Civilizaciones es un buen ejemplo. Mucho ruido aquí y entre los palmeros monclovitas, la colamos en la ONU en buena medida por nuestra largueza económica con la Organización, y ni una línea en los medios de información que cuentan, ni un líder de los países importantes, Francia, Alemania, Gran Bretaña, Rusia, China, Estados Unidos, Canadá, México, India, Polonia... y un largo etcétera, asoma por las reuniones. Hay un lapidario análisis del conocido historiador Henry Kamen que en 2011, en un artículo en *El Mundo* titulado «El despilfarro de la Alianza de Civilizaciones», sentenciaba: «La Alianza es el último gran infortunio que el jefe de Gobierno más desastroso de la España democrática ha patrocinado».

Creo que Kamen es demasiado negativo, carga las tintas en exceso, pero el intento de crear una plataforma que elimine malentendidos entre el mundo occidental y el islamismo ha dado escasos resultados concretos. Y ha empleado bastante tiempo de nuestra diplomacia. Abrir en el consulado en Los Ángeles el prontuario cultural enviado desde el Ministerio de Asuntos Exteriores y leer que nuestra acción debía estar impregnada del espíritu de la Alianza de Civilizaciones resultaba, en Estados Unidos, un tanto esperpéntico.

La gente, los colegas de Zapatero, detectaron pronto los escasos conocimiento y afición que sentía por los asuntos internacionales. Los jóvenes o «jóvenas» diplomáticos que en la ONU entraban a tomar nota en las reuniones bilaterales que celebran los presidentes y ministros, mientras siguen los discursos en la sala principal, te confiesan que era obvio que nuestro presidente hacía una faena de aliño porque deseaba concluir la reunión.

En el año postrero de Zapatero, el 18 de julio de 2011, el periódico *El País*, poco sospechoso de bailarle el agua a los opositores del presidente, publicaba un duro editorial que arrancaba inusualmente en primera página en el que tras tachar de irresponsable un prematuro comentario de Zapatero de meses antes en el que sembró dudas sobre su continuidad, afirmaba que nos encontrábamos «en un país amenazado de ruina, sin perspectiva, con serios problemas de cohesión social y aun territorial y en el que cunde la desilusión entre los ciudadanos sin distinción de ideología o de clase social».

El diagnóstico del periódico era descarnado y certero. Ni el muy leído *El País* ni otros críticos imparciales del presidente podían con justicia haber afirmado esto al principio de su mandato. Zapatero resultó ser un globo que se desinfló. Sin embargo, desde el primer momento, en el campo de la política exterior y en decisiones con frecuencia de menos gravedad que la negación de la existencia de la crisis, sí mostró, como hemos visto en sus espantadas, una cierta irresponsabilidad ignorante de aficionado unida a otros rasgos de su política exterior, que deben de formar parte de su personalidad; me refiero al voluntarismo desenfrenado, a la imprevisión y al triunfalismo adanista.

MILAGRO DE LA CALLE FERRAZ

José Luis Rodríguez Zapatero se crió en León en una familia desahogada. Su padre era un conocido abogado. Estudió allí derecho y pronto sintió la llamada de la política. Ingresó tempranamente en las Juventudes Socialistas y ejerció durante un par de años como profesor ayudante de constitucional. A los 26 años fue elegido diputado por León, el más joven de toda la Cámara.

Durante trece años como diputado pasó desapercibido; se comenta con malicia que ni se conoce una intervención del futuro presidente en su época de legislador ni una sentencia de la magistrada Fernández de la Vega que luego sería su vicepresidenta, pero Zapatero supo moverse con habilidad cuando hubo que suceder a Felipe González en la Secretaría General del Partido Socialista. En el congreso del PSOE donde se perfilaban como favoritos José Bono y Matilde Fernández, un sector sentía la necesidad de que hubiese una cara nueva, una tercera vía. Una decena de cabecillas de la tendencia renovadora se venían reuniendo en un domicilio privado para escoger su posible candidato. Las papeletas parecían estar a favor de Jordi Sevilla o Jesús Caldera, dos de los asistentes, cuando en la mañana en que la facción iba a decidir apareció un artículo a tres columnas en *El País* anunciando que el candidato de la tercera vía sería otro del grupo, Zapatero.

El artículo, según los conocedores, estaba más que inspirado por él pero acabó con la disyuntiva Sevilla-Caldera y ungió al de León. En la votación final del congreso socialista, con Zapatero como alternativa, emergería un *kingmaker*, un hacedor de reyes en la persona de Alfonso Guerra. El veterano socialista viendo que Bono, al que debía de detestar, iba a resultar ganador, ordenó a varios de sus fieles que abandonaran a Matilde Fernández y se pasaran a Zapatero. El de León ganaría por sólo ocho votos.

Zapatero haría una oposición discreta en el gobierno de Aznar y, contra todo pronóstico, los acontecimientos del 11 de marzo lo llevaron a la Presidencia. El atentado de Atocha, el controvertido manejo que del mismo hizo el gobierno, la habilidad soterrada del partido socialista en esas dos jornadas hizo que, en esta ocasión sí, muchos votantes ligaran el atentado con nuestra participación en Irak (algo que no habían hecho en las municipales previas muy cercanas a la guerra de Irak pero anteriores al atentado de Atocha) y se movilizaran o cambiaran su voto. Más gente se animó a votar después del atentado y de los repetidos mensajes que siguieron de los adversarios del gobierno; si en las generales de 2000 habían participado el 68,71 % de los votantes y en las municipales de 2003 mencionadas lo hicieron el 67,67 %, en las generales de 2004, las del triunfo de Zapatero, la cifra subió al 75,66 %.

Rodríguez Zapatero repite que la población española estaba pidiendo un cambio, pero si eso es así nadie se había dado cuenta de ello. Ninguna de las numerosas encuestas daba vencedor al PSOE y la totalidad de los comentaristas políticos consideraban que los socialistas acortarían la distancia pero serían derrotados por Rajoy. Era la convicción generalizada; socialistas destacados como Guerra manifestaban cinco días antes que el PP repetiría mayoría y hasta en los dirigentes del grupo Prisa se veía inevitable la victoria de los populares, e incluso se contemplaba con escepticismo la capacidad de Zapatero para dirigir la oposición.

Vencería el PSOE con 164 escaños, y Zapatero, otro político a los que gusta reescribir la historia, diría poco más tarde (entrevista en *El Sol de México*, 5-7 de agosto de 2004) que «la victoria del Partido Socialista de España ha estado muy motivada por la afirmación y la no desviación de los valores de la identidad europea». Sorprendente. Si se le hubiera preguntado a un tendero de Castellón, a una profesora de Vigo o al interventor de un banco en Barcelona si lo había motivado la desviación de la identidad europea habría confesado que no sabía de qué le hablaban. Un buen ejemplo de cómo el ex presidente gusta de escamotear la realidad y poner en su lugar un ideal. Veremos otros.

Una vez en el poder, Zapatero supo controlarlo con firmeza. Tanto el del gobierno como el de dentro de su partido. Alguien ha dicho que domesticó al PSOE mucho más que Felipe González en su mejor época. El nuevo gobierno que debutaría por primera vez en la historia con un gabinete en el que había tantas mujeres como hombres, impulsó medidas que transformarían a la sociedad española: ley sobre el aborto, matrimonio de personas del mismo sexo así como otras de menor calado pero más polémicas, Ley de la Memoria Histórica, etc. Zapatero revalidaría su victoria en las elecciones de 2008 en las que obtendría 169 escaños.

La fortuna que había amparado a Zapatero en su primer mandato empezó a serle esquiva en el segundo; y después, claramente adversa. La conjunción de la crisis económica que azotaba al mundo occidental, y especialmente a Europa y España, y el optimismo fantasioso del presidente negando la existencia del problema hizo que su estrella comenzara a declinar progresivamente. Las medidas para paliarlo se tomaron, por la ceguera del presidente, tarde y mal por insuficientes. Las encuestas empezaron a ser inclementes para el PSOE y en el partido, aunque alguna voz aún decía ilusamente que Zapatero era el «mejor activo» de los socialistas, crecían los que decían que con él se iba a la debacle. Forzado por las encuestas y los rumores en su partido, Zapatero anunció que no se presentaría por tercera vez.

Con Rubalcaba al frente, el PSOE enjugaría una derrota sin precedentes: 120 escaños, mientras el PP conseguía la mayoría absoluta. Los críticos, algunos de ellos socialistas, decían que Zapatero había dejado a España y a su partido convertidos en un erial. Había llegado al poder con una cifra de 2.181.000 parados y dejaba otra superior a 5 millones. Culpar a Zapatero del origen de la crisis sería claramente injusto, pero su manejo era objeto de censura generalizada al término de su mandato. Otros indicadores eran claramente negativos.

En el terreno internacional, aunque no todo fueran sombras ominosas como apuntaban sus adversarios, es cierto que Zapatero fue, con diferencia, el presidente de la democracia con menos credibilidad en el exterior.

José Luis Rodríguez Zapatero está casado con Sonsoles Espinosa, con la que contrajo matrimonio, ceremonia religiosa, en una ermita abulense después de nueve años de noviazgo. El matrimonio parece estar muy unido, y dicen —ella tiene bastante influencia sobre él— que Zapatero la escucha. No he viajado con ellos por lo que no tengo conocimiento para extenderme sobre la esposa. Se dice que es discreta, tímida, con inquietudes culturales («ella lee bastante, él no, no toca un libro», apunta un amigo) y celosa de mantener la privacidad en la vida familiar. Por eso no concede entrevistas. Era profesora de música en León y, melómana, actualmente es soprano suplente en la Orquesta Nacional.

Ya en La Moncloa tuvo que cambiar de *look* y aprendió que el poder te otorga ciertas prebendas que los socialistas gustan de achacar negativamente a la derecha pero que bastantes de ellos cultivan sin vacilaciones. Practicó el buceo en la piscina de la Academia de la Guardia Civil de Valdemoro, que era en esas ocasiones cerrada a los guardias. Cuando la prensa lo criticó se aclaró que se clausuraba en esos momentos por razones de seguridad. Tratándose de la Academia de la Guardia Civil era un contrasentido que habría hecho las delicias de Gila.

Igualmente paradójico es que para su estancia en París, donde iba a cantar con su coro en el Teatro Chatelet, Exteriores desplazase a la capital gala a un diplomático destinado en Argel. Que la señora del presidente necesitara un paje diplomático para moverse por París enarcó más de una ceja aunque no es la primera vez que un diplomático destinado en un país determinado acompaña, en algún rato, a una cónyuge importante. Las mujeres de los embajadores están además, gustosas o no, al quite. Lo curioso es que habiendo tres embajadas de España en París —la bilateral, UNESCO y OCDE— no se pudiera encomendar la misión de acompañante a alguno de sus funcionarios. Lo que habría significado un ahorro de viaje, hotel, dietas, etc. Todo apunta a que la señora de Zapatero conocía al desplazado Carlos Ruiz por haber trabajado éste en La Moncloa y se sentía más cómoda con él que con un desconocido o con la esposa de un embajador. En Exteriores, ante el capricho, aunque la gente está curada de espanto, se llegó a la filosófica conclusión de que «en todas partes cuecen habas».

José García Abad (*El Maquiavelo de León*, ed. La Esfera de los Libros) menciona otro caso: la primera «jefa del Gabinete» de Sonsoles (el cargo como tal no existe en el organigrama monclovita pero es la práctica; la esposa del presidente precisa de alguien que le ordene los temas, organice su agenda, todo normal...) «fue Emma Muñoz, una amiga de León, uña y carne de Sonsoles. Para que Emma viniera de León, Zapatero tuvo que contratar a su esposo, a quien proporcionó un puesto en palacio», un veterinario que encontró acomodo con Miguel Sebastián en la Oficina Económica del Presidente.

La señora de Zapatero no lo acompañó en exceso al exterior. Cuando lo hizo, desplazamiento a Moscú…, fue un tanto también a la carta, lo que no encuentro criticable. No acudió a la reunión de primeras damas que convocó la del primer ministro turco Erdogan en la que se hacía un llamamiento a favor de los palestinos de Gaza. Tampoco fue a la de Londres de 2009 organizada por la mujer del *premier* Brown. Sí estuvo en Pittsburg en la presidida por Michelle Obama.

El matrimonio Zapatero tiene dos hijas que protagonizaron involuntariamente un incidente mediático en el que fueron injustamente ridiculizadas. Zapatero acudió a una reunión oficial en Estados Unidos y llevó a la familia, que quiso, como usted y yo habríamos querido, hacerse una foto con Obama. Las hijas aparecieron vestidas de «góticas», lo que, aunque no parezca lo más adecuado, tampoco es grave ni escandaloso. Daba motivo, sin embargo, para que al emerger la foto, una parte importante de los españoles, con ganas de guasa, propensos a ridiculizar a los de arriba y más aún con una figura tan polarizante como Zapatero, se dieran un festín. Así ocurrió; la foto corría por internet como un desnudo inesperado de Scarlett Johansson, de Jennifer López o de George Clooney. Más. La Moncloa tuvo que moverse, y nuestra embajada en Washington hubo de hacer gestiones febriles para que la Casa Blanca retirara la foto de su web.

El ensañamiento con las dos adolescentes era injusto y excesivo. Hay que referirse, con todo, de nuevo a la ingenuidad o imprevisión del padre. ¿A quién se le puede ocurrir que si buscas hacerte una foto con el político más retratado del planeta la imagen no va, tarde o temprano, a aparecer? ¿Seguían el presidente, y sus asesores, sin estar «placeados» después de varios años en el poder?

PECADOS Y TRAVESURAS

Los lunares que mencionábamos referidos a la política exterior de Zapatero —ignorancia, voluntarismo desbocado, adanismo— están reflejados, como en un manual, en la política llevada con Estados Unidos. Unos son más patentes en la época que coincidió con Bush y otros en la de Obama.

Zapatero fue puesto en la perrera por Bush. Fue el único presidente de Europa Occidental o de un país de la NATO que nunca tuvo una entrevista formal con él. Esto, si somos objetivos, no fue una hecatombe, hay una parte considerable de las relaciones entre dos países de la talla de Estados Unidos y España que marchan independientemente de la tirria que se tengan los presidentes, pero es un detalle notorio que Bush nunca se sentara con Zapatero. Aunque no fuese un maremoto, no nos benefició en absoluto.

Nuestro presidente cometió tres pecados capitales con la Administración republicana: no se levantó al paso de la bandera de Estados Unidos en nuestro día de las Fuerzas Armadas cuando era líder de la oposición; retiró *precipitadamente* nuestras tropas de Irak y, *last but not least*, alentó a otros países a que dejaran solos a los americanos en el país asiático. La comisión en breve plazo de tiempo de los dos últimos, lo de la bandera había sido menos notado y estaba casi olvidado, levantó ampollas no sólo en los círculos de Bush sino en la oposición demócrata estadounidense más afín a Zapatero.

Tenemos aquí un ejemplo de imprevisión y de hacer, ¿calculadamente?, lo que le pide a uno el cuerpo sin tener en cuenta las consecuencias. Zapatero, aun en la oposición, podía ser lo suficientemente provinciano para no saber que en Estados Unidos la bandera, y más aún después de los atentados de las Torres Gemelas, es algo sagrado, que aunque no esté penalizado el insultarla o romperla, un porcentaje enorme de los estadounidenses sienten como una afrenta cualquier desaire que se haga a la misma. Lo que resulta incomprensible es cómo algún correligionario o asesor suyo no le dijo que mostrase su repulsa a la guerra de Irak de cualquier modo pero no insultando ostensiblemente a la enseña nacional. Si fue espontáneo, malo; si premeditado, peor.

Tenemos después la retirada de las tropas. Desde cualquier punto de vista, el gobierno socialista español tenía todo el derecho a sacarlas, bastante menos a la forma como lo hizo. En mi estancia en Estados Unidos remaché a cualquier crítico de la decisión que el presidente, por sus convicciones, estaba cumpliendo estrictamente una promesa electoral y que los americanos no podían llamarse a engaño, lo había dicho y lo cumplía. Lo malo, me replicaba el que estaba en el ajo, algún diplomático o algún militar, es que lo había realizado sin la debida coordinación y aviso a los aliados. Por último, para hurgar más en la herida, viene el llamamiento redentor de Zapatero a los demás países para que lo imiten. Fue a principios de septiembre en Túnez en una conferencia de prensa; preguntado sobre el acierto en la retirada de nuestras tropas y la situación de Irak, el presidente contestó: «La situación la veo con enorme preocupación. Con el respeto a todos los países que están allí, si hubiera más decisiones en la línea del gobierno español, se abriría una expectativa más favorable».

Es quizá, en mi modesta opinión, la frase más *gratuitamente desafortunada* de nuestra política exterior de los últimos treinta y cinco años. ¿Por qué se metió en ese jardín?

La ocurrencia hizo ola: el *Corriere della Sera*, con tropas italianas en Irak, lo publicó de forma destacada y el ministro italiano Roberto Maroni fue crítico con la decisión.

Esto no se lo perdonaron ni la izquierda, ni la derecha estadounidenses. También aquí vemos una ignorante irresponsabilidad sobre la reacción y asoma también la cara del adanismo triunfalista (yo soy el primero que hace cosas audaces que nadie se atreve a hacer).

Algunos corifeos del presidente —los tres ejemplos citados parecen provenir de su persona, no parece que Moratinos pudiera, por ejemplo, aconsejarle que pronunciara la frase de Túnez—

aducen que no hay que dramatizar nada de esto, que los americanos aceptaron pasar página cuanto antes. La realidad parece que no fue así. Oigamos a Condi Rice en sus memorias citadas, en cuyas 730 páginas Moratinos no aparece pero sí sucintamente Zapatero. Escribe que «retiró precipitadamente sus tropas de Irak causando tensiones en nuestras relaciones que nunca se superarían».

Bastantes analistas en los medios de información de Estados Unidos coincidieron con el llamado Vinocur en el muy leído *International Herald Tribune*: «La retirada de nuestros efectivos era una claudicación a los terroristas islámicos, así nos dejarían en paz en el futuro».

Javier Rupérez, embajador en Washington en el momento de la retirada, fue testigo directo de la colérica reacción oficial estadounidense (*Memoria de Washington*, ed. La Esfera de los Libros). En su relato, la persona que contribuyó a embarullar las cosas y a suscitar la ira yanqui fue Bono. El político manchego había viajado a Washington, en los días que precedieron a la toma de posesión del gobierno español, a explicar el asunto. Su interlocutor fue Rumsfeld, que creyó entender, por lo que le contaba Bono, que la retirada se haría en un tiempo prudencial y con aviso dilatado. Cuando fechas más tarde, Zapatero debutó diciendo que las tropas se marchaban ya, sin dilaciones, los americanos se subían literalmente por las paredes. Rupérez escribe que los que no creen en la explicación de Bono sostienen que el manchego «no supo, no se atrevió o no quiso explicar los términos reales de la retirada de las tropas».

Ya en el gobierno, Moratinos acudió a rebajar la tensión y obtuvo una acogida glacial. Colin Powell, el palomo de la Administración, estuvo cortés pero frío, no quiso bajar a despedir a su colega español y contestar a un par de preguntas rutinarias ante la prensa. Sí lo había hecho esa misma mañana con el ministro jordano y con Javier Solana.

Con la señora Rice la cosa fue peor. Según Rupérez, la entrevista fue «tan brutal como breve», casi abroncó a Moratinos y le dijo cortantemente lo que ya le había manifestado Powell, «han tomado una decisión seria que pone en peligro la seguridad de los aliados y nos avisan con veinticuatro horas, eso no se le hace a un aliado». Esta queja también sería expresada por el progresista *Washington Post*, que recogía las palabras de un general, diciendo que «no se han coordinado con nosotros y esto podría innecesariamente arriesgar vidas y operaciones».

Moratinos hizo de tripas corazón y pareció ante la prensa quedar contento porque la Rice le iba a llamar en adelante «Curro» como los amigos. También su séquito filtró que los americanos le habían encargado gestiones pacificadoras en Oriente Próximo. Nuestra Señora de la Mediación convive aquí con el triunfalismo. No había tal. Un alto cargo americano llamó inmediatamente a Rupérez negándoselo. Los desaires siguieron; en su apetito protagonista, nuestro gobierno insinuó que iba a presentar una resolución sobre Irak con Francia y Alemania; los americanos advirtieron que no era el momento, que complicaría la situación; prometimos entonces no hacer nada y días más tarde saltó la noticia de que Zapatero se lo había propuesto a Schroeder. El alemán, con más recorrido que nuestro audaz presidente, rehusó, conociendo la cólera que suscitaría en Washington, una propuesta que sería, además, inviable.

WIKILEAKS

A la hora de examinar las relaciones con Estados Unidos, las revelaciones que nos aportan las filtraciones masivas de Wikileaks son bastante iluminadoras.

Como es sabido, un soldado estadounidense de 23 años llamado Bradley Manning, que está siendo juzgado, facilitó a un portal llamado Wikileaks, que viene publicando informaciones confidenciales de diversos países, unas cintas con aproximadamente 254.000 informes secretos y telegramas cruzados entre las embajadas de Estados Unidos en el mundo y el Departamento de Estado. Manning estaba destinado en Irak y tenía acceso al sistema informático reservado de las representaciones estadounidenses. Ha contado que entraba en la sala informática con un CD musical en la mano... «luego, borraba la música y creaba un dossier comprimido. Escuchaba a Lady Gaga y tarareaba la canción mientras grababa la mayor indiscreción de la historia de Estados Unidos». Le podrían caer cincuenta y dos años.

Es la primera vez en la historia que se produce una revelación de ese volumen. En los telegramas, los embajadores exponen con previsible crudeza lo que piensan sobre la situación del país en el que están acreditados y sobre las personalidades de los mismos.

Esto provocó comentarios ácidos entre personas que unen a su desconocimiento el antiamericanismo tan rampante en nuestros pagos. «Los diplomáticos americanos distan mucho de ser diplomáticos», «dan un pobre ejemplo de tacto...». Bendita ignorancia. Los críticos pasan por alto que esos telegramas son secretos, no van destinados a la prensa, van a ser leídos sólo por un puñado de personas en el Ministerio de Asuntos Exteriores. En consecuencia, el diplomático debe contar con toda franqueza lo que conoce de un tema para que su capital sepa a qué atenerse. Si yo soy embajador en Ruritania, España está concursando para hacer una autopista y me entero de que el ministro de Transportes de ese país no sólo es muy francófilo, Francia también concursa, sino además «trincón», sería un mal profesional si no informara a nuestro ministerio reservadamente de ambos detalles. Si luego un desaprensivo filtra el telegrama a la prensa, culparme a mí de poco discreto al cuestionar la moralidad del político local es ser imbécil o mal intencionado.

En realidad, leyendo los telegramas de Wikileaks se obtiene la impresión de que los diplomáticos yanquis son buenos profesionales, están bien informados y emiten generalmente juicios certeros sobre las situaciones que tratan. Bastantes de las revelaciones eran más o menos sabidas, el interés estaba en verlas refrendadas por los diplomáticos de la gran potencia o puestas en boca de personalidades conocidas. Repasemos algunas:

— En Rusia hay una corrupción estructural. «La democracia rusa ha desaparecido, su gobierno es una oligarquía dirigida por los servicios de seguridad» (el secretario de Defensa estadounidense, Gates, a su colega francés, Morin).

— China está embarcada en el robo de información en internet y en la guerra cibernética. El ataque a Google ha sido realizado desde el Bureau Político del Consejo de Estado chino.

El primer ministro australiano (telegrama de 28 de marzo de 2009) dice a Hillary Clinton que los chinos son «paranoicos» en la cuestión del Tíbet. Rumía con Hillary Clinton qué pueden hacer y ésta le hace este comentario antológico: «El tema es ¿cómo le puedes enseñar los dientes a tu banquero?».

— Muchas personas del entorno del rey de Marruecos son excesivamente codiciosos.

— Arabia Saudí es un gran proveedor de fondos a los extremistas islámicos.

— Gadafi es un paranoico.

— La oposición cubana (telegrama de 15 de abril de 2009) está dividida y no tiene las ideas claras para el caso de que hubiera elecciones, no parecen tener un programa capaz de seducir a muchas capas de la sociedad cubana.

La purga de los ministros Lage y Pérez Roque ha vuelto prudentes a los que creían que podían expresar en voz alta lo que pensaban.

— Pakistán juega a dos barajas con Estados Unidos en la lucha contra los talibanes. Que alguna bomba nuclear paquistaní pudiese ir a parar a las manos de los terroristas islámicos es «la pesadilla privada» de Obama.

— Nicaragua es un país corrupto con un presidente poco presentable.

— Sarkozy es un pragmático presumido, impaciente, imprevisible, pero el presidente francés más proamericano desde la Segunda Guerra Mundial. Berlusconi, un rijoso.

— Dominique Strauss-Kahn (19 de mayo de 2006) se asombra de la «alucinación colectiva» que despierta la candidatura a la Presidencia gala de Ségolène Royal. Opina que no tiene madera de presidenta y si la escogen en las primarias Sarkozy la derrotará. (Así ocurrió.)

— En Túnez (23 de junio de 2008), «el régimen de Ben Ali está corrompido y esclerotizado». Aunque el país ha crecido a un ritmo del 5 % durante diez años, Leila Ben Ali y la familia de ésta, «una casi mafia, provocan con su corrupción y abusos la cólera de los tunecinos». (Telegrama premonitorio.)

— Proyecto de cierre de Guantánamo y problemática liberación de 500 sospechosos detenidos en él. Rey de Arabia Saudí propone (15 de marzo de 2009) implantar a los detenidos una pulga electrónica para tenerlos localizados tal como se hace con los caballos y los halcones. Un asesor de Obama responde: «Los caballos no tienen buenos abogados».

— Estados Unidos, con las reticencias de Alemania, muy preocupada con no molestar a Moscú, decide integrar a los países bálticos (Estonia, Lituania, Letonia) en los planes de defensa frente a un eventual ataque ruso (telegrama de diciembre de 2009). «Es un regalo de Navidad adelantado», comenta eufórico un dirigente estonio.

— La (poco presentable) Junta Militar Birmana, que mantenía custodiada en su residencia a la premio Nobel de la Paz, quiso comprar el equipo de fútbol Manchester United.

Otras eran intuidas:

— Los palestinos, como decía un político israelí, no desaprovechan una ocasión de equivocarse en el proceso de paz pero también han hecho enormes y dolorosas concesiones para llegar a un acuerdo y es el gobierno judío quien ha rehusado.

—El rey de Arabia Saudí es crudo sobre lo que deben hacer los estadounidenses con Irán: a la serpiente hay que aplastarle la cabeza.

Y alguna como la de la embajada de Buenos Aires, apuntando que la señora Kirchner tiene algo de inestable psicológicamente, trajo algún quebradero de cabeza a Hillary Clinton cuando se publicó. Algún asesor tuvo que calmarla diciendo: «¡Si supiera lo que en los telegramas de embajadas extranjeras se escribe de usted...!»

En los telegramas procedentes de España, los diplomáticos americanos muestran estar involucrados en gestiones con nuestro gobierno que algunos considerarán poco edificantes; me refiero a presionar para que se paralice la iniciativa judicial española para encausar a los militares americanos que habían bombardeado el hotel de la prensa en Bagdad donde pereció el periodista español Couso. Sin embargo, lo más llamativo es que resaltan una buena parte del carácter y la política exterior de Zapatero: voluntarismo e ingenuidad o ignorancia.

Sobre el primero, voluntarismo, hay conclusiones conocidas: «el desacertado optimismo de Zapatero», «desde hace ya dos años cada predicción de crecimiento económico del gobierno español demuestra demasiado optimismo». Junto a ello brota la obsesión por lograr una entrevista de Zapatero con Bush que la embajada da a entender que no podrá tener lugar. Moratinos apunta que muchas cosas se superarán «en cuanto los sentemos a los dos». Ante la cerrazón española, un diplomático yanqui deja caer que «la retirada de las tropas ha pasado pero será más difícil obviar la retórica contra el gobierno de Bush que había seguido a esa retirada» (se refiere a las declaraciones de Túnez y a que Zapatero había dado a entender que prefería que Kerry, rival de Bush, ganase las elecciones). Una aguda crónica de José Manuel Calvo en *El País* (11 de abril de 2005) titulada «Zapatero no es bienvenido aquí» nos da una clave:

¿Por qué Bush veta a Zapatero si recibe a otros que también van a retirar las tropas de Irak? Respondía un funcionario yanqui: «No le preocupa que le lleven la contraria, le gustan los líderes fuertes. El peor problema que puedes tener con él es que se sienta engañado».

El mesianismo de nuestra diplomacia surge igualmente con Cuba; un telegrama de la embajada americana reza así: «Moratinos estaba convencido de que podría promover un cambio en Cuba a través de sus buenas relaciones con el ministro cubano de Exteriores». Al defenestrar al ministro Pérez Roque y al vicepresidente Lage, Fidel Castro declararía: «El enemigo externo se llenó de ilusiones con ellos».

(Las aspiraciones redentoras de Moratinos, no estoy siendo sarcástico y quizá debería decir las de Zapatero, son aún más evidentes en el caso del Sahara, como examinaremos.)

La ingenuidad es patente en el caso de la venta de armamento al venezolano Chávez, un acuerdo al que llegó Bono con el presidente venezolano en enero de 2005 con las reticencias probables de Moratinos. Nuestro gobierno parece ignorar, quiere ignorar, que Chávez es ya auténticamente «la bicha» para Washington, que se irritaría con el trato y no permitiría la cesión de los componentes que ellos fabricaban. España sostiene que las ventas son de material estrictamente defensivo mientras que los yanquis en OCHO ocasiones manifiestan su oposición. Un americano nos advierte: «Lo último que se necesita hacer ahora es algo que dé músculo militar y político a Chávez, parece exactamente lo que está haciendo España». Nosotros erre que erre.

En enero de 2006 nos comunican que denegarían la transferencia de los componentes para el avión CASA; la indignación de nuestro gobierno es monumental, «nos tratan como si fuéramos una potencia de quinto orden». Es interpretable cómo nos trataban; nos habían avisado hasta la saciedad y puedo afirmar que a poco de llegar a Los Ángeles un general me comentó que era absolutamente inconcebible que Estados Unidos pudiera acceder a la transferencia de material militar de cualquier tipo a una persona errática como Chávez.

Igualmente chocante es la reacción de nuestros ministros cuando los americanos se niegan a facilitar sus componentes. Hay un curioso enfoque despechado: «Parece que hacemos todo lo que quiere Estados Unidos, Afganistán, Kosovo, Haití, facilidades en Rota, pero aun así...». La conclusión causaría asombro en los círculos políticos estadounidenses. Da la impresión de que a nosotros ni nos va ni nos viene que Afganistán pueda convertirse de nuevo en refugio de al-Qaeda, que sus mujeres puedan de nuevo ser humilladas, que tampoco nos incumbe mayormente lo que pueda ocurrir en Kosovo o la pacificación de Haití. Parece que estamos ahí, a regañadientes, estrictamente porque nos lo han pedido nuestros aliados estadounidenses.

No es extraño que en la clase política de aquel país se abra camino la idea propuesta por Thomas Friedman, el columnista más conocido de *The New York Times*: «Los europeos son unos "gorrones", que esperan que sólo nosotros arrimemos el hombro».

DIME QUE ME QUIERES; DÍMELO, POR DIOS. AUNQUE SEA MENTIRA, AUNQUE NO LO SIENTAS, PERO DÍMELO

Más aspaventosa, por lo ingenua y voluntarista, es la historia amorosa frustrada entre Obama y Zapatero, el encandilamiento de nuestro presidente por el americano. Es quizá el detalle más revelador de la idiosincrasia de Zapatero. Aunque uno contenga la pluma, la tecla en este caso, es difícil no ser irónico.

El flechazo surgió por teléfono. En *Romeo y Julieta* de Shakespeare, el joven vislumbra a Julieta y suspira. «¿Amó mi corazón antes de ahora? Desmentidlo, ojos míos, pues nunca hasta esta noche vi hermosura...» Baila fugazmente con ella, pronto se besan y la pasión prende en ambos irremisiblemente. Sólo han necesitado breves minutos para encelarse pero se ven, se tocan, charlan. El *coup de foudre* de Zapatero por el americano no necesitó eso; fue, ¡oh prodigio!, por teléfono. Acabada la llamada de felicitación de Zapatero a Obama por su victoria, los aduladores del poder y algún ministro cuchicheaban ya con entusiasmo que había surgido una «enorme complicidad» entre ambos, que existía una increíble coincidencia de puntos de vista, «un buen rollo pasmoso», «que Zapatero estaba alucinado con las cosas que tenían en común», etc.

Que de una conversación telefónica de unos diez minutos, *y con intérprete*, pueda deducirse que ha brotado una química especial entre los dos políticos dice bastante de la ingenuidad de nuestro presidente, de su desconocimiento de que la mitad de los diez minutos tenía que estar dirigida a banalidades amistosas rutinarias, que esos requiebros que él pensaba que le hacían eran frases amables que Obama prodigaría con cuatro docenas de dirigentes. Es una radiografía de Zapatero porque la difusión del encandilamiento y la prédica de la buena nueva («en el año 2009 de la era cristiana coincidieron dos Mesías, uno blanco y otro negro, que lograrían frente a la cerrazón de las fuerzas reaccionarias...») sólo podían proceder de él por lo que vino a continuación.

Pensemos en la frase de la señora Pajín de que estuviéramos atentos porque al coincidir Obama en la Presidencia y Zapatero en la de la Unión Europea se iba a producir un acontecimiento cósmico. Leire Pajín no es experta en política internacional, no es la Madame Curie de las relaciones internacionales; los de Exteriores que trabajaron con ella confesaban que era *totalmente* ignorante de esos temas pero no decían que fuera tonta. En consecuencia, no tiene por qué saber que la coincidencia de Obama, aunque fuera con un presidente europeo de un pelín más de peso que Zapatero como la Merkel, Sarkozy, etc., no iba a originar ningún acontecimiento benéficamente cataclísmico, ninguno. Ahora bien, embarcarse en esa afirmación providencialista sólo puede significar que el propio Zapatero en más de una ocasión había manifestado a sus colaboradores no sólo que él era capaz de transformar el mundo sino que la complicidad entre él y Obama era algo «que no se podía aguantar».

Elena Valenciano mostraba la misma fe: nuestra presidencia arropada por Obama nos va a dar un poder que no tendríamos en caso contrario y preguntada sobre por qué Obama y Zapatero formaban una pareja soñada, se explayaba con un rosario de tópicos: «Comparten muchas cosas, principios, ideas, una generación... Zapatero apostó por el diálogo y el multilateralismo y ahora Obama también... Hay un interés mutuo entre las dos partes, un interés compartido por América Latina, por Oriente Próximo, las energías renovables... Zapatero peleó con una derecha brutal en España y Obama, con una derecha brutal en Estados Unidos...» (*Interviú*, 25 de octubre). Sin comentarios.

Más sorprendente aún es ver en los telegramas americanos que Rubalcaba había manifestado que había que lograr que fuera España el primer país que visitara Obama. Los enemigos abundantes de Rubalcaba le cuelgan diversas clases de defectos, pero pocos dicen que sea bobo. No lo es, al contrario, ni ignorante. ¿Cómo se explica que acariciara seriamente esa idea? ¿Había estudiado Obama aquí el bachillerato, se había convertido al cristianismo ante la *Oración en el Huerto* de Salzillo en una Semana Santa de Murcia, lo curó un médico de Pamplona de una enfermedad desconocida, perdió su virginidad con una compañera de facultad en Salamanca? Nada de nada. Se explica simplemente porque alguien le había metido en la cabeza lo del embelesamiento mutuo, la complicidad inaudita entre los dos presidentes. La pretensión no tenía ni pies ni cabeza, Obama no vendría en primer lugar ni en último. No vino.

La embajada estadounidense, perpleja por el entusiasmo, telegrafiaba a su gobierno: «Zapatero siente un parentesco espiritual con Obama y se siente identificado con él en el plano personal», para añadir más adelante: «El gobierno español podría tener expectativas poco realistas sobre lo pronto que visitará Obama España o Zapatero Washington». Nuestro irrealismo era total. Las relaciones han mejorado pero el idolatrado Obama, aunque es cortés, no responde al galanteo. Visita unos 46 países antes de la marcha de Zapatero y no recala en el de su alma gemela. Se hacen mil gestiones para que asista a las sesiones de la Alianza de Civilizaciones en Turquía y no acude. Obama pronuncia un discurso de altura en la Universidad de El Cairo y en la Alianza no aparece. Zapatero aún sueña y le brinda una frase kennediana, cursi a estas alturas, acogida chuscamente en la embajada yanqui: «No preguntes lo que Obama puede hacer por ti, pregunta lo que tú puedes hacer por Obama» [*sic*]. ¿Y tú me lo preguntas? Poesía eres tú.

Pasa el tiempo y la identidad, cuestionable *ab initio* (Dios y el patriotismo son unas constantes de los discursos de Obama, que no cuestiona la pena de muerte y admite abiertamente en 2008 que estamos ante una crisis muy profunda), se cuartea aún más; Obama trata de atajar la crisis con política distinta de la de Zapatero y el puro Obama que había dicho «no estoy por principio en contra de la guerra, estoy en contra de una guerra estúpida», se ve obligado a mantener políticas «tenebrosas» de Bush; no cierra Guantánamo; ordena, sin proceso, más liquidaciones de terroristas, desde aviones, que ningún presidente; no suprime los juicios militares; va a poner en marcha dos centrales nucleares, etc. El anhelo por tenerlo cerca, «esto es amor, quien lo probó lo sabe», que diría Lope, permanece invariable.

Luego, hasta la mala suerte se ceba con Zapatero. Se prepara la Cumbre Europa-Estados Unidos. Iba a ser el momento de la levitación que anunciaba Leire Pajín. La catarsis del planeta. Resulta que el ídolo anuncia, con debida antelación, que no viene. Obama había asistido en Praga a la anterior reunión Europa-Estados Unidos y, según algún colaborador, encontró enormemente frustrante no saber quién era su interlocutor. ¿El presidente checo que tenía la Presidencia Europea?, Barroso, presidente de la Comisión, ¿Van Rompuy, del Consejo? ¿Francia y Alemania, que son las que cuentan? Mareante. Alguien ha comentado que reaccionó con la frase, apócrifa o cierta, que se le atribuye a Hitler después de ver a Franco:

«Antes que otra reunión con este hombre prefiero ir al dentista». La cuestión es que no vino a España.

Seamos justos. No era un feo a Zapatero (de haberlo, era a Europa) pero nos quedamos compuestos y sin novio por haber sido, una vez más, triunfalistas, por haber sobrevendido el «encuentro cósmico». Para más dolor, la llamada más importante que recibe Zapatero en 2010 es de Obama pero no es tierna sino ominosa: el venerado, dicen que instigado por Merkel y Sarkozy, que piensan que Zapatero remolonea, le pide que se tome en serio la crisis.

No queremos ser crueles enumerando la larga lista de países que Obama ha visitado estos años. Tampoco reseñando sus piropos («Éste es mi hombre», dijo del brasileño Lula), o la gradación en la recepción de sus invitados. La señora Merkel habló en el Congreso, el inglés Cameron tuvo su visita de Estado, jugó al baloncesto con Obama (*Oh, my God!*) y hasta se montó en el avión Air Force One (¡Ay, Dios mío!). No somos nadie.

NUESTRA SEÑORA DE LA MEDIACIÓN SE APARECE DE NUEVO

Hablemos ahora de la afición a mediar, una devoción esporádica en nuestros políticos y medios de información y que, como hemos visto, florecía intermitentemente en nuestra prensa al principio de la democracia. Está anclada en la obsesión de que estamos muy facultados para ello, incluso en las situaciones más disparatadas para nuestro papel e historia. Nuestra Señora de la Mediación, con sus querubines, no sabemos si en versión laica, se aparecería en varias ocasiones en la primera época de Zapatero. Emergería lozana en una crónica desde Washington de J. Roy en *El Siglo* (1 de febrero de 2009) que rezaba así: «En fin, los observadores atentos comprueban ahora que España es uno de los pocos países en los que se puede confiar para actuar de mediadores, y eficaces aliados, listos para contribuir en lo posible a aminorar los problemas del mundo». El semanario no era el único; poco más tarde, 4 de marzo, la muy seria *La Vanguardia* en crónica desde Madrid daba un curioso titular: «Zapatero busca interceder entre Rusia y Estados Unidos». No se sabe exactamente con qué peso y por qué debería España interceder entre Moscú y Washington; es casi un acertijo.

Algo antes también había surgido la noticia, aún más sabrosa, de que Zapatero iba a mediar entre Sarkozy y Obama. No acabamos de ver en la época cuál era la pelea entre los dos líderes europeos citados y Obama y por qué Zapatero, que no era íntimo de Obama aunque él lo creyera, y que no hablaba inglés, se iba a encargar de amigarlos de nuevo. Por muchos jadeos desmayados que la prensa emita cuando se habla de mediación española es obvio que alguien estaba alimentando sus apetitos.

Más morbo tiene la asunción por España del papel de celestina en la crisis de Oriente Próximo. Ya hemos visto que Moratinos pareció ofrecerse a la señora Rice y ésta se apresuró a aclarar que nada de nada. En octubre de 2009, Zapatero va por fin a Washington; después de la entrevista con Zapatero, la revista *Tiempo* deduce que a corto plazo lo más importante... es que Zapatero haya unido su visita a la Casa Blanca «con la gira de Oriente Próximo apareciendo ante sus interlocutores árabes e israelíes como el portador de los planes de Obama para la región justo en un momento en el que el conflicto está más enconado». *El Siglo* daba un paso más en la senda beatífica de la mediación al escribir que «una de las grandes esperanzas para Obama y Zapatero es que Miguel Moratinos saque jugo a la experiencia acumulada durante los siete años en los que ocupó el cargo de enviado de la UE en la región». ¿Puede alguien que ya haya hecho la primera comunión, fumado su primer pitillo o tenido su primer hormigueo sexual imaginarse a Obama necesitando que un presidente español, que Zapatero le traslade sus planes de paz a un primer ministro judío? ¿Es creíble que el presidente de Estados Unidos tenga mono por que Moratinos haga uso de su experiencia para aliviar, no un conflicto entre Honduras y Salvador, sino el tema de Oriente Próximo? Lamentablemente, y lo digo sin placer, en una cuestión como ésa, con la involucración de Estados Unidos en todo lo que toque a Israel, con la existencia de primeros espadas diplomáticos americanos que llevan el tema, Washington se fuma literalmente un puro con el papel de Moratinos como mediador. Ya hace poco caso a la Unión Europea, no digamos a Moratinos.

Aunque soy bastante incrédulo, muy incrédulo, sobre la capacidad de Zapatero en las cuestiones internacionales, no hay que poner sólo en su debe el pecado del voluntarismo o del adanismo. Está generalizado. Los diversos gobiernos españoles (lo indicábamos al principio) nos han dado a entender que ellos han colocado a España en su sitio, donde correspondía, con los otros gobiernos nuestro país iba dando bandazos o marchaba en la dirección equivocada. Ocurre hasta con los alcaldes; si se abre una clínica o un paseo, o es obra totalmente de ellos o la está inaugurando su sucesor por casualidad, él ya había dejado todo hecho. Acontece aquí y en todas las latitudes, pensemos en Sarkozy o Mitterrand, y también se da dentro de un mismo partido. Punset, cuando fue ministro para Europa, afirmó sin pudor que la negociación había arrancado con él, que su predecesor del mismo partido, Calvo-Sotelo, no había avanzado prácticamente nada.

Lo que distingue al PSOE de Zapatero es que llevan este adanismo hasta sus últimas consecuencias; han sido los pioneros en todas las facetas de la actividad humana... Ver a colaboradores de Zapatero contando y escribiendo con arrobo que su jefe después de la entrevista con Chirac ya se tuteaba con el francés, que eran «José Luis y Jacques», te produce risa. Estaba muy inventado y no lo sabían. Entre otros, Fernández Ordóñez ya había acuñado el hecho y la frase «*Call me Paco*». Oír, con énfasis, como detalle de increíble originalidad, que Zapatero regalaba jamones a sus colegas dilectos europeos también te hace sonreír. Es lo que venían haciendo varios de sus predecesores y ministros de Exteriores e imagino que el rey. Felipe González, por ejemplo, con Fidel y con varios más. Aznar, ídem, en corresponder a los cohibas de éste. No me percaté yo, cuando me invitó el presidente colombiano Samper a su toma de posesión y le llevé un jamón metido en una caja de guitarra, que estaba, cuando ni el hada madrina de Zapatero soñaba que sería presidente, adelantándome a algo refrescantemente original. Tengo que contar en mi pueblo lo del jamón y decir que me adelanté al Mesías.

Sea en detalles de cortesía o en cuestiones de enjundia, la obsesión de inaugurar el planeta estaba existencialmente arraigada en la mentalidad del equipo de Zapatero. He pensado más de una vez que si bastantes varones árabes no practicasen el orinar en cuclillas, Zapatero o alguien cercano a él lo habría adoptado con entusiasmo, con fervor de converso, y divulgado como algo diferente, igualitario, que nos acercaba más a las mujeres e incluso a la madre naturaleza, a la tierra. Algo, en suma, más progre..., más... solidario e inédito. Ya saben, «la tierra no es de nadie... la tierra es del viento». Esto obedece no sólo al hecho de partir de una distinta base ideológica, o de la obsesión pertinaz de hacer justamente lo contrario de Aznar; pensemos que el adanismo de los de Zapatero también va dirigido frente al PSOE de Felipe, un grupo «bien intencionado pero anticuado, que no tuvo las agallas para transformar España como nosotros».

Todo es pregonado con la etiqueta de *first...* En algunos casos con ignorancia y auténtico papanatismo. Aprendemos que Zapatero, en su viaje a Moscú, tiene el apreciado gesto de reunirse con los niños de la guerra, los españoles que llegaron allí después de nuestra contienda. En su afán de hermanarse con ellos, aparte de ser un latiguillo de su repertorio, evoca la figura de su famoso abuelo, que víctima como ellos de una contienda fratricida había, etc. Alguien podría poner de manifiesto que varios líderes españoles, González, el rey... se habían reunido con los niños de la guerra. Incluido Marcelino Oreja, el pionero en viajar a Rusia, que elegantemente no echó mano del recurso de singularizar ninguna víctima de la guerra porque podría haber dicho, sin acritud, que él también tenía algo luctuoso personal que recordar de nuestra infausta guerra, que él era hijo póstumo porque a su padre lo habían baleado junto a una tapia en 1934 algún bárbaro que militaba en el bando del que procedían los niños de la guerra. Podía haber añadido que su delito era el mismo que el del famoso abuelo: ninguno. Uno fue fusilado por no alzarse con el bando rebelde y otro estrictamente por ser un católico, de derechas. Un ejemplo oportuno para recordar que la memoria histórica selectiva, en su versión franquista o zapateril, es bastante nefasta.

MINISTROS Y ALIANZA DE CIVILIZACIONES

Zapatero pudo escoger a Solana como ministro de Exteriores. Era una elección natural aunque no es seguro que éste, entonces alto cargo en la Unión Europea, hubiera aceptado. Bono, que parece detestar a Solana, comentó despectivamente a Javier Rupérez al inicio del mandato socialista que Solana inspiraba poca confianza en el equipo de Zapatero, de «quien había intentado ser ministro de Exteriores. ¡Qué iluso! Que siga abrazando farolas, es lo único que sabe hacer bien».

El manchego, creo, erraba en esta ocasión. Javier Solana era demasiado peso pesado para Zapatero. En mi modesta opinión es dudoso que Solana hubiera aceptado pero el jefe del Gobierno no lo consideró porque sabía que el antiguo secretario general de la OTAN podía, dormitando en un sillón, darle clases de política exterior y, como escribía Gracián, a los jefes les gusta que los ayuden pero no que los aventajen.

Escogió a Moratinos, que tenía un brillo normal y talante de funcionario aplicado y leal. Sería un ministro longevo, estuvo al frente de Exteriores seis años y seis meses. Satirizado, a menudo de manera injusta en los medios de información, Moratinos es más inteligente y mejor profesional de lo que decían sus abundantes detractores. No era Metternich, ni Kissinger, eso está claro, pero sí honrado, trabajador y buen conocedor de algunas áreas importantes para nuestra acción exterior. Javier Valenzuela, que pinta en su libro un retrato francamente elogioso de Zapatero, es más matizado con Moratinos: «Bella persona, defiende buenas causas... pero puede ser testarudo, algo caótico y mediocre comunicador», para luego añadir que, «en su afán por hacerlo todo y por hacerlo bien», Moratinos quizá pretenda abarcar una agenda excesivamente amplia, su hiperactividad dificultaba la legibilidad de la política internacional del gobierno de Zapatero.

Es curioso que alguien muy cercano al presidente trace esta pincelada porque la impresión en Exteriores era la de que el ministro no contaba en el partido y ejecutaba, sin la menor objeción aunque la materia lo requiriese, cualquier sugerencia del presidente o de la vicepresidenta De la Vega.

Hay quien cuenta que sin llegar a la pugna entre Shultz y Weinberger en la época de Reagan («se podrían haber vendido tickets para presenciar sus peleas», comentaría un cargo del Pentágono), las escaramuzas entre sus colegas españoles, Moratinos y Bono, fueron asimismo frecuentes. Con las relaciones a menudo congeladas entre los dos departamentos. Cuando Moratinos dio a entender que su ministerio, acampado desde hace años en la periferia de Madrid, se trasladaría al antiguo Ministerio del Aire, Bono desbarató rápidamente el proyecto. No es la única vez que el manchego ganó a los puntos.

El tiempo dedicado por nuestra diplomacia a la Alianza de Civilizaciones parece mostrar que el ministro tiraba prematuramente la toalla ante los jefes. Ejemplo de esto es que del programa de acceso a la carrera diplomática se sacaran los temas referidos a los Reyes Católicos (nacimiento de la nación española) y del descubrimiento de América.

Antes de la llegada de Zapatero al poder, el temario del acceso a la carrera diplomática española (Boletín Oficial del Estado del 24 de marzo de 2004) reseñaba en el grupo cuarto, es decir, en el de Historia Moderna y Contemporánea, los temas siguientes entre otros:

1) España a comienzos de la Edad Moderna, Renacimiento y Humanismo. Los Reyes Católicos y la Organización del Estado: fundamentos de la monarquía. Las líneas maestras de la política exterior.

2) España y las Indias: la exploración, conquista y colonización. Las Indias en la economía española de los siglos XVI y XVII. Las Leyes de Indias.

Con la supresión, un diplomático español destinado a cualquier país iberoamericano podía encontrarse, como está de moda ahora, con un indigenista *enragé* que le increpara por la barbarie de nuestros antepasados, en realidad de los suyos, y no estar suficientemente pertrechado con argumentos históricos para, conociendo las luces y sombras de nuestra colonización, rebatirle.

Sin embargo, quizá para compensar la pérdida de esos temas, el programa incluía, eso sí, dos o tres sobre la Alianza de Civilizaciones.

No puedo imaginar ningún país de nuestro entorno en el que, al incluir la Alianza de Civilizaciones, por muy bien intencionada que ésta sea, se borrase de un plumazo dos momentos esenciales de nuestra historia. No se sabe en qué se basa esta memez. ¿Razón de espacio? ¿Nos avergonzamos del momento en que nace España? ¿Interpretación selectiva de la memoria histórica?

Otra alegría del ministro se tiñe del talante adanista del equipo de Zapatero. Empeñado con que el número de diplomáticos rebasara la barra de 1.000 («yo fui el primero que...»), el ministerio convocó cuarenta o cincuenta plazas de diplomáticos a lo largo de varios años, cuando lo normal eran 15, 20 o 25 anuales. Prescindiendo ya de que en el escalafón de unos 820 esta entrada masiva repentina podía bajar el nivel de la diplomacia, el estropicio llegó cuando las nuevas hornadas arribaban a Exteriores y no había niveles administrativos vacantes para ser ocupados. Los jóvenes y «jóvenas» vagaban administrativamente sin tener un encaje funcionarial y económico adecuado con los servicios competentes haciendo encajes de bolillos para acomodarlos.

El ministro, un pacífico varón en sus inicios, mostró un lado irascible desconocido que, en alguna ocasión, entraba en la demagogia barata. Tratando de defenderse de quejas de los diplomáticos por la reducción de determinadas ayudas en los viajes de servicio, el ministro no vaciló en decir que los diplomáticos ganaban más que nunca y que no podían pedir fruslerías en la situación económica de España, cuando había parados, etc. La premisa mayor era una memez populista: en el año 2009 los diplomáticos ganaban más que en 2003, y los fontaneros, los cobradores de autobús, los secretarios de ayuntamiento, las enfermeras... Por otra parte, en momentos en que el gobierno daba en sus desplazamientos un mal ejemplo de sobriedad y procediendo de un ministro propenso a disparar con pólvora del rey en sus periplos resultaba chocante hacer demagogia con los «privilegios» de los diplomáticos. Hablando de viajes, podemos recordar el referido banquete del Waldorf o los desplazamientos de la vicepresidenta De la Vega a Nueva York en el avión presidencial, con un séquito de cuarenta personas.

España no es un país árabe rico de escaso control presupuestario y ni siquiera en época de bonanza —y ya no estábamos en ella, la crisis comenzó en 2007— debe permitirse alegrías. Las algaradas de ciertos alcaldes de distinto signo, los datos revelados de gastos de algunos personajes de la Junta de Andalucía, claman al cielo. Parece que alguno de mis paisanos vivió en su niñez la magnificencia de algún jeque árabe en nuestros pagos y los imita en el despilfarro con zafiedad y sin la poesía del rey Abdullah que Campmany (*El jardín de las víboras*, ed. Espasa) recoge en una anécdota narrada por Antonio Gala.

Es archiconocido que en la época de Franco no teníamos muchos visitantes políticos ilustres que nos visitaran. «Quizá por eso recibimos a Abdullah como si fuese el Mesías» y en el Sacromonte granadino se le organizó una fiesta gitana. El rey quedó prendado de una gitana jovencísima y quiso hablar con ella. Le pidió al intérprete que le dijera que «cuando baila es como si se estremecieran al aire todas las huríes del Profeta».

La gitanilla asintió en silencio y el rey, con el intérprete traduciendo, siguió embalado: «Cuando agita las manos es como si una bandada de palomas levantara el vuelo». La gitanilla respondió que bueno, y el monarca porfió: «Que cuando taconea es como si una manada de caballos salvajes me galopara por el pecho».

Campmany y Gala concluyen que la jovencita indicó al traductor: «Dile que bueno, que muchas gracias, pero que servidora no folla».

Volvamos a Moratinos. Salido del gobierno se postuló con denuedo para ser el director de la FAO (Agencia de Agricultura y Alimentación de la ONU). El gobierno puso a su disposición para la campaña un considerable aparato logístico, más que en otras ocasiones se había hecho en casos similares, e incluso el rey, defendiendo algo español una vez más, hizo unas 15 o 20 llamadas a diversos mandatarios internacionales, incluido alguno poco presentable como el bielorruso Alexandr Lukashenko que estaba «vetado» por la Unión Europea por su política represiva y era objeto de sanciones como la prohibición de viajar a Europa de él y otros dirigentes. Moratinos se quedó cerca de lograr la FAO y con mal sabor de boca hacia su sucesora Trinidad Jiménez, a la que responsabilizaba con rabia de remolonear y no haberle ayudado adecuadamente. En Exteriores, las opiniones se dividían; las de los amigos y beneficiados de Moratinos, los llamados FROM, sostenían que la ministra tenía escaso interés en la candidatura de su predecesor; otros argüían que demasiado tiempo y recursos se habían empleado en la campaña.

Trinidad Jiménez llegó al ministerio por una razón que no gustaba en el palacio de Santa Cruz: era la candidata oficial en la pugna por la Secretaría socialista en Madrid, perdió y había que colocarla. No era la primera vez que Zapatero daba un alto cargo de Exteriores como premio de consolación, y diplomáticos españoles y extranjeros dedujeron que el ministerio no era la máxima preocupación del presidente.

Hizo la señora Jiménez una labor discreta. No sólo Zapatero no se concentraba en la política exterior sino que nos encontrábamos en fin de reinado. La ministra no podía hacer mucho. Levantó quizá menos ampollas que su predecesor aunque la catarata inusitada de nombramientos de embajadores que hizo en un año, algunos en embajadas destacadas, meses antes de unas elecciones que se pensaba que el gobierno socialista perdería, acrecentó la impresión de que era el deseo de colocar a diplomáticos adictos al PSOE, lo que no siempre era así, y aumentó la percepción de que el PSOE, aunque en todas las épocas haya ejemplos parecidos, había ideologizado la Carrera hasta niveles no alcanzados a la fecha.

Bastantes de los nombramientos de última hora, aunque la fecha no era ortodoxa, eran de profesionales sin partido pero el número y el recorrido anterior del zapaterismo en los ceses y nombramientos, el aumento de los embajadores políticos, solidificó la idea de la ideologización («si eres de mi cuerda te promociono, si no ya veremos») de la profesión. Derrotero que, escaldado o aleccionado por el precedente de sus rivales, no parece que el nuevo gobierno del PP vaya a corregir. La semilla de la politización ha prendido.

La vida secreta de las palabras

El pacifismo a ultranza es asimismo sui géneris aunque incongruente. No es excesivamente consecuente que el zapaterismo se jacte de un pacifismo incomparable y, al mismo tiempo, seamos figuras en la exportación de armas. Un curioso doble lenguaje.

Zapatero ha hecho alarde de su pacifismo; su ministra de Defensa, Carme Chacón, sostiene que ella «es pacifista y el ejército español es pacifista», y Bono, siendo reconocidamente inteligente como es, entra dentro de lo surrealista cuando proclama: «Prefiero que me maten a matar». La preferencia de Bono induce a la perplejidad. ¿En toda circunstancia? ¿No habrá que matar si nos invaden?

¿No se ha matado en la guerra de Libia a la que se unió Zapatero? La frase en boca de un ministro de Defensa es un tanto desconcertante.

Todo ello casa mal con que España fuera en la era Zapatero el octavo país exportador de armas del mundo. Un artículo de Alfonso Armada en *ABC* en enero de 2008 arrancaba con una pregunta: «¿Se puede condenar la guerra y al mismo tiempo duplicar las ventas de armas que permiten escalar hasta el octavo lugar del ranking mundial como ha ocurrido en la actual legislatura?». La razón, añado yo, por la que no estamos más arriba, el sexto o el séptimo —los cinco primeros lugares, oh, recóndita ironía, los vienen ocupando los garantes de la paz internacional, los cinco miembros permanentes del Consejo de Seguridad—, es simplemente porque otros nos ganan comercialmente la partida. Pero ¿no quedábamos que este afán exportador de algo que siega vidas humanas era algo propio de gobiernos belicistas como el del PP o de otros aburguesados como el PSOE de Felipe? Resulta que no; los gobiernos anteriores ciertamente no vacilaban en vender armas, pero el de Zapatero era un alumno muy aventajado. Las cifras son reveladoras.

La prensa informaba en 2011 que había una industria que no había sufrido en nuestro país los estragos de la crisis sino todo lo contrario: la de armamento. Su crecimiento había sido espectacular. En el año 2004, España exportó armamento por valor de 405 millones de euros; en 2009 la cifra era de 1.346; en 2010, de 1.128 millones. No quiero presumir de puritano, hace años fui vicepresidente de la Comisión que controlaba la exportación de armas; simplemente constatar que los gobiernos que predican el pacifismo también comercian con armas.

Otra noticia pulverizaba el argumento de que una buena parte de lo vendido por España era para labores de vigilancia, etc. Estamos en la guerra de Libia y *The New York Times* informa, primavera de 2011, que el gobierno de Gadafi estaba lanzando contra los insurgentes en Misrata bombas de racimo fabricadas en España. Las bombas de racimo serían prohibidas internacionalmente y nuestro país, alrededor de un año después de la prohibición, suscribió el convenio en cuestión.

Fue preciso que tanto Greenpeace como Amnistía Internacional pidieran en el Congreso que no se fabricasen ni se exportasen esos artefactos. Un diputado de CiU, Carles Campuzano, había denunciado que no tenía sentido «que el gobierno mande soldados en misiones de paz para desactivar bombas que probablemente han sido fabricadas en España». El gobierno, en un primer momento, contestaba a una pregunta parlamentaria diciendo que no consideraba necesario prohibir su fabricación dado que «cumplían los requisitos técnicos de autodestrucción». Más tarde las prohibiría.

Ahora bien, que la pacifista España vendiera al sospechoso Gadafi, presumiblemente antes de nuestra adhesión al acuerdo, un arma que, mucho antes del convenio, ya venía siendo denigrada por todas las organizaciones pacifistas internacionales, por multitud de juristas y por diversas ONG españolas te produce un cierto asombro.

El impresentable Gadafi, calificado así en la época en que Aznar viajaba a Trípoli, fue un buen cliente de armamento de Zapatero. En 2007 le vendimos 3.800.000 euros en armas, en 2008 algo parecido, en 2010 ya eran 7 millones y el compromiso de ventas de otros 7,8 millones.

EL MURO

La conducta de Zapatero pregonaba a menudo una verdad y posteriormente hacía justo lo contrario. El caso de la valla es paradigmático. En julio de 2007 nuestro presidente visita México. Se encuentra en las cercanías de la frontera con Estados Unidos, ve o le hablan del muro que refuerza el gobierno de Washington para impedir que se cuele por la frontera una cuarta parte de la población mexicana y otra cuarta parte de la de toda América Central y del Sur (son miles los que se cuelan a pesar de la vigilancia y el muro).

A la vista del muro, a Zapatero le sale su veta lírico-cursi: «No hay muro, por alto, ancho o largo que sea, y cualquiera que sea el material que lo conforme, que pueda imponerse al sueño de una vida mejor».

No creo que Zapatero —estamos en el reinado de Bush— quisiera meterle el dedo en el ojo al presidente que no lo recibía. Es simplemente que ZP no se podía contener sin soltar una cursilería cuando su sensibilidad solidaria se siente agredida (otra perla: «Yo, con los pesimistas no me voy a pasar un fin de semana»). Con todo, estaba ignorando dos cosas pequeñas y una gorda.

La primera es que le volvía a tocar los cataplines a Bush porque el presidente americano, por muy agresivo que se le viese aquí, había intentado legalizar, con ciertas condiciones, a los inmigrantes en su país, unos 11 millones, que se dice pronto, y no había podido hacerlo por un contubernio entre legisladores de su partido y otros del Partido Demócrata. La segunda, si estaba intentando agradar a sus anfitriones aun desairando a Bush, es que México tiene el techo de cristal en esa materia. El presidente Fox había tachado de «vergonzoso» un proyecto de ley de Estados Unidos, que no prosperó, que contemplaba la posibilidad de castigar con un año de cárcel a los ilegales que se hubieran colado en Estados Unidos. Sin embargo, como señalaba *Los Angeles Times* en un editorial (6 de marzo de 2007), México no estaba en condiciones de criticar: «Desde 1974, los inmigrantes ilegales en México han sido objeto de penas de prisión de *dos años, más una multa*». El matutino, poco sospechoso de animadversión hacia los inmigrantes en Estados Unidos, explicaba que México deportaba al año unos 185.000 inmigrantes hacia Guatemala y Honduras, con frecuencia en condiciones denunciadas por las asociaciones de derechos humanos.

La gorda es que Zapatero tenía otro ataque amnésico: ignoraba que nosotros poseemos nuestra valla reforzada en Ceuta y Melilla. Es normal que la tengamos, pero la tenemos; si no existiera nos entraría una sexta parte de la población de Marruecos y un tercio de la de alguno de sus vecinos. Igualito que a Estados Unidos. Al existir la valla, nuestro gobierno se esfuerza en que no sea un colador, y Zapatero, quejándose meses atrás ante Berlusconi de la lentitud de nuestra burocracia, incluso cuando se trata de erigir algo importante, se explaya: «Te voy a contar una anécdota de nuestra reciente crisis en Melilla. Nuestra policía se incautó de cientos de escaleras que usaban los inmigrantes para subir la valla. Era evidente que *había que hacer esa valla más alta, más inaccesible y también menos dañina*. Así que una empresa presentó un modelo y lo probaron nuestros geos. Los geos no pudieron saltar el nuevo modelo, así que dijimos: adelante, hágase. Y entonces apareció un interventor diciendo que...» (Javier Valenzuela, obra citada).

No creo que la embajada estadounidense en Madrid tuviera tiempo de entresacar algo del libro de Valenzuela y enviárselo traducido a Bush. El americano se hubiera quedado a cuadros. Pero sí recuerdo la reacción de un profesor de Los Ángeles que elaboraba una tesis sobre los socialistas españoles en la transición cuando me mostró la referencia poética y la realista de Zapatero, según le apretase a él el zapato. Me subrayó la diferencia y me dijo: «*Your president, is he dumb?*» (¿Su presidente es bobo?). Intenté un capotazo pero me salió embarullado, el toro me desarmó. ¿Qué contestas en un caso así?

Hay ocasiones en que el antiguo presidente, en función de donde se encontrara, se comportaba como el sanedrín de doctores en el hilarante fragmento de *El rey que rabió* cuando, consultados sobre si un perro tiene rabia, le ponen una jofaina con agua y viendo que el can no bebe concluyen:

> *Todos estos signos pruebas son de rabia,*
> *pero al mismo tiempo signos son, tal vez,*
> *de que el animalito no tiene sed.*
> *Y de esta opinión nadie nos sacará.*
> *¡El perro está rabioso o no lo está!*

El profesor al que me he referido fue el mismo que me comentó, sin mayor acritud, lo de la salida de nuestras tropas de Irak. No me replicó cuando le expliqué que había una promesa presidencial, etc. Tampoco parecía dolerle excesivamente la veloz marcha de nuestro contingente. No le gustaba, sin embargo, que Zapatero, al que él en un primer momento debía de haber seguido con ilusión, mintiera *blatantly* (descaradamente) para justificar nuestro abandono de Irak; que soltara todo ese sermón de que, a diferencia de Irak, nuestros soldados estaban en Afganistán en situación legal arropados por la ONU y la legislación internacional.

Fue otro momento violento para mí; sabía muy bien de lo que estaba hablando. En contra de lo que el gobierno de Zapatero ha dicho o insinuado, en abril de 2004, el día que nuestro presidente anunció nuestra marcha, nuestras tropas en Irak «estaban en situación totalmente legal y arropadas por la ONU». Nadie tiene que explicármelo. No estamos hablando del inicio de la guerra, que la ONU nunca aprobó, sino de la presencia posterior de tropas extranjeras en el territorio para ayudar a la estabilidad del país. El Consejo de Seguridad de la ONU, terminada la contienda, había votado por unanimidad el octubre anterior la resolución 1511 que no sólo legalizaba la presencia de las tropas existentes, estadounidenses, inglesas, italianas, polacas, australianas, españolas, hondureñas, etc., sino que animaba a otros países a hacer lo propio, a mandar tropas.

El gobierno de Zapatero ha tergiversado, ha remachado con éxito la idea falsa de la ilegalidad que ha calado en la sociedad española. Cuando, jubilado, regresé a España hace un año largo noté que, directa o subliminalmente, era expresión utilizada por el presidente, la señora Chacón... y aceptada por muchos comentaristas imparciales. En más de una ocasión, en una conferencia, un programa de radio, he tenido que rebatir a un catedrático, a un ministro del gobierno que me repetían el latiguillo de «a diferencia de Irak, las tropas españolas en...». Tuve que replicar: ¿qué diferencia?, yo estaba en la ONU el día de la resolución que era taxativa, yo estaba en el Consejo de Seguridad, yo fui uno de los quince embajadores que levantó la mano para aprobarla por unanimidad, ¿cómo me pueden contar a mí esa milonga de la ilegalidad?». La presencia de las tropas, cuando el gobierno decidió retirarlas de Irak, era legal en los dos casos. No creo haber convencido a todos.

GIRO COPERNICANO EN EL SAHARA:
«ESO LO ARREGLA ÉSTE EN SEIS MESES»

Examinemos, como muestra de doble lenguaje, la cuestión del Sahara donde el gobierno de Zapatero efectuó uno de los giros más bruscos de la política exterior española. Aquí sí hubo ruptura con la seguida por España.

Con frecuencia, hemos leído que Calvo-Sotelo destruyó el consenso existente en las fuerzas políticas al entrar en la OTAN. La afirmación no corresponde a la realidad aunque hiciera fortuna en su época. Ya vimos que la entrada estaba en todos los programas electorales de UCD e, independientemente de la frialdad táctica o real de Suárez, los líderes centristas manifestaban que la llevarían a cabo.

Cambio más inesperado efectuó el gobierno de Zapatero en el Sahara. Lisa y llanamente, el tándem Zapatero-Moratinos empezó a esforzarse por que los saharauis se integraran en Marruecos y, por consiguiente, poner sordina o archivar la cuestión del referéndum.

¿Qué razones tendría un gobierno de izquierdas supuestamente progresista para intentar dar carpetazo al referéndum por el que suspiraban sus antiguos amigos del Polisario y alterar simultáneamente la postura española sobre el Sahara? Recordemos que abundantes figuras del partido socialista, Trinidad Jiménez y otros muchos, habían participado en manifestaciones a favor del Polisario, de la autodeterminación, etc.

La primera razón sería la de hacer lo contrario que Aznar. Si el líder popular había tenido roces con Marruecos, alguno de ellos por apoyar el Plan Baker aprobado unánimemente en la ONU, era preciso no tenerlos, propósito loable, aun diluyendo un principio tan básico como que los saharauis tuvieran una opción total sobre su destino, algo, a priori, lo de la disolución, no tan loable para un militante de izquierdas.

La segunda es la obsesión por hacer algo diferente. Si esto ha estado empantanado hasta ahora voy a enfocarlo de forma distinta y si sale me apunto el tanto.

La tercera debió de ser obtener contrapartidas de Marruecos. Si soy muy comprensivo hacia sus pretensiones sobre el Sahara, Rabat estará más dispuesto en temas que me son importantes, como frenar la inmigración, intercambiar información sobre el terrorismo... Esta última motivación es *real politic* pura y dura —yo abandono a los polisarios a cambio de tranquilidad—, y no se compadece mucho con el idealismo buenista de ZP; si la hubiese practicado Aznar o cualquier gobierno de derechas habría sido vituperado por Zapatero y la mitad de los socialistas, más aún por aquellos que habían tenido a un niño saharaui en sus casas, etc.

Prime cualquiera de las razones, la conducta del gobierno estuvo en todo caso sazonada con el voluntarismo y mesianismo marca de la casa. Para Zapatero el problema resultaba fácilmente abordable, Moratinos lo solucionaba en un tris. Cualquiera de los numerosos diplomáticos españoles que en una u otra capacidad hemos tratado del Sahara sabemos que es una cuestión harto complicada por las posiciones enconadas de las partes («nada de referéndum» versus «nada sin referéndum»). No obstante, al poco de entrar en La Moncloa, Zapatero, señalando a Moratinos, manifestó con enorme desparpajo al presidente francés Chirac: «Eso lo arregla éste en seis meses».

A uno le hubiera gustado estar en la habitación para ver si Moratinos se sonrojaba con la elogiosa alusión, si pudorosamente rechazaba el osado pronóstico o si asentía tácitamente. En todo caso, Zapatero repetiría su aleluya («eso lo arregla Moratinos en seis...») ante el ministro de Asuntos Exteriores argelino A. Belkhadem algo más tarde.

Si resulta misterioso el cambio del gobierno socialista, más pasmo causa la seguridad del plazo. En la versión de Zapatero su ministro Moratinos casi emularía al Tenorio de Zorrilla quien al ser interrogado por Don Luis Mejía («¿Cuántos días empleáis en cada mujer que amáis?») entona sin vacilar:

> *Uno para enamorarlas*
> *otro para conseguirlas,*
> *otro para abandonarlas,*
> *dos para sustituirlas,*
> *y una hora para olvidarlas.*

Por mucho esfuerzo que hagas por imaginar a Moratinos convertido en un Don Juan retrechero internacional, para un diplomático español que Moratinos, Kissinger, Bismarck o el arcángel San Gabriel pudieran arreglar lo del Sahara en *seis meses* resultaba algo más ininteligible que el misterio de la Santísima Trinidad. ¿Iba a seducir y a conquistar al Polisario y a los argelinos en ese plazo?

Han pasado no seis meses sino más de seis años, ¿ocho?, Moratinos ingresó en el baúl de los recuerdos y el tema sigue atascado.

El gobierno marcó raudamente sus diferencias con el de Aznar. El nuevo ministro, casi en su toma de posesión, informó verbalmente a nuestras embajadas que debíamos acercarnos a Francia y tratar de diluir el Plan Baker; en la ONU debíamos difundir que teníamos una «nueva complicidad» con Marruecos.

El Polisario se percató rápidamente del giro copernicano. En mis notas de esas fechas —eran mis últimos días en la ONU—, leo que Ahmed Bujari, representante en la ONU del Polisario, se encuentra en una escalera con mi secretaria Mitzy y sin poderse contener le confía que nunca se hubieran podido imaginar que un gobierno socialista español les hiciera eso. Días más tarde me repitió algo parecido. En mis apuntes anoté: «Al Polisario con el nuevo gobierno se le ha caído el pelo». Alfonso Armada, buen conocedor de la ONU, informaba desde Nueva York sobre el amargo estupor del Polisario.

Ignacio Cembrero, periodista de *El País*, que ha escrito un libro de útil lectura sobre las relaciones con Marruecos (*Vecinos alejados*), apunta que desde su toma del poder los socialistas se esforzaron en mantener en público una postura equidistante en el conflicto del Sahara, «pero entre bastidores apoyaron e incluso se ofrecieron a asesorar a Marruecos sobre cómo elaborar su propuesta de conceder al territorio... una autonomía bajo soberanía marroquí». La conclusión de Cembrero es tajante: «Decenas de cables de las embajadas americanas en Madrid, Rabat y París destapan la doblez de la posición española».

Anotemos asimismo que Zapatero se esforzó en dar entrada a Francia, el mejor amigo de Marruecos, en la solución del asunto. En Naciones Unidas, el gobierno de París está en el grupo de «los amigos del Sahara» pero como lo está Estados Unidos, Rusia, etc. En una conferencia de prensa en Argel, el 14 de julio de 2004, al ser preguntado sobre quién debería intervenir, Zapatero contestó textualmente: «Desde luego, lo es el pueblo saharaui de una manera evidente, en primer lugar; lo es Marruecos; lo es España —voy situando el orden—; lo es Francia, también; y, por supuesto, en la medida en que esté dispuesta, Argelia. Lo es también, y ante todo, Naciones Unidas». La inclusión de Francia que ZP hacía, por sí y ante sí, no debió de entusiasmar ni a Argel ni al Polisario.

La conducta del gobierno y del partido socialista es bastante iluminadora del giro brusco:

En un *non paper* (documento no oficial) que Moratinos dirige a los miembros del Consejo de Seguridad de la ONU propone dejar caer los términos de soberanía e independencia y sustituirlos por el vocabulario de la globalización con vocablos como regionalización, autonomía y autogobierno.

Nuestra embajada en la Unión Europea se desgañita porque no se incluya en una «posición común» europea la palabra autodeterminación.

El gobierno se esfuerza en que no vayan parlamentarios al Sahara y protesta o lo hace tarde cuando se expulsa a alguien del territorio.

Borrell y los socialistas españoles tratan de impedir en el Parlamento Europeo que salga un texto sobre los presos políticos en Marruecos.

El PSOE es más comprensivo hacia la reacción oficial marroquí cuando hay disturbios en el Sahara (mayo de 2005) que el Partido Socialista Francés.

Pasqual Maragall manifiesta en un viaje a Casablanca que la propuesta de Zapatero para el Sahara no pasa por la ONU sino por una solución regional.

Como era previsible ni la forma de enfocar el asunto —echarse en brazos de Marruecos de la noche a la mañana— ni el fondo —escamotear el referéndum después de casi cuarenta años de espera— eran de recibo para el Polisario o Argelia. En sus numerosos viajes a Argel, Moratinos siempre encontró la negativa de las autoridades de ese país. El presidente Buteflika, que ha manifestado más de una vez que el Sahara es un escollo para el nacimiento de la UMA (Unión del Magreb Árabe), dio repetidos noes a nuestros dirigentes.

El volantazo del gobierno de Zapatero ha sido criticado acerbamente por diversos comentaristas. José Antonio de Yturriaga, embajador y jurista, es bastante inclemente al denunciar que nuestros dirigentes obsesionados con la defensa de nuestros intereses se olvidan de los principios morales, al aplicar de forma tan descarnada «la razón de Estado, el gobierno pone en tela de juicio los principios de la ética o la moral universal, del Derecho Internacional y de los derechos humanos».

No seré tan categórico como Yturriaga y soy un convencido de la necesidad de mantener buenas relaciones con Marruecos, me he quejado, con frecuencia, del paternalismo trasnochado que tenemos hacia los marroquíes. Ahora bien, el giro zapateril no se compagina ni con la tradición de su partido ni con la moralina que él predica.

Habana «blues»

Contraste similar, entre oratoria y realidad, tenemos en las relaciones con Iberoamérica.

Afirmar que el gobierno de Zapatero sólo cultivó allí los regímenes menos prooccidentales y más antiestadounidenses tiene bastante de exageración. Zapatero nunca visitó a los Castro, por ejemplo, tampoco a Evo Morales... y el presidente español tuvo una digna actuación en el incidente del «¿Por qué no te callas?» instando a Chávez a no insultar a ausentes que habían ganado el poder en las urnas. Estuvo correcto y pertinente. La presidenta de la Conferencia, la chilena Bachelet, no actuó con reflejos para detener la verborrea de Chávez, que intervenía sin que le hubieran concedido el uso de la palabra, y Zapatero y más tarde el rey le salieron al paso.

La frase desgarrada del monarca dio literalmente la vuelta al mundo («*Shut up, indeed*», titularía un periódico en Texas), fue celebrada con humor en diversas latitudes y obtendría muchas más palmas que pitos lo que opacó la adecuada intervención de Zapatero. (En algunos países iberoamericanos chocó más que el rey tuteara a Chávez que el darle un corte verbal. Ignoran que el monarca tutea a todo el mundo y no objeta que los otros jefes de Estado lo tuteen. El novelista mexicano Carlos Fuentes escribiría que resultaba bueno que «ante la arremetida de ese personaje burdo, prepotente, ignorante que se llama Chávez alguien le dijera: Basta».) El rey y Chávez harían más tarde deportivamente las paces.

Hecha la digresión del incidente y del papel que desempeñaron los personajes, digamos que alardear como hizo Zapatero de que Aznar se desinteresó de Iberoamérica, de que creó una grieta entre ese continente y Europa, es faltar a la realidad y se compadece poco con su propia conducta. Según Luis Ayllón en *ABC*, siete años después de haber llegado al poder, Zapatero sólo había realizado 11 viajes a Iberoamérica mientras que los efectuados por

Aznar en los ocho años de su mandato eran 29; el líder popular había recorrido toda la región mientras que el socialista aún no había viajado a ocho países de la misma. Una vez más, una incongruencia nítida entre la palabra y los hechos.

También sería Zapatero el primer presidente español en no asistir a una Cumbre Iberoamericana, un hito poco honroso para los diplomáticos que nos hemos destetado en aquella zona de nuestra familia histórica. Todo esto en una década, los años de Zapatero en el poder, en que se iniciaba un despegue espectacular de las economías iberoamericanas, incluso una movilidad igualatoria en la escala social. En los últimos diez años, unos 56 millones de familias han venido a engrosar el grupo de las clases medias latinoamericanas. Mal momento para no dedicarle la atención debida a ese mundo y perder influencia.

Más preocupante aún por sus implicaciones resulta que a fines de 2010 la Unión Europea decidió crear la Fundación Europa, que la sede se estableciera en Hamburgo y se pusiera a un sueco al frente de la misma. Los críticos argumentaron, sin excesiva demagogia, que, con cualquiera de los dos gobiernos españoles anteriores, que se hubieran movido con rapidez y decisión, la sede de una Fundación que se ocuparía de temas iberoamericanos habría ido a parar lógicamente a una ciudad española o portuguesa.

Al hilo de esto añadamos sucintamente que el gobierno de Zapatero se despide con un número ridículo de españoles ocupando altos cargos en organismos internacionales. Almunia, el vicepresidente de la Comisión Europea es verdaderamente el de relevancia. El cargo de Bernardino León en la Unión Europea, interesante para un diplomático profesional, no tiene excesivo peso, e incluir a la señora Aído como alto cargo de la ONU es simplemente una payasada.

Inevitable es referirse a Cuba. Moratinos porfió en las reuniones de la Unión Europea por que se modificase la posición común que pedía a La Habana un mayor respeto de los derechos humanos. Con menos que mediocre éxito; Checoslovaquia y algunos de los antiguos vasallos de Rusia que habían padecido el comunismo se oponían; Alemania, Holanda eran intermitentemente escépticas... En el plano bilateral, Moratinos tuvo problemas con la oposición cubana con la que no se entrevistaba; otra paradoja para un gobierno socialista. Ya hemos comentado —hasta la embajada estadounidense se percató y por mi vivencia personal puedo dar fe de ello— que Moratinos alimentó el sueño faraónico de llevar al régimen de Castro a la senda democrática. Vana ilusión; tenía que haber aprendido de uno de los pocos consejos que Felipe González dio a Zapatero: «No te fíes de Fidel».

Con todo, la fe redentorista de Zapatinos podía, creían ellos, mover montañas y se afanaron en dar muestras de buena voluntad hacia el gobierno castrista. La primera fueron las reiteradas gestiones ante la Unión Europea. Otra sería el tratamiento de la oposición cubana. El embajador enviado por Zapatero a Cuba, Carlos Alonso, era persona inteligente y no creo que él pensara que iban a regenerar el castrismo, aunque nunca se sabe, cuando te entusiasmas con una misión te embalas.

El hecho es que porque había aprendido lo ocurrido con Pepe Coderch, un embajador designado por Aznar que cometió la «afrenta» de decir a la prensa cuando iba a viajar a Cuba que estaba dispuesto a charlar con todo el mundo sin excluir a la oposición y se le denegó el plácet, bien por su poso ideológico, bien, y más probablemente, porque llevaba instrucciones al respecto, el nuevo embajador quiso marcar las distancias con la oposición.

En la fiesta nacional del 12 de octubre, que constituye la prueba del fuego para las autoridades cubanas, si invitas a la oposición excusan más o menos su asistencia y el embajador se encuentra ipso facto aislado durante unos meses, lo ponen en la perrera exterior. Alonso, que debió de llegar poco antes, mientras probaba la temperatura ambiente, pronunció una alocución tan gubernamental y tan fría hacia la oposición que los representantes de todas las tendencias de ésta abandonaron nuestra embajada. A partir de ahí los contactos con el embajador de los opositores cubanos estaban rotos. Moratinos no hizo nada por verlos ni ellos mostraban demasiado interés por que los recibiera.

El ministro español lograría, con la ayuda de la Iglesia, por lo que hay que felicitarlos, la salida de un puñadito de presos políticos de esos que el régimen cubano cosecha periódicamente y luego espiga entre ellos y entrega dos o tres a un dirigente internacional para que éste se luzca y como muestra de apertura. Con la visita de Benedicto XVI, en marzo de 2012, Amnistía Internacional y Human Rights Watch denunciaban el recrudecimiento de la represión y las detenciones.

Los Castro, a la postre, no mostraron mayor reconocimiento de Moratinos. El ministro necesitaba todos los votos imaginables para ser elegido director de la FAO frente a un candidato brasileño que había sido representante de su país ante esa organización. Al español le faltaron cuatro votos. Cuba y algún país del Caribe en el que Castro tiene influencia no le votaron.

LIBIA Y EL PURITANISMO

El puritanismo buenista se manifestó en la guerra de Libia. España participó en el conflicto que derrocaría a Gadafi. La acción, aunque con reticencias de algún miembro, tenía el apoyo de la ONU. El Consejo de Seguridad aprobó con diez votos afirmativos y cinco abstenciones, entre otras las de Rusia y China, la intervención humanitaria para evitar que Gadafi aplastase a los que, a semejanza de lo que había acontecido en Túnez y Egipto, se habían alzado contra él.

Hubo discrepancias públicas y doctrinales sobre el fundamento y el alcance de la intervención. Hay quien argumentó que Gadafi no estaba cometiendo ningún genocidio, aunque ciertas declaraciones tremebundas del libio parecían presagiar lo peor; otros, que la acción debía limitarse a proteger la población civil, lo que resultaba problemático, ¿cómo la proteges si el ejército de Gadafi tiene tanques y aviones y los alzados escopetas y alguna ametralladora? El caso es que varios países europeos (Alemania, Italia...) no quisieron montarse en la operación y otros, como Rusia, protestaron porque los intervinientes iban, según ellos, más lejos de la autorización concedida.

Dado que Gadafi «sólo» había liquidado en su represión a varios centenares de personas y su colega sirio al-Assad unos meses más tarde a unas ocho mil, lo que provocó que en la ONU se hablase de genocidio, pronto surgieron los esperados comentarios: se había actuado en Libia porque allí existían petróleo y gas y en Siria mucho menos. La inevitable conexión petrolífera pasaba por alto otros elementos: la ONU no se movía en Siria por el veto ruso y chino, el ejército sirio era más aguerrido y mejor pertrechado que el libio, el territorio objeto de la posible intervención externa presentaba muchas más dificultades que la región libia de Bengasi, etc.

La Operación Libia fue dirigida por Gran Bretaña y Francia, que representan casi el 50 % del gasto europeo en defensa, con Estados Unidos prestando una ayuda aérea decisiva en las primeras semanas pero huyendo de todo protagonismo de acuerdo con la doctrina Obama. El presidente yanqui colige que en operaciones de este tipo la visibilidad excesiva de su país levanta suspicacias cuando no ampollas. Otros intervinientes, como nosotros, pasaron desapercibidos.

Era la primera intervención anglo-francesa en el mundo árabe desde la crisis de Suez de 1956. En aquella ocasión, los conservadores británicos y los socialistas franceses se aliaron para darle una lección al egipcio Nasser, que había nacionalizado el canal de Suez. El gobierno estadounidense de Eisenhower consideró la intervención una maniobra imperialista, aunque en ella participaba su aliado Israel, y puso firmes a sus dos aliados europeos. Franceses y británicos resultaron humillados y extrajeron diferentes conclusiones de la experiencia: Gran Bretaña aumentaría su alineamiento con Estados Unidos; Francia, con De Gaulle ahora en el poder, buscó su independencia nuclear.

En Libia en 2011, París y Londres tenían la bendición esta vez del mundo árabe y se sintieron cómodos marginando en cierta medida a la Unión Europea y a la OTAN, que acabaría proporcionando la coordinación militar, aunque en la operación tomaran parte varios países miembros de las mismas, como España y otros. La aventura libia ha puesto de manifiesto que la creación de un ejército europeo es una quimera.

A diferencia de la intervención de Bush en Irak, en la que la autorización de la ONU era evidentemente cuestionable, o la de Kosovo, que era aún más vidriosa, la aventura libia estaba amparada por la decisión de la ONU; Zapatero llevó a España a la coalición. Incluso prometió nuestra entrada antes de la necesaria aprobación del Parlamento, la Cámara legislativa lo haría enseguida, y, otra diferencia, nuestros efectivos militares sí tomaron parte esta vez en la acción. Ello acarreó los habituales juegos de prestidigitación verbales de nuestras autoridades negándose a utilizar la palabra «guerra» en cualquier manifestación sobre el tema.

Aunque nuestro gobierno no tenía *nada de que avergonzarse*, muchos países árabes querían la intervención y una parte muy importante de la población libia la pedía con insistencia; ni Zapatero, ni la señora Chacón ni ningún miembro del ejecutivo admitían que se estaba librando una guerra y que España, con aviones de reconocimiento y otros efectivos, tomaba parte en ella. La acción podía tener un hermoso objetivo político humanitario, desembarazarse de un déspota responsable de crímenes, pero era una guerra. Las imágenes de televisión mostraban los destrozos causados por los tanques de Gadafi, los objetivos destruidos por los aviones europeos, los heridos y muertos, el sufrimiento... y nuestras autoridades seguían haciendo innecesarios juegos florales. Como en algún momento anterior había escrito Pérez-Reverte, el equipo de Zapatero parecía empeñado una vez más en presentar a nuestros soldados como «besucones sin fronteras».

Con la aviación aliada machacando sus posiciones, Gadafi pasó de ser el Goliath frente a su población al David frente a los proyectiles y aviones americanos, franceses, etc. Su régimen caería; el derrocamiento del dictador, que sería ajusticiado sin proceso por su pueblo, abriría una gran incógnita sobre el futuro estable de Libia y enrocaría al sirio al-Assad que veía que, sin guerra o con ella, los autócratas de Túnez, Egipto y Libia habían caído ante la insurgencia popular.

Novedad en el Peñón

Como en otros temas, el gobierno de Zapatero innovó en la cuestión de Gibraltar. Decidió sentar a la mesa, como negociador, al gobierno del Peñón. Ya no eran parte del gobierno británico con el que España viene tradicionalmente tratando, sino uno más en la mesa: Reino Unido, España y Gibraltar. Los beneficios de la medida son harto dudosos para nuestra reivindicación, la de la recuperación de la colonia.

Moratinos y su colega británico Straw acordaron en octubre de 2004 crear un «Foro de Diálogo a tres bandas», separado del proceso de Bruselas. En él «cada una de las partes tendrá su voz propia y cada una participará sobre la misma base»; es decir, se da un nuevo paso para elevar el estatus del gobierno de Gibraltar ante el gobierno español. La Primera Reunión Ministerial «a tres», la reunión más importante de este Foro, tuvo lugar en Córdoba el 18 de septiembre de 2006 en la que finalmente se cerraron los diferentes acuerdos que venían preparándose. Ha habido otras en Gibraltar, en Castellar de la Frontera, Londres o Madrid, ministerial y no ministerial, para examinar la puesta en práctica de los Acuerdos de Córdoba e identificar nuevos temas de cooperación.

Poco después de la reunión de Córdoba, entró en vías de solución el problema de actualización de las pensiones de unos 5.700 españoles que habían trabajado en Gibraltar antes del cierre de la verja en 1969 y que tuvieron que abandonar sus empleos y perdieron las contribuciones que, con vistas a su jubilación, habían realizado en el Fondo de Pensiones gibraltareño.

El gobierno británico accedió a dar una cantidad a tanto alzado para compensar el porcentaje que no habían venido percibiendo.

Otros acuerdos han llevado a una agilización en el cruce de la verja. Tradicionalmente la verja había constituido un método de presión política de España sobre el Peñón. Ha habido una mejora notable en las instalaciones de policía y aduaneras. Tengamos en cuenta que unos 5.000 españoles la atraviesan a diario para trabajar en Gibraltar así como unos 3.000 gibraltareños que viven en nuestro país. Puede calcularse, por otra parte, que por razones turísticas, comerciales o laborales, unos 8 millones de personas cruzan la verja hacia Gibraltar anualmente. Cifra no despreciable.

Hijo de la reunión de Córdoba es asimismo el acuerdo sobre el aeropuerto que funciona actualmente de forma parcial en territorio del istmo; es decir, el que los británicos nos han venido arrebatando sin acuerdo, ya que el acceso desde la parte española aún no ha sido construido. El (nuevo) aeropuerto tiene ya construida una nueva Terminal de 12.000 m² que pronto estará totalmente operativa (pista inaugurada de llegada y pronto la tendrá de salida). Activa las comunicaciones con la zona pero su creación en esa franja de tierra implica que, por primera vez en la historia, España ha firmado un documento en el que, de forma indirecta, es cierto, porque hay una cláusula de salvaguarda sobre las posiciones española y británica en relación con la soberanía del terreno, admite la cesión de una franja de terreno que nunca hemos considerado británica sino ocupada ilegalmente ya que nunca fue cedida en el Tratado de Utrecht.

Ha habido otras áreas de cooperación, como la de telecomunicaciones, que facilita las telefónicas de Gibraltar y el establecimiento de un Instituto Cervantes en Gibraltar para difundir el conocimiento de la lengua y la cultura españolas ya que, si bien la mayor parte de la población gibraltareña habla el español, su uso está decayendo, en particular entre los jóvenes.

La Reunión Ministerial del 21 de julio de 2009 identificó seis nuevas áreas de cooperación (educación, visados, medio ambiente, cooperación policial, judicial y aduanera, comunicaciones y seguridad marítima y servicios financieros y fiscalidad), sobre las que no se ha logrado un acuerdo. Esta reunión, celebrada en Gibraltar, supuso además la primera y única visita de un ministro de Asuntos Exteriores español al Peñón.

No se ha producido, sin embargo, el menor avance en la cuestión que más interesa a España, la de la soberanía, que no sabemos si se ha abordado en ese tiempo; ha estado, evidentemente, en el mejor de los casos, aletargada. El deslizamiento hacia la tesis de que ellos tienen la última palabra es perjudicial. Sentar a la mesa como negociador paritario a los llanitos, algo visiblemente contraproducente para muchos, el «darles cariño» que decía hace años un político británico, no ha originado, como las medidas anteriores, el menor resultado. El intento de ganarse su confianza es quimérico. Ni el palo franquista ni la zanahoria zapatista. Los gibraltareños quieren, en el mismo porcentaje abrumadoramente mayoritario que antaño, todo menos ser españoles, tienen a gala y lo llevan consciente o inconscientemente a rajatabla que ninguno de sus hijos estudie en universidades españolas, etc.

El gobierno gibraltareño financia los estudios de cualquier habitante en la universidad extranjera que lo desee y todos, sistemáticamente, escogen irse a Gran Bretaña. La calidad media de las universidades británicas parece ser mejor que la española, pero que la práctica totalidad de los estudiantes escoja irse a las brumas del norte, que a ninguno le tiente el encanto de Sevilla, Navarra o Barcelona, da que pensar. No ocurre igual con la asistencia sanitaria; hay gibraltareños, también pagados por sus autoridades, que vienen a tratamientos médicos o a operarse a la Costa del Sol. Otros marchan a tratarse a Gran Bretaña.

Perdido en la traducción

Un poco de sainete de Muñoz Seca fue el episodio de los miles de millones de euros chinos «perdidos en la traducción» como decía irónicamente el *Financial Times*. Otra ocasión de triunfalismo precoz que, en abril de 2011, socavó nuestra imagen en el exterior.

Zapatero concluía un viaje a China donde obtenía palabras amables de sus anfitriones sobre sus intenciones de invertir en España. Se trataba de palabras amables, nada más. Los chinos no le estaban mintiendo, les salen las reservas de divisas por las orejas, están invirtiendo fuera y, en algún momento, España podía convertirse en un objetivo interesante. De acuerdo con eso, Zapatero, o su gente, hilvanaron un sainete de éxito. Confundieron o quisieron confundir, las palabras amables con hechos. Se filtró no sólo que los chinos iban a hacer una inversión *ya*, sino que sería cuantiosa, 9.000 millones de euros.

Como no había tal, los propios chinos nos corrigieron y, la madre de todas las vergüenzas, el planchazo apareció en la portada del *Financial Times*, que en los círculos políticos y financieros es como si en el pueblo en que me he criado, el pregonero Juan «el Patrón» anunciara en la plaza principal y en las cuatro esquinas más frecuentadas que ese día había jurel, cazón y sardinas en su pescadería. «Ay, qué fresco ha venío...», entonaría y los cuatro mil vecinos de la ilustre villa de Vélez Blanco de esa época se enterarían sin excepción de que ese día aunque no fuera miércoles, fecha del mercado, había pescado.

El *Financial Times* llega a todos los confines como Juan el Patrón y arrancaba así: «Madrid se ha visto obligado a hacer una aclaración embarazosa después de que Beijing negase que España se había asegurado una inversión de China de unos 9.000 millones de euros para sus cajas de ahorros en apuros».

La Corporación China de Inversiones (CIC) informó a la agencia Reuters que las noticia era falsa, no tenía fondos en ese momento para invertir fuera y la cantidad citada era astronómica, hubiera dejado pequeña a la mayor inversión de la corporación de la historia.

Nuestro gobierno hubo de rectificar, un «error de comunicación», se dijo, lo que es una curiosa excusa, e hicimos un papelón. No se entiende. Cuando Moraleda, el primer portavoz socialista, al que Dios no había dotado especialmente para ese cargo, contó inefablemente que el Papa había regalado a doña Sonsoles un collar, el error era hilarante —el elocuente Moraleda lo había confundido con un rosario (¿en qué estaría él pensando tratándose del Papa?)— pero inofensivo. Lo de dar a entender que los chinos traerían 9.000 millones de euros es una seria muestra de improvisación, desconocimiento de la realidad y de los idiomas, y falta de rigor.

Aunque la política exterior no sea su página más brillante, no cabe duda de que Zapatero, dejando de lado sus palmarias limitaciones, tuvo mala suerte en sus incursiones en ella.

Sabemos que la Cumbre Europa-Estados Unidos no iba a alumbrar ningún acontecimiento magno político, deportivo o sexual, pero ni se celebró ni hubo foto de los dos presidentes por causas no imputables al nuestro. Sí tuvo lugar la Cumbre Europa-Latinoamérica durante nuestra presidencia. La diplomacia española hizo un buen trabajo y la preparó bien; los resultados fueron, sin embargo, magros. Con la accesión de nuevos miembros, nórdicos, centroeuropeos..., la Unión Europea ha perdido interés por Latinoamérica. Los resultados no se vieron. En Europa, la pérdida de las elecciones tanto por Chirac como por Schroeder acabó con los sueños de un nonato eje Berlín-París-Madrid. El frenazo de los noes francés y holandés a la Constitución Europea también fue una ducha fría para la política de Zapatero.

Con los dos siguientes dirigentes germano-franceses tuvo unas relaciones correctas, aunque nunca fue considerado un primer espada (cometió también un desliz infantil sobre las posibilidades electorales de la Merkel, ¿por qué se meterá a pronosticador?; ésta ganaría). Durante nuestra presidencia hubo un hecho significativo sobre el mediocre peso de nuestro país. El adorado Obama está preocupado por la crisis económica europea; sabe, mientras trata de salir del marasmo de su país, que una debacle europea puede incidir gravemente en Estados Unidos. Celebra, entonces, una videoconferencia con Sarkozy y Merkel. España, ocupando la Presidencia Europea, queda fuera. No es sólo un problema de idiomas, pues la señora Merkel en sus reuniones también usa intérprete; es de saber qué dirigente cuenta en la pista del viejo continente.

Repitamos que si tú eres un superpeso pesado, China, Japón, Alemania..., los idiomas no son absolutamente imprescindibles. Si estás en la mitad de la tabla su utilidad es manifiesta. La escena lastimosa de Zapatero sentado solo a la mesa de la OTAN mientras los demás charlan y bromean no se habría producido si chapurrease decentemente inglés o francés. El marginarle en la videoconferencia citada, siendo presidente europeo, tampoco.

Esto me recuerda la escena del primer acto del *Don Giovanni* de Mozart en la que el ingenioso libretista Da Ponte hace a Leporello, al alardear de las conquistas amatorias de su señor, describir el catálogo: campesinas, camareras, ciudadanas, condesas, marquesas, princesas... y enumera:

> *In Italia, seicento e quaranta;*
> *In Allemagna duecento e trentuna;*
> *Cento in Francia; in Turchia novantuna;*
> *Ma in Spagna son già mille e tre.*

¿Es normal que Don Juan hubiese seducido ya a 1.003 españolas y en Francia sólo 100? ¿Tenía su físico un encanto irresistible para las españolas? ¿Eran éstas más liberadas que francesas o italianas? No. Era estrictamente un problema de labia, con las barreras del idioma el encanto de Don Juan se desdibujaba. Como les ocurre a los chistes, y no digamos a los juegos de palabras, los requiebros, las insinuaciones salen mal con la traducción. Si te desenvuelves en inglés, llevas mucho adelantado.

Más tarde, cuando Zapatero remolonea en el reconocimiento de la gravedad de la situación económica, Sarkozy y Merkel instan a Obama para que despierte al español. Con la llamada apremiante del americano, Zapatero se cae por fin del caballo.

Sarkozy había jugado un papel importante en lo que sería el logro más vendible exterior de Zapatero. La entrada de España en el grupo importante del G-20, empresa en la que nuestro presidente se empleó a fondo. Se toman allí decisiones, a veces, importantes para la economía mundial y estar dentro tiene un indudable interés, independientemente de cómo actúes.

El presidente francés, que ocupaba la Presidencia Europea en el segundo semestre de 2008, se mostró dispuesto a ceder a España una de las dos sillas de las que disponía Francia (una como miembro del G-20 y otra como Presidencia Europea). Zapatero se lo trabajó a fondo, algún colaborador del Elíseo ha manifestado que ZP le dijo por teléfono: «Si lo consigues pídeme lo que quieras». Había entonces que convencer a Bush, anfitrión de la reunión, y el presidente galo encontró un aliado inesperado en la embajada de Estados Unidos en Madrid que recomendó entusiásticamente la invitación a España, según se ve en un cable filtrado por Wikileaks.

La embajada alababa bastante prematuramente la solidez de nuestro sistema bancario, «ningún banco ha tenido que ser rescatado»; su apoyo era, con todo, interesado. Bush no quería que de la cumbre del G-20 saliera ningún reforzamiento de la regulación del flujo de capitales, deseaba evitar corsés al movimiento de capitales y ésa, decía la embajada, era la postura española.

Zapatero se apuntaba un tanto palpable que, por supuesto, él describiría de forma hiperbólica: España va a estar presente en la «cita constituyente» de la nueva arquitectura financiera mundial y «caen los bancos de otros países pero en España hasta la más pequeña caja de ahorros sobrevive». Ambas resultarían obviamente exageradas. Aunque Zapatero volvería a hacer de las suyas responsabilizando en voz alta en 2009 a Estados Unidos de la crisis, España asistiría a las cumbres siguientes, y en la de Corea ya constaba como un miembro «provisional permanente», lo que no está nada mal aunque el G-20 haya crecido en número.

En la consolidación de nuestro estatus en la Cumbre de Corea tiene bastante que ver el secretario general de la ONU Ban Ki-Moon, hombre omnipotente en su país. Zapatero había sido enormemente generoso con las Naciones Unidas a lo largo de los últimos años. La razón principal es que España se embarcó en el loable propósito de dedicar a la ayuda al desarrollo el 0,7 % de su producto nacional como quiere la ONU. Dado que cuando llegó Zapatero gastábamos en desarrollo aproximadamente la mitad de ese porcentaje, nuestra cooperación parecía incapaz de gastar racionalmente a corto plazo los aumentos previstos y se decidió hacer donaciones suculentas a la ONU. La política es discutible porque es dudoso que las Naciones Unidas administren sus recursos con más rigor y eficiencia que nuestra cooperación bilateral, pero en fin, se hizo.

Varias agencias de la ONU han recibido cantidades desmesuradas incluso cuando comenzaban las vacas flacas. Que España donara, ya en crisis, 32 millones de dólares a la Oficina de la Mujer de la ONU —el año anterior, 24—, convirtiéndose, con mucha diferencia, en el primer donante de los 192 países que integran la Organización (Finlandia, el segundo, contribuye con unos 15, Francia con 0,5 y Chile, nación de la señora Bachelet, directora de la Oficina, con unos 100.000 dólares) resulta un poco llamativo por muy feminista que uno sea. No es raro que sus críticos llamen a Zapatero «el Señor de las Mercedes» y que la referida Oficina acogiese en su seno a la señora Aído, en un puesto secundario, por cierto. Habíamos regado el camino no con garbanzos sino con billetes de 1.000 dólares. Simultáneamente, Zapatero seguía machacando: «La desaceleración no va a ser profunda ni prolongada. Va a ser una desaceleración para la que nuestro país está mejor preparado que nadie».

Perla más valiosa aún es la que le brindó a *El País* en abril de 2009: «Es probable que lo peor de la crisis económica haya pasado ya». El dramaturgo José Luis Alonso de Santos acabaría sentenciando: «Le miro a la cara, leo su lenguaje y es un alucinado».

Finalmente, no llegamos al 0,7 %. Hubo un esfuerzo notable, y encomiable si se gastó bien, pero en 2011 la ayuda al desarrollo volvía al 0,4 % del PIB.

LAS NUBES Y LA REALIDAD

Lo peor es el triunfalismo. Este examen apresurado de la era Zapatero sale inevitablemente crítico porque él y sus dirigentes te «provocan» con la exaltación desmesurada de todo lo que han tocado. Percepción irritante a la vista de cómo está el país a fines de 2011 y que oscurece cualquier logro.

Frente al panorama esperanzador que Zapatero narraba, el Estado de la Nación española a su marcha era el siguiente:

— Paro del 23 %, igual a 5.300.000 personas. Récord europeo y español de la transición en números absolutos y en el juvenil.

— Penoso nivel educativo, según el informe PISA. Pobre nivel de comprensión de lectura de nuestros estudiantes y sólo dos universidades españolas, catalanas, entre las primeras doscientas del mundo, pero rezagadas, con todo: la 176 y la 194.

— Primer país europeo en consumo de cocaína y de prostitución.

— Uno de los que más piratea en internet. Duplica la media europea. Siendo yo decano del Cuerpo Consular en Los Ángeles en 2009, ofrecí un almuerzo al presidente de las Productoras de cine americanas y en el brindis me sacó los colores: «Su país, Brasil y China son los que más roban del mundo».

— El mayor contaminador de la atmósfera de los 27 de la Unión Europea.

— Uno de los campeones europeos de economía sumergida.

— El mayor índice de miseria de la UE.

— El sector del cine, al que Zapatero dijo cuidar, no está en su mejor momento. Nuestro cine en 2011 tuvo una magra cuota de pantalla del 14 %, a pesar de calificar como española la película de Woody Allen *Midnight in Paris*, porcentaje muy inferior al obtenido en su país por las películas francesas, alemanas, etc.

— La corrupción está generalizada y alguno de los casos más clamorosos, los ERE andaluces, manchan al partido del gobierno.

Aunque uno no sufra todas esas lacras, alguna sí la padece y palpa casi todas. Escuchar, por ejemplo, a lo largo de estos años que se iba a agilizar el sistema para que todos nuestros compatriotas en el extranjero —son más de un millón— pudieran votar sin problemas y comprobar que las deficiencias en las elecciones de 2011 seguían tan presentes o más que en el pasado «tenebroso» de gobiernos anteriores te produce, como cónsul, dentera.

Junto a todo esto oyes a la señora Chacón decir con aplomo que «la corrupción está en el ADN del PP»; a Zapatero o Rubalcaba, que los españoles no perdonan a un político que miente, y a Moratinos que Zapatero ha acabado con cien años de soledad de España, amén de otros ditirambos vacuos como que ZP ha impulsado seriamente la reforma de la ONU o desempeñado «un importante papel para desbloquear el proceso de construcción europea». Contrastando la realidad con la oratoria te preguntas: ¿de qué hablan?, ¿qué reforma ha impulsado que nadie ha visto?, ¿por qué el elogio disparatado?

Durante mi estancia en Los Ángeles me invitó un día a almorzar George Argyros. Era el embajador de Estados Unidos en España cuando el incidente de la bandera. Me contó que meses más tarde al despedirse visitó a Zapatero en La Moncloa y nuestro presidente le dio explicaciones sobre por qué había permanecido sentado cuando desfilaba la enseña americana. Con toda naturalidad, le aclaró que «en el programa del acto no se decía que había que levantarse» [*sic*]. El embajador se quedó turulato y yo más, literalmente sin palabras.

En una tribuna oficial, en la que se levanta desde el rey hasta el último mono, ¿tú eres el único que permaneces sentado y actúas así *porque el programa no dice que te levantes*? ¿Creería Zapatero que el embajador yanqui era idiota? ¿De modo que tienes un comportamiento desafiante, transgresor, estúpido para muchos pero pundonoroso para ti y luego lo explicas como un crío mentiroso de ocho años?

He charlado con Rodríguez Zapatero una sola vez. Fue al principio de su mandato, el 25 de julio de 2004, con motivo de la festividad del Apóstol en Santiago de Compostela. Había sido invitado, con otros amigos, a la conmemoración a la que asistieron los reyes y el nuevo presidente. Era año santo.

Hubo una copa en la azotea del palacio; Rajoy y el presidente, como la pareja real, se mezclaron con la gente. En un momento determinado, no sé cómo, me vi charlando a solas con Zapatero y con mi compañero Jiménez Ugarte, actual embajador en Suecia.

Encontré a Zapatero jovial, entusiasta y amable. La forma como su gobierno me había cesado tres meses antes en la ONU no era precisamente versallesca; no el hecho en sí de sacarme de Nueva York (como dije en una entrevista: si yo estoy en el nuevo gobierno habría cesado a Inocencio Arias como embajador en la ONU), sino el modo fulminante e ineducado de realizarlo. No sólo aprobaron mi cese en un Consejo de Ministros (el primero) *deliberante* y no decisorio, eso es anecdótico, sino que, el hecho más curioso y que no he visto nunca en mis cuarenta largos años de servicio al Estado, no me dejaran tomar el mes habitual para cesar, despedirte de autoridades, amigos, levantar tu casa, etc.

Aun alegando, como argumenté, que tenía que esperar a una sesión abierta del Consejo de Seguridad y a otra del Comité contra el Terrorismo, que *yo presidía en ese momento*, para decir educadamente adiós, lo que retrasó unas fechas mi salida, tuve que dejar la embajada antes de que se cumpliera el mes. Insólito.

Las prisas infantiles no sólo obedecían al extraño deseo de desalojarme sino a la creencia de que ahí fuera había un mundo que arreglar y el zapaterismo estaba facultado para hacerlo. Cuanto antes se sentara en el Consejo de Seguridad un persona enviada por ellos, incluso adelantando unos días, antes se empezarían a solventar los problemas mundiales. Risible.

Con todo, me acerqué a Zapatero con bastante curiosidad y sin la menor acritud; pensaba entonces que en unos meses me recuperarían sin discriminación y me ofrecerían algo relevante profesionalmente. La conversación no fue larga, había bastante gente cerca con el mismo interés que nosotros en conocer al líder que traía «un aire fresco». Recordándolo, a lo largo de estos años, compruebo que lo que nos dijo configura una buena parte de lo que ha sido su política exterior. Retengo tres impresiones, no hubo tiempo para mucho más.

Estábamos en momentos de campaña electoral de Estados Unidos, con Bush defendiendo su reelección frente a Kerry, y le pregunté que cuándo pensaba ir a América a ver al «Emperador». No lo captó ni cuando repetí lo del «Emperador yanqui» y Ugarte hubo de traducir: «Quiere decir que cuándo vas a ver a Bush».

Aclaró que no había prisa, quizá sería mejor en enero (hasta ahí bien) para añadir en tono levemente doctoral dos afirmaciones relativamente sorprendentes: que *él tenía* muy buena información de que Bush podía con bastantes probabilidades perder y que, además, razonó, las personas *que mienten* acaban perdiendo. «Siempre lo he sabido», dijo. A bote pronto, la actitud del presidente me pareció un tanto temeraria; que manifestara delante de dos desconocidos el deseo escasamente oculto de que Bush perdiera era un poco osado.

Más curiosa personalmente me pareció la afirmación verbal de que él sabía de buena fuente que Bush normalmente perdería. A mí, que había pasado unos once años casi ininterrumpidos en Estados Unidos, que acababa de regresar de allí y que consideraba que la pelota estaba totalmente en el tejado, con una leve propensión a inclinarse del lado de Bush (se lo advertí lealmente a Zapatero), me decía que no, que *él* tenía muy buena información sobre el resultado en cinco meses de los comicios yanquis. Un diplomático británico comentaría que algo más tarde Zapatero se expresó con el mismo desparpajo ante Blair: él sabía, etc. ¡Ante Blair! ¿Imaginan ustedes la cara que pondría el británico?

Imagino que soy humano y pecador y tuve celos de los informantes del presidente. ¿Quién lo alimentaba? ¿Su CIA particular? ¿Un amigo de Ponferrada que vivía en Oklahoma? ¿Una pitonisa? ¿Una estudiante americana con la que había ligado en León en un curso de verano en su precoz juventud?

Me resultó chocante que el presidente del Gobierno se expresara con tal aplomo ante dos desconocidos, uno de los cuales le decía con sinceridad que todo estaba en el aire. (Se equivocaba, Bush ganó sin problemas.)

A posteriori, su aseveración descalificatoria sobre los que mienten causa similar perplejidad. Que el político que escamoteó personalmente las negociaciones con ETA; el que mintió en el caso de los vuelos de la CIA, como denunciarían Gabilondo («en su intervención el presidente no nos dijo la verdad. Aseguró que no sabía nada de los vuelos de la CIA y que, de haberlo sabido, lo habría denunciado. Y no es cierto») e incontables comentaristas; el del caso Faisán; aquel cuyo gobierno el día antes de marcharse ocultó algo tan grave como las cifras reales del déficit asegurando que se moverían en el 6 cuando era el 8,5 %, etc., etc., etc., fulmine moralmente a los que mienten es una paradoja.

No puedo dejar en el tintero la forma en que nos despidió. Cuando Ugarte se compadeció del trabajo y los quebraderos de cabeza que debía de tener, respondió beatíficamente: «No os podréis imaginar lo sencillo que resulta gobernar España; miles, cientos de miles de personas podríais hacerlo». *No comment.*

Ignorancia, voluntarismo, confusión de la realidad con los deseos, diagnóstico oportunista (imagen de *El rey que rabió* que comentábamos), adanismo, ingenuidad. Con trazos gruesos o leves, Zapatero había delineado, en el aperitivo santiagués, ante la increíble fachada del Obradoiro, el meollo de su aproximación a la política exterior. Aunque aquel día de Santiago no nos diéramos cuenta.

Como comentaría el lúcido Vargas Llosa: «Ha caminado despreocupadamente hacia el ciclón sin ver las nubes que se cernían sobre su cabeza».

Índice